Gerfried Tatzl

Programmierpraxis SHARP PC-1350

Gerfried Tatzl

Programmierpraxis SHARP PC-1350

Herausgegeben von Harald Schumny

Springer Fachmedien Wiesbaden GmbH

Das in diesem Buch enthaltene Programm-Material ist mit keiner Verpflichtung oder Garantie irgendeiner Art verbunden. Der Autor, der Herausgeber und der Verlag übernehmen infolgedessen keine Verantwortung und werden keine daraus folgende oder sonstige Haftung übernehmen, die auf irgendeine Art aus der Benutzung dieses Programm-Materials oder Teilen davon entsteht.

ISBN 978-3-528-04468-8 ISBN 978-3-663-13965-2 (eBook)
DOI 10.1007/978-3-663-13965-2

1987

Ursprünglich erschienen bei Friedr. Vieweg & Sohn Verlagsgesellschaft, Braunschweig 1987.

Vorwort

Dieses Buch soll nicht allein einen der bemerkenswertesten Rechner der Taschencomputerszene aus dem Hause Sharp vorstellen, sondern ihn gleichzeitig in hautnaher Anwendungspraxis demonstrieren. Dazu kommt noch, daß dieses Gerät mit weiteren Computern über die serielle Schnittstelle RS-232-C sprechen kann. Eine für Computer dieser Größe eher ungewöhnliche Einrichtung kann auch zum Anschluß weiterer Peripherie, beispielsweise des DIN-A4-Plotters CE-515/516, benutzt werden, wodurch sich für den PC-1350 auch ein weites Feld graphischer Anwendungen ergibt. Neben dem Einsatz in bekannten Bereichen wird der professionelle Gebrauch ausgelotet. Abgerundet wird dieses Buch, das über den Charakter einer reinen Programmsammlung weit hinausgeht, mit hilfreichen Hinweisen zur Erstellung einer eigenen Programmsammlung bzw. eines Programmpakets.

In der vorliegenden Form vermag das Buch sowohl dem Einsteiger als auch dem Fortgeschrittenen Unterstützung zu vermitteln. Zur Bewältigung der einleitenden Programmbeispiele bedarf es nur wenig an Voraussetzungen. Dies zeigt sich in einigen Fällen auch daran, daß für manche Passagen in den Programmen eher auf Sharp-Spezifika verzichtet wird, um die Programme auch für Umsteiger von anderen Modellen leichter lesbar zu machen. Der Autor meint nämlich, daß sich im Verlauf zunehmender Anwendung die Eigenheiten des Sharp-BASIC besser und zielsicherer einsetzen lassen, als dies zu Beginn der Auseinandersetzung mit dem PC-1350 möglich ist.

Zur Verbesserung der Lesbarkeit der Anweisungslisten und der Testbeispiele wurden diese mit dem Printer/Plotter CE-516P gedruckt. Die Druckformate der Beispiele stimmen mit jenen überein, die sich aus der Anwendung des Thermodruckers CE-126P ergeben. Dieser Drucker ist auch generell für alle Beispiele bis auf jene von Abschnitt 5.6 für graphische Anwendungen vorgesehen. Würde der Plotter als Ausgabeeinheit eingesetzt werden, wäre es sinnvoll, die Ausgabeformate auf diesen Drucker abzustimmen. In einem solchen Fall müßten allerdings tiefgreifendere Programmänderungen eingebaut werden, weil durch die Zeilenlänge mit 24 Zeichen die wahlweise Ausgabe über Anzeige und Thermodrucker einfacher programmiert werden konnte und das Umschalten von Anzeige auf Druck und umgekehrt mit den Anweisungen PRINT = LPRINT bzw. PRINT = PRINT gesteuert wird.

Ein sinnvolles Nebeneinander großer und kleiner Computer spannt den Bogen ökonomischer Anwendungen von Datenerfassungen vor Ort, Anwendungen, für welche es in der Computerszene zu Hand- und Taschencomputern keine Alternativen gibt, bis hin zur Verarbeitung von Massendaten auf Großanlagen.

An dieser Stelle möchte der Autor allen an der Entstehung dieses Buchs Beteiligten herzlichen Dank für die mannigfaltige Unterstützung aussprechen. Dieser Dank gilt nicht nur dem Verlag bzw. dem Herausgeber, Herrn Dr. Schumny, sondern auch der Fa. Sharp, Hamburg und den Herren der österreichischen Niederlassung in Wien. Ganz besonders aber ist der Autor Herrn Klaus Grün zu Dank verpflichtet, der ihm einige bemerkenswerte Programme zur Veröffentlichung überlassen hat. Das Besondere daran ist dabei der Umstand, daß sich Herr Grün als Unternehmenseigentümer der Bedeutung kleiner Computersysteme in den Facetten der gebotenen Anwendungsmöglichkeiten (Ausbildung, Spiel wie mancher praktische Einsatz) bewußt ist und für sich privat wie geschäftlich vielfältigen

Nutzen aus dem PC-1350 zieht. Dies scheint deswegen so bedeutdam, weil – aus welchen Gründen auch immer – dem Taschenrechner immer weniger Überlebenschancen nachgesagt werden und weil dem Personalcomputer eine in manchen Fällen nicht gerechtfertigte Vorrangstellung eingeräumt wird. In sehr vielen Programmbeispielen kommen die Fähigkeiten kleiner Computer, repräsentiert durch den PC-1350, voll zum Tragen; man überzeuge sich selbst.

Zu den Programmen:

Die in diesem Buch vorgestellten Programme wurden sorgfältig erarbeitet und gewissenhaft ausgetestet. Aus deren Anwendung können keine wie immer gearteten Rechte gegen Verlag und Autor abgeleitet werden. Die programmgesteuerten Verarbeitungen erfolgen auf Gefahr des Käufers. Sollte sich trotz sorgsamer Tests ein nie ganz auszuschließender Fehler zeigen, sind Verlag und Autor gerne bereit, bei der Behebung des Fehlers behilflich zu sein, ohne daß daraus ein Rechtsanspruch abgeleitet werden kann.

Die Vervielfältigung der Programme auf Audiokassetten ist schwierig, weil nicht jedem Leser der gleiche Recorder zur Verfügung steht und bei Einsatz von Fremdgeräten ein einwandfreies Laden nicht immer garantiert werden kann. Für eilige Leser besteht jedoch die Möglichkeit, die Programme auf je eine 16 Kbyte RAM-Erweiterungskarte kopiert zu erhalten; Anfragen hierzu sind direkt an den Autor

Dipl.-Ing. Gerfried Tatzl/WIV,
Mörikestraße 17, A-8052 Graz-Wetzelsdorf/Österreich

zu richten, Kopien auf Karten wie auf Kassetten erfolgen auf Rechnung und Gefahr des Käufers und ohne jedwede Garantie.

Graz, im Dezember 1986 Gerfried Tatzl

Inhaltsverzeichnis

1 Der Rechner

Eine Charakterisierung des PC-1350 kann sich auf wenige Bemerkungen beschränken, denn das Bedienungshandbuch gibt hinreichend Auskunft über die Rechnerfunktionen. Außerdem wird auf neue Eigenschaften und andere Besonderheiten ohnehin in einem eigenen Kapitel dieses Buches eingegangen.

Offenbar wurde der PC-1350 für spezielle Einsätze konzipiert, ohne daß dies aber in den Prospekten sowie im Handbuch besonders deutlich zum Ausdruck kommt. Die Betrachtung der besonderen Eigenschaften läßt einige Anwendungszwecke erahnen, wiewohl die konventionelle Verwendung dieses BASIC-Taschencomputers nicht vernachlässigt werden soll und auch im Handbuch entsprechend berücksichtigt wurde. In einem Prospekt aus dem Jahre 1984 fehlt beispielsweise jeder Hinweis auf die serielle Schnittstelle und dadurch jede Wertung einer solchen Einrichtung.

Mit diesem Buch soll auch versucht werden, diese Lücke zu schließen.

1.1 Allgemeines

Der Taschencomputer ist durch eine schalenförmige Hülle gegen mechanische Beschädigungen geschützt. Im Ruhezustand deckt diese in einer Rille geführte Hülle das Tastenfeld ab und kann beim Betrieb des PC-1350 als gewendet aufgesetzte Unterlage verwendet werden. Je nach angeschlossener Peripherie läßt sich diese Hülle von beiden Seiten über bzw. unter den Rechner schieben. Im Normalfall befindet sich die schützende Zunge auf der linken Seite vor der Anschlußbuchse für den CE-126P. Der serielle Anschluß auf der rechten Schmalseite des Computers ist mit einer eigenen Plastikspange abgedeckt.

Der Erstbenutzer sollte das Handbuch sorgsam durchgearbeitet haben und mit der Bedienung des PC-1350 vertraut sein, bevor er an die Nutzung der hier in diesem Buch vorgestellten Programme geht. Grundsätzlich empfiehlt sich die Aufzeichnung der Sammlung einschließlich der Rahmenprogramme auf einer Kassette. Die Rahmenprogramme können zur Erweiterung der Sammlung mit individuellen Programmen dienen, um diese von der Bedienung her den in diesem Buch präsentierten anzugleichen. Im Programmbetrieb empfiehlt sich im übrigen die Verwendung eines Netzadapters.

Als angenehm wird auch die mit einer Rändelscheibe verstellbare Kontrastveränderung der Anzeige empfunden.

1.2 Die Peripherie

Auch in diesem Punkt können wir uns kurz halten und uns auf einige wenige Bemerkungen beschränken.

Unter der direkt anschließbaren Peripherie ist als erstes das kombinierte *Drucker- und Kassetteninterface CE-126P* zu nennen. Dieser Drucker arbeitet mit Thermopapier; an das Interface kann ein — leider nur ein — Kassettenrecorder angeschlossen werden, der mit handelsüblichen Audiokasseten arbeitet.

Bei ständigem Wechsel der Kassette läßt sich aber so arbeiten, als hätte man zwei Recorder zur Verfügung. Dies ist allerdings nur dann von Bedeutung, wenn mit Datensätzen (Files) gearbeitet wird, die ständigen Veränderungen unterliegen. Diese Bemerkung trifft auf die Anschriftenverwaltung zu, wenn verschiedene Elemente einer Anschrift geändert werden müssen. In einem solchen Fall muß das Programm auf eine entsprechende Arbeitsweise abgestimmt werden.

Interessant sind auch die *Speicherkarten* als Mittelding zwischen einer Erweiterung des Arbeitsspeichers (RAM) und einem externen Speicher zur Aufnahme von Programmen und Daten. Speicherkarten wird man in der Regel zum Aufbau bzw. zur Anlage von Programmsammlungen aus Kostengründen weniger verwenden; für solche Anwendungen sind Kassette und Recorder die wirtschaftlichere Lösung. Für häufig fortzuschreibende Daten, zur parallelen bzw. gleichzeitigen Entwicklung mehrerer Programme sowie zum Wechsel von Programmen zwischen zwei PC-1350-Computern oder zwischen einem PC-1350 und einem PC-2500 und einer Verarbeitung vor Ort kann die Speicherkarte wertvolle Dienste leisten. In der vorliegenden Programmsammlung ist der Einsatz der Speicherkarte als Speichererweiterung bei sehr vielen Programmen unbedingt erforderliche Voraussetzung für manche Verarbeitungen.

Über das serielle Interface nach RS-232-C kann aber auch der bereits erwähnte *Printer/ Plotter CE-516P* angeschlossen werden. Damit ist bei Einsatz des PC-1350 die graphisch unterstützte Ausgabe auch für Hardcopies nutzbar; der Befehlsvorrat für graphische Darstellung findet sich im Handbuch dieses Plotters, auf den wir noch zurückkommen werden.

Der Recorder wird nicht direkt über den Computer, sondern über das bereits erwähnte Interface CE-126P an das System angeschlossen. Es muß nicht unbedingt der CE-152 sein; es können auch andere Recorder, welche die Bedingungen des CE-152 erfüllen, verwendet werden. Ein gewisser Ausgleich läßt sich durch die Wahl einer langsameren Datenübertragung finden, sollte es zu Aufzeichnungs- bzw. Einleseproblemen kommen.

1.3 Unterschiede zu anderen Sharp-Taschencomputern

Jene, die den PC-1500 bzw. das Nachfolgemodell PC-1500 A mit erweitertem Grundspeicher kennengelernt haben, werden am PC-1350 einige Dinge vermissen. Man muß das neue Gerät offenbar unter anderen Gesichtspunkten beurteilen. So gibt es keine eingebaute Uhr, am Drucker- und Kassetteninterface CE-126P fehlt ein Anschluß für einen zweiten Recorder. Kenner des PC-1260 hätten die Help-Funktion und die Möglichkeit der Auflistung des Befehlsvorrats mit Anwendungsbeispielen auch am PC-1350 begrüßt.

Andererseits bieten aber zwei Eigenschaften des PC-1350 wesentliche Vorteile: Die vierzeilige Anzeige ermöglicht eine ausgedehnte Anwendung der Menütechnik und des Dialogverkehrs. Eine größere Anzeige läßt in manchen Fällen einen Drucker vermissen, wenn es bei Ausgaben auf eine Ergebnisdokumentation nicht ankommt. Aus diesem Grund sind auch die meisten Programme dieser Sammlung für einen wahlweisen Betrieb über die Anzeige bzw. über einen angeschlossenen Drucker ausgelegt. Zum zweiten ist das E/A-Interface tatsächlich ein Schlager für Taschencomputer und eröffnet Möglichkeiten, von denen wir noch hören werden.

Was das Sharp-BASIC angeht, hätte man sich beim PC-1350 zumindest den zweiten ELSE-Ausgang bei einer IF-THEN-Verzweigung erwartet. Allerdings läßt sich dieser Mangel leicht umgehen.

Was den PC-1350 aber noch von den meisten Taschencomputern, die mit der Programmiersprache BASIC betrieben werden, abhebt, ist die „RAM-Card"-Speichertechnik. Diese zwar etwas teure Art der externen Speicherung von Programmen und Daten hat für verschiedene Anwendungen entschiedene Vorteile. Es wäre aber schön gewesen, hätte man den PC-1350 auch mit einer normalen Speichererweiterung parallel zur RAM-Karte ausgerüstet.

Eines ist klar: Bei so vielen ansprechenden Eigenschaften bekommt man nie genug und übersieht dabei, daß man einen Taschencomputer und keine Großanlage vor sich hat. Dazu kommt noch, daß das Anwendungsgebiet des PC-1350 im Handbuch zu wenig deutlich herausgearbeitet wurde.

1.4 Eigenheiten des Sharp-BASIC

Die Programmiersprache BASIC zählt zu den Sprachen mit den meisten Dialekten. So hat auch das BASIC, das die Firma Sharp in ihren Taschencomputern verwendet, seine Eigen-, aber auch Besonderheiten, die es von anderen BASIC-Varianten signifikant unterscheidet. Das Sharp-BASIC zählt zu den erweiterten Sprachvarianten und zeichnet sich darüber hinaus durch einige sehr mächtige Eigenheiten aus, die in anderen Formen dieser Programmiersprache fehlen.

- Es gibt *Formalismen*, die ins Auge stechen: Im Listing eines Programms werden die die Zeilenkapazität überschreitenden Anweisungen eingerückt, so daß sich die Zeilennummern deutlich vom Text abheben und das Programm dadurch übersichtlicher machen. Steueranweisungen werden dabei nicht abgeteilt, sondern zur Gänze in die nächste Zeile – eingerückt! – befördert, wenn sie in der vorangehenden Zeile nicht mehr mit ihrer vollen Länge Platz finden. Diese Eigenheit zeigt sich auch bei der Editierung in der Anzeige: Der Cursor überspringt eine Steueranweisung in einem und nicht zeichenweise, wie in anderen Fällen. Ein wesentlicher Vorteil bei Änderungen.

Ein flexibler, zugleich aber auch strenger und ordnender Formalismus zeigt sich bei der Eingabe der folgenden Programmzeilen:

```
Eingabe:           15ØA=LOGINTZ:PRINTA$
geordnete Zeile:   15Ø:A= LOG INT Z: PRINT A$
Eingabe:           16Ø    B    =12    Ø     3    ØØ7
geordnete Zeile:   16Ø:B=12Ø3ØØ7
```

Der Rechner fügt dort, wo er es für notwendig findet, selbsttätig Leerstellen ein und entfernt überflüssige. Dadurch wird eine strukturierte Programmdarstellung verhindert; allerdings scheint dadurch die Leserlichkeit eines Listings nicht beeinträchtigt, sondern eher verbessert.

- Aus dem gleichen Grund können Klammern von Argumenten – wie im vorliegenden Fall 1 – unterbleiben, wiewohl das Setzen von Klammern nicht verboten ist. Der Fall 1 der zuvor erwähnten Formalismenproblematik würde mit Klammern so aussehen:

```
Eingabe:           15ØA=LOG(INT(Z)):PRINTA$
geordnete Zeile:   15Ø:A= LOG ( INT (Z)): PRINT A$
```

Das Setzen von Klammern bei aus arithmetischen Ausdrücken bestehenden Argumenten ist aber erforderlich, da sonst die Reihenfolge der auszuführenden Operationen in einer nicht beabsichtigten Richtung hin geändert wird.

- Die Anweisungen WAIT (mit und ohne Argument) sowie USING (allein oder im Zusammenhang mit einer PRINT- bzw. LPRINT-Anweisung) sind so lange gültig, bis sie durch eine andere gleichartige Anweisung abgelöst werden. In anderen BASIC-Formen kommt es vor, daß diese Befehle nur für *eine* bestimmte Ausgabe- oder Verarbeitungsoperation gilt. WAIT und USING gehören dort gewissermaßen zu den selbstlöschenden Funktionen sind als programmtechnische „Eintagsfliegen" zu bezeichnen.

- Von der Möglichkeit einfacherer berechneter Sprunganweisungen wird in der Form der ON-GOTO/GOSUB-Anweisung Gebrauch gemacht. Indirekte bzw. berechnete Programmsprünge wie mit GOTO und GOSUB in der Form GOTO Z bzw. GOTO Z$ sind Formen, die es offenbar nur beim Sharp-BASIC gibt. Anstelle der Variablen Z (entspricht dem Sprung zu einer Zeilennummer) kann auch ein arithmetischer Ausdruck stehen und anstelle der Zeichenkettenvariablen Z$ ein String.

- Im Zusammenhang dazu steht auch die Möglichkeit des Einsatzes von Programm-Marken in der Form alphanumerischer Zeichenketten, so daß ein Programmteil in der Form

  25ØØ:"START":Verarbeitung

  mit RUN "START" (ENTER) bzw. GOTO "START" (ENTER) gestartet werden kann.

- Programmstarts sind beim Sharp-BASIC auch mit der (DEF)-Taste möglich. Als zweite zu betätigende Taste kann eine der 18 reservierten Tasten gewählt werden. Der jeweilige Buchstabe ist gleichzeitig ein „Alpha-Label", und die betreffende Programmzeile hat dann folgendes Aussehen:

  37ØØ:"A":Verarbeitung

  Der so bezeichnete Programmteil kann mit der Betätigung der Tasten (DEF) und A, aber auch mit RUN "A" (ENTER) bzw. GOTO "A" (ENTER) gestartet werden.

- Verschiedene Steueranweisungen lassen sich auch abgekürzt eingeben; so kann anstelle der Buchstabentasten P, R, I, N und T für die Anweisung PRINT allein das P gefolgt von einem Punkt für das Setzen dieser Ausgabeanweisung betätigt werden. Die in manchen anderen BASIC-Formen übliche Variante des Setzens des Fragezeichens ? anstelle der Steueranweisung PRINT funktioniert hier nicht, daß dem Fragezeichen und der Steueranweisung PRINT unterschiedliche Codes zugeordnet sind.

- Die Ausgabeanweisung PRINT für die Anzeige kann zeitweise auch als Druckanweisung eingesetzt werden; auch hier ist wie bei WAIT und USING eine Langzeitwirkung gegeben. Dieses Umschalten bewirkt folgende Anweisung:

  45Ø:PRINT = LPRINT

  Die Rückversetzung in die ursprüngliche Wirkungsweise muß durch die Anweisung

  55Ø:PRINT = PRINT

  bewerkstelligt werden.

- Neben dem Start eines Programms mit der (DEF)-Taste bzw. mit dem RUN-Kommando wird in vielen Fällen auch die Sprunganweisung GOSUB eingesetzt; im Sharp-BASIC muß dagegen die GOTO-Anweisung verwendet werden.

- Eine der wesentlichsten Eigenheiten zeigt sich bei der Betrachtung der Wirkungsweise der Eingabefunktion INPUT. Das Sharp-BASIC läßt nämlich – was nicht alle BASIC-Formen tun – die Betätigung der Eingabetaste (ENTER) auch ohne vorangehende Eingabe zu. Die zuletzt gespeicherte Information wird dabei beibehalten. Die meisten anderen BASIC-Varianten führen in diesem Fall allenfalls nach der INPUT-Anweisung gesetzte Befehle aus, *nicht aber* das Sharp-BASIC! In wieder anderen Fällen ist die Betätigung der Ausführungstaste ohne vorangehende Eingabe überhaupt nicht möglich. Diese bemerkenswerte Eigenschaft der INPUT-Anweisung des Sharp-BASIC dürfte nicht generell bekannt sein, läßt aber folgende Sharp-spezifische Abwicklungen zu:

Setzen einer Eingabekennzeichnung

```
25Ø:S=Ø: INPUT "Eingabe = ";X:S=1
```

Wird nun eine Eingabe vorgenommen, wird der Merker S auf den Inhalt 1 gesetzt. Die Betätigung von (ENTER) ohne vorangehende Zahleneingabe führt zu S = 0. Dabei spielt es keine Rolle, ob eine numerische oder eine alphanumerische Eingabe zur Debatte steht; die Eingabekennzeichnung S=1 funktioniert in beiden Fällen.

Eingabeplausibilitätskontrolle

```
37Ø:INPUT "CODE = ";C: IF C<5 OR C>1Ø THEN 37Ø
```

Die der Eingabeanweisung in Zeile 370 folgende Eingabeplausibilitätskontrolle läßt nur die Zahlen von 5 bis 10 zu. Die Kontrolle könnte im übrigen durch die Berücksichtigung nur ganzer Zahlen ("OR C<> INT C") erweitert werden. Bei einer Eingabewiederholung ist eine nochmalige Eingabekontrolle nicht notwendig.

- Neben den üblichen Relationen kennt das Sharp-BASIC eine verkürzte Form des Vergleichs einer Variablen bzw. eines arithmetischen Ausdrucks mit dem Wert „größer Ø". Bei dieser Variante unterbleibt das Anschreiben des Relationszeichens und der Vergleichszahl 0. Diese Form hat den Vorteil, mit weniger Speicherplatz auszukommen. Die beiden folgenden Versionen sind einander gleichwertig:

```
157Ø:IF X THEN 85Ø      und      157Ø:IF X>Ø THEN 85Ø
```

In beiden Fällen erfolgt die Verzweigung zur Programmzeile 850 nur dann, wenn der Inhalt des Variablenspeichers X größer als 0 ist.

1.5 Ergänzungen zum Bedienungshandbuch

An der Druckart des Handbuchs erkennt man die Schnelllebigkeit der Zeit. Oftmals reicht der zur Verfügung stehende Zeitrahmen zur Entwicklung eines neuen Computers nicht aus, um ein besonders gutes Bedienungshandbuch zu machen: Es muß alles sehr schnell gehen. Die Handbücher früherer Rechner waren da fallweise besser, da und dort gab es auch noch ein Stichwortverzeichnis; ein sehr wichtiges Element für ein Handbuch. Die Geschwindigkeit, mit der ein neues Gerät auf dem Markt eingeführt wird, verhindert daher ein zeitraubendes Ausloten von Möglichkeiten, die anläßlich der Konzeption noch nicht klar zutage treten können. Ein über einen längeren Zeitraum reichender Test kann noch viele Eigenschaften eines neuen Geräts zu Tage fördern. Aus diesem Grund sei das einleitende Kapitel mit einigen wertvollen Ergänzungen zum Handbuch abgeschlossen. Die nachfolgend angesprochenen Punkte können das Bild nicht vollständig abrunden; deshalb haben wir ja auch von Ergänzungen gesprochen, und jeder wird innerhalb seines eigenen speziellen Anwendungsgebiets bald auf weitere Möglichkeiten stoßen.

Programmeingabe

Ein Anfänger in der Programmierung tut gut daran, die Überischt nach Möglichkeit nicht zu verlieren. Aus diesem Grund ist zu empfehlen, zu Beginn in einer Programmzeile nicht mehr als eine Anweisung aufzunehmen. Einfache BASIC-Vairanten lassen im Gegensatz zum Sharp-BASIC, einer wesentlich erweiterten Form dieser beliebten Programmiersprache, mehrere Befehle ohnehin nicht zu. Dieser Rat sollte so lange beherzigt werden, bis man über ausreichende Programmiererfahrung verfügt. Der PC-1350 erlaubt in eine Programmzeile mehr als eine Anweisung hineinzupacken. Die Zeile kann bis zur Erschöpfung ihrer Kapazität Anweisungen aufnehmen.

Eine wesentliche Erleichterung schafft man sich bei der Eingabe einander *ähnlicher Zeilen*. Dieser Vorteil wird bei langen Programmzeilen besonders spürbar. Die zu variierende Zeile ist mit der Editierfunktion LIST in die Anzeige zurückzurufen, in Zeilennummer bzw. Anweisungen zu ändern und als neue Programmzeile abzuspeichern.

In einer Zeile können mehr als eine GOSUB- wie auch NEXT-Anweisungen gesetzt sein. Der Beginn der FOR-TO-STEP-Schleife muß ebenfalls nicht allein in einer Zeile stehen; es lassen sich auch mehrere Schleifen in einer Zeile starten und beenden.

Verständlicherweise wird durch solche Praktiken die Übersichtlichkeit sowie Leserlichkeit der Listings nicht gerade gefördert; andererseits aber wird eine etwas knapp bemessene Speicherkapazität durch vollgestopfte Zeilen ausgenutzt. Der letztgenannte Umstand ist besonders dann von Bedeutung, wenn mit dem PC-1350 ohne zusätzliche Speichererweiterung gearbeitet wird.

Eingabe- und Zuweisungstechnik

In diesem Punkt wollen wir uns ein wenig mit jener Technik vertraut machen, mit der Daten eingegeben bzw. bestimmten Variablenspeichern zugeordnet werden. Auch beim PC-1350 treffen wir auf die für das Sharp-BASIC signifikanten Zuordnungsmöglichkeiten: AREAD-Technik (Eingabe eines Zahlenwerts mit *nachfolgender* Betätigung einer Eingabefunktionstaste), READ/DATA-Technik (Zuweisungen von Zahlenwerten bzw. Texten durch Fixierung der Konstanten im Programm) sowie INPUT-Anweisung (Einspeicherung von Informationen, wie Zahlen und Texte im Zuge einer laufenden Verarbeitung).

Lassen Sie uns die letztgenannte Möglichkeit in näheren Augenschein nehmen. Die einfachste Form einer Zahleneingabe erfolgt mit der Anweisung

```
28Ø:INPUT K
```

wobei in der Anzeige das Fragezeichen erscheint. Für solche Fälle muß eine ausführliche Programmanleitung vorhanden und darüberhinaus der ein Programm Ausführende über den jeweiligen Stand der Verarbeitung vollständig im Bilde sein, damit immer die richtige Eingabe getätigt werden kann.

Zur Vermeidung von Eingabeirrtümern bedient man sich erläuternder Eingabetexte und spricht bei dieser Gelegenheit auch von *Dialogverarbeitung*. Die Programmzeile 280 wird wie folgt erweitert:

```
28Ø:INPUT "Kosten = ";K
```

Mit der Textkennzeichnung "Kosten" wird nun eindeutig klargestellt, daß nur Kosten und nichts anderes bei diesem Programmstop eingegeben werden dürfen. Anstelle des zuvor erwähnten Fragezeichens erscheint in der Anzeige nun der Cursor "_" und macht auf die bevorstehende Eingabe aufmerksam. Wenn aber auch das Fragezeichen gewünscht wird, kann auf zweierlei Weise vorgegangen werden:

280:INPUT "Kosten?";K

Die zweite Variante sieht die Auflösung der Zeile 280 in zwei Programmzeilen vor:

280:PRINT "Kosten = ";

290:INPUT K

Bei dieser Vorgehensweise wird unterstellt, daß zum Zeitpunkt der Eingabe die Funktion WAIT ohne Argument gilt. Der Nachteil dieser Variante liegt darin, daß nach dem Erscheinen des Textes "Kosten = " in der Anzeige erst einmal die Taste (ENTER) gedrückt werden muß, damit auch das Fragezeichen in der Anzeige sichtbar wird. Erst dann kann die Eingabe vorgenommen werden. Diesem Mangel läßt sich mit folgender Eingabekonstruktion begegnen:

280:WAIT 0: PRINT "Kosten = ";

290:INPUT K

Die Anweisung WAIT 0 bewirkt keine Verzögerung in der Anzeige des Eingabedialogs und bringt daher das gewünschte Fragezeichen sofort in die Anzeige; in der Anzeige erscheint also "Kosten = ?". Dazu ist auf eine Eigenheit des Sharp-BASIC aufmerksam zu machen, daß sowohl die Anweisung WAIT als auch USING nicht nur für eine Ausgabe gelten, sondern so lange, bis sie durch eine andere WAIT- bzw. USING-Anweisung abgelöst werden.

Marken

Der Unterschied zwischen *globalen* und *lokalen* Marken in einem Programm ist leicht zu ziehen: Nachdem der Speicher des PC-1350 mehr als ein Programm aufnehmen kann, sind nur *Zeilennummern* als lokale Marken anzusehen und zulässig, weil auch bei mehr als einem Programm eine Zeilennummer nicht mehr als einmal verwendet werden darf. Der Start eines Programms mit RUN (ENTER) berührt grundsätzlich nur das als erstes gespeicherte Programm. Befinden sich also mehrere Programme im Speicher des PC-1350, bezeichnet man diese entweder mit einer Textmarke, beispielsweise mit

250:"START": CLS

und beginnt mit RUN "START", oder man markiert den Beginn dieser einzelnen Programme mit einem der reservierten Buchstaben und benutzt die Taste (DEF) gefolgt von der Betätigung einer der reservierten Buchstabentasten zum Start eines Programms.

Berechnete Sprunganweisung

Dem Sharp-BASIC eigen ist auch eine andere Form der berechneten Sprunganweisung im Gegensatz zur Anweisung "ON Variable GOTO Zielliste". Die andere Form kann mit der Anweisung

650:GOTO ZL

ausgedrückt werden. Der Inhalt des Variablenspeichers ZL betrifft eine Zeilennummer, die aufgrund eines Rechenvorgangs ermittelt wird. Diese Art der berechneten Sprunganweisung hat dazu auch den Vorteil, rascher abzulaufen, als die ON-GOTO-Anweisung. Das gleiche gilt natürlich auch für den berechneten Unterprogrammaufruf mit GOSUB.

Wie im Sharp-BASIC auch eine Sprunganweisung GOTO "ZIEL" – also der direkte Sprung zur mit der Textmarke "ZIEL" eingeleiteten Programmzeile – möglich ist, kann auch eine berechnete Sprunganweisung in der Form

```
125Ø:GOTO Z$
```

verwirklicht werden, wobei der Inhalt des Stringspeichers Z$ beispielsweise die Zeichenkette "ZIEL" sein kann.

Diese besondere berechnete Sprunganweisung hat auch gegenüber der konventionellen Form, bei der im allgemeinen auch nur nach Zeilennummern gesprungen werden kann, den Vorteil geringeren Speicheranspruchs. Es ist einleuchtend, daß eine aus vielen Sprungadressen bestehende Zielliste mehr Speicherplatz benötigt, als die indirekte Angabe einer Adresse.

Name von Dateien

Hier muß man die Verwendung handelsüblicher Kassettenrecorder voraussetzen für das, was zur Benennung von Dateien zu sagen ist. Die Verwendung von Audiokassetten schließt ein bidirektioneles Suchen nach einem Programm oder einem Datensatz aus. Wird in einer Suchanweisung kein Argument angegeben, wird nach jenem File gesucht, das als nächstes am Band gespeichert ist. Daher ist die mehrmalige Verwendung eines Dateinamens auf einem Band im Fall des Einsatzes von Audiokassettenrecordern möglich. Dieser Umstand erleichtert nicht nur das Einlesen, sondern auch das Aufzeichnen von Datensätzen ganz besonders. Nachdem auch eine Prüflesung nach dem Aufzeichnen einzelner Datensätze nicht vorgesehen ist – zumindest nicht programmgesteuert –, sollte es bei der nachfolgenden Programmkonstruktion laufender Aufzeichnungen zu keinerlei Problemen kommen. Für das Einlesen muß anstelle der Anweisung PRINT nur die Steueranweisung INPUT gesetzt werden:

```
62Ø:FOR IN=1 TO X
63Ø:PRINT#"DATA"
      ... beliebige Verarbeitung
80Ø:NEXT IN
```

Rechengenauigkeit

Diese Frage wird im Bedienungshandbuch nur schüchtern angedeutet, aber in den sich daraus ergebenden Konsequenzen zu wenig deutlich herausgearbeitet. Der PC-1350 scheint genauer zu arbeiten, als andere Sharp-Rechner. Es kann von Vorteil sein, einzelne Funktionen zu prüfen. Beispielsweise versucht man bekannte Ergebnisse nachzuvollziehen, d.h. die Funktion auszuführen und das bekannte Resultat davon abzuziehen, und hofft so, in allen Fällen die Zahl 0 als Ergebnis zu erhalten:

```
SIN 30 – 0.5  = 0
TAN 45 – 1    = 0
2^5 – 32      = 0
LOG 100 – 2   = 0
```

Verschiedene Rechenformeln werden aufgrund mathematischer Reihen entwickelt. Je mehr Glieder berechnet werden, desto genauer wird das Ergebnis. Allerdings hängt das Ergebnis auch noch von anderen Faktoren ab, die hier nicht im einzelnen diskutiert werden sollen. Jedenfalls ergeben sich Probleme, wenn sich aufgrund des Ergebnisses einer der genannten Operationen nicht die Zahl 0 zeigt und diese Funktion als Grundlage einer Programmverzweigung gewählt wurde. Die Konstruktion

```
760:IF SIN X=0.5 THEN ...
```

wird im Fall x = 30 nicht immer die gewünschte Fortsetzung zur Folge haben, wenn die Kontrollberechnung, wie zuvor erwähnt, als Ergebnis der Subtraktion nicht die Zahl 0 gebracht hat, auch wenn die Ungenauigkeit außerhalb der Anzeigekapazität lag. In solchen Fällen behilft man sich mit folgender Variante:

```
760:H=SIN X: IF H=0.5 THEN ...
```

Mit der Zuweisung des Resultats von sin 30 an den Variablenspeicher H erfolgt eine interne Rundung; die nicht sichtbaren Abweichungen werden mit der Wertzuweisung beseitigt.

Andererseits kann man sich auch mit einer Rundung im Programm helfen, indem man die erforderliche Genauigkeit auf einige wenige Dezimalstellen beschränkt.

Argument einer Funktion oder Anweisung

Allein Kommandos wirken aufgrund des Vorhandenseins der *Steueranweisung*. Verschiedene Funktionen bzw. Anweisungen bedürfen zur vollen Wirksamkeit eines *Arguments*. Dieses kann eine Variable oder auch ein arithmetischer Ausdruck sein. Wie schon anläßlich der Erwähnung einer besonderen berechneten Sprunganweisung dargestellt, kann es auch andere Argumente, beispielsweise Zeichenketten oder Zeichenkettenvariable, geben. In allen jenen Fällen, in denen laut Referenz zu einer Anweisung auch eine Zeichenkette als Argument dienen kann, läßt sich in der Regel (nicht bei CHAIN!) auch die Zeichenkettenvariable einsetzen; im Ernstfall sollte man allerdings die Wirksamkeit einer solchen Vorgehensweise testen.

INKEY$

Diese Funktion arbeitet mit oder ohne Zuweisung des Codes einer gedrückten Taste zu einer Zeichenkettenvariablen. Um die Programmfortsetzung durch die Betätigung einer beliebigen Taste – beispielsweise nach einer umfangreichen Anzeige, die in mehr als einem Teil (Blättern) angezeigt werden muß – bewerkstelligen zu können, läßt sich auch folgende Form verwenden:

```
2500:IF INKEY$="" THEN 2500
```

Wird keine Taste gedrückt, bewegt sich das Programm nur zwischen Beginn und Ende der Programmzeile 2500. Dabei ist allerdings die Betätigung bestimmter Tasten, wie (DEF), (SHIFT), (ENTER), etc. ausgeschlossen, d.h. der Druck auf solche Tasten zeigt nicht die beabsichtigte Wirkung. Ausgeschlossen bleibt in allen Fällen die BREAK-Taste! Will man aber eine Programmfortsetzung nur auf eine Taste beschränken, wählt man folgende Konstruktion:

```
2500:P$="":IF INKEY$<>"P" THEN 2500
```

Jede Tastenbetätigung außer dem Druck auf die Buchstabentaste P sowie das Ausbleiben einer Berührung einer Taste zwingt den Rechner, wieder innerhalb der Zeile 2500 zu rotieren. Die zu Beginn von Zeile 2500 erfolgte Löschung verhindert, daß ein gegebenenfalls vorhandener Speicherinhalt von P$ Verwirrung stiftet.

Programmgesteuertes Aufrufen eines Programms

Das Laden eines Programms ist nicht nur über das Tastenfeld mit der Anweisung CLOAD möglich, sondern kann auch programmgesteuert mit der Anweisung CHAIN erfolgen. Was ist passiert, wenn das Programm offenbar wohl eingelesen, aber nicht automatisch gestartet wurde, wie es die Anleitung versprochen hat? Den Hinweis gibt uns der Versuch: Der Programmstart unterbleibt, weil die Anzeige "ERROR 4" aufscheint. Wenn wir im Fehlerverzeichnis nachsehen, lesen wir zu "ERROR 4" den Hinweis „zu große Zeilennummer". Wie es sich dabei verhält, verrät das Handbuch nur indirekt, indem es an einem Beispiel darstellt, daß nur dann ein automatischer Start des Folgeprogramms gegeben ist, wenn dieser Start mit einer höheren Zeilennummer erfolgt, als jene, in der die CHAIN-Anweisung gespeichert ist. Im Test hat sich allerdings ergeben, daß die Zeilennummern im Höchstfall gleich sein können. Man sollte aber aus Sicherheitsgründen den Start unbedingt mit einer höheren Zeilennummer erfolgen lassen.

Der Hinweis "ERROR 4" ist nur ein Schönheitsfehler; man startet das Programm nach dem Löschen des Bildschirms eben von Hand.

Speicherung von Zeichenketten

Im Bedienungshandbuch vermißt man einen Hinweis darauf, wieviele Zeichen in einem reservierten Standardvariablenspeicher untergebracht werden können. Man meint, daß auch hier die Mindestregel von 16 Zeichen gelten würde, die bei einem Fehlen einer Vereinbarung bei frei wählbaren Zeichenkettenspeichern üblich ist, und wundert sich bei einem Versuch, daß nur 7 Zeichen der 16 Zeichen umfassenden Eingabe wiedergegeben werden. Aus diesem Grund wollen wir die Speicherkapazitäten zusammengefaßt einander gegenüberstellen.

Reservierte Standardvariablenspeicher

A$ bis Z$: 7 alphanumerische Zeichen

Durch Verwendung definierte Zeichenkettenvariable

Beispiel MM$: 16 alphanumerische Zeichen

Vereinbarte Feldvariable

Beispiel NN$(m)*nn: m = Anzahl der Feldelemente (0–255)
nn = Anzahl der Zeichen (1 bis 80)

Formatspezifikator

Im Bedienungshandbuch sind zur Formatanweisung USING eine Reihe von möglichen Formatspezifikatoren genannt. Es wird auch darauf hingewiesen, daß anstelle eines Strings als Spezifikator auch eine Zeichenkettenvariable zur Anweisung USING gesetzt werden kann. Es besteht aber noch eine weitere Möglichkeit:
Sollte es aus irgendwelchen Gründen notwendig werden, kann anstelle einer Zeichenkettenvariable auch eine Kombination aus mehreren Variablen gesetzt werden. Die Anweisung

```
USING "########"
```

ist gleichwertig der folgenden Konstruktion:

```
A$="###" : B$="#####"
USING A$+B$
```

Relationen

Neben den bekannten Relationen, die wohl in allen BASIC-Varianten vorzufinden sind, hat sich beim Sharp-BASIC eine leider nicht im Handbuch vermerkte Kurzform einer besonderen Relation, nämlich der Vergleich eines Ausdrucks gegenüber "größer Ø" eingebürgert. In dieser Form unterbleibt die Angabe des Relationszeichens sowie der Vergleichszahl 0. Diese Form wird wie folgt angeschrieben:

```
275:IF M THEN 38Ø
```

Wenn also der Inhalt der Variablen M größer als 0 ist, verzweigt das Programm zu Zeile 380. Gleichwertig dazu ist die Form

```
275:IF M>Ø THEN 38Ø
```

auch wenn sie den Nachteil eines etwas größeren Speicherbedarfs zu tragen hat.

IF-THEN-Verzweigung

Den im Sharp-BASIC nicht enthaltenen zweiten Ausgang mit der Steueranweisung ELSE kann man durch folgende Konstruktion ersetzen:

```
345Ø:V=3Ø: IF N= INT N LET V=31
```

Diese Anweisungsart ist jener gleichwertig, die bei Verwendung des zweiten Ausgangs mit ELSE gewählt werden kann:

```
345Ø: IF N= INT N LET V=31 ELSE LET V=3Ø
```

Wesentlicher als das Vorhandensein bestimmter Funktionsvarianten ist die Erfassung des Vorgangs und dessen Umsetzung in *eine* von mehreren möglichen Formulierungen.

Numerische Eingaben

Numerische Eingaben können nicht allein in Form von Konstanten, sondern auch in Form von arithmetischen Ausdrücken bewerkstelligt werden. In einem solchen Ausdruck kann auch ein Variablenname vorkommen. Dies ist allerdings nur dann sinnvoll, wenn diese Variable zum Zeitpunkt der Eingabe mit einer Zahl besetzt ist. Auf alle Fälle kann ein beliebiger Ausdruck, beispielsweise in der Form

(23-5)*12/245

als Eingabe angesetzt werden. Auf diese Weise vermeidet man mitunter lästige Zwischenrechnungen; das Resultat dieser Operation bekommt man dabei allerdings nicht zu Gesicht, es sei denn, es wird im Zuge einer Dokumentation der Ausgangswerte zusammen mit dem Ergebnis bekannt gemacht.

Behebung von Eingabeirrtümern

Wenn aus irgendeinem Grund ein ERROR-Hinweis während einer programmgesteuerten Verarbeitung in der Anzeige erscheint, ist das jeweilige Programm grundsätzlich unterbrochen und muß auch nach dem Löschen der ERROR-Anzeige mit der Taste (CLS) neu gestartet werden. Mit diesem Löschen verschwinden auch alle anderen Informationen am Bildschirm. Vor dem Neustart ist allerdings nach dem Grund dieser ERROR-Anzeige zu suchen und der jeweilige Fehler zu beheben. Man könnte sich aber auch der ON-ERROR-Anweisung bedienen, wenn eine solche im PC-1350 verfügbar wäre.

In den meisten Verarbeitungen operiert man im allgemeinen im Dialog und verwendet dabei recht einfache Eingabemasken. Solche werden durch PRINT- bzw. durch kommentierte INPUT-Anweisungen gebildet. Wird nun noch vor der Betätigung der Ausführungstaste (ENTER) ein Eingabeirrtum entdeckt, läßt sich dieser mit den Cursortasten ansteuern und beheben. Ist jedoch der größte Teil der Eingabe falsch, löscht man die Eingabe in einem und benutzt dazu die bereits erwähnte (CLS)-Taste, ohne daß allerdings in diesem Fall die Eingabemaske gelöscht wird; die Anzeige präsentiert sich wie vor Beginn der Eingabe; dieselbe kann nun richtig wiederholt werden.

Bei numerischen Eingaben lassen sich Zulässigkeitsbereiche festlegen. Eine *Plausibilitätskontrolle* verhindert das Eindringen unzulässiger Eingaben. Die folgende Kontrolle läßt nur zwischen einschließlich 1 und 100 liegende ganze Zahlen durch und landet in der Fehleranzeige des nächsten Beispiels:

```
256Ø:IF (X<1) OR (X>1ØØ) OR (X<> INT X) THEN 287Ø
```

Nach der etwa 6 Sekunden dauernden Fehleranzeige (Zeilen 2860/2870) wird die Eingabewiederholung angesteuert; von derartigen Maßnahmen wurden in den verschiedenen Programmen dieses Buchs stark Gebrauch gemacht.

Die zweite Möglichkeit zur Abwehr von Fehlereingaben, die zwar innerhalb der vorgegebenen Zulässigkeitsgrenzen liegen, dennoch unerwünscht sind, besteht in der Formulierung von Fortsetzungsentscheidungen, wobei man allerdings auf den Bildschirm hinsehen und einen Fehler erkennen muß. Will man dabei die Eingaben am Bildschirm behalten, verwendet man die einzeilige Zusatzanzeige:

```
283Ø:PRINT "ok? ja(J),no(N) druecken"
```

Werden hingegen eine Reihe verschiedener Eingaben zur Kontrolle über den Drucker ausgegeben, kann über die Richtigkeit der Eingaben mit einer vierzeiligen Variante entschieden werden:

```
2800:PRINT "** Verarbeitungstitel **"
2810:PRINT "******************"
2820:PRINT "Eingaben korrekt (J)"
2830:PRINT "Eing. wiederholen (N)"
```

Zur Steuerung der weiteren Programmfortsetzung bedient man sich in beiden Fällen der INKEY$-Funktion:

```
2840:IF INKEY$="J" THEN 2890          Gutbefund
2850:IF INKEY$<>"N" THEN 2840         ewige Schleife
2860:WAIT 200                         knappe 4-Sekunden-Verzögerung
2870:PRINT "Eingabe unzulaessig!"     Fehlerhinweis
2880:GOTO Eingabewiederholung
2890:Fortsetzung bei angenommener Eingabe
```

So läßt sich jede Eingabe in drei Stufen – Löschen der Eingabe vor Betätigung der (ENTER)-Taste, Eingabeplausibilitätskontrolle und Eingabewiederholung nach einer Kontrollentscheidung ausreichend sichern. Die Wahrscheinlichkeit, daß dennoch falsche Zahlen in eine Verarbeitung gelangen, ist wohl stark vermindert, zufolge mancher menschlichen Schwäche aber nie ganz auszuschließen.

Die Zahl 10 000 000 000 oder 1E10

Die Verwendung der Zahl 10 000 000 000 bringt vor allem dann Probleme, wenn diese Zahl als Vergleichszahl in einer Verzweigung verwendet wird. Das liegt an der Unmöglichkeit der Darstellung von mehr als 10 Ziffern umfassenden Zahlen. Es können wohl 11 Stellen eingegeben werden; diese Eingabe führt aber zur Darstellung der Zahl in wissenschaftlicher Exponentialform 1E10. Wenn Sie nun die nachfolgenden Relationen über die Anzeigen eingeben, werden Sie irreführende Antworten erhalten. Es sei unterstellt, daß die Zahl 9 999 999 999 sich im Variablenspeicher V befinde:

V < 1E10 bringt als Antwort nicht 1, sondern 0.
V < 1E10+8 ergibt noch immer als Antwort 0; erst
V < 1E10+9 bringt mit 1 die richtige Antwort.

Wenn wir nun V = 9 999 999 990 setzen, führt dies zur folgenden Antwort:

V < 1E10 ergibt 1.

Bei V = 9 999 999 991 erhalten wir bei der gleichen Relation allerdings noch die Antwort 0. Man wird also für solche Fälle Grenzwerte, die gerade noch zugelassen, oder gerade schon abgewiesen werden sollen, auf diese Weise überprüfen müssen, um vor Verzweigungsüberraschungen sicher zu sein.

Eingabe mit Pfiff

Der für Rechner dieser Bauart relativ große Bildschirm des PC-1350 läßt bekanntlich die Anzeige von vier Zeilen zu je 24 Zeichen zu. Damit wird eine Art Bildschirmmaske möglich, nach der eine Reihe verschiedener Eingaben bei Beibehaltung bereits getätigter vorgenommen werden können. Der jeweils nächstfolgende Wert wird bei nur wechselnder Anzeige des Eingabedialogs bei sonst unverändertem Bildschirminhalt eingegeben. Allerdings kann der Cursor nicht in beliebige Positionen (nur innerhalb einer Zeile!) gesteuert werden; dennoch ist diese Eingabemethode sehr ansprechend und kann sowohl mit einer für alle Elemente der Maskeneingabe gültigen Eingabeplausibilitätskontrolle wie auch mit einer Entscheidung über die Richtigkeit sämtlicher Eingaben gekoppelt werden.

Der Aufbau der Bildschirmdarstellung bzw. der Quasi-Eingabemaske sehe folgende Eingaben bei sich selbsttätig fortschreibender Postennummer vor:

- Eingabe einer Stückzahl
- Eingabe eines Gewichts in kg, z.B. Liefergewicht
- Eingabe eines Preises, z.B. Verkaufspreis

Zeile 1 und 2 des Bildschirms werden nun wie folgt besetzt:

```
Pos. Stk Gewicht Preis
- - - - - - - - - - - -
```

Nach Abschluß einer Eingabe wird dieselbe tabellengerecht in der Anzeige plaziert. Die Eingabehinweise, die der Reihe nach in der Anzeige aufscheinen, haben für dieses Beispiel folgendes Aussehen:

- "Stueck = _"
- "Gewicht kg = _"
- "Preis S = _"

Die Eingaben sind mit (ENTER) abzuschließen. Nach Abschluß einer Eingabe springt die eingegebene Zahl an die betreffende Stelle in der Eingabemaske, und der Eingabehinweis verschwindet bzw. macht dem nächstfolgenden Platz. Nach Abschluß der dritten Eingabe kann wie erwähnt eine Plausibilitätskontrolle wie auch eine Entscheidung über die Richtigkeit aller drei Eingaben in einem angeschlossen werden. Sollte eine Eingabezeile nicht akzeptiert werden, ist nur darauf zu achten, daß bei der Eingabewiederholung die Fortschreibung der Positionsnummer unterbleibt.

Bezüglich Programmgestaltung ist zu erwähnen, daß für die tabellarische Auflistung der Eingaben in der Anzeige die Formatspezifikatoren tabellengerecht gesetzt werden müssen.

Auf die Darstellung einer Eingabeplausibilitätskontrolle sowie einer Annahmeentscheidung der Eingabe wird im folgenden Listing allerdings verzichtet:

```
249Ø:PS=1
25ØØ:CLS
251Ø:PRINT "Pos. Stk Gewicht Preis"
252Ø:PRINT "———————————"
253Ø:PRINT USING "###";PS;
254Ø:INPUT "Stueck = ";ST
```

```
2550:PRINT USING "#####";ST;
2560:INPUT "Gewicht kg = ";GW
2570:PRINT USING "#####·##";GW;
2580:INPUT "Preis DM  = ";PR
2590:PRINT USING "#####·##";PR
.
.
.
```

Für eine nächste Eingabe bzw. für eine durch eine Plausibilitätskontrolle bewirkte oder über eine Eingabeentscheidung angewählte Eingabewiederholung wird generell zu Funkt 2500 gesprungen. Man beachte, daß nach der letzten Ausgabe der Eingabe in Zeile 2590 kein Semikolon gesetzt ist; diese Separatoren, mit denen die Zeilen 2530, 2550 und 2570 abgeschlossen sind, bewirken die tabellarische Eingabedokumentation über die Anzeige. Die Formatspezifikatoren ersetzen die im Sharp-BASIC fehlende TAB-Anweisung.

Schleifenkonstruktionen

Aufgrund der Eigenart der FOR-TO-NEXT-Schleife im Sharp-BASIC – die Schleife soll nur über die NEXT-Anweisung verlassen werden! – kann es in einigen Fällen bei hohen Endwerten des Schleifenindex zu unnötig langen Verarbeitungszeiten kommen. Für solche Fälle ist der Bau individueller Schleife vorzuziehen. In der Standardform einer Schleife würde das Gerüst derselben wie folgt aussehen:

```
2000:FOR I=1 TO 1000
.
.
.
2100:IF X=Y RETURN
.
.
.
2300:NEXT I
```

In dieser Konstruktion wäre das Verlassen der Schleife aufgrund der in Zeile 2100 angeschriebenen Bedingung möglich. Individuell ist dieses Problem nun auf folgende Weise zu lösen:

```
2000:REM Beginn der Individualschleife
.
.
.
2100:IF X=Y RETURN
.
.
.
2300:I=I+1: IF I<=1000 THEN 2000
```

Es läßt sich aber auch eine variierte Standardschleife zur Lösung dieser Aufgabe einsetzen:

```
2000:FOR I=1 TO 1000
.
.
.
2100:IF X=Y LET I=1000: GOTO 2300
.
.
.
2300:NEXT I
```

Diese Lösung kann auch für mehrfach verschachtelte Schleifen benutzt werden:

```
2000:FOR I=1  TO 1000
2010:FOR J=1  TO 1000
2020:FOR K=1 TO 1000
.
.
.
2100:IF X=Y LET I=1000:J=1000:K=1000: GOTO 2300
.
.
.
2300:NEXT I
2310:NEXT J
2320:NEXT K
```

Es soll damit nur angedeutet werden, daß die Verarbeitungszeit beträchtlich abgekürzt werden kann, ohne dabei einen wichitigen Formalismus der BASIC-Programmierung zu verletzen.

Individuelle Schleifen und Unterprogramme

Eine *individuelle Schleife* beginnt mit einer beliebigen Anweisung und endet in der Anhebung des Inkrements um einen vereinbarten Betrag D, worauf die Abfrage nach dem Erreichen oder Nichterreichen des Schleifenendwerts gestellt wird und daraufhin das Programm analog der NEXT-Anweisung entsprechend verzweigt wird. Die Schleife

```
1000:FOR I=1 TO X STEP D
1010:A=B+C
.
.
.
1200:NEXT I
```

wird durch die Individualkonstruktion

```
1Ø1Ø:A=B+C
.
.
.
12ØØ:I=I+D: IF I<=X THEN 1Ø1Ø
```

ersetzt. Ähnliches gilt für den Aufruf eines *Unterprogramms*. Es kann zwar vorkommen, daß Computer einen fehlenden Ausgleich von Rücksprungadressen tolerieren. Sicherheitshalber sollte man aber auch da einen individuellen Weg gehen.
Haupt- und Unterprogramm haben beispielsweise folgendes Aussehen:

```
Hauptprogramm                  Unterprogramm
.                              .
.                              .
.                              .
15ØØ:GOSUB 8ØØØ                8ØØØ:Y=Y+M
151Ø:X=X+Y                     801Ø:RETURN
.                              .
.                              .
.                              .
```

Diese Standardkonstruktion kann durch folgende individuell gestaltete ersetzt werden:

```
15ØØ:R=151Ø: GOTO 8ØØØ         8ØØØ:Y=Y+M
151Ø:X=X+Y                     8Ø1Ø:GOTO R
.                              .
.                              .
.                              .
```

2 Besondere Eigenschaften

Der Rechner aus dem Hause Sharp ist mit einigen Besonderheiten ausgestattet, auf die einleitend aufmerksam gemacht wurde. Die wesentlichsten Neuheiten aus der Sicht eines Taschencomputers sind die große Anzeige sowie der E/A-Anschluß zur Verbindung zu anderer Peripherie bzw. zu größeren Rechenanlagen.

2.1 Die große Anzeige

In einer vierzeiligen Anzeige läßt sich naturgemäß mehr unterbringen, als in einer einzeiligen. Das solchermaßen stark vergrößerte Platzangebot ermöglicht Anwendungen auch ohne Drucker. Um umfangreichere Ergebnisausgaben über eine einzeilige Anzeige vornehmen zu können, muß das Programm angehalten und meist durch Betätigung einer beliebigen Taste wieder gestartet werden. In manchen solcher Fälle hat man zwangsläufig einen Drucker als Ausgabeeinheit vorgezogen. Es ist angenehmer, Übersicht über einen möglichst großen Teil der Ergebnisausgabe in einem zu behalten. Außerdem ist eine Dokumentation von Resultaten nicht immer erforderlich. Auch wenn man nur einen Zahlenwert für weitere Operationen benötigt, ist es für die Ergebniszuordnung und zur Abschätzung der Richtigkeit oftmals sinnvoll, das Resultat im Zusammenhang mit der Eingabe oder mit anderen Zahlen bzw. Texten verbunden zu präsentieren. Für solche Fälle sind große Anzeigen besonders wertvoll und können unschätzbare Dienste leisten. Außerdem ist es fallweise sehr wichtig, Zwischenergebnisse anzuzeigen und diese durch die Ausgabe von Zusatzinformationen leserlicher zu gestalten.

2.1.1 Menütechnik

Wenn wir mit dem Platz in der Anzeige sparsam umgehen und Programmteile mit nur wenigen selbsterläuternden Kurztexten bezeichnen, können wir beispielsweise acht Fortsetzungshinweise in einer Anzeige darstellen. Von dieser Möglichkeit haben wir sowohl im Menü- als auch in den Rahmenprogrammen zu unserer Sammlung Gebrauch gemacht. Bei einer geringeren Anzahl an Fortsetzungsmöglichkeiten läßt sich die Anzeige auf vier Fortsetzungen mit erweiterter Textcharakterisierung eines Programmteils abstellen. Dabei ist es unerheblich, ob wir auf ein Menü mit der Start-Funktion (DEF) gefolgt von einer Buchstabentaste reagieren, oder ob das Menü programmintern in einer Warteschleife angezeigt wird und wir die Fortsetzung nach einer Menüauswahl allein durch Betätigung einer bestimmten Taste bewerkstelligen. Eine solche Warteschleife wird mit der INKE$-Funktion gebildet. Vielfältige Menüanzeigen ersparen der Bedienung ein Nachsehen in der Bedienungsanleitung zum jeweiligen Programm.

Nehmen wir als Beispiel zwei Fortsetzungshinweise. In solchen Fällen kann zusätzlich mit einem Texthinweis auf die jeweils laufende Verarbeitung hingewiesen werden; dies haben wir auch im Rahmenprogramm für die Entscheidung über die Aufnahme oder Ablehnung einer Verarbeitung und auch für die Wahl der Ausgabe über die Anzeige bzw. den Drucker standardmäßig vorgesehen. Die Entscheidung über die Art der Ausgabe wurde beispielsweise so gelöst:

** Verarbeitungstitel **

****

Anzeige Taste (A)

Druck Taste (D)

In dieser Form wird klargestellt, daß nur Betätigungen der Tasten A oder D vom Computer angenommen werden. Der Verarbeitungstitel zeigt an, in welcher Verarbeitung wir uns dabei befinden. Die Anzeige solcher Hinweise sollte generell zur Einleitung eines jeden Programms gehören.

Ein weitläufiger Suchbaum, also ein mehrstufiges Menü, läßt sich auch bei einer vierzeiligen Anzeige, realisieren. Er hat gegenüber einer fallweise möglichen direkten Ansteuerung einer bestimmten Verarbeitung einen klaren Vorteil: Anläßlich des Durchlaufens der Zweige des Suchbaums können parallel dazu Rechnereinstellungen vorgenommen werden, die man sich zu Beginn der eigentlichen Verarbeitung erspart. Dazu kommt noch, daß es für manche Programme gleichartige Vorbereitungsarbeiten gibt, die in einem Suchlauf daher nur einmal programmiert werden müssen. Auf diese Weise läßt sich nicht nur optimaler arbeiten, man erspart sich mitunter wertvollen Speicherplatz. Der Nachteil des größeren Zeitaufwands anläßlich des Durchlaufens eines Suchbaums wird durch größere Sicherheit der angestrebten Verarbeitung wettgemacht.

2.1.2 Dialogverarbeitung

Zur Dialogverarbeitung gehört auch die zuvor erwähnte Menütechnik. Das Menü ist Teil des Frage-und-Antwort-Spiels zwischen Mensch und Computer.

Wichtiger aber ist der Dialog im Zuge einer laufenden Verarbeitung zur Steuerung von Eingaben und zur Benennung von Ausgaben. Große Anzeigen lassen ausführliche Textkommentare zu. Durch die Bezeichnung von zu tätigenden Eingaben wird zweifelsfrei angegeben, welche Werte einzuspeichern sind. Bei numerischen Eingaben kann beispielsweise durch die Anzeige zuverlässiger Grenzwerte für weitere Sicherheit gesorgt werden, was für alle jene Fälle wichtig ist, in denen, aus welchen Gründen auch immer, auf eine Eingabeplausibilitätskontrolle verzichtet wird.

Der Dialog spielt sich im wesentlichen so ab, daß der Computer fragt, und wir durch die Betätigung einer oder mehrerer Tasten antworten oder umgekehrt, daß wir dem Computer über den Bildschirm bzw. die Anzeige Fragen stellen, die er entsprechend textlich kommentiert beantwortet. Im ersten Fall bietet uns der Computer einige Tasten an, mit deren Betätigung wir ihm auf seine Fragen eine Antwort erteilen; es können aber auch andere Antworten sein – Eingabe von Zahlen oder Texten – mit denen auf Fragen reagiert werden kann.

Auch bei der Ausgabe, gleichgültig ob über Anzeige oder Drucker ausgeführt, werden Textkennzeichnungen zu Zahlenresultaten als angenehm empfunden. Man vermeidet so Zuordnungsschwierigkeiten und erspart sich Rückfragen, die mitunter sehr zeitraubend sein können. Es ist beispielsweise gut zu wissen, ob es sich bei Längenangaben um m oder dm handelt, vor allem dann, wenn das Arbeiten mit verschiedenen Maßeinheiten in einem Programm nicht vermieden werden kann.

Der Sinn eines Dialogs mit dem Computer kann auch darin gesehen werden, daß uns der Rechner während einer längere Zeit in Anspruch nehmenden Verarbeitung laufend über den Stand der Dinge informiert. Leere Anzeigen vermitteln den Eindruck eines inaktiven Geräts. Die Anzeige von Texthinweisen wie „Berechnung läuft" oder „Datei wird eingelesen" kennzeichnen eindrucksvoll die jeweils laufende Teilverarbeitung und läßt mitunter bald erkennen, daß sich das Programm in einer ewigen Schleife gefangen hat, wenn die betreffende Anzeige nicht verschwindet.

Ein gut gemachter Dialog beansprucht zwar wertvollen Speicherplatz, vergrößert aber die Sicherheit jeder Verarbeitung; und dies in einem nicht unbeträchtlichen Maß. Daher empfiehlt es sich, den PC-1350 von vorne herein mit einer Speichererweiterung auszustatten.

2.2 Serielles Interface RS-232-C

Rechner der Größenordnung des PC-1350 arbeiten in der Regel für sich allein bzw. in einem System zusammen mit einem Drucker und einem Massenspeicher. An die Übertragung von Daten auf einen anderen Computer wird im Zusammenhang mit Taschen- und Handcomputern meist nicht gedacht. Der PC-1350 ist aber für solche Möglichkeiten ausgerüstet. Offenbar traut man kleinen Computern Datenübertragung nicht zu oder hält ein solches Vorgehen für wenig sinnvoll. Dem ist besonders Kapitel 6 dieses Buches entgegenzuhalten.

Warum baut man eine solche Datenübertragungseinrichtung überhaupt in Taschencomputer? Einerseits kann man auf diese Weise auch andere Drucker, z.B. der DIN-A4-Plotter CE-516P in das PC-1350-System einbinden, und andererseits ließen sich Daten tatsächlich im Wege der entsprechenden dafür vorgesehenen Anweisung übertragen. Hier könnte künftig vom Hersteller stärker als bisher auf die sich bietenden Möglichkeiten eingegangen und der Handel mit entsprechenden Einrichtungen besser versorgt werden.

2.2.1 Anschluß des DIN A 4-Plotters CE-516P

Nach Wissen des Autors hat die Fa. Sharp als erster Hersteller einen 4-Farben-Miniplotter für das DIN A 4-Format für Anschlüsse an kleine Taschen- und Handcomputer, wie auch für IBM PC (serielle Schnittstelle RS-232-C) auf den Markt gebracht. Dieser kann sowohl mit Einzelblättern, als auch von einer Rolle (Papierbreite 210 mm) mit Papier versorgt werden. Für die Lagerung der breiten Rolle ist im Gerät allerdings nicht vorgesorgt.

Das Besondere daran ist nun, daß auch der PC-1350 an diesen Plotter angeschlossen werden und sich mit diesem graphisch unterhalten kann. Dabei arbeitet der Plotter auch mit anderen Papierbreiten. So ist es problemlos möglich, auch von einer 114 mm breiten Rolle dem Plotter Papier zuzuführen. Für einfache Arbeiten tut der Thermodrucker CE-126P durchaus seinen Dienst; für Graphik-Anwendungen, von denen in Abschnitt 5.4 einige genannt werden, ist der Einsatz des großen Plotters kein Fehler. Man muß allerdings im Textbereich, um das volle Format ausnutzen zu können, die Zeichenanzahl mit der CONSOLE-Anweisung festlegen und darf auch nicht vergessen, die OPEN- und CLOSE-Kommandos zu verwenden. Auf CLOSE kann dann bekanntlich verzichtet werden, wenn die Verarbeitung in einer END-Anweisung endet.

Durch den seriellen Anschluß ist es möglich, beide Drucker parallel zueinander einzusetzen; das gilt im übrigen auch für den PC-2500.

Der Plotter ist auf einen Betrieb mit 114 mm breiten Rollenpapier und einer DIN-A4-Blattverarbeitung ausgelegt. Es läßt sich aber auch ein 210 mm breites Rollenpapier verarbeiten, was vor allem für Anweisungslisten gewisse Vorteile hat. Nunt übt der Plotter über diese Papierart eine Kontrolle aus. Wenn er nämlich den unteren Rand des DIN-A4-Formats erkennt, unterbleibt jeder weitere Papiervorschub, trotz Rollenpapiers!

Man kann sich mit einem Trick behelfen: Jede Betätigung der Papiervorschubtaste initialisiert den Drucker. Nach dem Drücken dieser Taste wird der jeweils eingestellte Papierstand als Beginn einer neuen DIN A4 großen Seite interpretiert. Für diese Initialisierung genügt ein Antippen, ohne dabei einen nennenswerten Papiervorschub zu bewirken. Es wäre allerdings von Vorteil, würde man diese Druckerinitialisierung auch programmgesteuert auslösen können.

2.2.2 Datenübertragung

Wiewohl mit dem PC-1350 Informationen auch einzeln übernommen werden können, scheint es sinnvoller, Daten in Form von *Datensätzen* (Files) zu übertragen und diese nicht nur vom Sendercomputer als Datenblock abzuschicken, sondern auch vom Empfängercomputer vor einer weiteren Bearbeitung zwischenzuspeichern. Auf diese Weise ist niemand zeitlich an eine sofortige weitere Bearbeitung der Informationen gebunden. Die Einzelübertragung Information für Information erfordert auf der Empfängerseite oftmals eine sofortige Auswertung bzw. Weiterverarbeitung und damit die Blockierung des sendenden Computers für einen längeren Zeitraum.

Man wird einen Datensatz für eine Übertragung so konzipieren, daß auch Erfassungsspitzen abgedeckt werden können. In Kapitel 6 werden einige solche Erfassungen in Programmbeispielen vorgestellt. Eine mobile Datenerfassung vor Ort läßt nicht immer einen Schluß auf die Menge der zu erfassenden Daten zu; deshalb ist die Forderung, ein möglichst umfassendes File anzulegen, durchaus auch für den PC-1350 ernst zu nehmen.

Im Rahmen dieses Filetransfers ist nicht nur die Lieferung und Übergabe von Daten an einen größeren Computer zu überlegen, auch der umgekehrte Datenfluß ist bei dieser Gelegenheit zu überdenken. Bei der Erfassung von Lohndaten in einem Fabrikationsbetrieb kann dem Werkmeister die Arbeiter erleichtert werden, indem in den erfassenden und dann sendenden Computer beispielsweise Namen und Personalnummer sämtlicher Beschäftigten vom größeren Computer eingespeichert werden, um so Eingabefehler auszuschalten. Dies gilt allerdings nur für den Fall, daß unter Einbeziehung einer Erweiterungskarte sämtliche Beschäftigten in der jeweils gewählten Form in einem im PC-1350 untergebracht werden können.

Für die technische Durchführung der Datenübermittlung in Form von Files sind die Formalismen dem jeweiligen Bedienungshandbuch des sendenden und des empfangenden Computers zu beachten. Für die sachliche Durchführung einer Datenübertragung ist wie erwähnt die Form des Filetransfers vor einer Einzelübertragung vorzuziehen.

Vor einer Datenübertragung sollte grundsätzlich ein Kontrollausdruck sämtlicher zu übergebenden Daten angefertigt werden; ein Kontrollausdruck unmittelbar nach dem Empfang ist ebenso empfehlenswert, um ggf. Übertragungsfehlern auf die Spur zu kommen. Auf diese Weise lassen sich die zu übergebenden Daten ein letztes Mal kontrollieren, Eingabefehler beheben und Verarbeitungsfehler in der empfangenden Computeranlage vermeiden.

3 Kompatible Rechner

Zum PC-1350 gibt es eine Reihe von Rechnern aus dem Hause Sharp, bei denen Programmkompatibilität besteht. Die wichtigsten Hinweise darauf sind im Bedienungshandbuch beschrieben.

3.1 Der PC-2500

Dieses Modell verdient besondere Hervorhebung und soll daher auch gesondert behandelt werden.

Im Verkauf wird fallweise mit Argumenten operiert, deren Realisierungen auf einem anderen Blatt stehen. Das trifft besonders auf herausragende Besonderheiten zu, nicht allein bei Computern! Man erwähnte in diesem Zusammenhang auch die Kompatibilität des PC-1350 zum PC-2500; in der Tat gibt es Übereinstimmungen:

- Gleichartige Anzeige
- Vergleichbare Grundspeicherkapazität
- Verwendung der gleichen RAM-Speicherkarten
- Gleichartiger Anschluß über den Pegelkonverter CE-130T

Der PC-2500 unterscheidet sich vom PC-1350 in folgenden Punkten:

- Eingebauter 4-Farben-Miniplotter, der Graphik auf ein 114 mm breites Papier zaubern kann und daher über die entsprechenden Funktionen verfügt.
- Größere und für die Bedienung komfortablere Tastatur; für ein Arbeiten vor Ort bei den meisten Datenerfassungen ist diese Größe jedoch unhandlicher.

Eine halbgraphische Ausgabe lernen wir im Programmbeispiel in Abschnitt 7.3 Netzplantechnik kennen. Diese Graphik beschränkt sich aber auf eine Aneinanderreihung bestimmter Sonderzeichen; eigene frei wählbare Zeichenformen lassen sich bei der Verwendung des Thermodruckers CE-126P nur über die Anzeige realisieren.

Leider ist die Kompatibilität des PC-1350 zum PC-2500 nicht im vollen Umfang gegeben. Folgende Punkte müssen beachtet werden, wenn für den PC-1350 geschriebene Programme auf den PC-2500 übernommen werden sollen:

- *Druckformatierung:* Der CE-126P druckt nur 24 Zeichen je Zeile, der PC-2500 jedoch 39 (Schriftgröße 2). Allerdings ist hier eine Anpassung nicht unbedingt erforderlich und kann auch unterbleiben. Auf diesen Punkt wird in Abschnitt 3.1.2 noch näher eingegangen.
- *Neudefinition der (=)-Taste:* Sollte in einem PC-1350-Programm das Gleichheitszeichen als Starttaste definiert sein, muß eine andere Taste gewählt werden. Man kann sich auch mit einem mit GOTO "=" ausgelösten Programmstart helfen.
- Weitere *Unterschiede* (Verwendung des CONOSOLE-Kommandos, Zeichensetzung für die Quadratwurzel und die Ludolfsche Zahl Pi, andere Zeichencodes für Anführungszeichen) sind im Bedarfsfall dem Handbuch zum PC-2500 zu entnehmen.

Zur Aufrechterhaltung der Kompatibilität zwischen beiden Modellen ist auf jene Funktionen zu achten, die auf dem anderen in gleicher Weise vorhanden sind und auch in gleicher Weise funktionieren. In diesem Fall müßte beim PC-2500 auch auf die Ausnutzung der vollen Druckbreite verzichtet werden. Es ist nicht ausgeschlossen, daß für besondere Fälle eine wechselweise Programmübertragung tatsächlich sinnvoll sein kann.

3.1.1 Programmaustausch

Bei Beachtung der einleitend zu Kapitel 3 gemachten Bemerkungen und der Rücksichtnahme auf die jeweiligen Unterschiede ist ein Programmaustausch jederzeit möglich. Ohne Probleme sind die auf den PC-1350 zugeschnittenen Programme in den PC-2500 und umgekehrt einzugeben. Für beide Fälle gilt die Einschränkung, daß dabei rechnerspezifische Eigenheiten in den Programmen nicht verwendet werden.

Aufzeichnen und Einlesen – man verwende in solchen Fällen unbedingt die gleiche Kassettenstation bzw. Recorder – laufen problemlos ab, wenn auf Programme bzw. Daten zurückgegriffen wird, die auf Audiokassettenbändern gespeichert sind.

Für die wechselweise Verwendung von Programmen sind auch Überlegungen zum jeweils verwendeten Druckformat anzustellen. Sollte es zu keinen Programmänderungen kommen, kann das Druckformat des PC-2500 nicht voll ausgeschöpft werden. Auf die Druckbreite dieses Rechners abgestimmte Ausgabeformate sind auf alle Fälle den Bedürfnissen (24 Zeichen je Zeile) des PC-1350 anzupassen. Keine Druckprobleme sollte es geben, wenn ein Programm des PC-1350 oder PC-2500 den Printer/Plotter CE-516P in DIN-A 4-Größe als Ausgabeeinheit vorsieht.

Die Kompatibilität zwischen den Rechnern PC-1350 und PC-2500 ist nicht nur bei der Übernahme der Programme, aufgezeichnet auf Kassettenband, gegeben, es kann auch ein auf der Speicherkarte des einen Rechners archiviertes Programm durch Übergabe der Speicherkarte vom empfangenden Rechnermodell problemlos gefahren werden. Allerdings ist ggf. durch die CONSOLE-Anweisung auf die Anzahl der Zeichen je Zeile bei der Ausgabe über einen Drucker Einfluß zu nehmen.

3.1.2 Ausgabeformatierung

Programme, die für den PC-1350 und dem Thermodrucker bzw. dem DIN-A 4-Plotter geschrieben wurden, lassen sich auch auf dem PC-2500 mit eingebautem Plotter bzw. ebenfalls angeschlossenem DIN-A 4-Drucker verarbeiten. Dazu ist auch erforderlich, daß von den Modellunterschieden *nicht* Gebrauch gemacht wird. Wenn ein Rücktausch von Programmen nicht geplant ist, empfiehlt sich selbstredend die Anpassung der Ausgabeformatierung an das jeweils verwendete System. Die Programmeingriffe beschränken sich da auf einige wenige Einzelheiten; eine Umprogrammierung ist in der Regel nicht notwendig.

Besonders zu beachten ist aus der Sicht des PC-2500, daß Ausgaben über den Plotter bei 15 verschiedenen Schriftgrößen vorgenommen werden können, während man im Fall des PC-1350 mit einer Standardschriftgröße 2 (Thermodrucker CE-126P) das Auslangen zu finden hat. Mit dem Einsatz des DIN-A 4-Plotters CE-516P ist mit dem Einfluß größerer Zeilenkapazitäten – die im Programm mit der CONSOLE-Anweisung zu vereinbaren sind – zu rechnen, wenn auf optimale Nutzung der gebotenen Möglichkeiten Wert gelegt wird.

Nachdem der ständige Wechsel von Programmen zwischen den beiden Rechnern aber nicht die Regel darstellen dürfte, empfiehlt sich eine Programmoptimierung für den jeweiligen das vorgegebene Programm empfangenden Rechner. Für den PC-2500 kann dies auch ein Aufheben von Abkürzungen in Texten bedeuten, die beim PC-1350 fallweise gewählt werden mußten. Ggf. wird man eine Eingabedokumentation bzw. Ergebnisausgabe wegen der größeren Zeilenkapazität auch zur Gänze umprogrammieren, um eine bessere Übersicht über sämtliche Informationen zu erhalten bzw. diese besser lesen und weiter verarbeiten zu können.

3.1.3 Druckgraphik

Graphische Darstellungen lassen sich in der Regel nur mit Hilfe von Plottern ausführen. Der PC-1350 ist von diesen Möglichkeiten nicht ausgeschlossen.

Der große Plotter kann sowohl Einzelblätter, wie auch 114 mm breites Rollenpapier verarbeiten.

Wer also vorrangig mit Graphiken arbeiten muß, wird sich eher den PC-2500 wählen; für die Mobilität des Computereinsatzes besitzt wieder der PC-1350 entscheidende Vorteile; beide lassen jedoch den Einsatz des DIN-A 4-Plotters CE-516P zu.

3.1.4 Eingebaute Software

In diesem Punkt besteht zwischen dem PC-2500 und dem PC-1350 kein Berührungspunkt. Zufolge des eingebauten Druckers, eines 4-Farben-Miniplotters, kann die eingebaute Software nur auf dem PC-2500 gefahren werden.

Ohne auf die Besonderheiten der eingebauten Software einzugehen – hier gibt das Handbuch hinreichend Auskunft –, sei nur der Vollständigkeit halber erwähnt, daß es sich im einzelnen um folgende kaufmännisch orientierte Programme handelt:

- Tabellenaufbau, Tabellenkalkulation und graphische Ausgabe der Tabellenwerte
- Telefonverzeichnis

3.2 Andere Modelle

Ohne auf die bei einer Programmübernahme zu beachtenden Vorschriften einzugehen, seien hier nur jene Sharp-Computer erwähnt, welche als zum Teil kompatibel mit dem PC-1350 in dessen Bedienungshandbuch genannt werden:

Serie PC-1210 mit den Modellen PC-1210 und PC-1211

Serie PC-1245 mit den Modellen PC-1245, 1250, 1251 und 1255

Serie PC-1260 mit den Modellen PC-1260 und PC-1261

Man lese die im erwähnten Handbuch angeführten Einzelheiten zur Programmübernahme sorgfältig nach, um vor unliebsamen Überraschungen sicher zu sein.

4 Die Programmsammlung

Jede Programmsammlung – Nicht nur die hier in diesem Buch präsentierte – bedarf sorgsamer Vorbereitung. Diese Phase sollte gut und breit angelegt werden.

Ob Paket oder Sammlung, Programme aus einer und derselben Hand zeichnen sich im allgemeinen durch eine eher einheitliche Handschrift aus. In verschiedenen Verarbeitungen können bestimmte Vorgänge in vergleichbarer Art und Weise abgewickelt werden, beispielsweise die Rückkehr in das Hauptmenü eines Programms. Teiloperationen, gleichgültig welcher Art und für welchen Zweck, sollten nur einmal geschrieben werden müssen und für weitere Programme leicht übernehmbar gestaltet werden.

Im Rahmen dieses Buches können nicht alle Aspekte der sinnvollen Erstellung einer Programmsammlung oder eines Programmpakets eingehend ausgeleuchtet werden. Dies würde an sich allein ein eigenes Buchthema ausmachen. Aber einige der wesentlichsten Grundvoraussetzungen zu den bereits erwähnten werden dennoch behandelt, wenn wir uns auch im einzelnen damit nicht besonders tiefschürfend auseinandersetzen können.

Die in diesem Kapitel anzureißenden Themenbereiche werden auch im großen und ganzen in die vorliegenden Programme eingearbeitet. Nicht aus der Feder des Autors stammende Programmbeiträge wurden – soweit dies möglich und auch sinnvoll schien – an die zu erarbeitenden Gemeinsamkeiten und Formalismen angepaßt.

4.1 Grundlagen

Jede programmgesteuerte Verarbeitung gewinnt an Sicherheit, wenn sich das Umfeld einer Aufgabenstellung im wesentlichen von einem auf das andere Programm übertragen läßt. In einer Sammlung oder in einem Paket auftretende gleichartige Operationen sollten auf die gleiche Weise gelöst werden. Programmstarts für analoge Teilprogramme verdienen gleichartige Funktionsbezeichnungen bzw. Programm-Marken.

Sicherlich ist die Bedeutung derartiger formaler Unterschiede nicht sehr groß. Wenn man sich um solchermaßen „unwichtige Kleinigkeiten" nicht kümmert, liegt die Vermutung nahe, daß es mit der Beachtung anderer Gemeinsamkeiten auch nicht sehr weit her ist. Allein ein formaler Unterschied kann Unsicherheiten bei der Bedienungskraft erzeugen. Er kann – muß aber nicht zwangsläufig – auch zu einer Fehlverarbeitung führen und wird zu einem Problem, wenn die Eingabe nicht wiederholt oder sonst wie korrigiert werden kann. Kleine in sich abgeschlossene Operationen lassen sich im allgemeinen leicht ein weiteres Mal abwickeln, vor allem dann, wenn von einem derartigen Irrtum keine Datenbestände berührt werden. Was aber dann, wenn solche Irrtümer über weitere Computer in andere Datenbestände verschleppt werden?

Alle, die mit Computerbedienung zu tun haben, schätzen gleichartig ablaufende Vorgänge bei gleichartig zu behandelnden Operationen. Wie eine Auflistung der in einem Programm verwendeten Variablennamen und die Beschreibung der davon betroffenen Speicherinhalte erhöhte Sicherheit in der Programmier- und Änderungsarbeit bedeuten, so ist die Auflistung gemeinsamer auch nur scheinbar unwesentlicher Einzelheiten eine Voraussetzung für eine optimale Sicherheit nicht nur für die spätere Verarbeitung, sondern zeigt schon im Stadium der Programmerstellung Wirkung. Eine rascher ablaufende Programmierung zieht ihre Impulse aus einer Quasi-Normung gleich- oder ähnlich lautender formaler bzw. ablauftechnischer Bedingungen.

Lassen Sie uns unsere *Absichten* noch einmal kurz zusammenfassen:

- Verbesserung der Sicherheit durch möglichst gute Angleichung verschiedener Abläufe ähnlicher Operationen aneinander.
- Dadurch ergeben sich kürzere Zeiten in der Erstellung und rechnergesteuerten Abwicklung von Lösungsvorschlägen.
- Gleichartige Funktionsabläufe ermöglichen ein rascheres Eindringen des Programmbenutzers in die vom Programm her gebotenen Möglichkeiten.

Als *Voraussetzungen* für die Durchführung der geäußerten Absichten können folgende Punkte angesehen werden:

- Beschreibungen gleichartiger Formalismen für Eingabe, Verarbeitung und Ausgabe.
- Verwendung möglichst gleichartiger Variablennamen für gleichartige Speicherinhalte.
- Auflistung sämtlicher gleichartig ablaufender Operationen.

4.2 Programmstrukturen

Jedes Programm einer Sammlung oder eines abgeschlossenen Pakets sollte nach vorbestimmten einheitlichen Grundsätzen strukturiert sein. Listings mittlerer Länge, d.h. zwischen etwa 2000 und 8000 Bytes, kommen in der Regel mit 4stelligen Zeilennummern aus, was sich bei manchen Rechnern – vor allem bei Modellen aus dem Hause Sharp – in einem einheitlichen Druckbild auswirkt.

Eine grobe Programmstruktur kann so folgendes Aussehen haben:

Beginnzeile	Routine
1000	Programmvorlauf und Menü
2000	Hauptprogramm
8000	Unterprogramme

Diese denkbare Zuordnung ist aber nach längerer Überlegung etwas detaillierter zu gestalten und durch zusätzliche Charakteristika zu erweitern:

Beginnzeile	Routine	
1000	Programmvorlauf und Menü	
2000	Verarbeitung 1	
	2400	Detail 1.1
	2700	Detail 1.2
3000	Verarbeitung 2	
	3200	Detail 2.1
	3500	Detail 2.2
	3900	Detail 2.3
4000	Verarbeitung 3	
5000	Verarbeitung 4	
6000	Verarbeitung 5	
	6500	Detail 5.1
	6700	Detail 5.2
8000	Unterprogramme	

Ganz so sklavisch wird man sich an die vorgegebene Linie nicht in allen Fällen halten können, aber grob gesehen könnte eine derartige Grundstruktur ausreichen. Am besten wird eine solche Überlegung an jenem Programm angestellt, welches die umfangreisten Unterteilungen bietet. Weglassen kann man manches, hinzufügen, ohne ein Schema zu sprengen, ist dagegen weit schwieriger. Diese Struktur sollte auch davon ausgehen, daß der Abstand der Zeilennummern mit der Zahl 10 möglichst lange beibehalten werden kann. Soweit dies von der Grundstruktur möglich, sollten in eine Programmzeile nur wenige – und dann nur zusammenhängende – Anweisungen hineingepackt werden.

4.3 Strukturierte Programmierung

An anderer Stelle angedeutet und hier zu wiederholen ist der Umstand, daß die Programmiersprache BASIC von Natur aus für eine *strukturierte Programmierung* nicht besonders gut geeignet ist. Auf der anderen Seite kann auch eine noch so klare Programmstruktur keine Abhilfe für eine ideenlose Programmierung darstellen, und eine noch so gute Lesbarkeit zusammenhängender Anweisungen bietet noch keine Garantie, daß die Programmstellen auch von der Funktion her ebensogut durchschaubar dargestellt sind und optimal ablaufen. Alles Dinge, deren Wert erst anläßlich einer späteren Überarbeitung erkannt wird.

Kleinere Computer, wie auch der PC-1350, eignen sich von Natur aus auch kaum für derartige Maßnahmen; es sei denn, Drucker mit ansprechenden Papierbreiten können bereitgestellt werden. Dazu kommt noch, daß gerade bei den kleinen Sharp-Taschencomputern das Einfügen von Leerstellen in der nachstehend angefügten Form *nicht* möglich ist. Leerstellen in der Eingabe, und zwar solche, die zwischen der Zeilennummer und der ersten Anweisung eingetastet werden, verschwinden bei der Einspeicherung; an deren Stelle wird bei den genannten Modellen ein Doppelpunkt gesetzt. Ein weiteres Detail zeigt sich beim Programmlisting: Im Gegensatz zu anderen BASIC-Computern werden sämtliche Anweisungen eingerückt; die Zeilennummern werden isoliert gedruckt, so daß sich solche Listen von vorne herein leichter lesen lassen, auch wenn dies auf Kosten der tatsächlichen Zeilenlänge geht.

So läßt sich folgende angedeutete Struktur bei Sharp-Rechnern nicht realisieren:

```
1000  REM Programmdemonstration
1010     FOR I=1 TO X
1020        FOR J=1 TO Y
1030           D(X,Y)=D(X,Y)+1
1040        NEXT J
1050     NEXT I
```

Können beispielsweise je Druckzeile auf einem Fremdrechner auch nur 24 Zeichen verwendet werden, sieht das Listing so aus:

```
1000  REM Programmdemon
stration
1010     FOR I=1 TO X
1020        FOR J=1 TO Y
1030           D(X,Y)=D(X,
Y)+1
1040        NEXT J
1050     NEXT I
```

Die Zeilen 100 und 1030 tragen trotz Einhaltung einer Struktur auch so nicht gerade besonders gut zur Verbesserung der Leserlichkeit bei.

Welche Möglichkeiten bleiben uns dann noch?

- Möglichst nur eine Anweisung in jede Programmzeile setzen.
- Größere Programmblöcke mit ganzen Tausender- und kleinere mit ganzen Hunderterzeilennummern beginnen lassen.
- Einfügen von REM-Anweisungen mit Kommentaren; vor und nach diesen können zum Hervorheben dieser Texte leere REM-Anweisungen gesetzt werden.
- Längere Leerstrings mit REM-Anweisungen kennzeichnen (Stellenzahl).

Die Lesbarkeit eines Programms verbessert sich durch eine ausführliche und lückenlose Dokumentation, auch wenn die Programmstruktur nach den Beispielen in Abschnitt 4.2 nur angedeutet werden kann. Außerdem wird man – REM-Anweisungen kosten wertvollen Speicherplatz! – ausführlichere Kommentare zu bestimmten Programmblöcken und fallweise auch einzelnen Programmzeilen gesondert der Dokumentation anfügen.

In unseren Präsentationen machen wir von den hier erwähnten Grundsätzen ausführlich Gebrauch. Dazu werden noch die Variablennamen aufgelistet und mit den Beschreibungen der Speicherinhalte ergänzt. Die Einbeziehung von Rechenformeln in eine derartige Dokumentation versteht sich von selbst.

Auf diese Weise sollten sich BASIC-Programme leicht schreiben und lesen und diese ihre Eigenschaft auch über einen längeren Zeitraum und auch für andere als den Programmverfasser nutzbar aufrecht erhalten lassen.

4.4 Gemeinsame Teilabläufe

Da es im allgemeinen recht schwierig ist, eine längere Anweisungsliste von vorne herein optimal hinzubekommen und es daher ohne eine Neufassung nicht immer abgeht, lassen sich aus den ersten Stadien der Programmerstellung – und aus Tests in gleicher Weise – Rückschlüsse auch auf eine Verbesserung der Struktur ziehen. Die Erstfassung eines Programms hat aber noch eine weitere Funktion: Oftmals fallen gemeinsame Abläufe erst anläßlich der Programmerstellung im engeren Sinn auf. Dazu gehören beispielsweise die Gestaltung des Hauptmenüs, gleichartige Unterprogramme, gemeinsam zu verwendende Variablennamen und manches andere mehr.

Das Herausarbeiten derartiger Gemeinsamkeiten aus sämtlichen Programmen einer Sammlung wird natürlich nie vollständig sein können; man läßt sich daher Freiräume für erst später feststellbare Ähnlichkeiten in den Programmstrukturen bzw. der Gemeinsamkeitsliste.

Die Auflistung gemeinsamer Einzelheiten kann nachstehendes Aussehen haben, erhebt aber keinen Anspruch auf Vollständigkeit, die eine solche ja im wesentlichen von den zu bearbeitenden Themen abhängt.

- Gemeinsame Variablennamen für Textkennzeichnung einzelner Programmteile und bestimmte Konstante für gleichartige Steuerungszwecke, beispielsweise um mit einem Schalter zwischen einem Ausgabebetrieb über die Anzeige und einem Betrieb über einen Drucker wechseln zu können.
- Reservierung bestimmter Zeilennummernbereiche für bestimmte Abläufe. Man wird beispielsweise das Programm immer mit der Zeile 10, 100 oder 1000 starten und das Hauptmenü immer mit der gleichen Zeile beginnen lassen. Ähnliches gilt für den jeweiligen Programmabschluß.
- Überlegungen zur Häufigkeit bestimmter Abläufe und Verpacken derselben in den Unterprogrammbereich, der etwa mit Zeile 8000 beginnen möge.
- Gleichartige Gestaltung sämtlicher Menüprogrammteile der Programmsammlung bzw. des Programmpakets bei Berücksichtigung der Präsentationsmöglichkeit über Anzeige und Drucker.
- Ausformung einheitlicher Beginn- und Abschlußsituationen einzelner Programmzweige. So wird man einen Programmteil beispielsweise mit dem Löschen der Anzeige einleiten, eine Anwahlkontrollanzeige kurzzeitig aufleuchten lassen und das lokale Menü ausgeben. Ähnliches gilt für den Abschluß, bei dem man etwa bestimmen kann, daß dieser generell in der Ausgabe des Hauptmenüs münden soll.

4.5 Realisierung der Sammlung

Die Verwirklichung des Gedankens an eine Programmsammlung beginnt im allgemeinen recht früh greifbare Formen anzunehmen. Mit Überlegungen zu gemeinsamen Strukturen und der Erfassung möglichst vieler anderer Gemeinsamkeiten ist die Arbeit an dieser Sammlung bereits in ein konkretes Stadium getreten. Was nun aber die Arbeit im engeren betrifft, soll diese im vorliegenden Abschnitt kurz skizziert werden.

Als angenehm und dem Arbeitsfortschritt recht dienlich wird eine *dokumentierte Vorbereitung* empfunden. Es ist nämlich nicht ausgeschlossen, daß in aktuellen Fällen – wir sagten es schon – durchaus mit Erweiterungen zu rechnen ist. Damit ist ja auch eine Ergänzung der grundlegenden Arbeiten verbunden. Noch zu erstellende Programme sollten den neuen Gegebenheiten sofort und bereits fertiggestellte später im Bedarfsfall angepaßt werden.

Im allgemeinen genügt es, wenn ein gemeinsamer Formalismus im weitesten Sinne festgelegt wurde; die laufenden Arbeiten können sich dann auf verfahrensspezifische Fragen und deren Lösung bzw. Beantwortung konzentrieren.

4.6 Rahmenprogramme

Rahmenprogramme sind keine selbständig arbeitenden Programme, sondern stellen – grob gesprochen – nur Gerüste dar, die aber soweit funktionsfähig sein sollen, um getestet werden zu können. Diese Gerüste enthalten bereits eine Reihe von Gemeinsamkeiten in Formalismen und Verarbeitungsabläufen. Man wird auch solche Details in ein Grundschema aufnehmen, die nicht allzu häufig vorkommen, mit deren Einsatz aber doch einige Male zu rechnen ist. Es ist nämlich leichter – weil zeitsparender –, Zeilen aus einem Listing zu entfernen, als fehlende einzutippen. So wird beispielsweise der Wahlschalter zwischen einem Ausgabebetrieb über die Anzeige bzw. über den Drucker nicht überall benötigt, aber für manche Anwedungsfälle eine brauchbare Ausgabealternative darstellen.

Mit den Rahmenprogrammen werden auch die Zusammenstellungen der gemeinsam verwendeten Variablennamen aufgelistet sowie die Grundstrukturen der Programmgestaltung vorgegeben.

Die Grundprogramme werden vorteilhaft mit der Maschine geschrieben. Man kann sie sich aber auch vom Computer erstellen lassen, in dem man sie blockweise listet und Leerzeilen von Hand einschiebt. Dazu eignet sich besonders der DIN-A 4-Plotter CE-516P. Im Bedarfsfall werden dann davon soviele Kopien gezogen, als Programme zu erstellen sind.

4.6.1 Rahmenprogramm für Einzelverarbeitungen

Die in Kapitel 5 präsentierten Programme orientieren sich im wesentlichen an der nachfolgenden Grundstruktur:

Beginnzeile	Verarbeitung	
1000	Programmvorlauf mit Anzeige bzw. Druck des Hauptmenüs	
2000	Hauptprogrammteil	
3000	Hauptprogrammteil	
4000	Hauptprogrammteil	
5000	Hauptprogrammteil	
6000	Hauptprogrammteil	
7000	Hauptprogrammteil	
8000	Haupt- oder Unterprogramme	
9000	Unterprogramme	
	9000	Dezimalstellenanwahl und Gleitkomma
	9100	Rundungsroutine
	9200	Zuordnung von Konstanten zu Variablennamen
	9300	Anzeige des Verarbeitungstitels
	9400	Eingabegüteentscheidung
	9500	Eingabefehleranzeige
	9600	Fortsetzungsentscheidung
	9900	Schlußroutine

Variablenliste

DZ	Anzahl der Dezimalstellen (ganze zwischen 0 und 9 liegende Zahl)
HØ	Dezimalpunktverschiebungsfaktor
IØ	Schleifenvariable
ZR	zu rundende Zahl
FØ$	Formatspezifikator für formatierte und dezimalstellengerechte Ausgaben
O$	Bezeichnung der gewählten Ausgabeeinheit
OP$	Ausgabeschalter für Anzeige "A" bzw. Druck "D"
TT$(Ø)	Verarbeitungskennzeichnung
TT$(1)	Sternchenzeile
TT$(2)	Strichzeile

Anweisungsliste

Dieses Rahmenprogramm wird "RAMPRG" genannt, und wird in Bild 1 aufgelistet.

```
1000:REM Rahmenprogramm
1001:REM
1002:REM by Tatzl, Graz
1003:REM
1010:GOSUB 9200: GOSUB 9300
1020:WAIT 25: PRINT "Start Taste (G)"
1030:PRINT "Ende  Taste (S)"
1040:IF INKEY$ ="S" THEN 9900
1050:IF INKEY$ <>"G" THEN 1040
1100:REM
1101:REM Ausgabebetrieb
1102:REM
1110:"A": GOSUB 9300: WAIT 25
1120:PRINT "Anzeige Taste (A)"
1130:PRINT "Druck   Taste (D)"
1140:OP$="":OP$= INKEY$
1150:IF OP$="A" LET O$="Anzeige": GOTO
     1180
1160:IF OP$="D" LET O$="Drucker": GOTO
     1180
1170:GOTO 1140
1180:GOSUB 9300: WAIT 200: PRINT O$;" b
     etriebsbereit"
1190:IF OP$="A" THEN 1300
1200:REM
1201:REM Menuedruck
1202:REM
1210:LPRINT : LPRINT
1220:LPRINT TT$(1);TT$(0);TT$(1)
1230:LPRINT
1240:LPRINT "(DEF) Verarbeitung"
1250:LPRINT TT$(2)
1260:LPRINT "  A   Ausgabebetrieb"
```

```
1261:LPRINT "  S   Verarbeitungsende"
1262:LPRINT "  D   Dezimalen (";  STR$ D
     Z; ")"
1263:LPRINT "  F   ..................."
1264:LPRINT "  G   ..................."
1265:LPRINT "  H   ..................."
1266:LPRINT "  J   ..................."
1267:LPRINT "  K   ..................."
1268:LPRINT "  L   ..................."
1269:LPRINT "  Z   ..................."
1270:LPRINT "  X   ..................."
1271:LPRINT "  C   ..................."
1272:LPRINT "  V   ..................."
1273:LPRINT "  B   ..................."
1274:LPRINT "  N   ..................."
1275:LPRINT "  M   Menueanzeige"
1276:LPRINT TT$(2)
1277:LPRINT : LPRINT
1279:GOTO 1380
1300:REM
1301:REM Menueanzeige
1302:REM
1310:GOSUB 9300
1320:PRINT "Haupt - Menue: (DEF) und"
1330:WAIT 200: PRINT "Buchstabentaste d
     ruecken"
1340:"M": CLS : WAIT 25: PRINT = PRINT
1350:PRINT "A:Ausgabe   S:Ende"
1351:PRINT "D:Dezim.(";  STR$ DZ; ")"; " F
     :.........  "
1352:PRINT "G:......... H:.........  "
1353:PRINT "J:......... K:.........  "
1354:IF INKEY$ ="" THEN 1354
1355:CLS
1356:PRINT "L:......... Z:.........  "
1357:PRINT "X:......... C:.........  "
1358:PRINT "V:......... B:.........  "
1359:PRINT "N:......... M:Menue"
1360:IF INKEY$ ="" THEN 1360
1380:GOSUB 9300: PRINT "Anwahl treffen!
     "
1390:END


2000:REM
2001:REM Text 2000
2002:REM


3000:REM
3001:REM Text 3000
3002:REM
```

```
4000:REM
4001:REM Text 4000
4002:REM




5000:REM
5001:REM Text 5000
5002:REM




6000:REM
6001:REM Text 6000
6002:REM




7000:REM
7001:REM Text 7000
7002:REM




8000:REM
8001:REM Text 8000
8002:REM




9000:REM
9001:REM Dezimalen
9002:REM
9010:"D": GOSUB 9300
9020:INPUT "Dezimalen (0-9) = ";DZ
9030:IF (DZ>=0) AND (DZ<=9) AND (DZ=
     INT DZ) THEN 9050
9040:GOSUB 9500: GOTO 9010
9050:F0$="#": FOR I0=1 TO 10-DZ
9060:F0$=F0$+"#": NEXT I0
9070:IF DZ=0 LET F0$=F0$+"#": GOTO 1340
9080:F0$=F0$+".": FOR I0=1 TO DZ
9090:F0$=F0$+"#": NEXT I0: GOTO 1340
9100:REM
9101:REM Rundung
```

```
9102:REM
9110:H0=10^DZ
9120:ZR= INT (H0*ZR+.5)/H0
9130:RETURN
9200:REM
9201:REM Konstante
9202:REM
9210:CLEAR
9220:DIM TT$(2)*24
9230:TT$(0)="** Verarbeitungstitel **"
9231:TT$(1)="************************"
9232:TT$(2)="------------------------"
9240:F0$="###########"
9290:RETURN
9300:REM
9301:REM Titelanzeige
9302:REM
9310:WAIT 25: CLS : PRINT TT$(0): PRINT
     TT$(1)
9320:RETURN
9400:REM
9401:REM Eingabeentsch.
9402:REM
9410:PRINT "ok? ja(J),no(N) druecken"
9420:JN$="":JN$= INKEY$
9430:IF (JN$="J") OR (JN$="N") RETURN
9440:GOTO 9420
9500:REM
9501:REM Fehleranzeige
9502:REM
9510:WAIT 200: PRINT "Eingabe unzulaess
     ig!"
9520:RETURN
9600:REM
9601:REM Fortsetzung
9602:REM
9610:GOSUB 9300
9620:PRINT "Weiter Taste (W)"
9630:PRINT "Menue  Taste (M)"
9640:WE$="":WE$= INKEY$
9650:IF (WE$="W") OR (WE$="M") RETURN
9660:GOTO 9640
9900:REM
9901:REM Schlussroutine
9902:REM
9910:"S": GOSUB 9300
9920:IF OP$="D" LPRINT : LPRINT : PRINT
     = PRINT
9980:PRINT "Verarbeitung beendet"
9990:WAIT : USING : END
```

Bild 1 Rahmenprogramm RAMPRG für allgemeine Verarbeitungen

In Bild 2 und 3 finden Sie die Darstellung des allgemeinen Menüs für Anzeige und Druck.

```
************************
** Verarbeitungstitel **
************************

(DEF) Verarbeitung
------------------------
  A   Ausgabebetrieb
  S   Verarbeitungsende
  D   Dezimalen (0)
  F   ..................
  G   ..................
  H   ..................
  J   ..................
  K   ..................
  L   ..................
  Z   ..................
  X   ..................
  C   ..................
  V   ..................
  B   ..................
  N   ..................
  M   Menueanzeige
------------------------
```

Bild 2 Ausdruck des Menüs des ersten Rahmenprogramms

```
** Verarbeitungstitel **
************************
Haupt - Menue: (DEF) und
Buchstabentaste druecken

A:Ausgabe    S:Ende
D:Dezim.(0)  F:.........
G:.........  H:.........
J:.........  K:.........

L:.........  Z:.........
X:.........  C:.........
V:.........  B:.........
N:.........  M:Menue
```

Bild 3 Druckdarstellung der Menüanzeige

Das Rahmenprogramm kann in seinen wesentlichsten Funktionen – weil für diese fast vollständig – getestet werden. Dies gilt vorrangig für die Entscheidung über die Aufnahme einer Verarbeitung, die Dezimalstellenanwahl sowie die Wahl der Art des Ausgabemodus.

Bei Einzelverarbeitungen werden folgende gemeinsame Abläufe erwartet:

- Das Programm wird im Programmvorlauf mit einer Entscheidung über die Aufnahme einer Verarbeitung in den Zeilen 1020 bis 1050 gestartet.
- In den Zeilen 1110 bis 1190 wird der Ausgabebetrieb gewählt. Eine große Anzeige ermöglicht nicht nur einen gut lesbaren und verständlichen Eingabedialog, sondern auch eine ausreichend kommentierte Ergebnisausgabe. Die Wahl des Ausgabemodus führt zur Menüausgabe. Der Wahlschalter für die Ausgabebetriebsart kann auch während einer Verarbeitung umgestellt werden. Die meisten Teilverarbeitungen münden im übrigen in der Menüanzeige.
- Der Menüausdruck findet sich in den Zeilen 1210 bis 1279. Nicht benötigte Zeilen sind im Bedarfsfall zu entfernen. Die Menüausgabe mündet in der Aufforderung, eine Verarbeitung anzuwählen.
- Die Menüanzeige, generell mit (DEF) M auch gesondert anwählbar, findet sich in den Zeilen 1300 bis 1360. Wenn nur einige wenige Anwahlmöglichkeiten für Teilverarbeitungen vorliegen, läßt sich diese Menüausgabe analog zur Druckvariante formulieren. Auch diese Menüvariante mündet in der Aufforderung zur Anwahl einer Teilverarbeitung.

- Die Bereiche ab den Zeilen 2000, 3000, 4000, 5000, 6000 und 7000 sind Teilverarbeitungen im Hauptprogramm vorbehalten, ggf. auch die Zeilen ab 8000. Im Sonderfall kann schon hier – sonst erst ab Zeile 9000 – mit der Aufnahme von Unterprogrammen begonnen werden.
- In verschiedenen Programmen besteht die Möglichkeit, mit unterschiedlichen Dezimalstellenzahlen zu arbeiten. In den Zeilen 9010 bis 9040 kommt es zur entsprechenden Anzahl, während ab Zeile 9050 der dazu passende Formatspezifikator aufgebaut wird.
- Falls kaufmännische Rundungen gefordert werden, wird dazu das entsprechende in den Zeilen 9110 bis 9130 gespeicherte Unterprogramm verwendet. Hierbei bedient man sich der Hilfsspeicher HØ für den Dezimalstellenverschiebungsfaktor bzw. ZR zur Aufnahme der zu rundenden Zahl. Die Um- und Rückspeicherung muß im Hauptprogramm vorgenommen werden.
- Jede Anwendung braucht verschiedene fixe Zahlen und Texte. Dazu empfiehlt sich ein eigenes Unterprogramm zur Zuordnung von konstanten Werten. Dies um so mehr, als in manchen Fällen Speicher gelöscht werden müssen und durch Aufruf dieses Unterprogramms die dort getroffenn Zuordnungen den Mindestspeicherbedarf in jedem Falle decken. Gegebenenfalls ist die DIM-Anweisung in Zeile 9220 zu erweitern, wenn mehrere gleichlange Textkonstanten benötigt werden, bzw. durch weitere Feldvereinbarungen zu ergänzen.
- Eine der häufigsten Unterprogrammaufrufe betrifft die Zeilen 9310 bis 9320 mit der Anzeige des Verarbeitungstitels zur Eröffnung eines Dialogs.
- Die Sicherheit von Eingabe und Verarbeitung gewinnt mit der Einrichtung eines Unterprogramms zur Selbstkontrolle anläßlich einer Eingabe ab den Zeilen 9410.
- Die gleiche Stoßrichtung wird durch das Unterprogramm ab Zeile 9510 vorgegeben. Es wird immer dann aufzurufen sein, wenn ein Eingabefehler im Wege einer Eingabeplausibilitätskontrolle vorliegt und dieser Umstand angezeigt werden soll. Generell könnte in solchen Fällen auch sofort ohne Umschweife eine automatische Eingabewiederholung angesteuert werden; manche wichtigen Eingaben sollten im Fehlerfall aber von kurzzeitig wirksamen Eingabefehleranzeigen begleitet werden.
- Eingaben oder Verarbeitungen erfordern nicht in allen Fällen automatische Fortsetzungen. So ist es vorteilhaft, über eine gleichartige Verarbeitungsfortsetzung in einem eigenen Unterprogramm ab Zeile 9610 zu entscheiden. Man vermeidet damit eine längere Neuanwahl über das Menü, was bei einem umfangreichen Menübaum häufig als lästig empfunden wird.
- Eine Schlußroutine – ab Zeile 9910 – sollte in keinem Programm fehlen. Es enthält eine Eindanzeige und verschiedene Funktionenrückführungen.

In der vorliegenden Form kann das Rahmenprogramm problemlos getestet werden. Bei nicht angeschlossenem Drucker kommt es bei Anwahl des Druckbetriebs natürlich zu einer Fehleranzeige in Zeile 1210.

Im Bedarfsfall ist dieses, wie auch das folgende Grundprogramm dem jeweiligen Bedarf entsprechend – auch in der Grundstruktur – anzupassen. Dabei sollte man aber Variablenspeicherinhalte soweit möglich beibehalten.

Im Grundprogramm sind an verschiedenen Stellen Platzhalter vorgesehen. So sollte beispielsweise der Verarbeitungstitel generell 24 Zeichen umfassen; ggf. ist ein kürzerer mit Sternchen und Leerzeichen auf diese Anzahl aufzufüllen.

In einzelnen Anwendungen wurde zufolge der Speicherknappheit von vorgegebenen Variablenzuordnungen abgegangen und für einzelne Variable reservierte Namen (A bis Z) gewählt, weil diese den freien Speicherplatz nicht belasten; in den Variablenlisten zu diesen Programmen wird auf solche Abweichungen vom Rahmenprogramm hingewiesen.

4.6.2 Rahmenprogramm für Datenerfassungen

Datenerfassungsprogramme nach dem vorliegenden Konzept geschneidert sind vielseitig. Die derartigen Programmen innewohnenden Möglichkeiten machen aus ihnen nahezu ganze Programmpakete: Anlage, Kontrollabrufe, Aufzeichnung und Übertragung, ganz zu schweigen von den Erfassungen, sind Verarbeitungen, denen in der Regel jeweils gesonderte Aufmerksamkeit gewidmet wird. Für solche Anwendungen lohnt die Erstellung eines umfangreichen Programmrahmens noch mehr als sonst. Datenerfassungen gleichen einander eher, als dies bei anderen Programmen der Fall ist. Die von einer Datenerfassung zu lösenden Aufgaben sind auch weniger schwierig, weil noch mehr Anwendungsübereinstimmungen anzutreffen sind.

Ein Rahmen für Datenerfassungsprogramme kann daher viel straffer erstellt werden. Aus diesem Grund wäre der Autor auch versucht, eine einheitliche Bedienungsanleitung zu erstellen. Trotz einer größeren Zahl von Gemeinsamkeiten zeigt sich jedoch, daß eigene Anleitungen für jedes Datenerfassungsprogramm vorzuziehen sind.

Nach diesem gesonderten Rahmenprogramm wurden die in Kapitel 6 beschriebenen Problemlösungen programmiert.

Datenerfassung und Datenübertragung bedürfen also eines gesonderten Programmrahmens. Derartige Verarbeitungen müssen von anderen Voraussetzungen ausgehen, so daß sich die Erstellung eines weiteren Programmrahmens anbietet. In diesen Rahmen wurden folgende Gemeinsamkeiten aufgenommen, von denen so ziemlich alle in den einzelnen Anwendungen angetroffen werden:

Beginnzeile	Verarbeitung	
1000	Programmvorlauf	
	1310	Menüanzeige
2000	Datenrahmen bearbeiten	
	2100	neuen Rahmen anlegen
	2200	bestehenden Rahmen ergänzen
	2500	Datenrahmen bzw. Datenzwischenstände einlesen (als Haupt- und als Unterprogramm gleichermaßen verwendbar)
3000	Datenerfassung durchführen	
	3030	Datensatz für die Erfassung wählen
	3970	Eingabegüteentscheidung treffen
	3980	Fortsetzungsentscheidung treffen
4000	Erfaßte Daten dokumentieren (Ausgabe über Anzeige und Drucker)	
5000	Kontrollabruf erfaßter Daten	
	5030	Datensatz für den Abruf wählen
	5980	Fortsetzungsentscheidung treffen
6000	Daten auf Kassettenband aufzeichnen	
	6110	Datenaufzeichnung (als Haupt- und als Unterprogramm gleichermaßen verwendbar)

7000 Daten übertragen

- 7110 Datenübertragung

8000 Unterprogramme

- 8000 Datensatz suchen
  - 8100 nach Bezeichnung
  - 8300 nach Nummer
- 9300 Anzeige des Verarbeitungstitels
- 9400 Eingabegüteentscheidung treffen
- 9600 Fortsetzungsentscheidung treffen
- 9900 Verarbeitungsende
- 9990 Sternchenzeile ausgeben
- 9991 Strichzeile ausgeben

Variablenliste

Für die einzelnen Datensätze:

AN(ØØØ)	Filenummer
AB$(ØØØ)*24	Filenamen, Filebezeichnung

Für die laufende Verarbeitung:

I	Schleifenvariable (Fileindex)
J	Schleifenvariable (Index bei der Suche nach Vorgabe eines Textmerkmals)
L	Kennzeichnung der Programmart
P	Länge des eingebenen Suchbegriffs in Zeichen
V	um 1 verminderte größtmögliche Anzahl der gespeicherten Datensätze
JN$	Ja/nein-Kennzeichnung in der Eingabegüteentscheidung
WE$	Ja/nein-Kennzeichnung in der Fortsetzungsentscheidung
VV$(Ø)*24	vorgegebener Suchbegriff (Textmerkmal)
VV$(1)*24	aus Filenamen herausgelöster Vergleichsbegriff mit der gleichen Zeichenzahl des Suchbegriffs

Das Rahmenprogramm benötigt 3438 Bytes. An fixen Datenspeichern sind die außerhalb des reservierten Bereichs liegenden Variablen zu nennen. Als fix gelten auch die Speicherplätze für die Namen der beiden Datenfelder. Programm und die Fixinformationen benötigen hier 3553 Bytes.

Der mit der 16-Kbyte-RAM-Speicherkarte ausgestattete Rechner PC-1350 bietet Platz für 19454 und ein mit der 8-Kbyte-RAM-Speicherkarte ausgerüsteter bringt Raum für 11264 Bytes. Die fix vergebenen Plätze sind noch um die nachzutragenden individuellen Datenspeicher und um die Programmerweiterungen zu ergänzen, um die für die Datenfelder zur Verfügung stehende Kapazität berechnen zu können.

Anweisungsliste

Das lange Rahmenprogramm für die Datenerfassung erhält den Namen "DATERF"; unter diesem sollte es auf einem Kassettenband für weitere Anwendungen abgelegt werden.

```
1000:REM Datenerfassung
1001:REM
1002:REM by Tatzl, Graz
1003:REM
1004:REM Programmvorl.
1005:REM
1010:CLEAR
1020:DIM AN(000),AB$(000)*24,UV$(1)*24
1040:GOSUB 9300
1050:PRINT "Hauptmenue immer mit den"
1060:WAIT 200: PRINT "Tasten (DEF) M ab
     rufen!"
1300:REM
1301:REM Menueanzeige
1302:REM
1310:"M": CLS : WAIT 25
1320:PRINT "Rahmen   (G) Erfassg.(F)"
1330:PRINT "Dokumen.(D) Abruf    (K)"
1340:PRINT "Aufz.    (A) Uebertr.(X)"
1350:PRINT "Menue    (M) Ende    (S)"
1360:IF INKEY$ ="G" THEN 2000
1370:IF INKEY$ ="F" THEN 3000
1380:IF INKEY$ ="D" THEN 4000
1390:IF INKEY$ ="K" THEN 5000
1400:IF INKEY$ ="A" THEN 6000
1410:IF INKEY$ ="X" THEN 7000
1420:IF INKEY$ ="M" THEN 1300
1430:IF INKEY$ ="S" THEN 9900
1440:GOTO 1360
2000:REM
2001:REM Datenrahmen
2002:REM
2010:"G": GOSUB 9300
2020:PRINT "Datenrahmen anlegen  (A)"
2030:PRINT "Datenrahmen einlesen (L)"
2040:IF INKEY$ ="L" THEN 2500
2050:IF INKEY$ <>"A" THEN 2040
2100:REM
2101:REM Anlegen
2102:REM
2110:CLS : WAIT 25: PRINT "Datenrahmen"
     : GOSUB 9990
2120:PRINT "Neuanlage  (N)"
2130:PRINT "Ergaenzung (E)"
2140:IF INKEY$ ="N" THEN 2300
2150:IF INKEY$ <>"E" THEN 2140
2200:REM
2201:REM Ergaenzung
2202:REM
```

```
2210:L=1: GOSUB 2500:I=V
2220:GOTO 2470
2300:REM
2301:REM Neuanlage
2302:REM
2310:I=0
2450:GOSUB 9400: IF JN$="N" THEN 2320
2460:V=I: GOSUB 9600: IF WE$="N" THEN 6
     000
2470:I=I+1: IF I<=255 THEN 2320
2480:GOSUB 9300: WAIT 200
2490:PRINT "Speicher voll!": GOTO 6000
2500:REM
2501:REM Einlesen
2502:REM
2510:GOSUB 9300
2520:PRINT "Einlesen? ja(J), nein(N)"
2530:IF INKEY$ ="N" THEN 2620
2540:IF INKEY$ <>"J" THEN 2530
2550:GOSUB 9300
2560:PRINT "REMOTE OFF-REWIND (POS)"
2570:WAIT : PRINT "REMOTE ON-PLAY-ENTER
     "
2580:GOSUB 9300
2590:PRINT "Einlesen laeuft"
2600:INPUT #"DAFILE";V,AN(*),AB$(*)
2610:WAIT 200: PRINT "Einlesen beendet"
2620:IF L=1 LET L=0: WAIT 25: RETURN
2630:GOTO 1300
3000:REM
3001:REM Erfassung
3002:REM
3010:"F": GOSUB 9300: WAIT 200
3020:PRINT "Daten erfassen":L=1: GOSUB
     2500
3030:GOSUB 8000
3970:GOSUB 9400: IF JN$="N" THEN 3040
3980:GOSUB 9600: IF WE$="J" THEN 3030
3990:GOTO 6000
4000:REM
4001:REM Dokumentation
4002:REM
4010:"D": GOSUB 9300: WAIT 200
4020:PRINT "Erfassungsdokumentation"
4030:WAIT 25: PRINT "Dok? ja (J), nein
     (N)"
4040:IF INKEY$ ="N" THEN 4980
4050:IF INKEY$ <>"J" THEN 4040
4060:GOSUB 9300: PRINT "Drucker angesch
     lossen?"
4070:WAIT : PRINT "ja (ENTER), nein (DE
     F) D": WAIT 25
4080:PRINT = LPRINT : PRINT : PRINT
4090:PRINT "Erfassungsdokumentation":
     GOSUB 9990
```

```
4100:FOR I=0 TO V
4960:NEXT I: PRINT : PRINT
4970:PRINT = PRINT
4980:IF L=1 LET L=0: RETURN
4990:GOTO 1300
5000:REM
5001:REM Abruf
5002:REM
5010:"K": GOSUB 9300: WAIT 200
5020:PRINT "Kontrollabruf":L=1: GOSUB 2
     500
5030:GOSUB 8000
5980:GOSUB 9600: IF WE$="J" THEN 5030
5990:GOTO 1300
6000:REM
6001:REM Aufzeichnung
6002:REM
6010:"A": GOSUB 9300: WAIT 200
6020:PRINT "Daten aufzeichnen": WAIT 25
6030:PRINT "Aufz.? ja (J), nein (N)"
6040:IF INKEY$ ="N" THEN 6980
6050:IF INKEY$ <>"J" THEN 6040
6060:CLS : PRINT "Daten aufzeichnen":
     GOSUB 9990
6070:PRINT "REMOTE OFF-REWIND (POS)":
     WAIT
6080:PRINT "REMOTE ON-REC/PLAY-ENTER"
6090:GOSUB 9300
6100:PRINT "Aufzeichnung laeuft"
6110:PRINT #"DAFILE";V,AN(*),AB$(*)
6970:WAIT 200: PRINT "Aufzeichnung been
     det"
6980:IF L=1 LET L=0: WAIT 25: RETURN
6990:GOTO 1300
7000:REM
7001:REM Uebertragung
7002:REM
7010:"X": GOSUB 9300: WAIT 200
7020:PRINT "Datenuebertragung": WAIT 25
7030:PRINT "Uebertr.? ja(J), nein(N)"
7040:IF INKEY$ ="N" THEN 1300
7050:IF INKEY$ <>"J" THEN 7040
7060:L=1: GOSUB 4000
7070:GOSUB 9300: PRINT "Geraete betrieb
     sbereit?": WAIT
7080:PRINT "ja (ENTER), nein (DEF) X"
7090:GOSUB 9300
7100:PRINT "Uebertragung laeuft"
7110:OPEN
7120:PRINT #1AN(*),AB$(*)
7970:CLOSE
7980:WAIT 200: PRINT "Uebertragung been
     det"
7990:GOTO 1300
8000:REM
```

```
8001:REM Suchen
8002:REM
8010:CLS : WAIT 25
8020:PRINT "Datensatz suchen nach":
     GOSUB 9990
8030:PRINT "Bezeichnung (B)"
8040:PRINT "Nummer      (N)"
8050:IF INKEY$ ="N" THEN 8300
8060:IF INKEY$ <>"B" THEN 8050
8100:REM
8101:REM Bezeichnung
8102:REM
8110:GOSUB 9300: PRINT "Bezeichnung Dat
     ensatz ="
8120:VV$(0)="": INPUT VV$(0)
8130:IF VV$(0)="" THEN 8110
8140:I=0:P= LEN VV$(0)
8150:J=1
8160:VV$(1)= MID$ (AB$(I),J,P)
8170:IF VV$(0)<>VV$(1) THEN 8220
8180:CLS : PRINT "Nummer "; STR$ AN(I)
8190:PRINT AB$(I)
8200:GOSUB 9400: IF JN$="J" RETURN
8210:CLS : PRINT "gesucht": PRINT VV$(0
     ): GOTO 8230
8220:J=J+1: IF J<=25-P THEN 8160
8230:I=I+1: IF I<=V THEN 8150
8240:GOTO 8360
8300:REM
8301:REM Nummer
8302:REM
8310:GOSUB 9300
8320:INPUT "Nummer = ";N
8330:I=0
8340:IF N=AN(I) RETURN
8350:I=I+1: IF I<=V THEN 8340
8360:WAIT 200: PRINT "kein Datensatz vo
     rhanden"
8370:GOTO 8010
9300:REM
9301:REM Titelanzeige
9302:REM
9310:CLS : WAIT 25
9320:PRINT "** Verarbeitungstitel **"
9330:GOSUB 9990: RETURN
9400:REM
9401:REM Eingabeentsch.
9402:REM
9410:PRINT "Eing. ok? ja(J), nein(N)"
9420:JN$="":JN$= INKEY$
9430:IF (JN$="J") OR (JN$="N") RETURN
9440:GOTO 9420
9600:REM
9601:REM Fortsetzung
9602:REM
```

```
9610:PRINT "Weiter?   ja(J), nein(N)"
9620:WE$="":WE$= INKEY$
9630:IF (WE$="J") OR (WE$="N") RETURN
9640:GOTO 9620
9900:REM
9901:REM Ende
9902:REM
9910:"S": GOSUB 9300
9920:PRINT "Verarbeitung beendet"
9930:PRINT = PRINT : WAIT : USING : END
9990:PRINT "***********************":
     RETURN
9991:PRINT "------------------------":
     RETURN
```

Bild 4 Rahmenprogramm DATERF für Datenerfassungen

Eine Wahl der Betriebsart, die zwischen Anzeige und Druck pendelt, kann bei Datenerfassungsprogrammen unterbleiben. Der Ausgabemodus hat sich den Bedürfnissen einer Teilverarbeitung anzupassen. Eine Menüanzeige beschränkt sich auf vier Zeilen, die in der Anzeige in einem dargestellt werden können. Im Gegensatz zum ersten Rahmenprogramm wird die Fortsetzung nach der Menüanzeige direkt mit der Betätigung einer der angezeigten Buchstabentasten angewählt; nach Ende einer Verarbeitung läßt sich eine Teilverarbeitung aber auch ohne Vorschalten der Menüanzeige direkt mit (DEF) und der entsprechenden Buchstabentaste ansteuern. Ein Programmstart mit RUN (ENTER) ist bei zumindest zum Teil belegten Datenspeichern zu unterlassen. Wenn man eine Direktanwahl nicht sicher treffen kann, läßt sich mit (DEF) M generell das Menü über die Anzeige abrufen. Weitere Verzweigungen in Form lokaler Menüs werden verarbeitungsbedingt eingebaut.

Die Erfassungsdokumentation läßt sich auch ohne gesonderte Anwahl sowohl über die Anzeige, als auch den Drucker durchführen. Der Abruf über die Anzeige bedingt nur das Ausschalten des Druckers bzw. dessen Entfernung aus dem Computersystem des PC-1350.

Anstelle einer gemeinsamen Anleitung werden nun einige wesentliche Programmstellen diskutiert.

- *Felddimensionierungen* werden nach Zeile 1020 bei zusätzlichem Bedarf eingefügt. Die in Zeile 1020 mit ØØØ als Index eingesetzten Nullen sind durch Zahlen zu ersetzen. Die Größe einer solchen Zahl richtet sich nach individuellen Bedürfnissen des jeweiligen Anwenderprogramms sowie nach Art der eingesetzten Speichererweiterungskarte. In den einzelnen Programmen sind jene Zahlen angegeben, die anstelle der Platzhalter ØØØ zu setzen sind. Der Hinweis auf die Menüanwahl wird nur bei einem Programmstart mit RUN (ENTER) angezeigt. Die Menüanzeige zwischen den Zeilen 1320 bis 1350 wird durch die Betätigung der Tasten (DEF) M (ab Zeile 1310) abgerufen. Die Verzweigungen aufgrund der Betätigung einer der angezeigten Buchstabentasten finden sich in den Zeilen 1360 bis 1430.
- Für die *Dokumentation der erfaßten Daten* ab Zeile 4000 ist – wie einleitend erwähnt – ein Drucker nicht unbedingt erforderlich. Sollte ein solcher benötigt werden, ist auf die in den Zeilen 4020 bis 4030 enthaltenen Hinweise entsprechend zu reagieren. Nach erfolgtem Anschluß sind die Geräte einzuschalten, und die Fortsetzung kann mit (DEF) D erfolgen. Die aufzulistenden Daten sind mit den entsprechenden Anweisungen abzurufen, die zwischen die Zeilen 4100 und 4960 eingefügt werden müssen.

- Das *Dateigerüst betreffende Verarbeitungen* finden sich ab Zeile 2000. Über die Möglichkeiten informiert das in den Zeilen 2020 und 2030 enthaltene lokale Menü. Ein neues Datengerüst wird ab Zeile 2300 angelegt – die aufgabenspezifischen Anweisungen sind zwischen die Zeilen 2310 und 2460 einzuschieben. Neu angelegte Datenrahmen lassen sich wie bereits Daten enthaltende in gleicher Weise aufzeichnen. Erweiterungen bereits benutzter Rahmen beginnen mit Zeile 2200. Das Einlesen der Datengerüste erfolgt ab Zeile 2500. Man beachte die jeweiligen Hinweise zur Recorderbedienung in den Zeilen 2560 bis 2570 (Einlesen) sowie in den Zeilen 6070 bis 6080 (Aufzeichnen).
- Der *Transfer von Daten zu einem anderen Computer* ist gesondert anzuwählen. Als erstes wird nochmals über die Notwendigkeit einer Übertragung und daraufhin über die Notwendigkeit einer vorangehenden Erfassungsdokumentation entschieden. In Zeile 7120 werden die Daten übertragen. In dieser Zeile wie in den Zeilen 2600 und 6110 stellen die angeführten Variablenfelder AN(*) und AB$(*) nur Platzhalter für die im aktuellen Fall zu bewegenden Daten dar.
- Das *wichtigste Unterprogramm* findet sich ab Zeile 8000 und organisiert die *Suche nach einem bestimmten Datensatz*. Nach einem solchen kann durch Vorgabe einer Filenummer (z.B. Artikelnummer), aber auch durch Vorgabe der Filebezeichnung bzw. eines Teils desselben gesucht werden. Diese Suche wird durch das in den Zeilen 8030 und 8040 enthaltene lokale Menü gesteuert. In unserem Fall ist die Filenummer generell ein numerischer und die Bezeichnung ein alphanumerischer Begriff bzw. eine alphanumerische Zeichenkette. Zufolge der Eigenart der Standard-Schleifenkonstruktion im Sharp-BASIC wird die FOR-TO-NEXT-Anweisung durch individuelle Schleifen (8140/8230 für eine Suche nach einer Textvorgange bzw. 8330/8350 für eine Suche nach einer Nummer) ersetzt. In einem aktuellen Programm sind die als Platzhalter gedachten Textkennzeichnungen generell durch an die jeweilige Verarbeitung angepaßte Strings zu ersetzen. Das Herauslösen eines dem Suchbegriff an Zeichen entsprechenden Vergleichsbegriffs erfolgt ab Zeile 8160. Wird ein File (Datensatz) nicht gefunden, kommt es zur Anwahlwiederholung in Zeile 9010. Beim Suchen nach einer Textvorgabe kann es vorkommen, daß Text oder Textteil in mehr als einer Bezeichnung angetroffen werden. Generell hält das Programm beim ersten File an, welcher die vorgegebene Kennzeichnung im Filenamen enthält. An dieser Stelle ist zu entscheiden, ob das richtige File vorliegt oder weitergesucht werden muß; die Entscheidung darüber ist in Zeile 8200 zu treffen. Auch hier kann es zur zuvor beschriebenen Anwahlwiederholung kommen, wenn das gewünschte File nicht in der Datei enthalten ist, bzw. derselbe irrtümlicherweise abgelehnt wurde. Um ein File aufgrund einer Textvorgabe rasch aufzufinden, empfiehlt sich die Eingabe der jeweils *ersten Zeichen* eines Filenamens.
- *Eingabegüteentscheidungen* sind sowohl bei der Anlage eines Datenrahmens bzw. bei dessen Erweiterung als auch für die Datenerfassung vorgesehen. Das betreffende Unterprogramm findet man ab Zeile 9400.
- Auch bei Datenerfassungen gibt es Fälle, in denen über eine *Verarbeitungsfortsetzung* zu entscheiden ist. Das ab Zeile 9600 anzutreffende Unterprogramm bringt die Abfrage im Gegensatz zum ersten Programmrahmen in einer Zeile.
- Zwei *Unterprogramme* – Ausgabe einer Sternchenzeile (Zl. 9990) bzw. Ausgabe einer Strichzeile (Zl. 9991) sowie das ab Zeile 9900 gesetzte Verarbeitungsende runden das Programm ab. Im ersten Rahmenprogramm wurden für diese Strings die Variablen TT$(1) und TT$(2) reserviert.

Grundsätzlich mündet jede Teilverarbeitung in der Anzeige des Hauptmenüs.

Ein Test dieses Rahmenprogramms ist zwar grundsätzlich möglich, bedingt aber in einigen Fällen die Unterbrechung durch Betätigung der (ON/BRK)-Taste. An dieser Stelle wird nochmals an den Ersatz der Platzhalter mit verarbeitungsspezifischen Informationen für Zahlen und Texte erinnert.

Man wird auch in diesem Fall gut daran tun, den Programmrahmen für weitere Anwendungen abzuspeichern. Je mehr einander ähnliche Programme zu schreiben sind, desto größer wird die Zeitersparnis im Gesamten. Der Vorteil wiegt den ggf. dadurch bedingten erhöhten Speicherbedarf für ein aus diesem Rahmen abgeleitetes Anwendungsprogramm auf. Als angenehm wird die durch einen gemeinsamen Rahmen gegebene Gleichartigkeit von Bedienung und Ablauf empfunden.

4.7 Dokumentation

Grundsätzlich besteht jedes Programm aus folgenden zu dokumentierenden Elementen:

- Problem- und Programmbeschreibung, ggf. ergänzt durch die Aufzeichnung der Berechnungsverfahren und Rechenformeln.
- Variablenliste samt den zugehörigen Erläuterungen der einzelnen Speicherinhalte.
- Programmstruktur im Detail und Kommentare zu einzelnen Programmblöcken bzw. einzelnen Anweisungen.
- Programmauflistung, aus dem auch die Struktur des Programms abgelesen werden kann.
- Bedienungsanleitung, die sich zwar auf die Beschreibung abstützen kann, aber doch verschiedene ablauftechnische Fragen eindeutig zu regeln hat.
- Testbeispiele mit Einbau vor allem wichtiger Grenzfälle, um auch Randprobleme einzelner Verarbeitungen in Anwendungsfällen exakter beschreiben zu können.

5 Der Rechner als Einplatzsystem

Mancher Leser wird sich vielleicht über die Wahl dieser Kapitelüberschrift wundern. Kleine Rechner sind nun einmal als Einplatzrechner konzipiert. Das heißt, sie werden allein für sich betrieben; ein Anschluß an andere Computer, in welcher Form auch immer, scheint witzlos. Nun ist es aber gerade die dem PC-1350 einverleibte serielle Schnittstelle, welche diesen Rechner auch in ungewohnter Form, beispielsweise als Datenzubringer für andere Computersysteme, anwendbar macht. Aber davon werden wir erst in Kapitel 6 mehr hören.

In diesem Kapitel machen wir einen kleinen Streifzug durch eine Reihe verschiedener Anwendungsgebiete. Dabei werden u.a. die besonderen Vorteile der großen Anzeige herausgearbeitet. Menütechnik und dialoggesteuerte Verarbeitung lassen sich sehr gut auch an kleinen Computersystemen darstellen.

Die hier der Reihe nach vorgestellten Programme werden so aufbereitet, daß mit ihrer Hilfe nicht nur isolierte Aufgaben bearbeitet werden können. Anhand von Beschreibungen, Variablenlisten und einzelnen Kommentaren zu getroffenen Abläufen lassen sich diese Programme leicht in größere Aufgabenlösungen einbauen. Ob dabei die Form des Teil eines Hauptprogramms gewählt wird, oder das Lösungsvorgehen als Unterprogramm eingesetzt wird, ist ohne Bedeutung.

Für den Betrieb sämtlicher Programme wird vorausgesetzt, daß sich das betreffende Programm im Speicher des PC-1350 befindet. Des weiteren gilt, daß die für den Programmbetrieb wichtigen Geräte angeschlossen sind und das System betriebsbereit ist. Bei Benutzung des Druckers empfiehlt sich die Verwendung des Netztrafos. Das gewünschte Programm wird wie folgt eingelesen:

CLOAD "Programmname lt. Anleitung" (ENTER)

Sie vergessen dabei nicht, das Band bei Stellung des REMOTE-Schalters auf OFF an den jeweiligen Programmbeginn zu spulen, den REMOTE-Schalter am CE-126P wieder in die Stellung ON zu bringen, die Starttaste des Recorders zu drücken und das Einlesen erst dann mit Betätigung der Ausführungstaste (ENTER) einzuleiten.

Für den Start einer Verarbeitung mit RUN (ENTER) kann man sich eine einfachere Lösung suchen. Man belegt zum Beispiel eine reservierte Taste im Reservemodus mit dem Kommando RUN gefolgt vom Zeichen @, welches den Programmstart veranlaßt, wenn die Tasten (SHIFT) und die gewählte Taste gedrückt werden. Generell gilt auch zur Erleichterung der Verarbeitung, daß die Menüanzeige mit (DEF) M angewählt werden kann.

Die Beginnphase einer Verarbeitung orientiert sich in den meisten Fällen an gleichen Grundsätzen. Dort, wo dies nicht der Fall ist, werden gesonderte Hinweise gegeben. Aus Gründen der Platzersparnis werden die einleitenden Punkte jeder Bedienungsanleitung nur einmal präsentiert und in den anwendungsbezogenen Hinweisen auf diese verwiesen:

1 Programm mit RUN (ENTER) starten.

2 Bei Anzeige des Verarbeitungstitels und der Anwahlhinweise

Start Taste (G)

Ende Taste (S)

über die Aufnahme der Verarbeitung entscheiden:

2.1 Verarbeitung nicht aufnehmen: Taste S drücken. Die Operationen sind mit der unterstrichenen Anzeige des Verarbeitungstitels und des Hinweises „Verarbeitung beendet" abgeschlossen. In der Anzeige erscheint das Bereitschaftssymbol 〉. Wurde im Druckbetrieb gearbeitet, kann der Druckstreifen nach einem mehrfachen Zeilenvorschub bequem abgetrennt werden. Auch von dieser Stelle aus läßt sich dem Menü entsprechend, das in Punkt 4 der jeweiligen Anleitung dargestellt ist, eine Verarbeitung wählen, soweit Teilprogramme vorhanden und mit einem reservierten Buchstaben – abzurufen mit (DEF) und dem betreffenden Zeichen – gekennzeichnet sind.

2.2 Operationen aufnehmen: Taste G drücken.

3 Bei der Anzeige des Verarbeitungstitels und der Anwahlhinweise

Anzeige Taste (A)

Druck Taste (D)

über die Ausgabebetriebsart entscheiden:

3.1 Anzeigebetrieb: Taste A drücken. Das Menü wird nach der kurzzeitigen Anzeige eines allgemeinen Hinweises blockweise angezeigt. Ein folgender Block – wenn vorhanden – wird durch die Betätigung einer beliebigen Taste – außer (ENTER), (SML), (DEF), (SHIFT) und den Tasten oberhalb des Zahlenfeldes – abgerufen.

3.2 Druckbetrieb: Taste D drücken. Das Menü wird über den Drucker ausgegeben.

Nach einer kurzzeitigen Kontrollanzeige der eingestellten Ausgabebetriebsart mündet der Programmvorlauf in beiden Fällen in der Anzeige des unterstrichenen Verarbeitungstitels und der Aufforderung „Anwahl treffen!", eine Teilverarbeitung abzurufen. Nach Erscheinen des Bereitschaftssymbols 〉 in der Anzeige kann die Teilverarbeitung in Punkt 4 der jeweiligen Anleitung durch die Betätigung der Taste (DEF) und der betreffenden Buchstabentaste angewählt werden.

Grundsätzlich mündet jede Teilverarbeitung in der Menüanzeige gemäß Punkt 3.1. Der Punkt 3 kann entfallen, wenn nur mit dem Drucker gearbeitet wird.

In der Handhabung der Menütechnik, vor allem bei fallweise mit mehr als einem Anzeigeblock darzustellenden Anwahlmöglichkeiten einer Verarbeitung kann es trotz aller Vorsicht zu Fehlanwahlen kommen. Hat man einmal die Anwahl zur richtigen Zeit versäumt und bereits auf die nächste Seite weitergeschaltet, kann man das Programm mit Drücken der (BREAK)-Taste stoppen, solange es nicht in eine Verarbeitung gelangt ist. Dann sind die Tasten (DEF) M zu betätigen, und man kann das Hauptmenü vom Beginn an neu durcharbeiten. Ist auch diese Möglichkeit vertan, sollte die irrtümlich eingestellte Verarbeitung mit einer belanglosen Eingabe abgewickelt werden, bis es wieder zur Anzeige des Hauptmenüs kommt. Spätestens ist das Programm während einer kurzzeitig wirksamen Anwahlkontrollanzeige zu unterbrechen, damit ohne Veränderungen des Datenbestands gefahrlos eine Neuanwahl getroffen werden kann.

5.1 Aus der Statistik

Die Statistik nimmt in unserem Leben eine beachtliche Stellung ein. Wir haben u.a. zur Kenntnis genommen, daß ein Mittelwert mit einem anderen nicht unbedingt vergleichbar sein muß. Anhand einiger Beispiele aus diesem Bereich soll ein wenig auf die Möglichkeiten der Prüfung statistischer Werte auf ihre Glaubwürdigkeit aufmerksam gemacht werden.

Statistische Programme folgen oftmals auf Meßdatenerfassungen. Die Auswertung von Daten wird an ihre Erfassung angeschlossen. Die Überprüfung der Zufälligkeit – eine sehr wichtige Voraussetzung für die Glaubwürdigkeit statistischer Werte – gehört zu den Kontrollen derartiger Datenverarbeitungen.

5.1.1 Statistische Grundwerte

Probleme mit der Statistik entstehen heutzutage oft nur durch einen Mangel an Wissen bzw. fehlendem Verständnis für statistische Zusammenhänge. Dazu kommt noch, daß Vorhersagen, welche aufgrund eines umfangreichen Datenmaterials nur verbessert werden, leider fallweise auf einer zu geringen Stichprobenanzahl basieren und daher nicht exakt eintreffen können. Die Qualität einer Prognose wird bei entsprechender statistischer Sicherheit durch die Bandbreite möglicher Erwartungen bestimmt, deren Grenzen man ganz einfach kennen muß, um die Aussagekraft von Prognosen beurteilen zu können.

Im vorliegenden Programm werden aus einer Reihe von Meßwerten verschiedene statistische Grundwerte errechnet. Dabei finden allerdings nur einfache Zusammenhänge Berücksichtigung.

Mit welchen Grundwerten wird man konfrontiert, wie lassen sich diese berechnen und welche Schlüsse können aus den Ergebnissen gezogen werden?

Mittelwert

Den Durchschnitt aus einer Reihe von n Beobachtungen (Stichproben, Einzelwerte) errechnet man aus dem *arithmetischen Mittel* dieser Beobachtungen. Es wird aufgrund der folgenden einfachen Formel ermittelt:

$$\overline{x} = \frac{x_1 + x_2 + \ldots x_{n-1} + x_n}{n} \quad \text{oder} \quad \overline{x} = \frac{1}{n} \sum_{i=1}^{n} x_i$$

Die Qualität eines Mittelwertes hängt von der Verteilung der Einzelwerte um den Mittelwert ab.

Standardabweichung

Die *Standardabweichung* charakterisiert die Lage der Einzelwerte um den Mittelwert. Je größer diese Zahl ist, desto weiter sind die Einzelwerte verstreut und umgekehrt. Ohne auf die Theorie der Berechnung näher einzugehen, sei die am häufigsten verwendete Rechenformel zur Ermittlung der Standardabweichung für die Erwartung eines Einzelwertes angeschrieben:

$$s = \pm \sqrt{\frac{\Sigma x_i^2 - (\Sigma x_i)^2/n}{n-1}}$$

Mit einer Standardabweichung kann aber auch ein zu erwartender Mittelwert beurteilt werden; dazu ist die zuvor angeschriebene Formel wie folgt zu modifizieren:

$$s_{\overline{x}} = \pm\, s/\sqrt{n}$$

Aber auch diese beiden Zahlen reichen offensichtlich zur Beurteilung nicht aus; es bedarf weiterer Grundwerte.

Variationskoeffizient

Eine Standardabweichung kann zum Mittelwert nach folgender Formel in Beziehung gesetzt werden:

$$v = \pm\, 100 \cdot s\,/\,\overline{x} \qquad (\%)$$

Die in % ausgewiesene dimensionslose Abweichung läßt nun die Lage der Einzelwerte um den Mittelwert, ausgedrückt durch die Standardabweichung, besser beurteilen.

Vertrauensbereich

Eine der wesentlichsten Schlußfolgerungen aus den bisher ermittelten Ergebnissen ist aufgrund von Absolutwerten zu ziehen, welche den Vertrauensbereich nach vorgegebenen Sicherheiten begrenzen. Es wird jener Bereich bestimmt, innerhalb dessen Grenzen ein Einzel- oder ein Mittelwert mit bestimmter Sicherheit zu erwarten ist. Generell wird heute mit den Sicherheiten 95 %, 99 % und 99,9 % gearbeitet (Georg Kipnis: Elementare Statistik in BASIC, Vogel-Buchverlag Würburg). Die in den nachstehend angeführten Formeln zur Bestimmung dieser Vertrauensgrenzen eingesetzten *Integralgrenzen der r-Verteilung* haben allerdings nur für sehr große Stichprobenumfänge Gültigkeit und sind bei verminderten Stichprobenumfängen in Abhängigkeit vom jeweiligen Verteilungsgesetz (hier wird mit der r-Verteilung gearbeitet) nach oben abzuändern. Aber auch ohne diese Korrekturen sind die Grenzwerte schon recht aussagefähig, auch wenn solche Werte mit der gebührenden Vorsicht zu betrachten sind.

Die kleinsmöglichten Integralgrenzen der r-Verteilung sind mit nachstehenden Werten u anzusetzen:

statistische Sicherheit %	u
95	1,960
99	2,576
99,9	3,291

Die Berechnung der Vertrauensgrenzen wird nun aufgrund folgender Rechenformeln vorgenommen:

unterer Erwartungswert: $\overline{x}_{Eu} = \overline{x} - s \cdot u$

oberer Erwartungswert: $\overline{x}_{Eo} = \overline{x} + s \cdot u$

Diese Grenzwerte gelten für die Erwartung von Einzelwerten; für die Beurteilung der Position des zu erwartenden Mittelwerts muß anstelle von s der Wert $s_{\overline{x}}$ gesetzt werden.

Variablenliste (zusätzlich)

E	Eingabe x_i aktuell
M	Mittelwert $\overline{x}$
N	Stichprobenumfang n
P	Summe der Einzelwerte
Q	Summe der Quadrate der Einzelwerte
S	Standardabweichung des Einzelwerts s
T	Standardabweichung des Mittelwerts $s_{\overline{x}}$
U	Arbeits-Standardabweichung
V	Variantionskoeffizient v
W	Integralgrenzen der r-Verteilung
Z	Vorzeichenwandler für Korrekturen
A$	„Einzel"
B$	„Mittel"
Y$	A$, B$
F1$	Formatspezifikator
XI$	Kommentar zur Eingabedokumentation
XX$	Verarbeitungskennzeichnung

Programmstruktur

1000	Programmvorlauf	
	1020–1050	Entscheidung über die Aufnahme einer Grundwertermittlung
	1100	Wahl des Ausgabemodus
	1200	Menüdruck
	1300	Menüanzeige
2000	Korrektur	
	2010	Anwahlkontrollanzeige, Vorzeichenumkehr
	2015	Abweisung einer Korrektur vor einer ersten Eingabe
3000	Eingabe	
	3010	Anwahlkontrollanzeige
	3040–3050	Ausgabeformat für die Eingabedokumentation auf einheitliche Zeichenzahl einstellen
	3090	Eingabegüteentscheidung treffen
	3120	Fortschreibung der statistischen Summen
	3130–3190	Fortsetzungsentscheidung treffen

4000	Summenabruf	
	4010	Anwahlkontrollanzeige
	4015	Abweisung eines Abrufs vor einer zweiten Eingabe
	4030	Berechnung der Grundwerte
	4050–4190	Ausgabe der Grundwerte
	4200–4220	95 %-Wahrscheinlichkeiten
	4230–4250	99 %-Wahrscheinlichkeiten
	4260–4280	99,9 %-Wahrscheinlichkeiten
8000	Unterprogramme	
	8000	Ausdruck der Grenzwerte
	9200	Konstantenzuordnung
	9300	Anzeige des Verarbeitungstitels
	9400	Eingabegüteentscheidung treffen
	9900	Schlußroutine

Anweisungsliste

```
1000:REM Statistikwerte
1001:REM
1002:REM by Tatzl, Graz
1003:REM
1010:GOSUB 9200: GOSUB 9300
1020:WAIT 25: PRINT "Start Taste (G)"
1030:PRINT "Ende  Taste (S)"
1040:IF INKEY$ ="S" THEN 9900
1050:IF INKEY$ <>"G" THEN 1040
1100:REM
1101:REM Ausgabebetrieb
1102:REM
1110:"A": GOSUB 9300: WAIT 25
1120:PRINT "Anzeige Taste (A)"
1130:PRINT "Druck   Taste (D)"
1140:OP$="":OP$= INKEY$
1150:IF OP$="A" LET O$="Anzeige": GOTO
     1180
1160:IF OP$="D" LET O$="Drucker": GOTO
     1180
1170:GOTO 1140
1180:GOSUB 9300: WAIT 200: PRINT O$;" b
     etriebsbereit"
1190:IF OP$="A" THEN 1300
1200:REM
1201:REM Menuedruck
1202:REM
1210:LPRINT : LPRINT
1220:LPRINT TT$(1);TT$(0);TT$(1)
1230:LPRINT
```

```
1240:LPRINT "(DEF) Verarbeitung"
1250:LPRINT TT$(2)
1260:LPRINT "  A   Ausgabebetrieb"
1261:LPRINT "  S   Verarbeitungsende"
1270:LPRINT "  X   Eingabe x(i)"
1271:LPRINT "  C   Korrektur"
1274:LPRINT "  N   Summemabruf"
1275:LPRINT "  M   Menueanzeige"
1276:LPRINT TT$(2)
1277:LPRINT : LPRINT
1279:GOTO 1380
1300:REM
1301:REM Menueanzeige
1302:REM
1310:GOSUB 9300
1320:PRINT "Haupt - Menue: (DEF) und"
1330:WAIT 200: PRINT "Buchstabentaste d
     ruecken"
1340:"M": CLS : WAIT 25: PRINT = PRINT
1350:PRINT "A:Ausgabe    S:Ende"
1351:PRINT "X:Eing.x(i) C:Korrektur"
1352:PRINT "N:Summen     M:Menue"
1354:IF INKEY$ ="" THEN 1354
1380:GOSUB 9300: PRINT "Anwahl treffen!
     "
1390:END
2000:REM
2001:REM Korrektur
2002:REM
2010:"C":XX$="Korrektur": GOSUB 9300:
     WAIT 200: PRINT XX$
2015:IF N<=0 PRINT "Keine ";XX$: GOTO 1
     340
2020:Z=-1: IF OP$="D" LPRINT : LPRINT X
     X$
2030:GOTO 3030
3000:REM
3001:REM Eingabe
3002:REM
3010:"X":XX$="Eingaben": GOSUB 9300:
     WAIT 200: PRINT XX$
3020:IF OP$="D" LPRINT : LPRINT :
     LPRINT XX$: LPRINT TT$(1)
3025:Z=1
3030:CLS : WAIT 25: PRINT XX$;" fuer de
     n Wert": PRINT TT$(1)
3040:XI$="x("+ STR$ (N+Z)+")  ": FOR I=
     1 TO 4- LEN STR$ (N+1)
3050:XI$=XI$+" ": NEXT I:XI$=XI$+"=":
     USING F1$
3060:PRINT XI$;
3070:INPUT E: PRINT Z*E
3080:IF OP$="D" LPRINT XI$;Z*E
3090:GOSUB 9400: IF JN$="J" THEN 3120
3100:IF OP$="D" LPRINT "Irrtum"
```

```
3110:GOTO 3030
3120:P=P+Z*E:Q=Q+Z*E*E:N=N+Z: IF (Z=-1)
     AND (OP$="D") LPRINT
3130:CLS : PRINT "Fortsetzung?"
3140:PRINT "Korrektur   Taste (C)"
3150:PRINT "Eingabe     Taste (E)"
3160:PRINT "Summenabruf Taste (S)"
3170:IF INKEY$ ="C" THEN 2000
3180:IF INKEY$ ="E" THEN 3025
3190:IF INKEY$ <>"S" THEN 3170
4000:REM
4001:REM Summenabruf
4002:REM
4010:"N":XX$="Summen": CLS : WAIT 25:
     PRINT XX$;"abruf": PRINT TT$(1)
4015:IF N<=1 WAIT 200: PRINT "Keine ";X
     X$: GOTO 1340
4020:IF OP$="D" LPRINT : LPRINT :
     LPRINT XX$: LPRINT TT$(1)
4030:M=P/N:S= SQR ((Q-P*P/N)/(N-1)):T=S
     / SQR N
4040:WAIT 25: IF OP$="D" PRINT = LPRINT
4050:PRINT "Stichprobenumfang n"; USING
     "#####";N
4060:PRINT "Mittelwert"; USING F1$;M
4070:IF OP$="D" THEN 4090
4080:IF INKEY$ ="" THEN 4080
4090:CLS : PRINT "Standardabweichung"
4100:PRINT "  Einzelwert"; USING "#####
     ##.####";S+.00005
4120:PRINT "  Mittelwert";T+.00005
4130:IF OP$="D" THEN 4150
4140:IF INKEY$ ="" THEN 4140
4150:CLS : PRINT "Variationskoeffizient
      %"
4160:PRINT "  Einzelwert";100*S/M+.0000
     5
4170:PRINT "  Mittelwert";100*T/M+.0000
     5
4180:IF OP$="D" LPRINT TT$(2): GOTO 420
     0
4190:IF INKEY$ ="" THEN 4190
4200:X$="95":W=1.96
4210:U=S:Y$=A$: GOSUB 8000
4220:U=T:Y$=B$: GOSUB 8000
4230:X$="99":W=2.576
4240:U=S:Y$=A$: GOSUB 8000
4250:U=T:Y$=B$: GOSUB 8000
4260:X$="99,9":W=3.291
4270:U=S:Y$=A$: GOSUB 8000
4280:U=T:Y$=B$: GOSUB 8000
4290:IF OP$="D" LPRINT TT$(2)
4300:GOTO 1340
8000:REM
8001:REM Ausdruck
```

```
8002:REM
8010:IF OP$="D" LPRINT
8020:CLS : WAIT 25: PRINT X$;"%-Wahrsch
     einlichkeit"
8030:PRINT Y$;"w.(W-Faktor "; STR$ W;")
     "
8040:PRINT "von           ";M-U*W+.00005
8050:PRINT "bis           ";M+U*W+.00005
8060:IF OP$="D" RETURN
8070:IF INKEY$ ="" THEN 8070
8080:RETURN
9200:REM
9201:REM Konstante
9202:REM
9210:CLEAR
9220:DIM TT$(2)*24
9230:TT$(0)="Statistische  Grundwerte"
9231:TT$(1)="************************"
9232:TT$(2)="------------------------"
9250:F1$="#########.####"
9260:A$="Einzel":B$="Mittel"
9290:RETURN
9300:REM
9301:REM Titelanzeige
9302:REM
9310:WAIT 25: CLS : PRINT TT$(0): PRINT
     TT$(1)
9320:RETURN
9400:REM
9401:REM Eingabeentsch.
9402:REM
9410:PRINT "ok? ja(J),no(N) druecken"
9420:JN$="":JN$= INKEY$
9430:IF (JN$="J") OR (JN$="N") RETURN
9440:GOTO 9420
9900:REM
9901:REM Schlussroutine
9902:REM
9910:"S": GOSUB 9300
9920:IF OP$="D" LPRINT : LPRINT : PRINT
     = PRINT
9980:PRINT "Verarbeitung beendet"
9990:WAIT : USING : END
```

Bild 5 Programm STATIS

Bedienungsanleitung

Programmname:	STATIS
Speicheranspruch:	2946 Bytes
Speichererweiterung:	ja
Ausgabebetrieb:	Anzeige und Druck (CE-126P)
Verarbeitungstitel:	„Statistische Grundwerte“

Neue Meßwertserien müssen grundsätzlich bei Punkt 1 der Bedienungsanleitung beginnend ausgewertet werden. Die Aufnahme der Eingaben beginnend bei Punkt 4.5 ist der Fortsetzung einer laufenden Auswertung nach einem Zwischensummenabruf vorbehalten.

Der Programmbeginn deckt sich mit der in Kapitel 5 dargestellten Startphase und enthält auch die Punkte 1 bis 3 der Bedienungsanleitung. In der Druckausgabe hat das Menü folgendes Aussehen:

```
***********************
Statistische Grundwerte
***********************

(DEF) Verarbeitung
-----------------------
  A   Ausgabebetrieb
  S   Verarbeitungsende
  X   Eingabe x(i)
  C   Korrektur
  N   Summemabruf
  M   Menueanzeige
-----------------------
```

Bild 6
Menüdarstellung für die Ermittlung statistischer Grundwerte

4 Anwahl einer Verarbeitung:

4.1 Ausgabemodus neu einstellen: Tasten (DEF) A drücken, in Punkt 3 fortsetzen und nach der Menüausgabe Verarbeitung in Punkt 4 wählen.

4.2 Verarbeitung abschließen: Tasten (DEF) S drücken. Die Operationen sind analog zu Punkt 2.1 beendet.

4.3 Eingabe (auch weiter zurückliegende) korrigieren: Tasten (DEF) C drücken. Nach kurzzeitiger Anzeige des Verarbeitungstitels und des Anwahlkontrollhinweises „Korrektur“ – im Druckbetrieb gefolgt vom gleichartigen Textausdruck – in Punkt 5 fortsetzen.

4.4 Summen abrufen: Tasten (DEF) N drücken. Nach kurzzeitiger Anzeige des Anwahlkontrollhinweises „Summenabruf“ werden Stichprobenumfang, Mittelwert, Standardabweichungen für Einzel- und Mittelwert und Variationskoeffizient ausgegeben. Im Anzeigebetrieb ist zweimal mit Betätigung einer beliebigen Taste – außer (ENTER), etc. fortzusetzen. Daraufhin werden die Grenzwerte der Einzel- und Mittelwertserwartungen für die Wahrscheinlichkeiten 95, 99 und 99,9 % berechnet und ausgegeben. Auch hier ist im Anzeigebetrieb wie zuvor beschrieben fortzusetzen.

Der Abruf einer Korrektur ist erst nach einer erstmaligen Eingabe möglich. Der Versuch eines vorzeitigen Abrufs führt nach einer kurzzeitigen Zusatzanzeige des Fehlerhinweises „keine Korrektur" zur Anzeige des Hauptmenüs analog Punkt 3 und zur Verarbeitungsentscheidung in Punkt 4. Ähnliches gilt auch für einen Summenabruf vor einer zweiten Eingabe. Ein Summenabruf endet auf die gleiche Weise. Im Bedarfsfall kann mit einer Eingabefortsetzung in Punkt 4.5 weitergearbeitet werden.

4.5 Eingaben aufnehmen bzw. fortsetzen: Tasten (DEF) X drücken. Nach kurzzeitiger Anzeige des Verarbeitungstitels und des Anwahlkontrollhinweises „Eingaben" – im Druckbetrieb gefolgt von einem gleichartigen Textausdruck – wird mit den Eingaben in Punkt 5 begonnen.

4.6 Menüanzeige: Tasten (DEF) M drücken, Anzeige des Hauptmenüs mit Betätigung einer beliebigen Tasten außer (ENTER), etc. löschen und Verarbeitungsfortsetzungsentscheidung in Punkt 4 treffen.

5 Bei Anzeige des Eingabehinweises

Eingaben für den Wert

****

x(i) =

?

den mit i angezeigten Meßwert eintasten und (ENTER) drücken. Im Normalfall bedeutet i die fortgeschriebene, im Korrekturfall die um 1 zurückgenommene bisherige höchste Eingabenummer. Anläßlich einer Korrektur ist der falsch eingegebene Wert in exakt der gleichen Weise einzuspeichern; die Dokumentation erfolgt dabei mit umgekehrten Vorzeichen. Die Eingabedokumentation wird nur im Druckbetrieb vorgenommen.

6 Bei der Zusatzanzeige "ok? ja(J), no(N) druecken" über die Richtigkeit der Eingabe entscheiden:

6.1 Eingabe nicht korrekt: Taste N drücken und – beim Druckbetrieb nach Textausdruck „Irrtum" – Eingabe in Punkt 5 richtig wiederholen.

6.2 Eingabe korrekt: Taste J drücken.

7 Bei Anzeige der nachstehenden Hinweise

Fortsetzung?

Korrektur	Taste (C)
Eingabe	Taste (E)
Summenabruf	Taste (S)

über die weitere Fortsetzung der Eingaben entscheiden:

7.1 Eingabe korrigieren: Taste C drücken und in Punkt 4.3 ohne neuerliche Anwahl fortsetzen.

7.2 Eingaben fortsetzen: Taste E drücken und nächsten Meßwert in Punkt 5 eingeben.

7.3 Summen abrufen: Taste S drücken und in Punkt 4.4 ohne neuerliche Anwahl fortsetzen.

Testbeispiele

```
Eingaben
**********************
x(1)     =        50.0000
x(2)     =        51.0000
Irrtum
x(2)     =        52.0000
x(3)     =        45.0000
x(4)     =        50.0000

Korrektur
x(3)     =       -45.0000

x(4)     =        48.0000
x(5)     =        54.0000
x(6)     =        52.0000
x(7)     =        48.0000
x(8)     =        50.0000
x(9)     =        46.0000
x(10)    =        50.0000


Summen
**********************
Stichprobenumfang n    10
Mittelwert        50.0000
Standardabweichung
  Einzelwert       2.3094
  Mittelwert       0.7303
Variationskoeffizient %
  Einzelwert       4.6188
  Mittelwert       1.4606
----------------------
```

```
95%-Wahrscheinlichkeit
Einzelw.(W-Faktor 1.96)
von               45.4736
bis               54.5264

95%-Wahrscheinlichkeit
Mittelw.(W-Faktor 1.96)
von               48.5686
bis               51.4314

99%-Wahrscheinlichkeit
Einzelw.(W-Faktor 2.576)
von               44.0510
bis               55.9490

99%-Wahrscheinlichkeit
Mittelw.(W-Faktor 2.576)
von               48.1188
bis               51.8812

99,9%-Wahrscheinlichkeit
Einzelw.(W-Faktor 3.291)
von               42.3998
bis               57.6002

99,9%-Wahrscheinlichkeit
Mittelw.(W-Faktor 3.291)
von               47.5966
bis               52.4034
----------------------
```

Bild 7 Überprüfung einer aus 10 Werten bestehenden Meßreihe nach Mittelwert, Standardabweichung, Variationskoeffizient und Wahrscheinlichkeitsbereichen

5.1.2 Optimale Kurvenanpassung

Regressionsrechnungen benötigt man vielfach zur Auswertung von Meßergebnissen bei Berücksichtigung von mehr als einer Abhängigkeit und bedient sich in der Regel verschiedener Standardprogramme, die mit den Rechnern als Teil einer Formelsammlung mitgeliefert werden oder die man zusätzlich kaufen muß. In diesen Programmen finden sich normalerweise die folgenden vier Ausgleichsrechnungen; sie können im allgemeinen nur einzeln berechnet werden:

- Lineare Kurvenanpassung
- Exponentielle Kurvenanpassung
- Logarithmische Kurvenanpassung
- Potentielle Kurvenanpassung

Zur Beurteilung der Güte einer Anpassung liefert uns die Statistik den Korrelationskoeffizienten r^2 (Bestimmtheitsmaß) und zur Berechnung von Punkten der Ausgleichskurve die Regressionskoeffizienten a und b. Um die Qualität einer Ausgleichskurve beurteilen zu können, muß sie mit einer anderen verglichen werden. Jene mit dem größten Korrelationskoeffizienten ist dann die Kurve mit der besten Anpassung. Für solche Vergleiche sind die Meßpunkte so oft einzugeben, als Ausgleichskurven berechnet werden sollen. Eine mehrmalige Eingabe der Koordinaten, vor allem bei Vorliegen sehr vieler Meßpunkte führt zur Ermüdung und erhöht die Wahrscheinlichkeit von Eingabefehlern.

Diesem Problem begegnet das vorliegende Programm.

Natürlich lassen sich die vier Regressionen auch einzeln durchrechnen. Der große Vorteil ist nun in jenem Umstand zu erkennen, der die Durchrechnung aller Anpassungsvarianten bei nur *einmaliger* Eingabe ermöglicht. Bei diesem Verfahren wird die Anpassung mit dem größten Bestimmtheitsmaß vom Programm aus herausgesucht.

Damit sich die Ausgleichskurven leichter zeichnen lassen, werden neben der Möglichkeit von Einzelabrufen von Koordinaten der Kurve generell 22 (bei linearer Anpassung nur 11) Wertepaare berechnet und ausgegeben. Einen weiteren Vorteil bietet dieses Programm mit der Möglichkeit der Einstellung der Genauigkeit der Dezimalstellen, die standardmäßig mit der Zahl 4 vorgegeben ist. Ein- und Ausgaben werden im gleichen Format dokumentiert. Irrtümer lassen sich sofort, aber auch später richtig stellen. Ohne neue Anwahl können verschiedene gleichartige Anpassungen hintereinander berechnet werden; man kann aber auch die Eingabe in ein und derselben Kurve fortsetzen. Mit dieser Technik lassen sich Zwischenabrufe tätigen, um so ggf. Veränderungen der optimalen Anpassung verfolgen zu können.

Die Koordinaten x_i und y_i sollten ggf. durch Transformation in den positiven Bereich (1. Quadranten) des Koordinatensystems verlegt werden, soweit diese nicht schon vorn vorne herein dort zu liegen kommen.

Formelmechanismus

Regression	Beziehung	Linearform
linear	$y = a + b \cdot x$	$y = a + b \cdot x$
exponentiell	$y = a \cdot e^{b \cdot x}$	$\ln y = \ln a + b \cdot x$
logarithmisch	$y = a + b \cdot \ln x$	$y = a + b \cdot \ln x$
potentiell	$y = a \cdot x^b$	$\ln y = \ln a + b \cdot \ln x$

Aus der Tabelle kann der Status der einzelnen Werte abgelesen werden. Wegen der besseren Übersicht seien die Verhältnisse in einer weiteren Tabelle nochmals zusammengefaßt dargestellt:

Regression	x	y	a	b
linear	x	y	a	b
exponentiell	x	ln y	ln a	b
logarithmisch	ln x	y	a	b
potentiell	ln x	ln y	ln a	b

Korrelationskoeffizient (Bestimmtheitsmaß):

$$r^2 = \frac{(\Sigma\, x_i \cdot y_i - \Sigma\, x_i \cdot \Sigma\, y_i/n)^2}{(\Sigma\, x_i^2 - (\Sigma\, x_i)^2/n) \cdot (\Sigma\, y_i^2 - (\Sigma\, y_i)^2/n)}$$

Regressionskoeffizienten:

$$b = \frac{\Sigma\, x_i \cdot y_i - \Sigma\, x_i \cdot \Sigma\, y_i/n}{\Sigma\, x_i^2 - (\Sigma\, x_i)^2/n}$$

$$a = (\Sigma\, y_i - b \cdot \Sigma\, x_i)/n$$

Variablenliste (zusätzlich)

A	Regressionskoeffizient a
B	Regressionskoeffizient b
C	$x_{i\,min}$
D	$y_{i\,min}$
E	$x_{i\,max}$
F	$y_{i\,max}$
G	x_i vorzeichengerecht für die Verrechnung
H	y_i vorzeichengerecht für die Verrechnung
I	Zahl der Wertepaare x_i, y_i
J	Regressionskennziffer
K	Statistikindex
M, N	Schleifenvariable/Steuerungen zur Schätzwertausgabe
O	neuer Anteil einer statistischen Summe
Q	Arbeits-Regressionskennziffer
R	Korrelationskoeffizient r^2
S, T	Hilfsvariable
U	Schleifenvariable
V	Vorzeichenwandler (für Korrektur)
X, Y	aktuelle Eingabe x_i, y_i/Schätzwertvorgabe sowie Schätzwert
W	Adresse für indirekten Sprung
XA	Rückstellspeicher für $x_{i\,max}$
XI	Rückstellspeicher für $x_{i\,min}$
YA	Rückstellspeicher für $y_{i\,max}$
YI	Rückstellspeicher für $y_{i\,min}$
XY(4,7)	statistische Werte
XY(Ø,n)	optimale Anpassung

XY(1,n)	lineare Anpassung
XY(2,n)	exponentielle Anpassung
XY(3,n)	logarithmische Anpassung
XY(4,n)	potentielle Anpassung
XY(n,Ø)	Korrelationskoeffizient r^2
XY(n,1)	Regressionskoeffizient a
XY(n,2)	Regressionskoeffizient b
XY(n,3)	Σx_i
XY(n,4)	Σx_i^2
XY(n,5)	Σy_i
XY(n,6)	Σy_i^2
XY(n,7)	$\Sigma x_i \cdot y_i$
F1$	Leerstellenstring zur Formatverlängerung
L$	"x" oder "y"
KZ$	gewählte Anpassung
OA$	optimale Anpassung

Programmstruktur

1000	Programmvorlauf	
	1020–1050	Entscheidung über die Aufnahme einer Regressionsrechnung
	1100	Wahl des Ausgabemodus
	1200	Menüdruck
	1300	Menüanzeige
2000	Wahl der Anpassung	
	2000	optimale Regression
	2100	lineare Regression
	2200	exponentielle Regression
	2300	logarithmische Regression
	2400	potentielle Regression
3000	Eingaben x_i, y_i	
	3030–3060	Statistiksummenspeicher löschen
	3080	erste Extremwerte für Schätzwertberechnung
	3220–3250	Rückstellen Extremwerte bei Korrektur
	3270–3300	Extremwerte bei Eingabe überprüfen
	3420–3460	Statistiksummen fortschreiben

4000	Ergebnisabruf	
	4050–4060	statistische Werte umspeichern
	4070–4080	Regressionskoeffizienten berechnen
	4090	Korrelationskoeffizienten berechnen
	4100–4120	Koeffizienten umspeichern
	4150	optimale Anpassung
	4200–4250	optimale Anpassung suchen
	4260	Ergebnisausgabe
	4270–4360	Ausgabe r^2, a und b
	4380–4390	Ausgabe Schätzwerte x, y
5000	Korrektur	
6000	Einzelschätzwertabruf x aus y	
7000	Einzelschätzwertabruf y aus x	
8000	Unterprogramme	
	8000	statistische Summen fortschreiben
	8100	Schätzwert y aus vorgegebenem x berechnen
	8200	Schätzwert x aus vorgegebenem y berechnen
	8500	Fehlerkennzeichnung vorzeitiger Anwahlen
	9000	Dezimalstellen und Format einstellen
	9100	Rundung
	9200	Konstantenzuordnung
	9300	Anzeige des Verarbeitungstitels
	9400	Eingabegüteentscheidung fällen
	9700	Anzeige der Verarbeitungskennzeichnung
	9900	Schlußroutine

Anweisungsliste

```
1000:REM Opt.Regression
1001:REM
1002:REM by Tatzl, Graz
1003:REM
1010:GOSUB 9200: GOSUB 9300
1020:WAIT 25: PRINT "Start Taste (G)"
1030:PRINT "Ende  Taste (S)"
1040:IF INKEY$ ="S" THEN 9900
1050:IF INKEY$ <>"G" THEN 1040
1100:REM
1101:REM Ausgabebetrieb
1102:REM
1110:"A": GOSUB 9300: WAIT 25
```

```
1120:PRINT "Anzeige Taste (A)"
1130:PRINT "Druck   Taste (D)"
1140:OP$="":OP$= INKEY$
1150:IF OP$="A" LET O$="Anzeige": GOTO
     1180
1160:IF OP$="D" LET O$="Drucker": GOTO
     1180
1170:GOTO 1140
1180:GOSUB 9300: WAIT 200: PRINT O$;" b
     etriebsbereit"
1190:IF OP$="A" THEN 1300
1200:REM
1201:REM Menuedruck
1202:REM
1210:LPRINT : LPRINT
1220:LPRINT TT$(1);TT$(0);TT$(1)
1230:LPRINT
1240:LPRINT "(DEF) Verarbeitung"
1250:LPRINT TT$(2)
1260:LPRINT "  A   Ausgabebetrieb"
1261:LPRINT "  S   Verarbeitungsende"
1262:LPRINT "  D   Dezimalen ("; STR$ D
     Z;")"
1263:LPRINT "  F   Fehler beheben"
1264:LPRINT "  G   Schaetzwert x"
1265:LPRINT "  H   Schaetzwert y"
1266:LPRINT "  J   gleiche Regression"
1267:LPRINT "  L   Loesung abrufen"
1268:LPRINT "      Anpasung"
1269:LPRINT "  Z   optimal"
1270:LPRINT "  X   linear"
1271:LPRINT "  C   exponentiell"
1272:LPRINT "  V   logarithmisch"
1273:LPRINT "  B   potentiell"
1274:LPRINT "  N   weitere Eingaben"
1275:LPRINT "  M   Menueanzeige"
1276:LPRINT TT$(2)
1277:LPRINT : LPRINT
1279:GOTO 1380
1300:REM
1301:REM Menueanzeige
1302:REM
1310:GOSUB 9300
1320:PRINT "Haupt - Menue: (DEF) und"
1330:WAIT 200: PRINT "Buchstabentaste d
     ruecken"
1340:"M": CLS : WAIT 25: PRINT = PRINT
1350:PRINT "A:Ausgabe   S:Ende"
1351:PRINT "D:Dezim.("; STR$ DZ;")";" F
     :Korrektur"
1352:PRINT "G:x?        H:y?"
1353:PRINT "J:gl.Regr.  L:Loesung"
1354:IF INKEY$ ="" THEN 1354
1355:CLS
1356:PRINT "Anpassung-> Z:optimal"
```

```
1357:PRINT "X:linear    C:exponent."
1358:PRINT "V:logarith. B:potentiell"
1359:PRINT "N:noch x,y  M:Menue"
1360:IF INKEY$ ="" THEN 1360
1380:GOSUB 9300: PRINT "Anwahl treffen!
     "
1390:END
2000:REM
2001:REM Anp.optimal
2002:REM
2010:"Z":KZ$="optimal":J=0: GOTO 3000
2100:REM
2101:REM Anp.linear
2102:REM
2110:"X":KZ$="linear":J=1: GOTO 3000
2200:REM
2201:REM Anp.exponent.
2202:REM
2210:"C":KZ$="exponentiell":J=2: GOTO 3
     000
2300:REM
2301:REM Anp.logarithm.
2302:REM
2310:"V":KZ$="logarithmisch":J=3: GOTO
     3000
2400:REM
2401:REM Anp.potentiell
2402:REM
2410:"B":KZ$="potentiell":J=4: GOTO 300
     0
3000:REM
3001:REM Eingaben
3002:REM
3010:"J": IF KZ$="" THEN 8500
3015:GOSUB 9300:OA$="": USING F0$
3020:PRINT "Anpassung ";KZ$
3030:FOR M=0 TO 4
3040:FOR N=0 TO 7
3050:XY(M,N)=0
3060:NEXT N: NEXT M
3070:I=0:Q=J
3080:C=9E99:D=C:E=-C:F=E:XI=0:XA=0:YI=0
     :YA=0
3090:IF OP$="A" THEN 3110
3100:LPRINT "Anpassung ";KZ$: LPRINT TT
     $(1): LPRINT "Eingaben:"
3110:GOSUB 9700: PRINT TT$(1)
3120:WAIT 200: PRINT "Eingaben aufnehme
     n!":I=0
3130:REM Forts.Eingaben
3140:"N": IF KZ$="" THEN 8500
3141:I=I+1:V=1
3142:F1$="": FOR I1=1 TO 6- LEN STR$ I
3143:F1$=F1$+" ": NEXT I1
3150:GOSUB 9700
```

```
3160:PRINT "x("; STR$ I;") = ";
3170:INPUT X
3180:PRINT F1$;V*X: PRINT "y("; STR$ I;
     ") = ";
3190:INPUT Y
3200:CURSOR 7,2: PRINT F1$;V*Y: GOSUB 9
     400: IF JN$="N" THEN 3150
3210:IF V=1 THEN 3270
3220:IF X=C LET C=XI
3230:IF X=E LET E=XA
3240:IF Y=D LET D=YI
3250:IF Y=F LET F=YA
3260:GOTO 3310
3270:IF X<C LET XI=C:C=X
3280:IF X>E LET XA=E:E=X
3290:IF Y<D LET YI=D:D=Y
3300:IF Y>F LET YA=F:F=Y
3310:G=V*X:H=V*Y: IF OP$="A" THEN 3370
3320:IF V=1 LPRINT
3350:LPRINT "x("; STR$ I;") = ";F1$;G
3360:LPRINT "y("; STR$ I;") = ";F1$;H
3370:IF J=0 THEN 3510
3380:REM Einstieg opt
3390:G=X:H=Y:K=3
3400:IF (Q=3) OR (Q=4) LET G= LN G
3410:IF (Q=2) OR (Q=4) LET H= LN H
3420:O=V*G: GOSUB 8000
3430:O=O*G: GOSUB 8000
3440:O=V*H: GOSUB 8000
3450:O=O*H: GOSUB 8000
3460:O=V*G*H: GOSUB 8000
3470:IF J=0 RETURN
3480:IF V=-1 LET V=1: GOTO 3150
3490:IF I=999 THEN 4000
3500:GOTO 3560
3510:REM Regr.optimal
3520:FOR Q=1 TO 4
3530:GOSUB 3380: NEXT Q
3540:IF V=-1 LET V=1: GOTO 3150
3550:IF I=999 THEN 4000
3560:CLS : PRINT "Fortsetzung?"
3570:PRINT "Korrektur Taste C"
3580:PRINT "Eingaben  Taste E"
3590:PRINT "Summen    Taste S"
3600:IF INKEY$ ="C" THEN 5000
3610:IF INKEY$ ="E" THEN 3130
3620:IF INKEY$ <>"S" THEN 3600
4000:REM
4001:REM Summenabruf
4002:REM
4010:"L": IF KZ$="" THEN 8500
4015:IF I<=1 THEN 3130
4020:GOSUB 9700: PRINT TT$(1):Q=J:
     PRINT "Ergebnisabruf:":OA$=""
4030:IF OP$="D" LPRINT TT$(2)
```

```
4040:IF J=0 THEN 4150
4050:FOR M=0 TO 7
4060:XY(0,M)=XY(Q,M): NEXT M
4070:B=(XY(0,7)-XY(0,3)*XY(0,5)/I)/(XY(
     0,4)-XY(0,3)^2/I)
4080:A=(XY(0,5)-B*XY(0,3))/I: IF (Q=2)
     OR (Q=4) LET A= EXP A
4090:R=B*(XY(0,7)-XY(0,3)*XY(0,5)/I)/(X
     Y(0,6)-XY(0,5)^2/I)
4100:XY(0,0)=R:XY(Q,0)=R
4110:XY(0,1)=A:XY(Q,1)=A
4120:XY(0,2)=B:XY(Q,2)=B
4130:IF J=0 RETURN
4140:GOTO 4260
4150:FOR Q=1 TO 4
4160:GOSUB 4050: NEXT Q
4170:R=0: FOR Q=1 TO 4
4180:IF XY(Q,0)>R LET R=XY(Q,0)
4190:NEXT Q
4200:OA$="linear": IF R=XY(1,0) LET Q=1
     : GOTO 4240
4210:OA$="exponentiell": IF R=XY(2,0)
     LET Q=2: GOTO 4240
4220:OA$="logarithmisch": IF R=XY(3,0)
     LET Q=3: GOTO 4240
4230:OA$="potentiell":Q=4
4240:FOR K=0 TO 7
4250:XY(0,K)=XY(Q,K): NEXT K
4260:REM Ergebnisausg.
4265:IF OA$="" LET OA$=KZ$
4270:ZR=XY(0,0): GOSUB 9100:R=ZR
4280:ZR=XY(0,1): GOSUB 9100:A=ZR
4290:ZR=XY(0,2): GOSUB 9100:B=ZR
4300:IF OP$="D" LPRINT : LPRINT : PRINT
     = LPRINT
4310:PRINT "Anpassung ";OA$
4320:IF OP$="D" LPRINT TT$(1): LPRINT "
     Ergebnisse:": LPRINT : GOTO 4330
4325:IF INKEY$ ="" THEN 4325
4330:Z$="          ": USING F0$: IF OP$="A
     " CLS
4340:PRINT "r2 = ";Z$;R
4350:PRINT "a  = ";Z$;A
4360:PRINT "b  = ";Z$;B: IF OP$="A"
     THEN 4370
4365:LPRINT TT$(2): LPRINT : LPRINT :
     LPRINT "Schaetzwerte": LPRINT TT$(
     1): GOTO 4380
4370:IF INKEY$ ="" THEN 4370
4380:M=(E-C)/10:N=C:W=8100: GOSUB 4410:
     IF Q=1 THEN 1340
4390:M=(F-D)/10:N=D:W=8200: GOSUB 4410
4400:GOTO 1340
4410:FOR U=1 TO 11
4420:GOSUB W:N=N+M: NEXT U
```

```
4430:RETURN
5000:REM
5001:REM Korrektur
5002:REM
5010:"F": IF KZ$="" THEN 8500
5020:GOSUB 9300: WAIT 200: PRINT "Korre
     ktur"
5030:IF OP$="D" LPRINT : LPRINT "Korrek
     tur"
5040:V=-1: GOTO 3150
6000:REM
6001:REM einzel x aus y
6002:REM
6010:"G": IF KZ$="" THEN 8500
6020:CLS : WAIT 25: PRINT "Schaetzwert
     x berechnen": PRINT TT$(1): IF OP$
     ="D" LPRINT : PRINT = LPRINT
6030:INPUT "y = ";N
6040:GOSUB 8200: GOTO 1340
7000:REM
7001:REM einzel y aus x
7002:REM
7010:"H": IF KZ$="" THEN 8500
7020:CLS : WAIT 25: PRINT "Schaetzwert
     y berechnen": PRINT TT$(1): IF OP$
     ="D" LPRINT : PRINT = LPRINT
7030:INPUT "x = ";N
7040:GOSUB 8100: GOTO 1340
8000:REM
8001:REM stat.Summen
8002:REM
8010:XY(Q,K)=XY(Q,K)+O
8020:K=K+1: RETURN
8100:REM
8101:REM y aus x
8102:REM
8110:X=N:S=A:T=N:L$="y"
8120:IF (Q=3) OR (Q=4) LET T= LN T
8130:IF (Q=2) OR (Q=4) LET S= LN S
8140:Y=S+B*T
8150:IF (Q=2) OR (Q=4) LET Y= EXP Y
8160:GOTO 8250
8200:REM
8201:REM x aus y
8202:REM
8210:Y=N:S=A:T=N:L$="x"
8220:IF (Q=2) OR (Q=4) LET S= LN S:T=
     LN T
8230:X=(T-S)/B
8240:IF (Q=3) OR (Q=4) LET X= EXP X
8250:ZR=X: GOSUB 9100:X=ZR
8260:ZR=Y: GOSUB 9100:Y=ZR: IF OP$="D"
     LPRINT : GOTO 8280
8270:CLS : WAIT 25
8280:PRINT "Schaetzwert ";L$;" (";
     LEFT$ (OA$,3);")"
```

```
8290:PRINT TT$(2):Z$="      ": USING F
     0$: REM  6 Leerstellen
8300:PRINT "x  = ";Z$;X
8310:PRINT "y  = ";Z$;Y
8320:IF OP$="D" RETURN
8330:IF INKEY$ ="" THEN 8330
8340:RETURN
8500:REM
8501:REM Anwahlfehler
8502:REM
8510:GOSUB 9300: WAIT 200: PRINT "Erst
     Regression waehlen!": GOSUB 1340
9000:REM
9001:REM Dezimalen
9002:REM
9010:"D": GOSUB 9300
9020:INPUT "Dezimalen (0-9) = ";DZ
9030:IF (DZ>=0) AND (DZ<=9) AND (DZ=
     INT DZ) THEN 9050
9040:WAIT 200: PRINT "Eingabe unzulaess
     ig!": GOTO 9010
9050:F0$="#": FOR I0=1 TO 10-DZ
9060:F0$=F0$+"#": NEXT I0
9070:IF DZ=0 LET F0$=F0$+"#": GOTO 1340
9080:F0$=F0$+".": FOR I0=1 TO DZ
9090:F0$=F0$+"#": NEXT I0: GOTO 1340
9100:REM
9101:REM Rundung
9102:REM
9110:H0=10^DZ
9120:ZR= INT (H0*ZR+.5)/H0
9130:RETURN
9200:REM
9201:REM Konstante
9202:REM
9210:CLEAR
9220:DIM TT$(2)*24,XY(4,7)
9230:TT$(0)="Optimale Kurvenanpassung"
9231:TT$(1)="************************"
9232:TT$(2)="------------------------"
9240:DZ=4:F0$="#######.####"
9290:RETURN
9300:REM
9301:REM Titelanzeige
9302:REM
9310:WAIT 25: CLS : PRINT TT$(0): PRINT
     TT$(1)
9320:RETURN
9400:REM
9401:REM Eingabeentsch.
9402:REM
9410:PRINT "ok? ja(J),no(N) druecken"
9420:JN$="":JN$= INKEY$
9430:IF (JN$="J") OR (JN$="N") RETURN
9440:GOTO 9420
```

```
9700:REM
9701:REM Verarb.Kennz.
9702:REM
9710:CLS : WAIT 25: PRINT "Regression "
     ;KZ$: RETURN
9900:REM
9901:REM Schlussroutine
9902:REM
9910:"S": GOSUB 9300
9920:IF OP$="D" LPRINT : LPRINT : PRINT
     = PRINT
9980:PRINT "Verarbeitung beendet"
9990:WAIT : USING : END
```

Bild 8 Programm OPTREG

Bedienungsanleitung

Programmname:	OPTREG
Speicheranspruch:	5712 Bytes
Speichererweiterung:	ja
Ausgabebetrieb:	Anzeige und Druck (CE-126P)
Verarbeitungstitel:	„Optimale Kurvenanpassung"

Der Programmbeginn deckt sich mit der in Kapitel 5 dargestellten Startphase und enthält auch die Punkte 1 bis 3 der Bedienungsanleitung. In der Druckausgabe hat das Menü folgendes Aussehen:

```
************************
Optimale Kurvenanpassung
************************

(DEF) Verarbeitung
------------------------
  A   Ausgabebetrieb
  S   Verarbeitungsende
  D   Dezimalen (4)
  F   Fehler beheben
  G   Schaetzwert x
  H   Schaetzwert y
  J   gleiche Regression
  L   Loesung abrufen
      Anpasung
  Z   optimal
  X   linear
  C   exponentiell
  V   logarithmisch
  B   potentiell
  N   weitere Eingaben
  M   Menueanzeige
------------------------
```

Bild 9

Menü zur Berechnung der bestmöglichen Kurvenanpassung

Die Anwahlen nach den Punkten 4.9 bis 4.14 können erst nach einer Anpassungseinstellung vorgenommen werden. Der Versuch einer vorzeitigen Anwahl führt über eine kurzzeitige Fehleranzeige „Erst Regression wählen!" zur Menüanzeige und zur Verarbeitungsentscheidung in Punkt 4.

Summen können erst nach Vorliegen der Eingaben von zwei Koordinatenpaaren abgerufen werden. Ein vorzeitiger Abrufversuch führt unmittelbar zur Eingabe des zweiten Koordinatenpaares ab Punkt 6. Der Summenabruf kann, ggf. nach veränderter Dezimalstelleneinstellung in Punkt 4.3, jederzeit wiederholt werden.

Die Durchrechnung nach der zuletzt benötigten Anpassung läßt sich für eine neue Rechnung ohne gesonderte Neueinstellung aufnehmen. Eine begonnene Regressionsrechnung ist mit der Eingabe weiterer Wertepaare x_i, y_i fortführbar; beispielsweise kann so ein zwischenzeitlicher Summenabruf getätigt werden, um die Entwicklung der statistischen Summen zu beobachten.

4 Anwahl einer Verarbeitung:

4.1 Ausgabemodus neu einstellen: Tasten (DEF) A drücken, in Punkt 3 fortsetzen und nach der Menüausgabe Verarbeitung in Punkt 4 anwählen.

4.2 Verarbeitung abschließen: Tasten (DEF) S drücken. Die Operationen sind analog zu Punkt 2.1 beendet.

4.3 Dezimalstellenanzahl neu einstellen: Tasten (DEF) D drücken. Bei Anzeige des Verarbeitungstitels und des Eingabehinweises „Dezimalen (Ø–9) = _" Anzahl der Dezimalstellen als ganze zwischen einschließlich 0 und 9 liegende Zahl eintasten und (ENTER) drücken. Unzulässige Eingaben führen über eine kurzzeitig wirksame Fehlermeldung „Eingabe unzulaessig!" zur automatischen Eingabewiederholung. Bei Annahme der Eingabe wird mit der Anzeige des Hauptmenüs analog zu Punkt 3 und der Wahl einer Verarbeitung in Punkt 4 fortgesetzt.

Diese Teilverarbeitung ist nur dann erforderlich, wenn die mit 4 Dezimalen vorgegebene Grundeinstellung abzuändern ist.

4.4 Optimale Kurvenanpassung: Tasten (DEF) Z drücken und in Punkt 5 fortsetzen.

4.5 Lineare Kurvenanpassung: Tasten (DEF) X drücken und in Punkt 5 fortsetzen.

4.6 Exponentielle Kurvenanpassung: Tasten (DEF) C drücken und in Punkt 5 fortsetzen.

4.7 Logarithmische Kurvenanpassung: Tasten (DEF) V drücken und in Punkt 5 fortsetzen.

4.8 Potentielle Kurvenanpassung: Tasten (DEF) B drücken und in Punkt 5 fortsetzen.

4.9 Weitere Anpassung bei zuletzt benutzter Regressionsart: Tasten (DEF) J drükken und in Punkt 5 fortsetzen.

4.10 Fehleingabe richtig stellen: Tasten (DEF) F drücken und in Punkt 11 fortsetzen. Diese Teilverarbeitung ist nur dann erforderlich, wenn ein Eingabefehler erst später entdeckt bzw. eine Eingabe in Punkt 8 irrtümlicherweise gut geheißen wurde.

4.11 Ergebnisabruf: Tasten (DEF) L drücken und in Punkt 10 fortsetzen. Ein gesonderter Abruf ist nur im Fall einer Wiederholung, ggf. nach Abänderung der Anzahl der Dezimalstellen, oder im Fall einer irrtümlichen Eingabefortsetzung in Punkt 9 notwendig.

4.12 Schätzwert x abrufen: Tasten (DEF) G drücken. Bei Anzeige „Schätzwert x berechnen" und des Eingabehinweises „y = _" Wert für y eintasten und (ENTER) drücken. Das Wertepaar x, y wird zusammen mit der Kennzeichnung von x als Schätzwert ausgegeben. Im Fall der Ausgabe über die Anzeige ist mit der Betätigung einer beliebigen Taste außer (ENTER), etc. fortzusetzen. Die Verarbeitung mündet über die Menüanzeige analog zu Punkt 3 in der Verarbeitungsentscheidung in Punkt 4.

4.13 Schätzwert y abrufen: Tasten (DEF) H drücken. Ein- und Ausgabe erfolgen analog zu Punkt 4.12.

4.14 Letzte Anpassung mit neuen Eingaben fortsetzen: Tasten (DEF) N drücken und weitere Eingaben ab Punkt 6 aufnehmen.

4.15 Menüanzeige: Tasten (DEF) M drücken, Anzeige des Hauptmenüs mit Betätigung einer beliebigen Taste außer (ENTER), etc. löschen und Verarbeitungsentscheidung in Punkt 4 treffen.

5 Kurzzeitige Anzeige des Verarbeitungstitels und der Kennzeichnung der gewählten Anpassung zur Kontrolle. Im Druckbetrieb wird eine entsprechende Einleitung ausgegeben. Generell wird mit der kurzeitigen Zusatzanzeige „Eingaben aufnehmen!" auf die bevorstehende Operation aufmerksam gemacht.

6 Bei Anzeige der Regressionskennzeichnung und des Eingabehinweises „x(i) = ?" (i = laufende Nummer der Eingabe) über die weitere Fortsetzung entscheiden:

6.1 Eingaben fortsetzen: Wert für x_i eintasten, (ENTER) drücken und in Punkt 7 fortsetzen.

6.2 Eingabeirrtum beheben (bei Nichtbeachtung der Eingabeentscheidung in Punkt 8): Tasten (DEF) F drücken und in Punkt 11 fortsetzen.

6.3 Ergebnis abrufen (bei Nichtbeachtung der Fortsetzungsentscheidung in Punkt 9): Tasten (DEF) L drücken und in Punkt 10 fortsetzen.

7 Bei Zusatzanzeige des Eingabehinweises „y(i) = ?" Wert für y_i eintasten und (ENTER) drücken. Die Bestätigung von (ENTER) ohne vorangehende Eingabe führt in beiden Fällen zur Wiederholung der zuletzt getätigten Eingabe von x_i bzw. y_i.

8 Bei Zusatzanzeige des Entscheidungshinweises „ok? ja(J), no(N) druecken" über die Richtigkeit beider Eingaben in einem entscheiden:

8.1 Eingaben nicht korrekt: Taste N drücken und die Eingaben ab Punkt 6 ohne Fortschreibung der laufenden Eingabenummer richtig wiederholen.

8.2 Eingaben korrekt: Taste J drücken. Im Druckbetrieb wird die Eingabe zur Kontrolle ausgedruckt.

9 Bei Anzeige der Entscheidungshinweise

Fortsetzung?

Korrektur Taste C

Eingabe Taste E

Summen Taste S

über die weitere Fortsetzung entscheiden:

9.1 Letzte oder weiter zurückliegende Eingabe richtig stellen: Taste C drücken und in Punkt 11 fortsetzen.

9.2 Eingaben fortsetzen: Taste E drücken und nächstes Wertepaar x, y bei Fortschreibung der laufenden Nummer der Eingabe ab Punkt 6 eingeben.

9.3 Ergebnis abrufen: Taste S drücken. War bis zu diesem Zeitpunkt erst ein Koordinatenpaar eingegeben worden, wird nicht in Punkt 10, sondern mit der zweiten Eingabe in Punkt 6 fortgesetzt.

10 Ausgabe der Ergebnisse, bei optimaler Regression mit Angabe der bestmöglichen Anpassung, mit dem Bestimmtheitsgrad, den beiden Regressionskoeffizienten sowie der Koordinaten von 22 (bei linearer Regression 11) Wertepaaren der Ausgleichskurve. Im Anzeigebetrieb ist nach Anzeige eines Blocks der jeweils nächste mit Betätigung einer beliebigen Taste außer (ENTER), etc. abzurufen bzw. auf die genannte Weise fortzusetzen. Die Verarbeitung endet nach der Anzeige des Menüs analog zu Punkt 3 mit der Verarbeitungsentscheidungsfortsetzung in Punkt 4.

11 Nach kurzzeitiger Anzeige des Verarbeitungstitels und des Hinweises „Korrektur", der im Druckbetrieb auch dokumentiert wird, richtigzustellendes Wertepaar ab Punkt 6 eingeben (Irrtum liegt weiter zurück) bzw. durch zweimalige Betätigung von (ENTER) ohne vorangehende Zahleneingabe (Irrtum wurde bei der letzten Eingabe begangen) abrufen. In diesem Fall wird die Kontrollausgabe mit umgekehrten Vorzeichen vorgenommen. Nach dieser Rückstellung wird sofort mit der Neueingabe der richtigen Werte für x_i und y_i in Punkt 6 fortgesetzt.

Testbeispiel

Wäre die in diesem Bild dargestellte optimale Anpassung als Einzelregression durchgerechnet worden, sähe das Druckbild bis auf die Textkennzeichnung „optimal" gleich aus.

Man wird auch feststellen, daß der geringfügige Mehraufwand an Rechenzeit bei einer optimalen Anpassung in keinem Verhältnis zur viermaligen Eingabe sämtlicher Wertepaare x_i, y_i steht.

```
Anpassung optimal
************************
Eingaben:

x(1) =           1.0000
y(1) =           5.4366

x(2) =           3.9100
y(2) =         100.0000

x(3) =           5.0000
y(3) =         296.8300

x(4) =       16094.0000
y(4) =          10.0000

Korrektur
x(4) =      -16094.0000
y(4) =         -10.0000

x(4) =       16094.0000
y(4) =          10.0000

x(5) =           1.6094
y(5) =          10.0000
```

```
Korrektur
x(5) =      -16094.0000
y(5) =         -10.0000

x(5) =           3.0000
y(5) =          40.1711
------------------------


Anpassung exponentiell
************************
Ergebnisse:

r2 =             0.9980
a  =             2.0115
b  =             0.9982
------------------------


Schaetzwerte
************************

Schaetzwert y (exp)
------------------------
x  =             1.0000
y  =             5.4580
```

```
Schaetzwert y (exp)
-------------------------
x  =              1.4000
y  =              8.1365

Schaetzwert y (exp)
-------------------------
x  =              1.8000
y  =             12.1295

Schaetzwert y (exp)
-------------------------
x  =              2.2000
y  =             18.0821

Schaetzwert y (exp)
-------------------------
x  =              2.6000
y  =             26.9559

Schaetzwert y (exp)
-------------------------
x  =              3.0000
y  =             40.1845

Schaetzwert y (exp)
-------------------------
x  =              3.4000
y  =             59.9050

Schaetzwert y (exp)
-------------------------
x  =              3.8000
y  =             89.3035

Schaetzwert y (exp)
-------------------------
x  =              4.2000
y  =            133.1293

Schaetzwert y (exp)
-------------------------
x  =              4.6000
y  =            198.4626

Schaetzwert y (exp)
-------------------------
x  =              5.0000
y  =            295.8583

Schaetzwert x (exp)
-------------------------
x  =              0.9961
y  =              5.4366

Schaetzwert x (exp)
-------------------------
x  =              2.8494
y  =             34.5759

Schaetzwert x (exp)
-------------------------
x  =              3.4618
y  =             63.7153

Schaetzwert x (exp)
-------------------------
x  =              3.8391
y  =             92.8546

Schaetzwert x (exp)
-------------------------
x  =              4.1125
y  =            121.9940

Schaetzwert x (exp)
-------------------------
x  =              4.3271
y  =            151.1333

Schaetzwert x (exp)
-------------------------
x  =              4.5037
y  =            180.2726

Schaetzwert x (exp)
-------------------------
x  =              4.6538
y  =            209.4120

Schaetzwert x (exp)
-------------------------
x  =              4.7843
y  =            238.5513

Schaetzwert x (exp)
-------------------------
x  =              4.8998
y  =            267.6907

Schaetzwert x (exp)
-------------------------
x  =              5.0033
y  =            296.8300
```

Bild 10

Beispiel einer optimalen Anpassung, die zu einer exponentiellen Ausgleichskurve führt

5.1.3 Auswertung von Qualitätsuntersuchungen

Die Vielfalt der Durchführung und Auswertung von Qualitätsuntersuchungen läßt die Ausarbeitung eines *allgemein gültigen* Programms für diesen Zweck ganz einfach nicht zu. Die Lösung, die in diesem Abschnitt vorangestellt wird, kann daher bestenfalls nur einen Anhaltspunkt bieten. Anhand dieses Beispiels muß die Erfassung und Auswertung von Prüf- bzw. Meßergebnissen den aktuellen Bedürfnissen gg. einschließlich einer Fortschreibung der Prüfdaten, angepaßt werden. Dazu kommt noch, daß es schon von den Eingaben her zu bestimmten Anpassungen an das jeweils zu prüfende Gut kommen kann.

Wesentlich für das vorliegende Programmbeispiel ist jedoch der Kern: Die Auswertung der Meßergebnisse mit Hilfe der Statistik steht im Vordergrund. Es ist natürlich Geschmackssache bzw. durch die jeweilige Aufgabenstellung bestimmt, welcher Art von Auswertung bevorzugt wird. Wir beziehen uns hier auf die laufende Güteüberwachung und auf die Fortschreibung der statistischen Summen bzw. deren resultierende Beurteilung nach der Wahrscheinlichkeit des Eintreffens eines qualitätsmindernden Ereignisses.

In der Aufgabenstellung werde von folgenden Voraussetzungen ausgegangen:

Ein prismatischer Körper mit den Maßen l (Länge), b (Breite) und h (Höhe) soll in den Abmessungen sowie nach Masse und Druckfestigkeit hin überprüft werden. Eingegeben werden die Abmessungen in mm, die Masse in kg sowie die Bruchlast in kN (Kilonewton).

Die laufende Beurteilung der Auswirkungen der statistischen Summen nehme dabei auf folgende Überlegungen Rücksicht:

Masse und Rohdichte werden mit einer Wahrscheinlichkeit von 95 % beurteilt. Die Standardabweichung wird auf den jeweiligen Mittelwert bezogen berechnet. Die Druckfestigkeit als relative Festigkeit, ermittelt als Quotient aus Bruchlast geteilt durch Druckfläche l · b, wird mit einer Standardabweichung auf den Einzelwert bezogen kontrolliert, und es wird jene Grenze bestimmt, oberhalb welcher 95 % der zu erwartenden Einzelwerte dieser Festigkeit zu liegen kommen. Dieser Wert wird in der Baustoffprüftechnik 5-%-Grenze oder 5-%-Fraktile genannt.

Folgender statistischer Formelmechanismus steht zur Verfügung:

Volumen: $V = l \cdot b \cdot h$ (dm^3)

Rohdichte: $RD = \frac{M}{V}$ (kg/m^3)
(M = Masse kg)

Druckfestigkeit: $\sigma_d = \frac{1000 \cdot F}{l \cdot b}$ (N/mm^2)
(F = Bruchlast kN)

Mittelwert: $\bar{x} = \frac{1}{n} \cdot \sum_{i=1}^{n} x_i$
(n = Anzahl Proben)

Standardabweichung:
Einzelwert: $s = \pm\sqrt{\frac{\Sigma x_i^2 - (\Sigma x_i)^2/n}{n-1}}$

Mittelwert: $s_{\bar{x}} = \pm s/\sqrt{n}$

Wahrscheinlichkeit w =

90 %	$\bar{x} \pm 1{,}645 \cdot s$
95 %	$\bar{x} \pm 1{,}960 \cdot s$
99 %	$\bar{x} \pm 2{,}576 \cdot s$
99,9 %	$\bar{x} \pm 3{,}291 \cdot s$

Die 5-%-Grenze ergibt sich aus der 90-%-Wahrscheinlichkeit, da für diesen Wert eine obere Begrenzung zumindest im Normalfall ohne jede Bedeutung ist. Generell wird hier mit einer Wahrscheinlichkeit von 95 % gerechnet, auf die jeweilige Wirkung eines statistischen Werts bezogen.

Bei Durchführung der Auswertung von Güteprüfungen wird folgendes Verfahren angewendet:

Nach der Eingabe neuer Einzelwerte werden diese dokumentiert, wenn die Betriebsart Druck gewählt wurde. Nach Gutbefund der Eingaben erfolgt die Einrechnung in die statistischen Summen. Der Abruf der statistischen Zwischensummen ist nicht generell nach jeder Eingabe vorgesehen; er muß gesondert angewählt werden. Die beiden möglichen Abrufe sind der Bedienungsanleitung zu diesem Programm zu entnehmen.

In diesem Programm wird von einer textlich ausgeführten Produktkennzeichnung abgesehen. Bei der Erstellung bestimmter produktbezogener Auswertungsprogramme wird man solche allerdings einbauen. Außerdem wird in diesem Programm der Einfachheit halber auch von der Vorgabe zulässiger Grenzwerte für Abmessungen sowie Masse und Druckfestigkeit abgesehen und allein die Entwicklung der statistisch ausgewerteten Grenzwerte beobachtet.

Die Formatierung der Ausgaben kann den Testbesipielen entnommen werden. Wenn man mehrere gleichartige Verarbeitungen durchführt und dazu noch die Summen fortschreibt, wird man die einzelnen Produkten zugehörigen statistischen Zahlen auf einem Kassettenband abspeichern.

Die Eingabe wird mit Hilfe einer Eingabetabelle verdeutlicht. Dies bedingt aber die Begrenzung der Größe der einzugebenden Zahlen. Sollen die vorgegebenen Größenordnungen überschritten werden, muß man die Erstellung einer Eingabetabelle zugunsten von Einzeleingabehinweisen aufgeben und die Eingabe umprogrammieren. Die Wahl der Eingabetabelle erfolgte auch aus Gründen der Übersichtlichkeit; ein Vorteil der großen Anzeige des PC-1350. Der Überblick über alle Eingaben erhöht auch die Wirkung der Kontrolle.

Die für eine Fortschreibung der Auswertung der Meßdaten erforderliche Organisation (Dateiaufbau, Einlesen und Aufzeichnen der Meßdatenfiles) wird hier auch Platzgründen nicht demonstriert, zumal dies für das nur als Anregung zu verstehende Beispiel auch wenig sinnvoll scheint. Sie läßt sich jedoch aus anderen Beispielen, in denen die Hantierung mit einzelnen Datensätzen einer Datei im Vordergrund steht, leicht nachempfinden.

Variablenliste (zusätzlich)

C	Druckfestigkeit Σx_i
D	Druckfestigkeit zum Quadrat Σx_i^2
I	Masse Σy_i
J	Masse zum Quadrat Σy_i^2

R	Rohdichte Σz_i	
S	Rohdichte zum Quadrat Σz_i^2	
N	Anzahl der Stichproben	
F	aktuelle Eingabe	Bruchlast x_i kN
M		Masse y_i kg
L		Länge l_i mm
B		Breite b_i mm
H		Höhe h_i mm
K	Vorzeichenwandler	
Q	Rohdichte	
T	Druckfestigkeit	
V	Volumen	
A	Summe Einzelwerte	
H	Summe Quadrate	
P	Mittelwert	
E	Standardabweichung	
W	wahrscheinliche Abweichung	
G$, Z$	Formatspezifikatoren	
TX$	Textkennzeichnung	

Programmstruktur

1000	Programmvorlauf	
	1020–1050	Entscheidung über die Aufnahme einer Auswertung
	1100	Wahl des Aufgabemodus
	1200	Menüdruck
	1300	Menüanzeige
2000	Korrektur	
	2020	keine Korrektur zu Beginn der Verarbeitung
	2030	Vorzeichenumkehr
3000	Eingabe	
	3030–3105	Eingaben
	3110	gemeinsame Eingabegüteentscheidung für die Eingabe der Werte einer Probe treffen
	3200	nochmalige Güteentscheidung im Druckbetrieb
	3210	Berechnung Volumen, Rohdichte, relative Druckfestigkeit
	3220–3250	statistische Summen fortschreiben
	3260–3320	Fortsetzungsentscheidung treffen

4000	Summenabruf	
	4015	kein Abruf vor der zweiten Eingabe
	4017–4080	Berechnung und Ausgabe statistischer Werte für die Masse
	4090–4100	Berechnung und Ausgabe statistischer Werte für die Rohdichte
	4110–4120	Berechnung und Ausgabe statistischer Werte für die Festigkeit
9000	Unterprogramme	
	9200	Konstantenzuordnung
	9300	Anzeige des Verarbeitungstitels
	9400	Eingabegüteentscheidung treffen
	9700	Fortschreibung statistischer Summen
	9900	Schlußroutine

Anweisungsliste

```
1000:REM Guetepruefung
1001:REM
1002:REM by Tatzl, Graz
1003:REM
1010:GOSUB 9200: GOSUB 9300
1020:WAIT 25: PRINT "Start Taste (G)"
1030:PRINT "Ende  Taste (S)"
1040:IF INKEY$ ="S" THEN 9900
1050:IF INKEY$ <>"G" THEN 1040
1100:REM
1101:REM Ausgabebetrieb
1102:REM
1110:"A": GOSUB 9300
1120:PRINT "Anzeige Taste (A)"
1130:PRINT "Druck   Taste (D)"
1140:OP$="":OP$= INKEY$
1150:IF OP$="A" LET O$="Anzeige": GOTO
     1180
1160:IF OP$="D" LET O$="Drucker": GOTO
     1180
1170:GOTO 1140
1180:GOSUB 9300: WAIT 200: PRINT O$;" b
     etriebsbereit"
1190:IF OP$="A" THEN 1300
1200:REM
1201:REM Menuedruck
1202:REM
1210:LPRINT : LPRINT
1220:LPRINT TT$(1);TT$(0);TT$(1)
1230:LPRINT
1240:LPRINT "(DEF) Verarbeitung"
```

```
1250:LPRINT TT$(2)
1260:LPRINT "  A   Ausgabebetrieb"
1261:LPRINT "  S   Verarbeitungsende"
1270:LPRINT "  X   Abruf Zwischenst."
1271:LPRINT "  C   Eingabekorrektur"
1272:LPRINT "  V   Messwerteingabe"
1275:LPRINT "  M   Menueanzeige"
1276:LPRINT TT$(2)
1277:LPRINT : LPRINT
1279:GOTO 1380
1300:REM
1301:REM Menueanzeige
1302:REM
1310:GOSUB 9300
1320:PRINT "Haupt - Menue: (DEF) und"
1330:WAIT 200: PRINT "Buchstabentaste d
     ruecken"
1340:"M": CLS : WAIT 25: PRINT = PRINT
1350:PRINT "A:Ausgabe   S:Ende"
1351:PRINT "C:Korrektur X:Zwi-Stand"
1352:PRINT "V:Messwerte M:Menue"
1354:IF INKEY$ ="" THEN 1354
1380:GOSUB 9300: PRINT "Anwahl treffen!
     "
1390:END
2000:REM
2001:REM Korrektur
2002:REM
2010:"C": GOSUB 9300: WAIT 200: PRINT "
     Korrektur"
2020:IF N<=0 PRINT "keine Korrektur":
     GOTO 1340
2030:K=-1: IF OP$="D" LPRINT : LPRINT "
     Korrektur"
2040:GOTO 3035
3000:REM
3001:REM Eingabe
3002:REM
3010:"V": GOSUB 9300: WAIT 200: PRINT "
     Eingabe"
3020:IF OP$="D" LPRINT : LPRINT :
     LPRINT "Eingaben": LPRINT TT$(1)
3030:K=1
3035:CLS : WAIT 25: PRINT "Nr"; USING "
     ####";N+K;": L mm  B mm  H mm"
3040:USING G$: PRINT "      ";
3050:INPUT "Laenge mm = ";L: IF (L<1)
     OR (L>1E5-1) THEN 3030
3055:PRINT L;
3060:INPUT "Breite mm = ";B: IF (B<1)
     OR (B>1E5-1) THEN 3030
3065:PRINT B;
3070:INPUT "Hoehe mm = ";H: IF (H<1) OR
     (H>1E5-1) THEN 3030
3075:PRINT H: IF L*B*H>34E6 THEN 3030
```

```
3080:PRINT "                    ": CURSOR
     0,2: USING "###.##": PRINT "M kg="
     ;
3090:INPUT "Masse kg = ";M: IF (M<.01)
     OR (M>99.99) THEN 3030
3095:PRINT M; "  F kN=";
3100:INPUT "Bruchlast kN = ";F: IF (F<1
     ) OR (F>99999) THEN 3030
3105:PRINT USING G$;F
3110:GOSUB 9400: IF JN$="N" THEN 3030
3120:IF OP$="A" THEN 3210
3130:USING G$+Z$
3140:LPRINT "Wert "; STR$ (N+K);":":
     LPRINT TT$(2)
3150:LPRINT "Laenge mm    ";L
3160:LPRINT "Breite mm    ";B
3170:LPRINT "Hoehe  mm    ";H
3180:LPRINT USING "#########.##";"Masse
      kg    ";M
3190:LPRINT USING G$+Z$;"Bruchlast kN "
     ;F
3200:GOSUB 9400: IF JN$="N" LPRINT "Irr
     tum": GOTO 3310
3210:V=L*B*H/1E9:Q=M/V:T=F*1E3/(L*B)
3220:I=I+K*M:J=J+K*M*M
3230:R=R+K*Q:S=S+K*Q*Q
3240:C=C+K*T:D=D+K*T*T
3250:N=N+K: IF K=-1 THEN 1340
3260:GOSUB 9300
3270:PRINT "Eingabe Taste (E)"
3280:PRINT "Summen  Taste (S)"
3290:IF INKEY$ ="S" THEN 4000
3300:IF INKEY$ <>"E" THEN 3290
3310:IF OP$="D" LPRINT
3320:GOTO 3030
4000:REM
4001:REM Summen
4002:REM
4010:"X": GOSUB 9300: WAIT 200:TX$="Zwi
     schensummen": PRINT TX$
4015:IF N<=1 PRINT "keine Statistik":
     GOTO 1340
4020:WAIT 5: IF OP$="A" CLS : GOTO 4050
4030:PRINT = LPRINT : LPRINT : LPRINT
4040:LPRINT "Stat. ";TX$
4045:LPRINT "Mittelwertsicherheit 95%"
4050:PRINT "Werte:"; USING Z$;N;",  von
        bis"
4060:IF OP$="D" LPRINT TT$(1)
4070:A=I:H=J: GOSUB 9700: USING "####.#
     #"
4080:PRINT "Masse kg  ";P-W;P+W
4090:A=R:H=S: GOSUB 9700: USING "######
     #"
4100:PRINT "Rohd.kg/m3";P-W;P+W
```

```
4110:A=C:H=D: GOSUB 9700: USING "#####.
     #"
4120:PRINT "Fest.N/mm2";P-1.645*E
4130:IF OP$="D" THEN 1340
4140:IF INKEY$ ="" THEN 4140
4150:GOTO 1340
9200:REM
9201:REM Konstante
9202:REM
9210:CLEAR
9220:DIM TT$(2)*24
9230:TT$(0)="** Ausw.Guetepruefung **"
9231:TT$(1)="************************"
9232:TT$(2)="------------------------"
9240:G$="######":Z$="#####"
9290:RETURN
9300:REM
9301:REM Titelanzeige
9302:REM
9310:WAIT 25: CLS : PRINT TT$(0): PRINT
     TT$(1)
9320:RETURN
9400:REM
9401:REM Eingabeentsch.
9402:REM
9410:PRINT "ok? ja(J),no(N) druecken"
9420:JN$="":JN$= INKEY$
9430:IF (JN$="J") OR (JN$="N") RETURN
9440:GOTO 9420
9700:REM
9702:REM Statistik
9710:P=A/N:E= SQR ((H-A*A/N)/(N-1)):W=1
     .96*E/ SQR N
9720:RETURN
9900:REM
9901:REM Schlussroutine
9902:REM
9910:"S": GOSUB 9300
9920:IF OP$="D" LPRINT : LPRINT : PRINT
     = PRINT
9980:PRINT "Verarbeitung beendet"
9990:WAIT : USING : END
```

Bild 11 Programm QUALIT

Bedienungsanleitung

Programmname:	QUALIT
Speicheranspruch:	2954 Bytes
Speichererweiterung:	ja
Ausgabebetrieb:	Anzeige und Druck (CE-126P)
Verarbeitungstitel:	"xx Ausw.Guetepruefung xx"

Der Programmbeginn deckt sich mit der in Kapitel 5 dargestellten Startphase und enthält auch die Punkte 1 bis 3 der Bedienungsanleitung. In der Druckausgabe hat das Menü folgendes Aussehen:

```
***********************
** Ausw.Guetepruefung **
***********************

(DEF) Verarbeitung
-----------------------
  A   Ausgabebetrieb
  S   Verarbeitungsende
  X   Abruf Zwischenst.
  C   Eingabekorrektur
  V   Messwerteingabe
  M   Menueanzeige
-----------------------
```

Bild 12

Menüausdruck für die Auswertung von Güteprüfungen

4 Anwahl einer Verarbeitung:

4.1 Ausgabemodus neu einstellen: Tasten (DEF) A drücken, in Punkt 3 fortsetzen und nach der Menüausgabe Verarbeitung in Punkt 4 wählen.

4.2 Verarbeitung abschließen: Tasten (DEF) S drücken. Die Operationen sind analog zu Punkt 2.1 beendet.

4.3 Summenzwischenstand abrufen: Tasten (DEF) X drücken und in Punkt 5 fortsetzen.

4.4 Eingabe (auch weiter zurückliegende) korrigieren: Tasten (DEF) C drücken und in Punkt 6 fortsetzen.

4.5 Eingabe aufnehmen bzw. fortsetzen: Tasten (DEF) V drücken und in Punkt 7 fortsetzen.

4.6 Menüanzeige: Tasten (DEF) M drücken, Anzeige des Hauptmenüs mit Betätigung einer beliebigen Taste außer (ENTER), etc. löschen und Verarbeitungsentscheidung in Punkt 4 fällen.

5 Nach kurzzeitiger Anzeige des Verarbeitungstitels und des Anwahlkontrollhinweises „Zwischensummen" kann es zu folgenden Fortsetzungen kommen:

5.1 War bisher noch keine oder erst eine Eingabe getätigt worden, wird der Hinweis „keine Statistik" kurzzeitig angezeigt und mit der Anzeige des Hauptmenüs analog zu Punkt 3 und der Entscheidung über die weitere Fortsetzung in Punkt 4 weitergearbeitet.

5.2 Ab der zweiten Eingabe der Werte einer Probe werden die Anzahl der Proben, die Grenzwerte von Masse und Rohdichte sowie die 5-%-Grenze der Druckfestigkeit ausgegeben. Beim Anzeigebetrieb ist mit der Betätigung einer beliebigen Taste außer ENTER, etc. fortzusetzen. Der Abruf ist mit der Anzeige des Hauptmenüs analog zu Punkt 3 und der Anwahl einer Verarbeitung in Punkt 4 abgeschlossen.

6 Nach kurzzeitiger Anzeige des Verarbeitungstitels und des Anwahlkontrollhinweises „Korrektur" kann es zu folgenden Fortsetzungen im Programm kommen:

6.1 Eine Korrektur ist nur dann möglich, wenn mindestens eine Eingabe vorliegt. War dies nicht der Fall, führt diese Anwahl über eine kurzzeitig wirksame Zusatzanzeige des Fehlerhinweises „keine Korrektur" zur Anzeige des Hauptmenüs analog zu Punkt 3 und zur Anwahl einer Verarbeitung in Punkt 4.

6.2 Ist eine Korrektur möglich – im Druckbetrieb nach Textausdruck „Korrektur" – kommt es zur Eingabe der exakt gleichen Werte der fehlerhaften Eingabe der 5 Zahlen einer Probe analog zu Punkt 7 bis 15 und anschließend zur Anzeige des Hauptmenüs analog zu Punkt 3 bzw. zur Verarbeitungsanwahl in Punkt 4.

7 Kurzzeitige Anzeige des Verarbeitungstitels und des Anwahlkontrollhinweises „Eingaben". Im Druckbetrieb wird eine analoge Einleitung der Eingabedokumentation ausgegeben.

8 Aufbau einer Eingabetabelle, in deren Titelzeile die laufende Nummer der Probe, für die die nachfolgenden Werte einzugeben sind, angezeigt wird. Im Fall einer angewählten Richtigstellung bedeutet diese Zahl die um 1 verminderte Anzahl sämtlicher bisher eingegebenen Proben. Die Eingabetabelle hat zu diesem Zeitpunkt folgendes Aussehen:

```
Nr  1:  L  mm   B  mm   H  mm

Laenge mm = _
```

9 Bei Anzeige des Eingabehinweises "Laenge mm = _" Länge der Probe in der angegebenen Einheit als zwischen einschließlich 1 und 99999 liegende Zahl eintasten und (ENTER) drücken. Die Eingabe wird tabellengerecht angezeigt.

10 Bei Anzeige "Breite mm = _" Breite unter den gleichen in Punkt 9 genannten Voraussetzungen eingeben.

11 Bei Anzeige "Hoehe = _" Höhe der Probe wie in Punkt 9 beschrieben eingeben.

Unzulässige Eingaben in den Punkten 9, 10 und 11 führen sofort zur Neueingabe sämtlicher Zahlen ab Punkt 8. Diesen Neubeginn kann man auch durch eine bewußt unzulässige Eingabe provozieren, wenn ein irreparabler Eingabeirrtum entdeckt wird. Das Produkt der drei in den Punkten 9 bis 11 eingegebenen Zahlen darf 34,000.000 nicht überschreiten. Liegt das so ermittelte Volumen in mm^3 darüber, kommt es ebenfalls zum Neubeginn der Eingaben ab Punkt 8.

12 Bei Anzeige "Masse kg = _" Masse des Probekörpers in der angegebenen Einheit als zwischen einschließlich 0,01 und 99,99 liegende Zahl eintasten und (ENTER) drücken. Unzulässige Eingaben führen auch in diesem Fall zur Neueingabe ab Beginn in Punkt 8. In der Zwischenzeit wurde auch der Dokumentationstext "M kg =" angezeigt. Die Eingabe erscheint neben diesem Text in der Anzeige.

13 Bei Anzeige "Bruchlast kN = _" Bruchlast in Kilonewton als zwischen einschließlich 1 und 99999 liegende Zahl eintasten und (ENTER) drücken. In diesem Fall kommt es zur Textanzeige "F kN=" für die Eingabedokumentation, wozu sich nach der Eingabe die eingebene Zahl gesellt.

14 Bei der Zusatzanzeige "ok? ja(J), no(N) druecken" über die Richtigkeit sämtlicher in der Anzeige befindlichen 5 Eingaben in einem entscheiden:

14.1 Eingaben nicht korrekt: Taste N drücken und die Eingaben ab Punkt 8 richtig wiederholen.

14.2 Eingaben korrekt: Taste J drücken. Im Druckbetrieb kommt es zum Ausdruck sämtlicher Eingaben einschließlich der Benennung der laufenden Nummer der Probe. Im Anzeigebetrieb wird mit Punkt 16 fortgesetzt.

15 Bei nochmaliger Zusatzanzeige "ok? ja(J), no(N) druecken" nach der Eingabedokumentation im Druckbetrieb ein weiteres Mal über die Richtigkeit der Eingaben entscheiden:

15.1 Eingaben nicht korrekt: Taste N drücken. Im Druckbetrieb kommt es zur Textausgabe „Irrtum". Fortsetzung in Punkt 8.

15.2 Eingaben korrekt: Taste J drücken.

16 Bei Anzeige des Verarbeitungstitels und der Entscheidungshinweise

Eingabe Taste (E)

Summen Taste (S)

über die weitere Fortsetzung entscheiden:

16.1 Eingaben fortsetzen: Tasten (DEF) E drücken und Werte der nächsten Probe in Punkt 8 beginnend eingeben.

16.2 Zwischensummen abrufen: Tasten (DEF) S drücken und in Punkt 5 fortsetzen.

Sämtliche Werte können auch mit mehr als den durch das Ausgabeformat eingestellten Dezimalstellen eingegeben werden. Bei der Eingabedokumentation — nicht aber in der Verarbeitung! — werden diese zusätzlichen Dezimalstellen allerdings unterdrückt. Sollen die Zahlengrenzen fallen, muß wie bereits eingangs erwähnt von der Eingabetabelle abgesehen und zur Einzeleingabe gegangen werden, was eine Umprogrammierung der gesamten Eingabe zur Folge hat.

Testbeispiele

Als einfachste Anwendung sei dieses Programm an einem aus dem Bauwesen üblichen Prüfkörper aus Beton mit den Kantenlängen 200 mm präsentiert. Die würfelförmigen Prismen werden vermessen und im Anschluß an die Feststellung der Masse der Druckprüfung unterzogen.

```
Eingaben
*************************
Wert 1:
-------------------------
Laenge mm             200
Breite mm             201
Hoehe  mm             200
Masse kg            18.75
Bruchlast kN         2870

Wert 2:
-------------------------
Laenge mm             199
Breite mm             200
Hoehe  mm             198
Masse kg            18.60
Bruchlast kN         2750
```

```
Wert 3:
-------------------------
Laenge mm             250
Breite mm             250
Hoehe  mm             250
Masse kg            18.60
Bruchlast kN         2800
Irrtum

Wert 3:
-------------------------
Laenge mm             199
Breite mm             202
Hoehe  mm             201
Masse kg            19.05
Bruchlast kN         2880
```

```
Stat. Zwischensummen
Mittelwertsicherheit 95%
Werte:     3,   von     bis
***********************
Masse kg     18.54  19.05
Rohd.kg/m3    2332   2367
Fest.N/mm2    68.4

Eingaben
***********************
Wert 4:
-------------------------
Laenge mm              198
Breite mm              201
Hoehe  mm              200
Masse kg             19.10
Bruchlast kN          2900

Wert 5:
-------------------------
Laenge mm              202
Breite mm              201
Hoehe  mm              201
Masse kg             19.25
Bruchlast kN          2940

Wert 6:
-------------------------
Laenge mm              197
Breite mm              198
Hoehe  mm              199
Masse kg             18.80
Bruchlast kN          2815

Wert 7:
-------------------------
Laenge mm              200
Breite mm              201
Hoehe  mm              202
Masse kg             18.93
Bruchlast kN          2865

Stat. Zwischensummen
Mittelwertsicherheit 95%
Werte:     7,   von     bis
***********************
Masse kg     18.75  19.09
Rohd.kg/m3    2341   2390
Fest.N/mm2    69.5
```

Bild 13 Auswertung von an sieben Betonwürfeln mit den Kantenlängen 20 cm durchgeführten Güteprüfung, bei welcher nach drei Einzeltests eine Zwischenauswertung vorgenommen wurde

5.2 Für den Kaufmann

Wie für den technisch orientierten Computeranwender ist es auch für den kaufmännisch vorgebildeten wichtig, sich verschiedener Einzelheiten seines Fachgebiets anzunehmen und diese im Hinblick auf einen sinnvollen Computereinsatz zu durchleuchten. Es mag Überlegungen geben, ob z.B. nicht Zinsenrückrechnungen auf eine andere als die hier vorgeführte Art und Weise zielführender abgewickelt werden können. Aber auch für den Kaufmann gilt, daß man vorerst jede Aufgabe in einer möglichst einfachen und leicht überschaubaren Weise zu lösen versucht. Wichtig sind praktikable Lösungsvorgehen; erst später sollte an bestimmte Feinheiten in der Verfahrensabwicklung herangegangen werden.

Im Vordergrund steht die Lösung von Aufgabenstellungen. Ablaufoptimierungen sind erst bei zunehmender Vertrautheit mit dem Computer und ausreichender Gewöhnung an die Computerprogrammierung sinnvoll.

5.2.1 Kredittilgung

Die Erstellung eines Tilgungsplanes ist die Voraussetzung für die Abwicklung eines Kreditgeschäfts und liegt auch im Interesse des Kreditnehmers. Mit Hilfe dieses Planes kann der Finanzplan erstellt werden, der über den zeitlichen Ablauf von Einnahmen und Ausgaben Auskunft geben kann. Das vorliegende Programm zur Erstellung eines derartigen Tilgungsplanes für eine Kreditrückzahlung unterscheidet sich von anderen sonst gleichartigen Problemlösungen durch den Umstand, daß hier von unterschiedlichen Kombinationen der Ausgangswerte Gebrauch gemacht wird. Folgende Aufgabenstellungen führen zum gleichen Tilgungsplan:

- Gegeben: Laufzeit, Zinstermine, Rate, Zinssatz;
  gesucht: Anfangskapital.
- Gegeben: Anfangskapital, Laufzeit, Zinstermine, Zinssatz;
  gesucht: Rate.
- Gegeben: Anfangskapital, Zinstermine, Rate, Zinssatz;
  gesucht: Laufzeit.

Mit dem Begriff Zinstermin sind die meist vierteljährlich im vorhinein vorgenommenen Verzinsungen gemeint; hier gibt es also vier Zinstermine pro Jahr. Eine jährlich Verzinsung bedeutet somit einen Termin. Die Rate enthält die Anteile aus Kapitaltilgung und Zinsendienst. Es ergibt sich aus der Problematik, daß zu Beginn der Rückzahlung höhere Zinsanteile in der Rate enthalten sind, als gegen Ende der Kreditlaufzeit; dieser Umstand ergibt sich aus der Tatsache, daß die Raten immer in gleicher Höhe vorgeschrieben werden.

Alle drei Ausführungsvarianten münden in die gleiche Auflistung des Tilgungsplanes. Eine ggf. auftretende Differenz wird, da es sich um die letzte Rate handelt, mit der Kapitaltilgung ausgeglichen; die letzte Rate unterscheidet sich dann geringfügig von den übrigen.

Nicht berücksichtigt wurde in diesem Programm ein formelles Detail: Es wurde nämlich unterstellt, daß allfällige Kosten der Kreditaufnahme im Anfangskapital enthalten sind.

Im Programm wird mit folgenden Grenzzahlen gearbeitet:

- Anfangskapital: Es muß eine ganze Zahl sein und zwischen einschließlich 100 und 9.999,999.999 liegen.
- Laufzeit: Die Kreditlaufzeit in Jahren muß eine Zahl zwischen 1 und 99 sein, die Laufzeit in Monaten muß zwischen 1 und 1188 liegen.
- Perioden: Pro Jahr muß eine ganze Zahl zwischen 1 und 52 liegend vorgegeben werden.
- Rate: Hier muß ebenfalls eine ganze Zahl größer 1 eingegeben werden.
- Zinssatz: Er muß größer als 0 und kleiner oder gleich 50 eingegeben werden.

Formelsammlung

Ratenberechnung (gerundet auf Zahl mit 2 Dezimalstellen)

$$R = A \cdot \frac{q^n \cdot (q-1)}{q^n - 1}$$

Anfangskapital (gerundet auf ganze Zahl)

$$A = R \cdot \frac{q^n - 1}{q^n \cdot (q-1)}$$

Laufzeit Perioden (gerundet auf ganze Zahl)

$$n = \frac{\log R - \log (R + A - A \cdot q)}{\log q}$$

Legende A = Anfangskapital
R = Rate
n = Laufzeit in Perioden (Termine/Jahr · Jahre)
q = Aufzinsungsfaktor (= 1 + p/100)
p = Zinssatz %

Variablenliste (zusätzlich)

A	Anfangskapital	P	Perioden pro Jahr
F	Zinsfaktor q = 1 + p/100	R	Rate
I	Schleifenvariable	S	Kapitalrest
J	Jahresnummer (beginnt bei 1)	T	Zinsendienst
K	Kapitaltilgung	X	q^n
L	Laufzeit in Jahren	Y	$q^n - 1$
N	Anzahl der Perioden	Z	Zinssatz pro Jahr %

Programmstruktur

1000 Programmvorlauf
- 1020–1050 Entscheidung über die Aufnahme der Zinsenrückrechnung
- 1100 Wahl des Ausgabemodus
- 1200 Menüdruck
- 1300 Menüanzeige

2000 Tilgungsplan: Gesucht Anfangskapital
- 2030 Berechnung Anfangskapital

3000 Tilgungsplan: Gesucht Rate
- 3030 Berechnung Rate

4000 Tilgungsplan: Gesucht Laufzeit
- 4020 Eingaben und Plausibilitätskontrolle
- 4030 Berechnung Zinsperioden
- 4040 Berechnung Laufzeit Jahre

5000 Tilgungsplan
- 5020–5140 Ausgabe der Ausgangswerte
- 5170–5290 Schleife Ausgabe der Periodenwerte
  - 5180 Berechnung der lfd. Jahresnummer
  - 5190 Berechnung Zinsanteil
  - 5200 Berechnung Tilgungsanteil, Kapitalrest
  - 5220 Periodenausgaben

8000	Eingabeunterprogramme		
	8000		Eingabe Kapital
		8030	Plaufibilitätskontrolle
	8100		Eingabe Laufzeit
		8120	Entscheidung über den Zeitraum
		8180	Laufzeit Monate
		8220	Laufzeit Jahre
	8300		Eingabe Perioden pro Jahr
		8330	Plasibilitätskontrolle
	8400		Eingabe Rate
		8430	Plausibilitätskontrolle
	8500		Eingabe Zinssatz
		8530	Plausibilitätskontrolle
		8550	Berechnung Zinsfaktor q
		8560	Berechnung q^n und $q^n - 1$
9000	Sonstige Unterprogramme		
	9100		Rundung
	9200		Konstantenzuweisung
	9300		Anzeige des Verarbeitungstitels
	9500		Fehleranzeige
	9900		Schlußroutine

Anweisungsliste

```
1000:REM Kredittilgung
1001:REM
1002:REM by Tatzl, Graz
1003:REM
1010:GOSUB 9200: GOSUB 9300
1020:PRINT "Start Taste (G)"
1030:PRINT "Ende  Taste (S)"
1040:IF INKEY$ ="S" THEN 9900
1050:IF INKEY$ <>"G" THEN 1040
1100:REM
1101:REM Ausgabebetrieb
1102:REM
1110:"A": GOSUB 9300
1120:PRINT "Anzeige Taste (A)"
1130:PRINT "Druck   Taste (D)"
1140:OP$="":OP$= INKEY$
1150:IF OP$="A" LET O$="Anzeige": GOTO
     1180
1160:IF OP$="D" LET O$="Drucker": GOTO
     1180
1170:GOTO 1140
```

```
1180:GOSUB 9300: WAIT 200: PRINT O$;" b
     etriebsbereit"
1190:IF OP$="A" THEN 1300
1200:REM
1201:REM Menuedruck
1202:REM
1210:LPRINT : LPRINT
1220:LPRINT TT$(1);TT$(0);TT$(1)
1230:LPRINT
1240:LPRINT "(DEF) Verarbeitung"
1250:LPRINT TT$(2)
1260:LPRINT "  A   Wahl der Ausgabe"
1261:LPRINT "  S   Verarbeitungsende"
1267:LPRINT "  K   Anfangskapital"
1268:LPRINT "  L   Laufzeit"
1269:LPRINT "  Z   Rueckzahlungsrate"
1275:LPRINT "  M   Menueanzeige"
1276:LPRINT TT$(2)
1277:LPRINT : LPRINT
1279:GOTO 1380
1300:REM
1301:REM Menueanzeige
1302:REM
1310:GOSUB 9300
1320:PRINT "Haupt - Menue: (DEF) und"
1330:WAIT 200: PRINT "Buchstabentaste d
     ruecken"
1340:"M": CLS : WAIT 25: PRINT = PRINT
1350:PRINT "A: Ausgabe  S: Ende"
1351:PRINT "K: Kapital  L: Laufzeit"
1352:PRINT "Z: Rate     M: Menue"
1354:IF INKEY$ ="" THEN 1354
1380:GOSUB 9300: PRINT "Anwahl treffen!
     "
1390:END
2000:REM
2001:REM ges. Kapital
2002:REM
2010:"K": GOSUB 8100: GOSUB 8300
2020:GOSUB 8400: GOSUB 8500
2030:A= INT (R*Y/(Z/P/100*X)+.5)
2040:GOTO 5000
3000:REM
3001:REM ges. Rate
3002:REM
3010:"Z": GOSUB 8000: GOSUB 8100
3020:GOSUB 8300: GOSUB 8500
3030:R= INT (A*Z/P/100*X/Y+.5)
3040:GOTO 5000
4000:REM
4001:REM ges. Laufzeit
4002:REM
4010:"L": GOSUB 8000: GOSUB 8300
4020:GOSUB 8400: GOSUB 8500: IF R+A-A*F
     <=0 WAIT 200: PRINT "Eing.unvertra
     eglich": GOTO 4010
```

```
4030:N= INT (( LOG R- LOG (R+A-A*F))/
     LOG F+.5)
4040:L=N/P
5000:REM
5001:REM Tilgungsplan
5002:REM
5010:IF OP$="D" GOSUB 9300: PRINT "Tilg
     ungsplan": PRINT = LPRINT
5015:IF OP$="A" CLS
5020:PRINT "     Ausgangszahlen"
5030:PRINT TT$(1): USING F0$
5040:PRINT "A-Kapital  ";A
5050:PRINT "K-Endwert  ";R*N
5060:IF OP$="D" THEN 5080
5070:IF INKEY$ ="" THEN 5070
5080:PRINT "Rate       ";R
5090:PRINT "Zinssatz %";Z
5100:PRINT "Lfz. Jahre";L
5110:USING "##########"
5120:PRINT "Perioden/Jahr ";P
5130:IF OP$="D" LPRINT TT$(2): LPRINT :
     LPRINT : GOTO 5160
5140:IF INKEY$ ="" THEN 5140
5150:GOSUB 9300: WAIT 200
5160:PRINT "      Tilgungsplan": IF OP$
     ="D" LPRINT TT$(1)
5170:S=A: USING F0$: FOR I=1 TO N
5180:J= INT ((I-1)/P+1)
5190:ZR=S*Z/P/100: GOSUB 9100:T=ZR
5200:K=R-T:S=S+T-R: IF OP$="A" CLS :
     WAIT 25
5210:IF OP$="D" LPRINT
5220:PRINT "Periode "; STR$ I;", Jahr "
     ; STR$ J: IF I=N LET K=K+S:S=0
5230:IF OP$="D" LPRINT TT$(2)
5240:PRINT "Tilgung   ";K
5250:PRINT "Zinsen    ";T
5260:PRINT "Restkapit.";S
5270:IF OP$="D" THEN 5290
5280:IF INKEY$ ="" THEN 5280
5290:NEXT I: IF OP$="D" LPRINT : LPRINT
5300:GOTO 1340
8000:REM
8001:REM Kapital eing.
8002:REM
8010:GOSUB 9300
8020:INPUT "Anf.Kapital=";A
8030:IF (A>=100) AND (A<1E10) AND (A=
     INT A) RETURN
8040:GOSUB 9500: GOTO 8010
8100:REM
8101:REM Laufzeit eing.
8102:REM
8110:GOSUB 9300
8120:PRINT "Laufz. Monate Taste (M)"
```

```
8130:PRINT "        Jahre  Taste (J)"
8140:IF INKEY$ ="M" THEN 8170
8150:IF INKEY$ ="J" THEN 8210
8160:GOTO 8140
8170:GOSUB 9300
8180:INPUT "Laufz.Monate=";L
8190:IF (L>=1) AND (L<=1188) AND (L=
     INT L) LET L=L/12: RETURN
8200:GOSUB 9500: GOTO 8110
8210:GOSUB 9300
8220:INPUT "Laufz.Jahre=";L
8230:IF (L>=1) AND (L<=99) AND (L= INT
     L) RETURN
8240:GOSUB 9500: GOTO 8210
8300:REM
8301:REM Perioden eing.
8302:REM
8310:GOSUB 9300
8320:INPUT "Per./Jahr=";P
8330:IF (P>=1) AND (P<=52) AND (P= INT
     P) LET N= INT (L*P+.5): RETURN
8340:GOSUB 9500: GOTO 8310
8400:REM
8401:REM Rate eing.
8402:REM
8410:GOSUB 9300
8420:INPUT "Rate=";R
8430:IF (R>=1) AND (R= INT R) RETURN
8440:GOSUB 9500: GOTO 8410
8500:REM
8501:REM Zinssatz eing.
8502:REM
8510:GOSUB 9300
8520:INPUT "Zinss. %=";Z
8530:IF (Z>=1) AND (Z<=50) THEN 8550
8540:GOSUB 9500: GOTO 8510
8550:F=1+Z/P/100
8560:X=F^N:Y=X-1
8570:RETURN
9100:REM
9101:REM Rundung
9102:REM
9120:ZR= INT (100*ZR+.5)/100
9130:RETURN
9200:REM
9201:REM Konstante
9202:REM
9210:CLEAR
9220:DIM TT$(2)*24
9230:TT$(0)="***  Kredit-Tilgung  ***"
9231:TT$(1)="************************"
9232:TT$(2)="------------------------"
9240:F0$="##########.##"
9290:RETURN
9300:REM
```

```
9301:REM Titelanzeige
9302:REM
9310:WAIT 25: CLS : PRINT TT$(0);TT$(1)
9320:RETURN
9500:WAIT 200: PRINT "Eingabe unzulaess
     ig!": RETURN
9900:REM
9901:REM Ende
9902:REM
9910:"S": GOSUB 9300
9920:IF OP$="D" LPRINT : LPRINT : PRINT
     = PRINT
9980:PRINT "Verarbeitung beendet"
9990:WAIT : USING : END
```

Bild 14 Programm KREDIT

Bedienungsanleitung

Programmname:	KREDIT
Speicheranspruch:	3043 Bytes
Speichererweiterung:	ja
Ausgabebetrieb:	Anzeige und Druck (CE-126P)
Verarbeitungstitel:	"xxx Kredit-Tilgung xxx"

Der Programmbeginn deckt sich mit der in Kapitel 5 dargestellten Startphase, welche auch die Punkte 1 bis 3 der Bedienungsanleitung enthält. In der Druckausgabe hat das Menü folgendes Aussehen:

```
************************
***  Kredit-Tilgung  ***
************************

(DEF) Verarbeitung
------------------------
  A   Wahl der Ausgabe
  S   Verarbeitungsende
  K   Anfangskapital
  L   Laufzeit
  Z   Rueckzahlungsrate
  M   Menueanzeige
------------------------
```

Bild 15
Menüausdruck für eine Kredittilgungsberechnung

4 Anwahl einer Verarbeitung:

4.1 Ausgabemodus neu einstellen: Tasten (DEF) A drücken, in Punkt 3 fortsetzen und nach der Menüausgabe Verarbeitung in Punkt 4 wählen.

4.2 Verarbeitung abschließen: Tasten (DEF) S drücken; die Operationen sind analog zu Punkt 2.1 beendet.

4.3 Tilgungsplan bei gesuchtem Anfangskapital erstellen: Tasten (DEF) K drücken und folgende Eingaben vornehmen:

4.3.1 Laufzeit: Anwahl, ob nach Monaten oder Jahren eingegeben werden soll, mit Betätigung der Tasten M bzw. J entscheiden. Im Fall der Eingabe nach Monaten ganze zwischen einschließlich 1 und 1188 (= 99 Jahre!) bzw. bei Eingabe nach Jahren ganze zwischen einschließlich 1 und 99 liegende Zahl jeweils aufgrund entsprechender Eingabehinweise eingeben.

4.3.2 Perioden pro Jahr: Bei Anzeige "Per./Jahr=_" ganze zwischen einschließlich 1 und 52 liegende Zahl eingeben.

4.3.3 Rate: Bei Anzeige "Rate=_" Höhe der periodisch zu leistenden Zahlung als ganze Zahl größer gleich 1 eingeben.

4.3.4 Zinssatz: Bei Anzeige "Zinss. %=_" Jahreszinssatz in % als zwischen 1 und 50 liegende Dezimalzahl eingeben.

Nach diesen vier Eingaben wird in Punkt 5 fortgesetzt.

4.4 Tilgungsplan bei gesuchter Laufzeit erstellen: Tasten (DEF) L drücken und folgende Eingaben vornehmen:

4.4.1 Anfangskapital: Bei Anzeige "Anf.Kapital=_" zwischen einschließlich 100 und 9999999999 liegende Zahl eingeben.

4.4.2 Perioden pro Jahr: Analog Punkt 4.3.2 eingeben.

4.4.3 Rate: Analog Punkt 4.3.3 eingeben.

4.4.4 Zinssatz: Analog zu Punkt 4.3.4 eingeben.

Nach diesen vier Eingaben wird in Punkt 5 fortgesetzt.

4.5 Tilgungsplan bei gesuchter Rate erstellen: Tasten (DEF) Z drücken und folgende Eingaben vornehmen:

4.5.1 Anfangskapital: Analog zu Punkt 4.4.1 eingeben.

4.5.2 Laufzeit: Analog zu Punkt 4.3.1 eingeben.

4.5.3 Perioden pro Jahr: Analog zu Punkt 4.3.2 eingeben.

4.5.4 Zinssatz: Analog zu Punkt 4.3.4 eingeben.

4.6 Menüanzeige: Tasten (DEF) M drücken, Anzeige des Hauptmenüs mit Betätigung einer beliebigen Tasten außer (ENTER), etc. löschen und Verarbeitungsentscheidung in Punkt 4 treffen.

Sämtliche Eingaben für die Punkte 4.3, 4.4 und 4.5 werden grundsätzlich mit Betätigung der (ENTER)-Taste abgeschlossen. Unzulässige Eingaben führen über eine kurzzeitige Fehlermeldung "Eingabe unzulaessig!" zur jeweiligen Eingabewiederholung. Die Anzeige jedes Eingabehinweise wird durch die Anzeige der Verarbeitungskennzeichnung eingeleitet.

5 Ausgabe der Ausgangszahlen und sämtlicher Periodenrechnungen. Im Druckbetrieb erfolgt diese Ausgabe selbsttätig ohne Eingriff von außen, währenddessen in der Anzeige der Verarbeitungstitel und der Texthinweis „Tilgungsplan" erscheint. Im Anzeigebetrieb werden durch die Betätigung einer beliebigen Taste außer (ENTER), etc. folgende Anzeigeblöcke der Reihe nach abgerufen:

- Ausgangszahlen A-Kapital, K-Endwert,
- Rate, Zinssatz, Laufzeit Jahr, Perioden pro Jahr,
- kurzzeitige Anzeige des Verarbeitungstitels und des Hinweises „Tilgungsplan" mit automatischem Folgeabruf,
- Periodenrechnungen mit Periodennummer, Jahresnummer, Kapitaltilgung, Zinsendienst und Restkapital.

In der letzten Zinsperiode wird das Restkapital grundsätzlich Null gesetzt; allfällige Abweichungen werden mit der Kapitaltilgung ausgeglichen.

Nach Abruf der Werte der letzten Periode wird wie beim Druckbetrieb mit der Menüanzeige analog zu Punkt 3 und mit der Fortsetzungentscheidung in Punkt 4 weiter gearbeitet.

Testbeispiel

```
     Ausgangszahlen
************************
A-Kapital         10000.00
K-Endwert         11304.00
Rate                942.00
Zinssatz %            7.75
Lfz. Jahre            3.00
Perioden/Jahr            4
------------------------


      Tilgungsplan
************************

Periode 1, Jahr 1
------------------------
Tilgung             748.25
Zinsen              193.75
Restkapit.         9251.75

Periode 2, Jahr 1
------------------------
Tilgung             762.75
Zinsen              179.25
Restkapit.         8489.00

Periode 3, Jahr 1
------------------------
Tilgung             777.53
Zinsen              164.47
Restkapit.         7711.47

Periode 4, Jahr 1
------------------------
Tilgung             792.59
Zinsen              149.41
Restkapit.         6918.88

Periode 5, Jahr 2
------------------------
Tilgung             807.95
Zinsen              134.05
Restkapit.         6110.93

Periode 6, Jahr 2
------------------------
Tilgung             823.60
Zinsen              118.40
Restkapit.         5287.33

Periode 7, Jahr 2
------------------------
Tilgung             839.56
Zinsen              102.44
Restkapit.         4447.77

Periode 8, Jahr 2
------------------------
Tilgung             855.82
Zinsen               86.18
Restkapit.         3591.95

Periode 9, Jahr 3
------------------------
Tilgung             872.41
Zinsen               69.59
Restkapit.         2719.54

Periode 10, Jahr 3
------------------------
Tilgung             889.31
Zinsen               52.69
Restkapit.         1830.23

Periode 11, Jahr 3
------------------------
Tilgung             906.54
Zinsen               35.46
Restkapit.          923.69

Periode 12, Jahr 3
------------------------
Tilgung             923.69
Zinsen               17.90
Restkapit.            0.00
```

Bild 16 Beispiel einer über 12 Perioden (3 Jahre mit quartalsmäßiger Rückzahlung) laufenden Kredittilgung; Ausgangszahlen und Tilgungsplan sehen grundsätzlich gleich aus, gleichgültig, wie die Ausgangswerte zusammengestellt werden.

5.2.2 Zinsenrückrechnung

Sonderangebote, oftmals von besonderen Zahlungsbedingungen begleitet, gibt es nicht nur beim Verkauf von Konsumgütern. Derartige Verkaufsmethoden findet man vielfach auch in anderen Bereichen des täglichen privaten und geschäftlichen Lebens.

Im Grunde genommen geht es um den Slogan „Heute kaufen – morgen bezahlen". Dabei wird dem Käufer empfohlen, den *Ratenkauf* (Bezahlung in periodisch gleichbleibenden Beträgen) dem *Barkauf* (Bezahlung bei Warenübernahme) vorzuziehen, weil der Barkauf im Augenblick finanziell stärker belastet. Der Käufer weiß dabei zwar, daß der Ratenkauf mehr Geld verschlingt, kann sich sogar oftmals den Mehraufwand ausrechnen, ist aber kaum oder gar nicht in der Lage, den Einheitspreis – sprich Zinsen – festzustellen, zu dem der Ratenkauf abgewickelt werden soll. Wäre ihm dieser Umstand bekannt, könnte er sofort entscheiden, ob ein Kredit von seiner Bank nicht die wirtschaftlichere Lösung gewesen wäre. Dabei soll es – man muß sagen leider – auch Banken geben, die bei Kreditgeschäften den Kunden über den Zinssatz im Unklaren lassen. In diesem Fall sollte man lieber die Bank wechseln; aber das nur nebenbei.

Nun aber zum Rechenproblem. Beim Versuch, die Zinsen aus der bekannten Rentenformel

$$R = A \cdot \frac{q^n \cdot (q-1)}{q^n - 1}$$

zu berechnen, stoßen wir auf ein rechentechnisches Problem. Der Zinssatz p ist nämlich im Aufzinsungsfaktor q versteckt.

$$q = 1 + \frac{p}{100}$$

Das Rechenproblem liegt nun in dem Umstand begründet, daß q sowohl in der Potenz q^n als auch isoliert in der Formel vorkommt. Nachdem wir hier nicht in Fragen der höheren Mathematik einsteigen wollen, um gegebenenfalls mit Hilfe der Logarithmierung und der Lösung von Gleichungen eine Lösung zu finden, versuchen wir auf andere Weise an das Ergebnis, den Zinssatz, heranzukommen. Nachzutragen wäre für unser Beispiel noch, daß in der Rentenformel der Barkaufwert der Ware durch den Buchstaben A und die Rate durch den Buchstaben R gekennzeichnet ist.

Weil wir einen sehr schnell arbeitenden Rechner vor uns haben, versuchen wir es mit einer Näherungsrechnung, die uns zur Abschätzung der Verhältnisse genau genug erscheint. Wir wollen den Zinssatz im Wege einer iterativen Rückrechnung gewinnen.

Es wird mit einem fiktiven Zinssatz, z. B. mit p = 100 % begonnen. Der Zinssatz p wird in die Rentenformel eingesetzt. Ergibt sich daraufhin die rechte Seite der Rentenformel – was bei diesem Zinssatz wohl zu erwarten ist – mit einem größeren Wert als R, wird dieser Zinssatz zurückgenommen, auf ein Zehntel der ursprünglichen Größe gebracht und erneut in die Rechnung gegangen. Wird dabei die rechte Seite der Formel kleiner als die linke, muß mit einem um 1 % erhöhten Zinssatz in die nächste Runde gegangen werden, und dies so lange, bis die rechte Seite wieder größer geworden ist. Dann wird der Zinssatz wieder um die letzte Differenz zurückgenommen, der Differenzprozentsatz ein weiteres Mal durch 10 geteilt und auf diese Weise die Rechnung so lange fortgesetzt, bis der Zinssatz mit der zuvor eingestellten Anzahl der Dezimalstellen vorliegt. Das Programm wird dann angewiesen, vor dem Abbruch den zu hohen Zinssatz zurückzunehmen, bzw. den um eine Dezimalstelle zuviel berechneten Satz entsprechend zu runden. Man kann sich leicht vorstellen, wieviel Zeit für eine ähnliche Ermittlung von Hand aufgewendet werden müßte; für den Computer ist das – fast – kein Zeitproblem. Das Wörtchen „fast" bezieht sich dabei nur auf sehr kleine und relativ langsam arbeitende Rechner.

Variablenliste (zusätzlich)

A	Quotient aus Rate geteilt durch Barwert
B	Laufzeit
C	Differenzzinssatz
D	Zinssatz
E	$q - 1$ aktuell
F	q^n aktuell
G	$q^n - 1$ aktuell
H	aktueller Stand des Werts $\frac{q^n \cdot (q-1)}{q^n - 1}$
I	Rate
J	Eingabekontrollweiche
K	Barwert

Programmstruktur

1000	Programmvorlauf	
	1020–1050	Entscheidung über die Aufnahme einer Zinsenrückrechnung
	1100	Wahl des Ausgabemodus
	1200	Menüdruck
	1300	Menüanzeige
2000	Eingaben mit Eingabeplausibilitätskontrollen sowie Gutbefund der Eingaben mit nachfolgender Zinsenrückrechnung	
	2010–2070	Barwerteingabe
	2080–2120	Wahl der Rechnungsperiode für die Eingabe
	2130–2170	Eingabe der Laufzeit in Monaten
	2180–2220	Eingabe der Monatsrate
	2240–2280	Eingabe der Laufzeit in Jahren
	2290–2330	Eingabe der Jahresrate
	2340	Berechnung und Ausgabe
	2370–2400	Dokumentation der Ausgangswerte
	2410–2495	Berechnung
	2510–2530	Ergebnisausgabe
	2540	Fortsetzungsentscheidung fällen

9000 Unterprogramme

- 9000 Dezimalstelleneingabe und Gleitkommaroutine
- 9100 Rundung
- 9200 Konstantenzuweisung
  - 9240 automatische Einstellung auf 2 Dezimalen
- 9300 Anzeige des Verarbeitungstitels
- 9400 Eingabegüteentscheidung treffen
- 9500 Fehleranzeige
- 9600 Fortsetzungsentscheidung treffen
- 9900 Schlußroutine

Anweisungsliste

```
1000:REM Zinsenrechnung
1001:REM
1002:REM by Tatzl, Graz
1003:REM
1010:GOSUB 9200: GOSUB 9300
1020:PRINT "Start Taste (G)"
1030:PRINT "Ende  Taste (S)"
1040:IF INKEY$ ="S" THEN 9900
1050:IF INKEY$ <>"G" THEN 1040
1100:REM
1101:REM Ausgabebetrieb
1102:REM
1110:"A": GOSUB 9300
1120:PRINT "Anzeige Taste (A)"
1130:PRINT "Druck   Taste (D)"
1140:OP$="":OP$= INKEY$
1150:IF OP$="A" LET O$="Anzeige": GOTO
     1180
1160:IF OP$="D" LET O$="Drucker": GOTO
     1180
1170:GOTO 1140
1180:GOSUB 9300: WAIT 200: PRINT O$;" b
     etriebsbereit"
1190:IF OP$="A" THEN 1300
1200:REM
1201:REM Menuedruck
1202:REM
1210:LPRINT : LPRINT
1220:LPRINT TT$(1);TT$(0);TT$(1)
1230:LPRINT
1240:LPRINT "(DEF) Verarbeitung"
1250:LPRINT TT$(2)
1260:LPRINT "  A   Ausgabebetrieb"
1261:LPRINT "  S   Verarbeitungsende"
1262:LPRINT "  D   Dezimalen ("; STR$ D
     Z;")"
```

```
1269:LPRINT "  Z   Zinssatzberechnung"
1275:LPRINT "  M   Menueanzeige"
1276:LPRINT TT$(2)
1277:LPRINT : LPRINT
1278:LPRINT TT$(0);TT$(1)
1279:GOTO 1380
1300:REM
1301:REM Menueanzeige
1302:REM
1310:GOSUB 9300
1320:PRINT "Haupt - Menue: (DEF) und"
1330:WAIT 200: PRINT "Buchstabentaste d
     ruecken"
1340:"M": CLS : WAIT 25: PRINT = PRINT
1350:PRINT "A:Ausgabe   S:Ende"
1351:PRINT "D:Dezimalen ("; STR$ DZ;")"
1352:PRINT "Z:Zinssatzberechnung"
1353:PRINT "M:Menueanzeige"
1354:IF INKEY$ ="" THEN 1354
1380:GOSUB 9300: PRINT "Anwahl treffen!
     "
1390:END
2000:REM
2001:REM Eingaben
2002:REM
2010:"Z": GOSUB 9300
2040:INPUT "Barwert=";K
2050:IF (K>99) AND (K<9999999999) AND (
     K= INT K) THEN 2070
2060:GOSUB 9500: GOTO 2010
2070:GOSUB 9400: IF JN$="N" THEN 2010
2080:GOSUB 9300
2090:PRINT "Laufz.Monate (M)"
2100:PRINT "Laufz.Jahre  (J)"
2110:IF INKEY$ ="J" THEN 2240
2120:IF INKEY$ <>"M" THEN 2110
2130:GOSUB 9300
2140:B=B*12: INPUT "Laufz.Monate=";B
2150:IF (B>0) AND (B<1189) AND (B= INT
     B) THEN 2170
2160:GOSUB 9500: GOTO 2130
2170:GOSUB 9400: IF JN$="N" THEN 2130
2180:GOSUB 9300
2190:I=I/12: INPUT "Monatsrate=";I
2200:IF (I>0) AND (I= INT I) THEN 2220
2210:GOSUB 9500: GOTO 2180
2220:GOSUB 9400: IF JN$="N" THEN 2180
2230:B=B/12:I=I*12: GOTO 2340
2240:GOSUB 9300
2250:INPUT "Laufz.Jahre=";B
2260:IF (B>0) AND (B<100) AND (B= INT B
     ) THEN 2280
2270:GOSUB 9500: GOTO 2240
2280:GOSUB 9400: IF JN$="N" THEN 2240
2290:GOSUB 9300
2300:INPUT "Jahresrate=";I
```

```
2310:IF (I>11) AND (I= INT I) THEN 2330
2320:GOSUB 9500: GOTO 2290
2330:GOSUB 9400: IF JN$="N" THEN 2290
2340:IF OP$="A" CLS : GOTO 2370
2350:GOSUB 9300
2360:PRINT "Zinsen rechnen": LPRINT :
     PRINT = LPRINT
2370:USING F1$
2380:PRINT "Barwert     = ";K
2390:PRINT "Monatsrate = ";I/12
2400:PRINT "Lfz.Monate = ";B*12
2410:D=0:C=10:A=I/K
2420:D=D+C: IF D<=50 THEN 2450
2430:IF OP$="D" LPRINT TT$(2)
2440:PRINT "Ratenkauf nicht zu empf.":
     GOTO 2520
2450:E=D/100:F=(E+1)^B
2460:G=F-1:H=E*F/G
2470:IF H<A THEN 2420
2480:D=D-C:C=C/10
2490:IF C>=10^-(DZ+1) THEN 2420
2495:ZR=D: GOSUB 9100:D=ZR
2500:IF OP$="D" LPRINT TT$(2)
2510:USING F0$: PRINT "Ja-Zinss. %=";D
2520:IF OP$="D" LPRINT TT$(2): GOTO 254
     0
2530:IF INKEY$ ="" THEN 2530
2540:PRINT = PRINT : GOSUB 9600: IF WE$
     ="W" THEN 2010
2550:GOTO 1340
9000:REM
9001:REM Dezimalen
9002:REM
9010:"D": GOSUB 9300
9020:INPUT "Dezimalen (0-6) = ";DZ
9030:IF (DZ>=0) AND (DZ<=6) AND (DZ=
     INT DZ) THEN 9050
9040:GOSUB 9500: GOTO 9010
9050:F0$="#": FOR I0=1 TO 10-DZ
9060:F0$=F0$+"#": NEXT I0
9070:IF DZ=0 LET F0$=F0$+"#": GOTO 1340
9080:F0$=F0$+".": FOR I0=1 TO DZ
9090:F0$=F0$+"#": NEXT I0: GOTO 1340
9100:REM
9101:REM Rundung
9102:REM
9110:H0=10^DZ
9120:ZR= INT (H0*ZR+.5)/H0
9130:RETURN
9200:REM
9201:REM Konstante
9202:REM
9210:CLEAR
9220:DIM TT$(2)*24
9230:TT$(0)="* Zinsen-Rueckrechnung *"
```

```
9231:TT$(1)="************************"
9232:TT$(2)="------------------------"
9240:DZ=2
9250:F0$="#########.##"
9260:F1$="###########"
9290:RETURN
9300:REM
9301:REM Titelanzeige
9302:REM
9310:WAIT 25: CLS : PRINT TT$(0);TT$(1)
9320:RETURN
9400:REM
9401:REM Eingabeentsch.
9402:REM
9410:PRINT "ok? ja(J),no(N) druecken"
9420:JN$="":JN$= INKEY$
9430:IF (JN$="J") OR (JN$="N") RETURN
9440:GOTO 9420
9500:REM
9501:REM Fehleranzeige
9502:REM
9510:WAIT 200: PRINT "Eingabe unzulaess
     ig!"
9520:RETURN
9600:REM
9601:REM Fortsetzung
9602:REM
9610:GOSUB 9300
9620:PRINT "Weiter Taste (W)"
9630:PRINT "Menue  Taste (M)"
9640:WE$="":WE$= INKEY$
9650:IF (WE$="W") OR (WE$="M") RETURN
9660:GOTO 9640
9900:REM
9901:REM Schlussroutine
9902:REM
9910:"S": GOSUB 9300
9920:IF OP$="D" LPRINT : LPRINT : PRINT
     = PRINT
9980:PRINT "Verarbeitung beendet"
9990:WAIT : USING : END
```

Bild 17 Programm ZIRUEC

Bedienungsanleitung

Programmname:	ZIRUEC
Speicheranspruch:	2973 Bytes
Speichererweiterung:	ja
Ausgabebetrieb:	Anzeige und Druck (CE-126P)
Verarbeitungstitel:	"x Zinsen-Rueckrechnung x"

Der Programmbeginn deckt sich mit der in Kapitel 5 dargestellten Startphase, welche auch die Punkte 1 bis 3 der Bedienungsanleitung enthält. Die Anwahl der Dezimalstellen, mit der gearbeitet wird, zeigt Auswirkungen auf das Menü, das in der Druckausgabe folgendes Aussehen hat:

```
************************
* Zinsen-Rueckrechnung *
************************

(DEF) Verarbeitung
------------------------
  A   Ausgabebetrieb
  S   Verarbeitungsende
  D   Dezimalen (2)
  Z   Zinssatzberechnung
  M   Menueanzeige
------------------------
```

Bild 18
Menüausdruck zur Zinsenrückrechnung; standardmäßig wird mit zwei Dezimalstellen, gekennzeichnet durch die geklammerte Zahl 2, gearbeitet

4 Anwahl einer Verarbeitung:

4.1 Ausgabemodus neu einstellen: Tasten (DEF) A drücken, in Punkt 3 fortsetzen und nach der Menüausgabe Verarbeitung in Punkt 4 wählen.

4.2 Verarbeitung abschließen: Tasten (DEF) S drücken. Die Operationen sind analog zu Punkt 2.1 beendet.

4.3 Einstellen der Anzahl der Dezimalstellen für die Ausgabe des Zinssatzes: Tasten (DEF) D drücken.

4.3.1 Bei Anzeige des Verarbeitungstitels und des Eingabehinweises „Dezimalen (Ø–6) = _" ganze zwischen einschließlich 0 und 6 liegende Zahl eintasten und (ENTER) drücken. Unzulässige Eingaben führen über eine kurzzeitig wirksame Fehlermeldung „Eingabe unzulaessig!" zur Eingabewiederholung.

4.3.2 Bei akzeptierter Eingabe in Übereinstimmung mit der Anzeige des Entscheidungshinweises "ok? ja(J), no(N) druecken" über die Richtigkeit der Eingabe entscheiden. Bei Druck auf die Taste N verzweigt das Programm zu Punkt 4.3.1 zur Eingabewiederholung. Die Betätigung der Taste J mündet in der Menüanzeige analog Punkt 3 und in der Wahl einer Verarbeitung in Punkt 4.

4.4 Zinssatz rückrechnen: Tasten (DEF) Z drücken. Sämtliche nachfolgenden Eingaben führen bei Vorliegen eines vom Rechner erkennbaren Eingabefehlers über eine kurzzeitige wirksame Fehlermeldung „Eingabe unzulaessig!" zur jeweiligen Eingabewiederholung. Auch eine akzeptierte Eingabe kann bei entsprechender Anwahl bei Anzeige des zusätzlichen Entscheidungshinweises „ok? ja(J), no (N) druecken" durch den Druck auf die Taste N abgewiesen werden. Die Annahme erfolgt durch Betätigung der Taste J. Bereits eingespeicherte Zahlenwerte können bei weiteren Verarbeitungen allein durch die Betätigung von (ENTER) ohne vorangehende Zahleneingabe übernommen werden; eine Kontrollanzeige findet dabei allerdings nicht statt. Zahleneingaben – sinnvoll bei Laufzeiten und Raten – können dabei nicht allein als reine Zahlen, sondern auch in Form von arithmetischen Ausdrücke vorgenommen werden. In solchen Ausdrücken können im übrigen auch Variablennamen vorkommen; Fortsetzung in Punkt 5.

4.5 Menüanzeige: Tasten (DEF) M drücken, Anzeige des Hauptmenüs mit Betätigung einer beliebigen Tasten außer (ENTER), etc. löschen und Fortsetzungsentscheidung in Punkt 4 fällen.

5 Bei Anzeige des Verarbeitungstitels und des Eingabehinweises „Barwert=_" ganze zwischen einschließlich 100 und 9 999 999 998 liegende Zahl eintasten und (ENTER) drücken.

6 Bei Anzeige des Verarbeitungstitels und der Hinweise

Laufz. Monate (M)

Laufz. Jahre (J)

über die Periodenlänge für die beiden nächsten Eingaben entscheiden:

6.1 Jahreswerte eingeben: Taste J drücken und bei Punkt 9 fortsetzen.

6.2 Monatswerte eingeben: Taste M drücken.

7 Bei Anzeige des Verarbeitungstitels und des Eingabehinweises „Laufz.Monate=_" ganze zwischen einschließlich 1 und 1188 (= 99 Jahre) liegende Zahl eintasten und (ENTER) drücken.

8 Bei Anzeige des Verarbeitungstitels und des Eingabehinweises „Monatsrate=_" ganze Zahl größer oder gleich 1 eintasten und (ENTER) drücken sowie in Punkt 11 fortsetzen.

9 Bei Anzeige des Verarbeitungstitels und des Eingabehinweises „Laufz.Jahre=_" ganze zwischen einschließlich 1 und 99 liegende Zahl eintasten und (ENTER) drükken.

10 Bei Anzeige des Verarbeitungstitels und des Eingabehinweises „Jahresrate=_" ganze Zahl größer oder gleich 12 eintasten und (ENTER) drücken.

11 Nach der Dokumentation der Ausgangswerte wird der Jahreszinssatz berechnet und ebenfalls ausgegeben. Im Druckbetrieb werden die Operationen bei Anzeige des Verarbeitungstitels und des Texthinweises „Zinsen rechnen" selbsttätig ausgeführt. Im Fall der Anzeige wird nach der Eingabedokumentation

Barwert

Monatsrate (ggf. aus Jahreswert rückgerechnet)

Lfz. Monate (ggf. aus Jahreswert rückgerechnet)

und der Ergebnisausgabe

Ja-Zinss. %

mit der Betätigung einer beliebigen Tasten außer ENTER, etc. fortgesetzt.

12 Bei Anzeige des Verarbeitungstitels und der Entscheidungshinweise

Weiter Taste (W)

Menue Taste (M)

über die weitere Fortsetzung der Verarbeitung entscheiden:

12.1 Berechnungen fortsetzen: Taste W drücken und neue Rückrechnung in Punkt 5 aufnehmen.

12.2 Berechnungen abschließen: Taste M drücken. Die Operationen sind – im Fall des Druckbetriebs nach einem mehrfachen Zeilenvorschub zum bequemen Abtrennen des Druckstreifens – mit der Menüanzeige analog Punkt 3 und der nachfolgenden Verarbeitungsanwahl in Punkt 4 beendet.

Testbeispiele

```
* Zinsen-Rueckrechnung *
************************

Barwert     =    36700         Barwert     =    39800
Monatsrate  =      900         Monatsrate  =      930
Lfz.Monate  =       48         Lfz.Monate  =       48
------------------------       ------------------------
Ja-Zinss. %=      6.86         Ja-Zinss. %=      4.75
------------------------       ------------------------

Barwert     =    45800         Barwert     =    39800
Monatsrate  =      950         Monatsrate  =     1860
Lfz.Monate  =       48         Lfz.Monate  =       48
------------------------       ------------------------
Ja-Zinss. %=      0.00         Ja-Zinss. %=     42.47
------------------------       ------------------------

Barwert     =    40700         Barwert     =    39800
Monatsrate  =      960         Monatsrate  =     9300
Lfz.Monate  =       48         Lfz.Monate  =       48
------------------------       ------------------------
Ja-Zinss. %=      5.16         Ratenkauf nicht zu empf.
------------------------       ------------------------
```

Bild 19 Beispiele verschiedener Ausgangslagen für Zinsenrückrechnungen

Nachzutragen zu den Beispielen wäre noch der Hinweis auf die Grenzbetrachtung der Zinshöhe: Es wurde im Programm vereinbart, daß Zinsen ab 50 % nicht mehr als reell betrachtet werden und den Ergebnishinweis „Ratenkauf nicht zu empf." anstelle der Ausgabe eines Zinssatzes verursachen.

5.2.3 Verfahrensvergleich

Ein Vergleich zweier Arbeitsverfahren läßt sich sehr leicht anhand ihres jeweiligen Kostenverhaltens ziehen. Eine vor allem in der Kostenrechnung angewandte Methode zieht zusätzlich Schlüsse aus der aktuellen Beschäftigungslage. Mit der Veränderung der Beschäftigung bzw. Auftragslage verändert sich natürlich auch das Verhältnis zwischen den fixen und variablen Kosten. Bild 20 verdeutlicht das bisher Gesagte.

Diese Aufgabe darf aber dennoch einiger weiterer Erklärungen. In das Koordinatensystem haben wir die Verfahren A und B eingetragen. Jedes dieser Verfahren ist gekennzeichnet durch die Fixkosten – die Fixkostengerade liegt parallel zur x-Achse (Umsatz) – und die variablen Kosten – diese Gerade geht aus vom Schnittpunkt der Fixkostengeraden mit der y-Achse (Kosten) und verläuft von dort nach rechts oben. Die Erlösgerade liegt unter einem Winkel von 45 Grad in diesem Koordinatensystem. In den Schnittpunkten der Erlösgeraden mit den die variablen Kosten kennzeichnenden Geraden liegt die sogenannte Gewinnschwelle; für dieses Verfahren tragen oberhalb dieses Punktes anfallende Umsätze Gewinn, darunter Verlust. In der Skizze sind dies die mit BA – für das Verfahren A – und BB – für das Verfahren B – bezeichneten Punkte. Im Schnittpunkt beider die

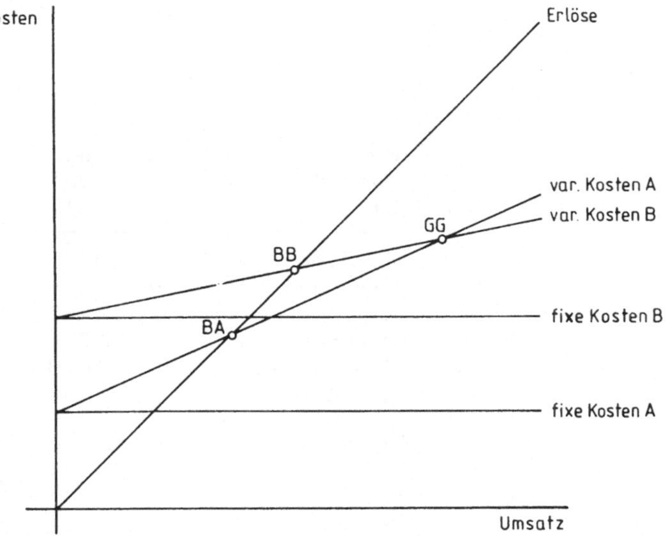

Bild 20 Darstellung der Kosten- und Erlöslinien für zwei Verfahren A und B

variablen Kosten darstellenden Geraden liegt der Punkt GG der Gewinngleiche. Oberhalb desselben ist jenes Verfahren vorzuziehen, dessen veränderliche Kosten weniger stark steigen, darunter ist das Verfahren mit steilerem Kostenverlauf im Vorteil. Diese Angaben beziehen sich in allen Fällen auf die Veränderungen des auf der x-Achse aufgetragenen Umsatzes. Soweit in kurzen Worten die Lösungstheorie für diese Aufgabenstellung.

Formelsammlung

Für beide Verfahren gelten hinsichtlich der Erstellung der geraden Linien für die veränderlichen Kosten die Beziehungen x = Umsatz und y = Kosten. Die Geraden der fixen Kosten sind nicht angeschrieben, weil sie parallel zur x-Achse liegen (y = fixe Kosten!).

Geradengleichung:
veränderliche Kosten)

$$y - y_1 = m \cdot (x - x_1); \qquad m = \frac{y_1 - y_2}{x_1 - x_2}; \qquad 0 < m < 1$$

Erlösgerade: $y = x$

Schnittpunkt der Fixkostengeraden mit der y-Achse:

$$y = y_1 - m \cdot x_1; \quad \text{Fixkosten} \geqslant 0$$

Gewinnschwelle:
(Verfahren A oder B)

$$y = \frac{y_{ab} - m_{ab} \cdot x_{ab}}{1 - m_{ab}}$$

Gewinn, Verlust bei gegebenem Umsatz: (Eingabe x, gesucht y)
(Verfahren A oder B)

$$y = m_{ab} \cdot (x - x_1) + y_1$$

Gewinngleiche Verfahren A – Verfahren B:

$$\text{Umsatz:} \quad x = \frac{m_a \cdot x_{1a} - m_b \cdot x_{1b} - y_{1a} + y_{1b}}{m_a - m_b}$$

$$\text{Kosten:} \quad y = y_1 + m_a \cdot x$$

$$\text{Gewinn:} \quad g = x - y.$$

Variablenliste (zusätzlich)

VA(6)	Speicher für Werte zu Verfahren A
VB(6)	Speicher für Werte zu Verfahren B
	0 = Eingabekennzeichnung
	1 = erster Umsatz
	2 = erste Kosten
	3 = zweiter Umsatz
	4 = zweite Kosten
	5 = variable Kosten (Steigung der Geraden)
	6 = Fixkosten
A=A(1)	erster Umsatz der aktuellen Eingabe
B=A(2)	erste Kosten der aktuellen Eingabe
C=A(3)	zweiter Umsatz der aktuellen Eingabe
D=A(4)	zweite Kosten der aktuellen Eingabe
E=A(5)	Steigung der Geraden der variablen Kosten der aktuellen Eingabe
F=A(6)	Fixkosten für die aktuelle Eingabe
G	Gewinn oder Verlust
I	Schleifenindex für Eingabe und Umspeicherung
K	Gesamtkosten im Verfahrensvergleich
U	Umsatz
V	veränderliche Kosten
X	aktuelle Umsatzeingabe
Y	aktuelle Kosteneingabe
R$	Textkennzeichnung „Gewinn" oder „Verlust"
W$	Verfahrenskennzeichnung „A" oder „B"

Programmstruktur

1000	Programmvorlauf	
	1020–1050	Entscheidung über die Aufnahme eines Verfahrensvergleichs
	1100	Wahl des Ausgabemodus
	1200	Menüdruck
	1300	Menüanzeige
2000	Eingabe Ausgangswerte einer Verarbeitung und Berechnung	
	2030	Wahl Verfahren A oder B
	2050–2130	Eingabeschleife für je zwei Umsätze und Kosten
	2220–2250	Umspeicherung Eingaben und Berechnungen
	2300–2310	Eingabedokumentation
	2370–2390	Ausgabe Kosten und Grenzumsatz
3000	Berechnung Gewinn bzw. Verlust bei gegebenem Umsatz	
	3020	Wahl Verfahren A oder B
	3030–3040	Prüfung auf Vorliegen einer Eingabe
	3060	Eingabe Umsatz
	3140–3210	Ausgabe Umsatz, Kosten, Gewinn bzw. Verlust
4000	Vergleich zweier Verfahren A und B	
	4030–4040	Prüfung auf Vorliegen von Eingaben
	4100–4170	Berechnung und Ausgabe Kosten, Umsatz sowie Gewinn bzw. Verlust an der Stelle der Gewinngleiche
8000	Unterprogramme	
	8000	Kennzeichnung Gewinn bzw. Verlust
	9200	Konstantenzuordnung
	9300	Anzeige des Verarbeitungstitels
	9400	Eingabegüteentscheidung treffen
	9500	Fehleranzeige
	9700	Wahl Verfahren A oder B
	9800	Aufbau Tabellentitelzeile
	9900	Schlußroutine

Anweisungsliste

```
1000:REM Verf.Vergleich
1001:REM
1002:REM by Tatzl, Graz
1003:REM
1010:GOSUB 9200: GOSUB 9300
```

```
1020:PRINT "Start Taste (G)"
1030:PRINT "Ende  Taste (S)"
1040:IF INKEY$ ="S" THEN 9900
1050:IF INKEY$ <>"G" THEN 1040
1100:REM
1101:REM Ausgabebetrieb
1102:REM
1110:"A": GOSUB 9300
1120:PRINT "Anzeige Taste (A)"
1130:PRINT "Druck   Taste (D)"
1140:OP$="":OP$= INKEY$
1150:IF OP$="A" LET O$="Anzeige": GOTO
     1180
1160:IF OP$="D" LET O$="Drucker": GOTO
     1180
1170:GOTO 1140
1180:GOSUB 9300: WAIT 200: PRINT O$;" b
     etriebsbereit"
1190:IF OP$="A" THEN 1300
1200:REM
1201:REM Menuedruck
1202:REM
1210:LPRINT : LPRINT
1220:LPRINT TT$(1);TT$(0);TT$(1)
1230:LPRINT
1240:LPRINT "(DEF) Verarbeitung"
1250:LPRINT TT$(2)
1260:LPRINT "  A   Wahl der Ausgabe"
1261:LPRINT "  S   Verarbeitungsende"
1263:LPRINT "  F   Verfahrenrechnung"
1264:LPRINT "  G   Gewinn/Verlust"
1272:LPRINT "  V   Verfahrenvergleich"
1275:LPRINT "  M   Menueanzeige"
1276:LPRINT TT$(2)
1277:LPRINT : LPRINT
1279:GOTO 1380
1300:REM
1301:REM Menueanzeige
1302:REM
1310:GOSUB 9300
1320:PRINT "Haupt - Menue: (DEF) und"
1330:WAIT 200: PRINT "Buchstabentaste d
     ruecken"
1340:"M": CLS : WAIT 25: PRINT = PRINT
1350:PRINT "A:Ausgabe   S:Ende"
1351:PRINT "F:Verfahren G:Gew./Verl."
1352:PRINT "V:Vergleich M:Menue"
1354:IF INKEY$ ="" THEN 1354
1380:GOSUB 9300: PRINT "Anwahl treffen!
     "
1390:END
2000:REM
2001:REM Eing.Verfahren
2002:REM
2010:"F": GOSUB 9300
2020:WAIT 200: PRINT "Eing.Verfahren A,
     B"
```

```
2030:GOSUB 9700: WAIT 25
2040:USING "#########": CLS : GOSUB 98
     00
2050:FOR I=1 TO 2
2060:PRINT "                         ";
2065:CURSOR 0,I: PRINT "P("; STR$ I;")"
     ;
2070:INPUT "Umsatz = ";X
2080:PRINT X;
2090:INPUT "Kosten = ";Y
2100:PRINT Y
2110:A((I-1)*I+1)=X
2120:A((I-1)*I+2)=Y
2130:NEXT I: GOSUB 9400: IF JN$="N"
     THEN 2040
2131:IF (X<0) OR (X>=1E9) OR (X<> INT X
     ) THEN 2190
2132:IF (Y<0) OR (Y>=1E9) OR (Y<> INT Y
     ) THEN 2190
2140:IF (A=C) OR (B=D) THEN 2190
2150:E=(B-D)/(A-C)
2160:IF E<0 THEN 2190
2170:F= INT (B-E*A+.5)
2180:IF F>=0 THEN 2200
2190:GOSUB 9500: GOTO 2040
2200:IF E=1 LET U=1E99: GOTO 2220
2210:U= INT ((B-E*A)/(1-E)+.5):V=U-F
2220:FOR I=1 TO 7
2230:IF W$="A" LET VA(I)=A(I):VA(0)=1
2240:IF W$="B" LET VB(I)=A(I):VB(0)=1
2250:NEXT I
2260:IF OP$="D" LPRINT : LPRINT : PRINT
     = LPRINT
2270:IF OP$="A" CLS : WAIT 25
2280:PRINT "Ausgangswerte Verf. ";W$:
     GOSUB 9800
2290:IF OP$="D" LPRINT TT$(2)
2300:PRINT "P(1)";A;B
2310:PRINT "P(2)";C;D
2320:IF OP$="D" LPRINT TT$(2): LPRINT :
     GOTO 2350
2340:IF INKEY$ ="" THEN 2340
2345:CLS
2350:PRINT "Kosten, Gewinnschwelle ";W$
2360:IF OP$="D" LPRINT TT$(2)
2370:PRINT "Fixe Kosten   ";F
2380:PRINT "Var. Kosten   ";V
2385:IF U=1E99 USING
2390:PRINT "Grenzumsatz   ";U
2400:IF OP$="D" LPRINT TT$(2): GOTO 242
     0
2410:IF INKEY$ ="" THEN 2410
2420:IF E<1 THEN 2460
2430:PRINT "Kein Gewinn fuer Verf. ";W$
2440:IF OP$="D" LPRINT TT$(2): GOTO 246
     0
```

```
2450:IF INKEY$ ="" THEN 2450
2460:IF OP$="D" LPRINT : LPRINT
2470:GOTO 1340
3000:REM
3001:REM Gewinn, Verlust
3002:REM
3010:"G": GOSUB 9300
3020:WAIT 200: PRINT "Gewinn oder Verlu
     st": GOSUB 9700
3030:IF VA(0)=0 LET W$="A": GOTO 3250
3040:IF VB(0)=0 LET W$="B": GOTO 3250
3050:CLS : WAIT 25: PRINT "Gewinn/Verlu
     strechnung ";W$;TT$(1)
3060:INPUT "Umsatz = ";U
3070:IF (U<0) OR (U>=1E9) OR (U<> INT U
     ) GOSUB 9500: GOTO 3050
3080:E=VA(5): IF W$="B" LET E=VB(5)
3085:F=VA(6): IF W$="B" LET F=VB(6)
3090:V= INT (E*U+.5)
3100:IF OP$="D" LPRINT : LPRINT : PRINT
     = LPRINT
3110:CLS : PRINT "Gewinn oder Verlust "
     ;W$
3120:IF OP$="D" LPRINT TT$(2)
3130:USING "##########"
3140:PRINT "Umsatz        ";U
3150:PRINT "Fixe Kosten   ";F
3160:PRINT "Var. Kosten   ";V
3170:IF OP$="D" THEN 3190
3180:IF INKEY$ ="" THEN 3180
3190:PRINT "Gesamtkosten  ";F+V
3200:G=U-V-F: GOSUB 8000
3210:PRINT R$;" ";F0$;G
3220:IF OP$="D" LPRINT TT$(2): LPRINT :
     LPRINT : GOTO 1340
3230:IF INKEY$ ="" THEN 3230
3240:GOTO 1340
3250:WAIT 200: PRINT "Verfahren ";W$;"
     eingeben!": WAIT 25: GOTO 2040
4000:REM
4001:REM Vergleich A,B
4002:REM
4010:"V": GOSUB 9300
4020:WAIT 200: PRINT "Vergleich A-B"
4030:IF VA(0)=0 LET W$="A": GOTO 3250
4040:IF VB(0)=0 LET W$="B": GOTO 3250
4050:IF OP$="D" LPRINT : LPRINT : PRINT
     = LPRINT
4060:CLS : WAIT 25: PRINT "Gewinngleich
     e A-B"
4070:IF OP$="D" LPRINT TT$(2)
4075:IF VA(5)>=1 PRINT "Verfahren A neg
     ativ!"
4080:IF VB(5)>=1 PRINT "Verfahren B neg
     ativ!"
4085:IF (VA(5)>=1) AND (VB(5)>=1) THEN
     4240
```

```
4090:IF VA(5)=VB(5) PRINT "Verfahren A
     parallel B": GOTO 4240
4100:U= INT ((VA(5)*VA(1)-VB(5)*VB(1)-V
     A(2)+VB(2))/(VA(5)-VB(5))+.5)
4110:K= INT (VA(6)+VA(5)*U+.5):G=U-K
4120:IF U<0 PRINT "Umsatz negativ!":
     GOTO 4200
4130:USING "##########":F0$="      ":
     REM 6 Leerstellen
4140:PRINT "Umsatz ";F0$;U
4150:PRINT "Kosten ";F0$;K
4160:GOSUB 8000
4170:PRINT R$;F0$;G
4180:IF OP$="D" THEN 4200
4190:IF INKEY$ ="" THEN 4190
4200:IF VA(5)>=1 LET W$="B": GOTO 4230
4210:IF VB(5)>=1 LET W$="A": GOTO 4230
4220:W$="A": IF VA(5)>VB(5) LET W$="B"
4230:PRINT "Verfahren ";W$;" im Vorteil
     !"
4240:IF OP$="D" LPRINT TT$(2): LPRINT :
     LPRINT : GOTO 1340
4250:IF INKEY$ ="" THEN 4250
4260:GOTO 1340
8000:REM
8001:REM G/V-Kennz.
8002:REM
8010:R$="Gewinn ": IF G<0 LET R$="Verlu
     st"
8020:RETURN
9200:REM
9201:REM Konstante
9202:REM
9210:CLEAR
9220:DIM TT$(2)*24,VA(7),VB(7)
9230:TT$(0)="** Verfahrenvergleich **"
9231:TT$(1)="************************"
9232:TT$(2)="------------------------"
9290:RETURN
9300:REM
9301:REM Titelanzeige
9302:REM
9310:WAIT 25: CLS : PRINT TT$(0);TT$(1)
9320:RETURN
9400:REM
9401:REM Eingabeentsch.
9402:REM
9410:PRINT "ok? ja(J),no(N) druecken"
9420:JN$="":JN$= INKEY$
9430:IF (JN$="J") OR (JN$="N") RETURN
9440:GOTO 9420
9500:REM
9501:REM Fehleranzeige
9502:REM
9510:WAIT 200: PRINT "Eingabe unzulaess
     ig!"
```

```
9520:RETURN
9700:REM
9701:REM Wahl A,B
9702:REM
9710:GOSUB 9300
9720:PRINT "Verfahren A Taste (A)"
9730:PRINT "Verfahren B Taste (B)"
9740:W$="":W$= INKEY$
9750:IF (W$="A") OR (W$="B") WAIT 200:
     PRINT "gewaehlt Verfahren ";W$:
     RETURN
9760:GOTO 9740
9800:REM
9801:REM Tab.Titel
9802:REM
9810:PRINT "        Umsatz ";W$;"  Kosten
      ";W$
9820:RETURN
9900:REM
9901:REM Schlussroutine
9902:REM
9910:"S": GOSUB 9300
9920:IF OP$="D" LPRINT : LPRINT : PRINT
     = PRINT
9980:PRINT "Verarbeitung beendet"
9990:WAIT : USING : END
```

Bild 21 Programm COMPAR

Bedienungsanleitung

Programmname:	COMPAR
Speicheranspruch:	4141 Bytes
Speichererweiterung:	ja
Ausgabebetrieb:	Anzeige und Druck (CE-126P)
Verarbeitungstitel:	"xx Verfahrenvergleich xx"

Der Programmbeginn deckt sich mit der in Kapitel 5 dargestellten Startphase, welche auch die Punkte 1 bis 3 der Bedienungsanleitung enthält. Das Menü hat in der Druckausgabe folgendes Aussehen:

```
************************
** Verfahrenvergleich **
************************

(DEF) Verarbeitung
------------------------
  A   Wahl der Ausgabe
  S   Verarbeitungsende
  F   Verfahrenrechnung
  G   Gewinn/Verlust
  V   Verfahrenvergleich
  M   Menueanzeige
------------------------
```

Bild 22
Menüausdruck für einen Verfahrensvergleich

4 Anwahl einer Verarbeitung:

4.1 Ausgabemodus neu einstellen: Tasten (DEF) A drücken, in Punkt 3 fortsetzen und nach der Menüausgabe Verarbeitung in Punkt 4 wählen.

4.2 Verarbeitung abschließen: Tasten (DEF) S drücken. Die Operationen sind analog zu Punkt 2.1 beendet.

4.3 Verfahren eingeben, sowie Kosten und Gewinnschwelle berechnen: Tasten (DEF) F drücken und in Punkt 5 fortsetzen.

4.4 Gewinn bzw. Verlust eines Verfahrens bei vorgegebenem Umsatz berechnen: Tasten (DEF) G drücken und in Punkt 8 fortsetzen.

4.5 Verfahren A und B miteinander vergleichen: Tasten (DEF) V drücken und in Punkt 10 fortsetzen.

4.6 Menüanzeige: Tasten (DEF) M drücken, Anzeige des Hauptmenüs mit Betätigung einer beliebigen Taste außer (ENTER), etc. löschen und Verarbeitungsentscheidung in Punkt 4 treffen.

5 Nach kurzer Anzeige des Verarbeitungstitels sowie der Anwahlkontrollanzeige „Eingabe Verfahren A,B" bei Anzeige des Verarbeitungstitels und der Eingabehinweise „Verfahren A Taste (A)" und „Verfahren B Taste (B)" durch Druck auf eine der beiden genannten Tasten entsprechende Wahl treffen. Die Anwahl wird mit der kurzzeitig wirksamen Kontrollanzeige „gewaehlt Verfahren A bzw. B" bestätigt.

6 Nach Aufbau der Titelzeile zur Eingabedokumentation bei je zweimaligen Anzeigen der Eingabehinweise „Umsatz = _" sowie „Kosten = _" je zwei Umsätze und Kosten als ganze zwischen einschließlich 1 und 999 999 999 liegende Zahlen eintasten und (ENTER) drücken. Die Kontrolle der Eingaben auf Zulässigkeit findet in einem nach Einspeicherung aller vier Ausgangswerte statt. Liegt auch nur ein Eingabeirrtum vor, führt dies über eine kurzzeitig wirksame Fehlermeldung „Eingabe unzulaessig!" zur automatischen Eingabewiederholung aller Eingaben ab Punkt 6. Außer der Begrenzung der Zahlengrößen bestehen folgende zusätzliche Einschränkungen: Beide Kosten- bzw. Umsatzeingaben müssen voneinander verschieden sein und die Differenzen aus Umsatz – Kosten dürfen nicht negativ werden. Der Gutbefund der Eingaben ist bei der Zusatzanzeige „ok? ja(J), no(N) druecken" mit Betätigung der Taste J zu bestätigen oder es wird die Eingabewiederholung ab Punkt 6 mit N angesteuert.

7 Die Resultate werden berechnet und nach der Dokumentation der Ausgangswerte ebenfalls ausgegeben. Im Anzeigebetrieb ist nach der Kontrollanzeige der Eingaben sowie nach der Ergebnisausgabe nach beliebig langer Wartezeit zur Beobachtung des Bildschirms durch Betätigung einer beliebigen Taste außer (ENTER), etc. fortzusetzen. Liegt die Gerade der veränderlichen Kosten steiler als 45 Grad bzw. steiler als die Erlöslinie, kommt es zur zusätzlichen Textausgabe „Kein Gewinn Verf. A (bzw. B) moeglich!".

Nach Abruf des letzten Ergebnisses mündet die Verarbeitung in die Menüanzeige analog Punkt 3 sowie in die Anwahl einer Verarbeitung in Punkt 4.

8 Nach kurzzeitiger Anzeige des Verarbeitungstitels sowie der Anwahlkontrollanzeige „Gewinn oder Verlust" wird analog zu Punkt 5 über die Wahl des zu beobachtenden Verfahrens entschieden. Liegen für das gewählte Verfahren keine Eingaben vor, werden diese nach kurzzeitiger Zusatzanzeige „Verfahren A bzw. B eingeben!" in Punkt 5 angesteuert. Diese Verarbeitung muß nach Abschluß der Eingaben und der Menüanzeige in Punkt 4 erneut angewählt werden.

9 Bei Anzeige des Verarbeitungstitels und des Eingabehinweises „Umsatz = _" den Umsatz, für den Gewinn oder Verlust zu berechnen sind, als ganze zwischen einschließlich 1 und 999 999 999 liegende Zahl eintasten und (ENTER) drücken. Unzulässige Eingaben führen über eine kurzzeitig wirksame Fehlermeldung „Eingabe unzulaessig!" automatisch zur Eingabewiederholung. Bei Annahme der Eingabe werden die Kosten berechnet und Umsatz, Fixkosten, veränderliche Kosten, Gesamtkosten und Gewinn bzw. Verlust ausgegeben. Im Fall der Ausgabe über die Anzeige ist jeweils nach nicht begrenzter Wartezeit durch Betätigung einer beliebigen Taste außer (ENTER), etc. fortzusetzen. Zuletzt mündet die Verarbeitung – beim Druckbetrieb nach einem menrfachen Zeilenvorschub – in der Menüanzeige analog Punkt 3 sowie in die Anwahl einer Verarbeitung in Punkt 4.

10 Nach kurzzeitiger Anzeige des Verarbeitungstitels sowie der Anwahlkontrollanzeige „Vergleich A–B" wird vom Programm überprüft, ob Eingaben zum Verfahren A vorliegen. Ist dies nicht der Fall, wird die betreffende Eingabe in Punkt 6 nach dem kurzzeitig angezeigten Hinweis „Verfahren A eingeben!" angesteuert; der Verfahrensvergleich ist in Punkt 4 erneut anzuwählen. Fehlen auch die Eingaben zu Verfahren B, reagiert der Rechner wie zuvor beschrieben. Erst wenn die Eingaben zu beiden miteinander zu vergleichenden Verfahren vorliegen, wird der Vergleich durchgeführt. Berechnungen der Werte für den Punkt der Gewinngleiche werden vorgenommen und die beiden Verfahren bewertet.

Sind beide Verfahren negativ oder liegen die Geraden der veränderlichen Kosten beider Verfahren parallel zueinander, entfällt eine Berechnung der Gewinngleiche und die Operationen werden nur mit Textausgaben abgeschlossen. Der Berechnung und Ausgabe von Umsatz, Kosten sowie Gewinn bzw. Verlust am Punkt der Gewinngleiche folgt noch ein Texthinweis mit Bezug auf jenes Verfahren, welches oberhalb des Punktes der Gewinngleiche vorteilhafter arbeitet; unterhalb ist es das jeweils andere Verfahren. Im Fall des Anzeigebetriebs ist nach einem Anhaltens des Programms nach frei wählbarer Wartezeit jeweils mit der Betätigung einer beliebigen Taste außer (ENTER), etc. fortzusetzen. In allen Fällen endet diese Verarbeitung in der Menüanzeige analog zu Punkt 3 bzw. in der Anwahl einer Verarbeitung in Punkt 4.

Testbeispiele

```
Ausgangswerte Verf. A
      Umsatz A  Kosten A
------------------------
P(1)    100000     94500
P(2)         0     49500
------------------------

Kosten, Gewinnschwelle A
------------------------
Fixe Kosten        49500
Var. Kosten        40500
Grenzumsatz        90000
------------------------
```

```
Ausgangswerte Verf. B
      Umsatz B  Kosten B
------------------------
P(1)     50000     85000
P(2)         0         0
------------------------

Kosten, Gewinnschwelle B
------------------------
Fixe Kosten            0
Var. Kosten            0
Grenzumsatz            0
------------------------
Kein Gewinn fuer Verf. B
------------------------
```

```
Ausgangswerte Verf. B
      Umsatz B  Kosten B
------------------------
P(1)    100000     85000
P(2)         0         0
------------------------

Kosten, Gewinnschwelle B
------------------------
Fixe Kosten            0
Var. Kosten            0
Grenzumsatz            0
------------------------

Gewinngleiche A-B
------------------------
Umsatz            123750
Kosten            105188
Gewinn             18562
Verfahren A im Vorteil!
------------------------
```

```
Gewinn oder Verlust A
------------------------
Umsatz            150000
Fixe Kosten        49500
Var. Kosten        67500
Gesamtkosten      117000
Gewinn             33000
------------------------

Gewinn oder Verlust B
------------------------
Umsatz            150000
Fixe Kosten            0
Var. Kosten       127500
Gesamtkosten      127500
Gewinn             22500
------------------------
```

Bild 23 Ausgangslage zweier Verfahren bei Einsatz einer zweiten Variante für Verfahren B, Vergleich beider Verfahren sowie Gewinn/Verlustrechnung bei einem Umsatz von je DM 150 000

5.3 Heim und Hobby

Dieser Bereich wurde bisher mehr oder minder allein vom Heimcomputer (Homecomputer) für die Computerei erschlossen. Da gibt es aber auch andere Rechner, die für Heim und Hobby sinnvolle Verwendung finden können.

Bekanntlich ist das, was freiwillig und ohne Zwang getan wird, leichter im Gedächtnis zu behalten. Dazu kommt noch, daß für eine freiwillige Wissensaufnahme oft auch ein „zwingender" Grund vorliegt, der sich eher als „persönliche Motivation" interpretieren läßt.

Die Begegnung mit einem Computer im Zusammenhang mit einem Hobby bietet eine Grundvoraussetzung für einen Einstieg in die Computerei. Wie oft sucht man nach einem sinnvollen Verzeichnis von Anschriften und Telefonnummern. Wie oft denkt man daran, ein Verzeichnis für die Geburtstage anzulegen, damit man auf diese nicht vergißt – wohin hat man denn zum Kuckuck das Notizbuch wieder hingelegt? –, oder man möchte gerne auch an andere wichtige Termine erinnert werden. Schließlich ist es auch eine Sache, jemanden mit einem selbstgemachten Kalender zu überraschen oder seinem eigenen Biorhythmus auf die Spur zu kommen oder auf jenem anderer. Vielleicht ist die Anschaffung eines Computers durch Erwachsene auch aus dem Wunsch, die eigenen Kinder verstehen zu lernen, abgeleitet ...

5.3.1 Adressenverwaltung und Telefonverzeichnis

Die Verwaltung von Anschriften ist nicht allein eine Domäne größerer Rechenanlagen, sondern kann auch von Taschencomputern bewältigt werden. Modelle dieser Größe sind vielfach mit kleinen Druckern ausgestattet. Schmale Papierstreifen eignen sich hervorragend zur Herstellung von Adreßaufklebern. Bei der Verwendung von Thermopapier – wie z.B. auch beim Drucker CE-126P – dürfen allerdings keine lösungsmittelhaltigen Klebstoffe benutzt werden. Anschriften können im Druckbetrieb über eine entsprechende Anwahl ein- oder mehrfach hergestellt werden. In einfacher Herstellung lassen sich Anschriften im übrigen auch als Kopiervorlage für Klebeetiketten verwenden. Mit dem DIN-A4-Plotter CE-516P müßten sich auch Klebeetiketten beschriften lassen.

Im vorliegenden Programm ist die Adreßdatei mit der Führung eines Telefonverzeichnisses verbunden. Der Abruf von Telefonnummern nach Vorgabe eines Namens erfolgt sinnvoller Weise nur über die Anzeige. Die Ausgabe über das Display eignet sich auch besonders für Einzelabrufe von Anschriften. Geht im Anzeigebetrieb eine Anschrift über vier Zeilen hinaus, ist der zweite Adreßteil mit Betätigung einer beliebigen Tasten außer (ENTER), etc. abzurufen. Leerzeilen entfallen bei einer Ausgabe über die Anzeige, wie in diesem Fall auch die Ortskennzeichnung im Gegensatz zum Druckbetrieb ohne unterstrichen zu werden ausgegeben wird.

Das Adreßfeld ist in 8 Zeilen zu je 24 Zeichen unterteilt. Nach der 6. Zeile vor der Ortskennzeichnung wird im Druckbetrieb generell eine Leerzeile eingeschoben. Für den Fall, daß man die Adreßausdrucke als Kopiervorlagen benutzt, ist das Druckbild auf die Höhe einer Adreßetikette abzustimmen. Diese Regulierung erreicht man über eine Beschränkung der Ausgaben bzw. durch ggf. erforderliches Einschieben zusätzlicher Leerzeilen; auf alle Fälle wird jede Anschrift mit einer gleichen Anzahl von Zeilen ausgegeben werden müssen. Den einzelnen Zeilen werden folgende Informationen zugeordnet:

1: *Anrede, Titel:* Z.B. Herrn, Frau Dr., Firma, etc.

2: *Name, Vorname, Firma:* Sollte eine Namenskennzeichnung über 24 Zeichen hinausgehen, kann auch Zeile 3 einen weiteren Namensteil aufnehmen.

3: *Kennzeichen A:* In diese Zeile werden beispielsweise Berufsbezeichnung, Abteilung oder Empfänger bei Ansprechen einer Firma eingesetzt.

4: *Kennzeichen B:* Weitere Kennzeichnungen sind ggf. erforderlich und lassen sich in dieser Zeile unterbringen.

5: *Telefonnummer:* Ggf. kann der Angabe einer Telefonnummer auch die Textkennzeichnung „Tel.-Nr." bei der Eingabe vorangestellt werden. Landes- und Ortsvorwahlen sollten der eigentlichen Rufnummer vorangestellt werden.

6: *Straße und Hausnummer oder Postfach:* Anstelle dieser Adreßteile lassen sich auch andere analoge Kennzeichnungen verwenden und in dieser Zeile speichern.

7: *Postleitzahl, Ort:* Postleitzahlen sollte man mit der jeweilgs üblichen Landeskurzkennzeichnung einleiten.

8: *Land:* Anstelle der Angabe einer Landeskennzeichnung können auch Bundesländer oder Landkreise bzw. Bezirke angegeben werden.

Die Anschriften werden blockweise zu je 30 (8 Kbyte RAM-Karte) bzw. 60 Anschriften (16 Kbyte RAM-Karte) verarbeitet und gespeichert. Allerdings ist eine vollständige Auslastung eines Adreßblocks nicht erforderlich; weitere Adressen können im Rahmen der Gesamtkapazität eines Blocks jederzeit nachgeladen werden.

Die Speicherung der Adreßblöcke erfolgt am vorteilhaftesten auf handelsüblichen Audiokassetten. Wegen fallweise erforderlicher Änderungen empfiehlt sich die Aufzeichnung von nur einem Block je Bandseite. Die Speicherung mehrerer Blöcke hintereinander nach einer Änderung erfordert exaktes Hantieren anläßlich einer Wiederaufzeichnung und sollte nur wenn unbedingt erforderlich und dann mit einem größeren Sicherheitsabstand zwischen zwei Blöcken erfolgen. Das Bandmaterial zählt zu den preiswertesten Formen von Massenspeichern, so daß man sich in der Regel mit einem Block je Bandseite begnügt.

In diesem Programm können vielfältige Anschriftenoperationen ausgeführt werden. Da eine Aufzeichnung einer Adreßdatei auf ein Kassettenband nicht immer erforderlich sein muß, ist die Aufzeichnung im Bedarfsfall gesondert anzuwählen. Die Verarbeitungsvielfalt wird durch die Menütechnik unterstützt. Folgende Operationen sind vorgesehen:

- Anlegen neuer Anschriften. Dabei ist Zeile 1 (Anrede, Titel) unbedingt auszufüllen.
- Ändern bestehender Anschriften: Änderungen erfolgen generell zeilenweise, da die Wahrscheinlichkeit der Änderung einer ganzen Anschrift sehr gering ist. Daher muß jede zu ändernde Zeile gesondert angewählt werden.
- Abrufen von Anschriften: Ein Abruf kann mit oder ohne Telefonnummer erfolgen. Neben Einzelabrufen sind auch Sammelabrufe möglich und im Druckbetrieb können je Anschrift bis zu 9 Wiederholungen angewählt werden. Eine Anschrift ist über die Nummer ihrer Position im Adreßblock (am raschesten!), aber auch über den Namen einstellbar. Bei nur über die Anzeige abrufbaren Telefonnummern ist der jeweilige Name bzw. ein Teil desselben (Zeile 2) als Suchbegriff einzugeben. Die Druckbegrenzung in Zeilen 4390/4400 kann durch Änderung des Grenzwerts im Programm beliebig abgeändert werden.
- Aufzeichnen von Anschriftenblöcken: Die Archivierung von Anschriften wurde bewußt von den übrigen Operationen getrennt. So lassen sich ggf. erforderliche Änderungen noch nachträglich vor einer Aufzeichnung anbringen, und außerdem kann es sein, daß verschiedene Adreßblöcke nur kurzfristig benötigt werden und die Aufzeichnung daher unterbleibt.

Variablenliste (zusätzlich)

A	Verarbeitungskennzeichnung
D	Anzahl der Drucke je Anschrift
E	Schleifenbeginnwert beim Suchen nach Adressen
F	Schleifenendwert
G	Kennzeichnung für gefundenes Textmerkmal
I	Positionsnummer der Anschrift im Block
J	Nummer der Zeile einer Anschrift
K	Schleifenvariable
L	Schleifenvariable
M	Zeilenzähler bei Ausgabe einer Anschrift über die Anzeige zum Steuern des Umblätterns
N	Länge eines Suchbegriffs in Zeichen
U	Speicherüberlaufkennzeichnung

V	Anzahl der belegten Anschriften
W	höchstzulässige Anschriftenzahl (8 Kbyte-RAM-Karte: 30, 16 Kbyte-RAM-Karte: 60)
Z	Anzahl der in einem zu listenden Anschriften
AD$(I,J)	Anschriftenzeile (I = 0 bis 29/59, J = 0 bis 7)
EH$	Eingabehinweis
R$	Ausgabe mit oder ohne Telefonnummer
S$	Kennzeichnung der Abrufart
TT$(3)	Eingabe bzw. Suchbegriff
TT$(4)	Vergleichsbegriff
WW$	,,Anschriften"

Programmstruktur

1000	Programmvorlauf	
	1020–1050	Entscheidung über die Aufnahme einer Verarbeitung
	1100	Wahl des Ausgabebetriebs
	1200	Menüdruck
	1300	Menüanzeige
2000	Anschriften anlegen	
	2050–2080	Entscheidung über Neuaufnahme oder Ergänzung
	2090	Bei Ergänzung Einleseentscheidung treffen
	2140	Eingabe einer Anschrift
	2170	Fortsetzungsentscheidung treffen
	2180	Aufzeichnungsentscheidung treffen
3000	Anschriften ändern	
	3040	Einleseentscheidung treffen
	3050	Entscheidung über die Art des Suchens einer Anschrift treffen
	3060–3130	zu ändernde Zeile anwählen
	3140	Änderungseingabe
	3150–3160	Fortsetzungsentscheidung bei gleicher Anschrift treffen
	3170	Kontrollausgabe der geänderten Anschrift
	3180–3190	Fortsetzungsentscheidung bei neuer Anschrift treffen
	3200	Aufzeichnungsentscheidung treffen

4000	Anschriften abrufen	
	4040	Einleseentscheidung treffen
	4050–4090	Entscheidung über die Art des Abrufs treffen
	4100–4140	Abruf Telefonnummer über die Anzeige nach Namensvorgabe
	4160–4190	Anzeige Namen und Telefonnummer
	4200	Fortsetzungsentscheidung treffen
	4310–4360	Wahl der Anschriftausgabe mit/ohne Telefonnummer
	4390–4410	Einstellung der Drucke je Anschrift
	4420–4470	Einzel- oder Sammelabruf wählen
	4480	Wahl des Suchvorgangs
	4500–4520	Anzahl der Anschriften bei Sammelausgabe
	4550–4570	Ausgabe der Anschrift(en)
	4580	Fortsetzungsentscheidung treffen
5000	Anschriften aufzeichnen	
	5010	Aufzeichnungsentscheidung treffen
7000	Unterprogramme	
	7000	Einlesen
	7200	Aufzeichnen
	7300	Wahl der Art des Suchens nach einer Anschrift
	7500	Suchbegriff einstellen
	7800	Eingabe einer Anschrift
	8000	Anschrift ausgeben
	9200	Konstantenzuordnung
	9300	Anzeige des Verarbeitungstitels
	9400	Eingabegüteentscheidung treffen
	9500	Fehleranzeige bei Eingaben
	9600	Fortsetzungsentscheidung treffen
	9900	Schlußroutine

Anweisungsliste

```
1000:REM Anschriften
1001:REM
1002:REM by Tatzl, Graz
1003:REM
1010:GOSUB 9200: GOSUB 9300
1020:PRINT "Start Taste (G)"
1030:PRINT "Ende  Taste (S)"
1040:IF INKEY$ ="S" THEN 9900
1050:IF INKEY$ <>"G" THEN 1040
```

```
1100:REM
1101:REM Ausgabebetrieb
1102:REM
1110:"A": GOSUB 9300
1120:PRINT "Anzeige Taste (A)"
1130:PRINT "Druck   Taste (D)"
1140:OP$="":OP$= INKEY$
1150:IF OP$="A" LET O$="Anzeige": GOTO
     1180
1160:IF OP$="D" LET O$="Drucker": GOTO
     1180
1170:GOTO 1140
1180:GOSUB 9300: WAIT 200: PRINT O$;" b
     etriebsbereit"
1190:IF OP$="A" THEN 1300
1200:REM
1201:REM Menuedruck
1202:REM
1210:LPRINT : LPRINT
1220:LPRINT TT$(1);TT$(0);TT$(1)
1230:LPRINT
1240:LPRINT "(DEF) Verarbeitung"
1250:LPRINT TT$(2)
1260:LPRINT "  A   Ausgabebetrieb"
1261:LPRINT "  S   Verarbeitungsende"
1263:LPRINT "  M   Menueanzeige"
1268:LPRINT "      Anschriften"
1269:LPRINT "  Z   anlegen"
1270:LPRINT "  X   aendern"
1271:LPRINT "  C   abrufen"
1273:LPRINT "  B   aufzeichnen"
1276:LPRINT TT$(2)
1277:LPRINT : LPRINT
1279:GOTO 1380
1300:REM
1301:REM Menueanzeige
1302:REM
1310:GOSUB 9300
1320:PRINT "Haupt - Menue: (DEF) und"
1330:WAIT 200: PRINT "Buchstabentaste d
     ruecken"
1340:"M": CLS : WAIT 25: PRINT = PRINT
1350:PRINT "A:Ausgabe S:Ende"
1351:PRINT "M:Menue     Adressen -->"
1352:PRINT "Z:anlegen X:aendern"
1353:PRINT "C:abrufen B:aufzeichnen"
1354:IF INKEY$ ="" THEN 1354
1380:GOSUB 9300: PRINT "Anwahl treffen!
     "
1390:END
2000:REM
2001:REM Adr. anlegen
2002:REM
2010:"Z": GOSUB 9300: WAIT 200: PRINT W
     W$;" anlegen"
2020:IF OP$="A" THEN 2040
```

```
2030:LPRINT : LPRINT : LPRINT WW$;" anl
     egen": LPRINT TT$(1)
2040:GOSUB 9300
2050:PRINT "neue Adressdatei (N)"
2060:PRINT "Datei ergaenzen  (E)"
2070:IF INKEY$ ="N" LET V=-1: GOTO 2100
2080:IF INKEY$ <>"E" THEN 2070
2090:GOSUB 7000: IF U=1 THEN 1340
2100:IF V=W GOSUB 9300: WAIT 200: PRINT
     "Speicher voll!": GOTO 2170
2130:V=V+1: GOSUB 9300: WAIT 200: PRINT
     V+1;"Anschrift:"
2140:IF OP$="D" LPRINT
2150:A=0:I=V: GOSUB 7800: GOSUB 8000
2160:GOSUB 9400: IF JN$="N" LPRINT "Irr
     tum": GOTO 2140
2170:GOSUB 9600: IF WE$="W" THEN 2100
2180:GOSUB 7200: GOTO 1340
3000:REM
3001:REM Adr. aendern
3002:REM
3010:"X": GOSUB 9300: WAIT 200: PRINT W
     W$;" aendern"
3020:IF OP$="A" THEN 3040
3030:LPRINT : LPRINT : LPRINT WW$;" aen
     dern": LPRINT TT$(1)
3040:GOSUB 7000: IF U=1 THEN 1340
3050:GOSUB 7300
3060:IF (AD$(I,0)="") OR (G=0) WAIT 200
     : PRINT "keine Anschrift!": GOTO 3
     180
3065:IF OP$="D" LPRINT : LPRINT "Anschr
     ift "; STR$ (I+1);":"
3070:CLS : WAIT 25:A=1
3080:PRINT "Anrede  (1) Telefon  (5)"
3090:PRINT "Name    (2) Strasse  (6)"
3100:PRINT "Kennz.A (3) Plz, Ort (7)"
3110:PRINT "Kennz.B (4) Land     (8)"
3120:J$="":J$= INKEY$ :E= VAL J$-1:F=E
3130:IF (E<0) OR (E>7) THEN 3120
3135:IF OP$="D" LPRINT "Zeile "; STR$ (
     E+1);":"
3140:GOSUB (7800+10*(E+1))
3150:CLS : PRINT "Aend.in gleicher Ansc
     hr.";TT$(1)
3160:GOSUB 9620: IF WE$="W" THEN 3070
3170:R$="M": GOSUB 8000
3180:CLS : PRINT "Aend.weitere Anschrif
     ten";TT$(1)
3190:GOSUB 9620: IF WE$="W" THEN 3050
3200:GOSUB 7200: GOTO 1340
4000:REM
4001:REM Adr. abrufen
4002:REM
4010:"C": GOSUB 9300: WAIT 200: PRINT W
     W$;" abrufen"
```

```
4020:IF OP$="A" THEN 4040
4030:LPRINT : LPRINT : LPRINT WW$;" abr
     ufen": LPRINT TT$(1)
4040:GOSUB 7000: IF U=1 THEN 1340
4050:CLS : PRINT "Abruf einer": PRINT T
     T$(1)
4060:PRINT "Telefonnummer (T)"
4070:PRINT "Anschrift     (A)"
4080:IF INKEY$ ="A" THEN 4300
4090:IF INKEY$ <>"T" THEN 4080
4100:REM Tel.-Nr.
4110:CLS : PRINT "Telefonnummer von":
     PRINT TT$(1)
4120:TT$(3)="": PRINT "Name, Firma =":
     INPUT TT$(3)
4130:IF TT$(3)="" THEN 4110
4140:E=1:F=1: GOSUB 7660
4150:IF G=0 WAIT 200: PRINT "nicht vorh
     anden!": GOTO 4200
4160:CLS : PRINT AD$(I,1)
4170:IF AD$(I,4)="" WAIT 200: PRINT "ke
     in Anschluss!": GOTO 4200
4180:PRINT "Tel.-Nr. =": PRINT AD$(I,4)
4190:IF INKEY$ ="" THEN 4190
4200:GOSUB 9600: IF WE$="W" THEN 4050
4210:GOTO 1340
4300:REM Adresse
4310:CLS : PRINT "Anschr. mit/ohne Tel.
     -Nr";TT$(1)
4320:PRINT "mit  Telefonnummer (M)"
4330:PRINT "ohne Telefonnummer (O)"
4340:R$="":R$= INKEY$
4350:IF R$="M" THEN 4370
4360:IF R$<>"O" THEN 4340
4370:IF OP$="A" THEN 4420
4380:GOSUB 9300:D=1
4390:INPUT "Zahl Drucke (1-10)=";D
4400:IF (D<1) OR (D>10) OR (D<> INT D)
     GOSUB 9500: GOTO 4380
4410:GOSUB 9400: IF JN$="N" THEN 4380
4420:CLS : PRINT "Abruffolge": PRINT TT
     $(1):Z=1
4430:PRINT "Einzelabruf (E)"
4440:PRINT "Sammelabruf (S)"
4450:S$="":S$= INKEY$
4460:IF S$="E" THEN 4480
4470:IF S$<>"S" THEN 4450
4480:CLS : GOSUB 7300
4490:K=I: IF S$="E" THEN 4540
4500:CLS : WAIT 25: PRINT WW$;" abrufen
     ": PRINT TT$(1)
4510:PRINT "Zahl Anschriften ("; STR$ (
     V-K+1);") =": INPUT Z
4520:IF (Z<1) OR (K+Z-1>V) OR (Z<> INT
     Z) GOSUB 9500: GOTO 4500
4530:GOSUB 9400: IF JN$="N" THEN 4500
```

```
4540:IF AD$(K,0)="" WAIT 200: PRINT "ke
     ine Anschrift!": GOTO 4580
4550:FOR I=K TO K+Z-1
4560:FOR L=1 TO D
4570:GOSUB 8000: NEXT L: NEXT I
4580:GOSUB 9600: IF WE$="W" THEN 4050
4590:IF OP$="D" LPRINT : LPRINT
4600:GOTO 1340
5000:REM
5001:REM Aufzeichnen
5002:REM
5010:"B": GOSUB 7200
5020:GOTO 1340
7000:REM
7001:REM Einlesen
7002:REM
7010:GOSUB 9300: PRINT "Einlesen? ja(J)
     , nein(N)"
7020:IF INKEY$ ="N" RETURN
7030:IF INKEY$ <>"J" THEN 7020
7040:GOSUB 9300: PRINT "REMOTE OFF-REWI
     ND (POS)"
7050:WAIT : PRINT "REMOTE ON-PLAY-ENTER
     "
7060:IF OP$="A" GOSUB 7080:OP$="A":
     RETURN
7070:GOSUB 7080:OP$="D": RETURN
7080:CLEAR : INPUT #"ADR1";V,W
7090:IF MEM >11262 THEN 7120
7100:IF ( MEM >3070) AND (W=30) THEN 71
     20
7110:WAIT 200: PRINT "Speicher zu klein
     !":U=1: GOTO 7130
7120:GOSUB 9200: INPUT #"ADR2";V,W,AD$(
     *)
7130:WAIT 25: RETURN
7200:REM
7201:REM Aufzeichnen
7202:REM
7210:GOSUB 9300: PRINT "Aufz.? ja(J), n
     ein(N)"
7220:IF INKEY$ ="N" RETURN
7230:IF INKEY$ <>"J" THEN 7220
7240:GOSUB 9300: PRINT "REMOTE OFF-REWI
     ND (POS)": WAIT 25
7250:WAIT : PRINT "REMOTE ON-REC/PLAY-E
     NTER"
7260:PRINT #"ADR1";V,W
7270:PRINT #"ADR2";V,W,AD$(*): RETURN
7300:REM
7301:REM Suchart
7302:REM
7310:CLS : WAIT 25: PRINT "Wahl der 1.
     Anschrift": PRINT TT$(1)
7320:I=0: PRINT "nach Anschr.-Nr. (N)"
```

```
7330:TT$(3)="": PRINT "nach Suchbegriff
     (S)"
7340:IF INKEY$ ="S" THEN 7500
7350:IF INKEY$ <>"N" THEN 7340
7360:GOSUB 9300: PRINT "Anschrift-Nr.("
     ; STR$ (U+1); ") ="
7370:INPUT I
7380:I=I-1: IF (I<0) OR (I>U) OR (I<>
     INT I) GOSUB 9500: GOTO 7360
7390:GOSUB 9400: IF JN$="N" THEN 7360
7400:RETURN
7500:REM
7501:REM Suchbegriff
7502:REM
7510:GOSUB 9300: PRINT "Suchbegriff ="
7520:INPUT TT$(3)
7530:IF TT$(3)="" GOSUB 9500: GOTO 7510
7540:GOSUB 9400: IF JN$="N" THEN 7510
7550:CLS : WAIT 25: PRINT "Suchen in":
     PRINT TT$(1)
7560:PRINT "Zeile 1 bis 8    (Z)"
7570:PRINT "ganzer Anschrift (G)"
7580:IF INKEY$ ="G" LET E=0:F=7: GOTO 7
     660
7590:IF INKEY$ <>"Z" THEN 7580
7600:PRINT "Anrede  (1) Telefon  (5)"
7610:PRINT "Name    (2) Strasse  (6)"
7620:PRINT "Kennz.A (3) Plz, Ort (7)"
7630:PRINT "Kennz.B (4) Land     (8)"
7640:J$="":J$= INKEY$ :E= VAL J$-1:F=E
7650:IF (E<0) OR (E>7) THEN 7640
7660:G=0:I=0:N= LEN TT$(3)
7670:J=E
7680:IF AD$(I,J)="" THEN 7730
7690:K=1
7700:TT$(4)= MID$ (AD$(I,J),K,N)
7710:IF TT$(3)=TT$(4) LET G=1: RETURN
7720:K=K+1: IF K<=25-N THEN 7700
7730:J=J+1: IF J<=F THEN 7680
7740:I=I+1: IF I<=U THEN 7670
7750:I=I-1: RETURN
7800:REM
7801:REM Adr. eingeben
7802:REM
7810:J=0:EH$="Anrede, Titel": GOTO 7890
7820:J=1:EH$="Name, Firma": GOTO 7890
7830:J=2:EH$="Kennzeichnung A": GOTO 78
     90
7840:J=3:EH$="Kennzeichnung B": GOTO 78
     90
7850:J=4:EH$="Telefonnumer": GOTO 7890
7860:J=5:EH$="Strasse,Postfach": GOTO 7
     890
7870:J=6:EH$="Plz, Ort": GOTO 7890
7880:J=7:EH$="Land": GOTO 7890
```

```
7890:CLS : WAIT 25: PRINT "Eingabe Ansc
     hrift "; STR$ (I+1);":"
7900:PRINT EH$: IF AD$(I,J)<>"" PRINT A
     D$(I,J)
7910:AD$(I,J)="": INPUT AD$(I,J)
7920:GOSUB 9400: IF JN$="N" THEN 7890
7930:IF OP$="A" THEN 7960
7940:IF AD$(I,J)<>"" LPRINT AD$(I,J)
7950:GOSUB 9400: IF JN$="N" LPRINT "Irr
     tum": GOTO 7890
7960:IF (A=1) OR (J=7) RETURN
7970:GOTO (7800+10*(J+2))
8000:REM
8001:REM Adr. ausgeben
8002:REM
8010:IF OP$="A" CLS : GOTO 8030
8020:LPRINT : LPRINT : PRINT = LPRINT
8030:M=0: FOR J=0 TO 7
8040:IF (R$="O") AND (J=4) LET J=5
8050:IF (J=6) AND (OP$="D") LPRINT
8060:IF (J=7) AND (OP$="D") LPRINT TT$(
     2)
8070:IF AD$(I,J)<>"" PRINT AD$(I,J):M=M
     +1
8080:IF M<>4 THEN 8110
8090:IF OP$="D" THEN 8110
8100:IF INKEY$ ="" THEN 8100
8110:NEXT J: PRINT = PRINT : IF OP$="D"
     RETURN
8120:IF M<=4 RETURN
8130:IF INKEY$ ="" THEN 8130
8140:RETURN
9200:REM
9201:REM Konstante
9202:REM
9210:CLEAR
9220:DIM TT$(4)*24
9230:TT$(0)="** Adressenverwaltung **"
9231:TT$(1)="************************"
9232:TT$(2)="------------------------"
9240:WW$="Anschriften "
9250:W=60: IF MEM <11262 LET W=30
9260:DIM AD$(W-1,7)*24
9290:RETURN
9300:REM
9301:REM Titelanzeige
9302:REM
9310:WAIT 25: CLS : PRINT TT$(0): PRINT
     TT$(1)
9320:RETURN
9400:REM
9401:REM Eingabeentsch.
9402:REM
9410:PRINT "ok? ja(J),no(N) druecken"
9420:JN$="":JN$= INKEY$
9430:IF (JN$="J") OR (JN$="N") RETURN
```

```
9440:GOTO 9420
9500:REM
9501:REM Fehleranzeige
9502:REM
9510:WAIT 200: PRINT "Eingabe unzulaess
     ig!"
9520:RETURN
9600:REM
9601:REM Fortsetzung
9602:REM
9610:GOSUB 9300
9620:PRINT "Weiter Taste (W)"
9630:PRINT "Menue  Taste (M)"
9640:WE$="":WE$= INKEY$
9650:IF (WE$="W") OR (WE$="M") RETURN
9660:GOTO 9640
9900:REM
9901:REM Schlussroutine
9902:REM
9910:"S": GOSUB 9300
9920:IF OP$="D" LPRINT : LPRINT : PRINT
     = PRINT
9980:PRINT "Verarbeitung beendet"
9990:WAIT : USING : END
```

Bild 24 Programm ADRESS

Bedienungsanleitung

Programmname:	ADRESS
Speicheranspruch:	6133 Bytes
Speichererweiterung:	ja
Ausgabebetrieb:	Anzeige und Druck (CE-126P)
Verarbeitungstitel:	"xx Adressenverwaltung xx"

Der Programmbeginn deckt sich mit der in Kapitel 5 dargestellten Startphase und enthält auch die Punkte 1 bis 3 der Bedienungsanleitung. In der Druckausgabe hat das Menü folgendes Aussehen:

```
************************
** Adressenverwaltung **
************************

(DEF) Verarbeitung
------------------------
  A   Ausgabebetrieb
  S   Verarbeitungsende
  M   Menueanzeige
      Anschriften
  Z   anlegen
  X   aendern
  C   abrufen
  B   aufzeichnen
------------------------
```

Bild 25
Menüausdruck zur Adressenverwaltung mit Telefonverzeichnis

Vor einem Bandbetrieb ist eine Kassette in den Recorder einzulegen.

4 Anwahl einer Verarbeitung:

4.1 Ausgabemodus neu einstellen: Tasten (DEF) A drücken, in Punkt 3 fortsetzen und nach der Ausgabe des Hauptmenüs Verarbeitung in Punkt 4 wählen.

4.2 Verarbeitung abschließen: Tasten (DEF) S drücken. Die Operationen sind analog zu Punkt 2.1 beendet.

4.3 Menüanzeige abrufen: Tasten (DEF) M drücken. Anzeige des Hauptmenüs mit Betätigung einer beliebigen Taste außer (ENTER), etc. löschen und Verarbeitung in Punkt 4 anwählen.

4.4 Anschriften anlegen: Tasten (DEF) Z drücken und in Punkt 5 fortsetzen.

4.5 Anschriften ändern: Tasten (DEF) X drücken und in Punkt 13 fortsetzen.

4.6 Anschriften und Telefonnummern abrufen: Tasten (DEF) C drücken und in Punkt 25 fortsetzen.

4.7 Anschriftenblock aufzeichnen: Tasten (DEF) B drücken und in Punkt 36 fortsetzen.

5 Nach kurzzeitiger Anzeige des Verarbeitungstitels und des Anwahlkontrollhinweises „Anschriften anlegen" – bei gleichartiger Titelausgabe im Druckbetrieb – bei Anzeige des Verarbeitungstitels und der Entscheidungshinweise

neue Adressdatei (N)

Datei ergaenzen (E)

über die Art der Eingabe entscheiden:

5.1 Neue Datei anlegen: Taste N drücken und in Punkt 8 fortsetzen.

5.2 Datei ergänzen: Taste E drücken.

6 Bei Anzeige des Verarbeitungstitels und des Entscheidungshinweises „Einlesen? ja(J), nein(N)" über die Notwendigkeit des Einlesens eines Adreßblocks entscheiden:

6.1 Einlesen nicht erforderlich: Taste N drücken und in Punkt 8 fortsetzen.

6.2 Einlesen eines Adreßblocks: Taste J drücken.

7 Bei Anzeige des Verarbeitungstitels und der Hinweise zur Recorderbedienung

REMOTE OFF-REWIND (POS)

REMOTE ON-PLAY-ENTER

Kassettenband der Anleitung entsprechend positionieren und das Einlesen mit Betätigung der (ENTER)-Taste einleiten. Für den Fall, daß eine 8 Kbyte-RAM-Karte eingelegt ist, aber mit einer 60 Anschriften umfassenden Datei gearbeitet wird, kommt es zur kurzzeitigen Anzeige des Fehlerhinweises „Speicher zu klein!" und zur Anzeige des Hauptmenüs. Entweder mit kleineren Anschriftenblöcken in Punkt 4 weitermachen oder Computer ausschalten, 16-Kbyte-RAM-Karte einsetzen, Programm ggf. neu einlesen und Verarbeitung bei Punkt 1 neu aufnehmen. In einem anderen Fall kann es zur kurzzeitigen Fehleranzeige „Speicher voll!" und zur Fortsetzung in Punkt 12 kommen, wenn versucht wird, eine bereits volle Anschriftendatei zu ergänzen.

8 Bei Anzeige „Eingabe Anschrift n" (n = Nummer der aktuellen Anschrift) und eines der nachfolgenden Eingabehinweise

- Anrede, Titel?
- Name, Firma?
- Kennzeichnung A?
- Kennzeichnung B?
- Telefonnummer?
- Strasse, Postfach?
- Plz, Ort?
- Land?

entsprechende Eingabe eintasten und (ENTER) drücken.

Bei Änderungen wird die zu ändernde Zeile zusätzlich zur Kontrolle angezeigt und kann im Bedarfsfall durch die Betätigung von (ENTER) ohne vorangehende Eingabe wiederholt werden. Beim Anlegen neuer Anschriften führt die Betätigung von (ENTER) ohne Eingabe zur Abgabe einer Leermeldung.

9 Bei der Zusatzanzeige „ok? ja(J), no(N) druecken" über die Richtigkeit der Eingabe entscheiden:

9.1 Eingabe nicht korrekt: Taste N drücken und die Eingabe in Zeile 8 richtig wiederholen.

9.2 Eingabe korrekt: Taste J drücken.

10 Im Druckbetrieb wird die Eingabe nach Gutbefund zur Kontrolle ausgedruckt und bei wiederholter Zusatzanzeige „ok? ja(J), no(N) druecken" ein weiteres Mal über die Richtigkeit der eingegebenen Zeile entschieden:

10.1 Eingabe nicht korrekt: Taste N drücken und Eingabe nach Textausdruck „Irrtum" in Punkt 8 richtig wiederholen.

10.2 Eingabe korrekt: Taste J drücken. Eingaben in Punkt 8 bis zur letzten Zeile der Anschrift fortsetzen.

11 Nochmaligen Gutbefund im Druckbetrieb abgeben. Bei Betätigung von N wird ein weiteres Mal der Hinweis „Irrtum" ausgedruckt und die Eingabe der gesamten Anschrift ab Punkt 8 neu eingeleitet.

12 Bei Anzeige des Verarbeitungstitels und der Hinweise

Weiter	Taste (W)
Menue	Taste (M)

über eine weitere Anschriftenanlage entscheiden:

12.1 Anlage fortsetzen: Taste W drücken und die nächste Anschrift ab Punkt 8 eingeben. War die letztmögliche Anschrift eingegeben, wird analog zu Punkt 12.2 fortgesetzt.

12.2 Anlage abschließen: Taste M drücken. Die Verarbeitung ist mit der Anzeige des Hauptmenüs analog zu Punkt 3 und mit der Fortsetzungsentscheidung in Punkt 4 abgeschlossen.

13 Nach kurzzeitiger Anzeige des Verarbeitungstitels und des Anwahlkontrollhinweises „Anschriften aendern" – gleichartige Ausgabe des Verarbeitungshinweises im Druckbetrieb – analog zu den Punkten 6 und 7 über die Notwendigkeit des Einlesens eines Adreßblocks entscheiden.

14 Bei Anzeige des Texthinweises „Wahl der 1. Anschrift" und der Hinweise

nach Anschr.–Nr. (N)

nach Suchbegriff (S)

über die Art der Anwahl einer zu ändernden Anschrift entscheiden:

14.1 Anschrift nach Textmerkmal wählen: Taste S drücken und in Punkt 17 fortsetzen.

14.2 Anschrift nach der Ordnungszahl (Positionsnnummer im Block) wählen: Taste N drücken.

15 Bei Anzeige des Verarbeitungstitels und des Eingabehinweises „Anschr.-Nr.(n)=?" (n = höchstzulässige Zahl) Positionsnummer als ganze zwischen einschließlich 1 und n liegende Zahl eintasten und (ENTER) drücken. Unzulässige Eingaben führen über eine kurzzeitig wirksame Fehlermeldung „Eingabe unzulaessig!" zur automatischen Eingabewiederholung.

16 Bei der Zusatzanzeige „ok? ja(J), no(N) druecken" über die Richtigkeit der Anwahl entscheiden:

16.1 Eingabe nicht korrekt: Taste N drücken und Anwahl in Punkt 15 richtig wiederholen.

16.2 Eingabe korrekt: Taste J drücken und in Punkt 22 fortsetzen.

17 Bei Anzeige des Verarbeitungstitels und des Eingabehinweises „Suchbegriff = ?" im Höchstfall 24 Zeichen umfassenden Suchbegriff eintasten und (ENTER) drücken. Die Betätigung von (ENTER) ohne vorangehende Eingabe führt über eine kurzzeitig wirksame Fehlermeldung „Eingabe unzulaessig!" zur automatischen Eingabewiederholung. Es empfiehlt sich aus zeitlichen Gründen den Beginn eines Namensteils oder den gesamten Namen einzugeben.

18 Bei der Zusatzanzeige „ok? ja(J), no(N) druecken" über die Richtigkeit des eingegebenen Textmerkmals entscheiden:

18.1 Eingabe nicht korrekt: Taste N drücken und Suchbegriff in Punkt 17 neu eingeben.

18.2 Eingabe korrekt: Taste J drücken.

19 Bei Anzeige des Texthinweises „Suchen in" und der Anwahlhinweise

Zeile 1 bis 8 (Z)

ganzer Anschrift (G)

über den Suchaufwand entscheiden:

19.1 Gesamte Anschrift absuchen: Taste G drücken und in Punkt 21 fortsetzen.

19.2 Nur in einer bestimmten Zeile suchen: Taste Z drücken.

20 Bei Anzeige des lokalen Menüs

Anrede	(1)	Telefon	(5)
Name	(2)	Strasse	(6)
Kennz. A	(3)	Plz, Ort	(7)
Kennz. B	(4)	Land	(8)

über die zu ändernde Zeile durch Betätigung einer der angezeigten Zifferntasten entscheiden.

21 Liegt keine der Anwahl entsprechende Anschrift vor, kommt es über die kurzzeitig wirksame Fehlermeldung „keine Anschrift!" zur Fortsetzung in Punkt 24.

22 Bei Anzeige des entsprechenden Eingabehinweises Textzeile analog zu Punkt 8 bis 10 einspeichern.

23 Bei Anzeige „Aend. in gleicher Anschrift" und der Hinweise

Weiter Taste (W)

Menue Taste (M)

über weitere Änderungen in der aktuellen Anschrift entscheiden:

23.1 Weitere Zeilen in der gleichen Anschrift ändern: Taste W drücken und in Punkt 20 fortsetzen.

23.2 Änderungen abschließen: Taste M drücken. Die geänderte Anschrift wird zur Kontrolle ausgegeben. Im Anzeigebetrieb ist nach Anzeige der vier ersten Zeilen mit Betätigung einer beliebigen Taste außer (ENTER), etc. fortzusetzen.

24 Bei Anzeige „Aend. weitere Anschriften" und der Hinweise

Weiter Taste (W)

Menue Taste (M)

über die weitere Fortsetzung von Änderungen entscheiden:

24.1 Weitere Anschriften ändern: Taste W drücken und in Punkt 14 fortsetzen.

24.2 Änderungen abschließen: Taste M drücken und in Punkt 35 fortsetzen.

25 Nach kurzzeitiger Anzeige des Verarbeitungstitels und des Anwahlkontrollhinweises „Anschriften abrufen" analog zu Punkt 6 und 7 über die Notwendigkeit des Einlesens einer Adreßdatei entscheiden. Im Druckbetrieb kommt es zu einer gleichlautenden Titelausgabe.

26 Bei Anzeige „Abruf einer Anschrift" und der Entscheidungshinweise

Telefonnummer (T)

Anschrift (A)

über die Art des Abrufs entscheiden:

26.1 Anschrift abrufen: Taste A drücken und in Punkt 29 fortsetzen.

26.2 Telefonnummer abrufen: Taste T drücken. Ausgaben erfolgen in diesem Fall auch im Druckbetrieb ausschließlich über die Anzeige.

27 Bei Anzeige „Telefonnummer von" und des Eingabehinweises „Name, Firma = ?" Namen oder Namensteil (empfohlen wird die Einspeicherung der jeweils ersten Zeichen) aus Zeile 2 eintasten und (ENTER) drücken. Die nachfolgenden Reaktionen des Rechners werden generell mit der Textanzeige des Namens eingeleitet, wenn der Name in der Datei enthalten ist. Entweder wird die Telefonnummer oder der Texthinweis „kein Anschluß!" ausgegeben. Im zweiten Fall erfolgt die Fortsetzung selbsttätig. Wird der Name jedoch nicht gefunden, kommt es zur kurzzeitigen Fehleranzeige „nicht vorhanden!". Im Fall der Ausgabe der Telefonnummer muß mit der Betätigung einer beliebigen Taste außer (ENTER), etc. fortgesetzt werden.

28 Bei Anzeige des Verarbeitungstitels und der Hinweise

Weiter	Taste (W)
Menue	Taste (M)

über die weitere Fortsetzung entscheiden:

28.1 Abrufe fortsetzen: Taste W drücken und in Punkt 26 fortsetzen.

28.2 Abrufe abbrechen: Taste M drücken. Mit der Menüanzeige analog zu Punkt 3 und der Verarbeitungsanwahl in Punkt 4 ist diese Operation abgeschlossen.

29 Bei Anzeige „Anschr. mit/ohne Tel.-Nr." und der Entscheidungshinweise

mit	Telefonnummer	(M)
ohne	Telefonnummer	(O)

durch die Betätigung einer der beiden angezeigten Tasten über den Ausgabemodus entscheiden. Im Fall des Anzeigebetriebs wird in Punkt 32 fortgesetzt.

30 Bei Anzeige des Verarbeitungstitels und des Eingabehinweises „Zahl Drucke (1–10) =?" ganze zwischen 1 und 10 liegende Zahl eintasten und (ENTER) drücken. Unzulässige Eingaben führen über eine kurzzeitig wirksame Fehlermeldung „Eingabe unzulaessig!" zur automatischen Eingabewiederholung.

31 Bei der Zusatzanzeige des Entscheidungshinweises „ok? ja(J), no(N) druecken" über die Richtigkeit der Eingabe befinden:

31.1 Eingabe nicht korrekt: Taste N drücken und Anzahl der Drucke in Punkt 30 neu eingeben.

31.2 Eingabe korrekt: Taste J drücken.

32 Bei Anzeige „Abruffolge" und der Anwahlhinweise

Einzelabruf	(E)
Sammelabruf	(S)

über den Abrufrhythmus entscheiden:

32.1 Anschrift für Anschrift abrufen: Taste E drücken und in Punkt 34 fortsetzen.

32.2 Mehrere Anschriften in einem abrufen: Taste S drücken.

33 Bei Anzeige „Anschriften abrufen" und des Eingabehinweises „Zahl Anschr. (n) = ?" (n = augenblicklich höchstzulässige Anzahl) die in einem zu listende Anzahl an Anschriften als ganze zwischen 1 und n liegende Zahl eintasten und (ENTER) drücken. Unzulässige Eingaben führen über eine kurzzeitig wirksame Fehlermeldung „Eingabe unzulaessig!" zur automatischen Eingabewiederholung.

34 Wahl der ersten Anschrift analog zu den Punkten 14 bis 19 treffen. Eine oder mehrere Anschriften werden nun in Übereinstimmung mit den getroffenen Entscheidungen ausgegeben. Im Fall des Anzeigebetriebs ist nach Anzeige der halben, wie der ganzen Anschrift mit der Betätigung einer beliebigen Taste außer (ENTER), etc. fortzusetzen.

35 Bei Anzeige des Verarbeitungstitels und der Hinweise

Weiter	Taste (W)
Menue	Taste (M)

über die weitere Fortsetzung der Abrufe entscheiden:

35.1 Weitere Anschriften abrufen: Taste W drücken und in Punkt 26 fortsetzen.

35.2 Abrufe abbrechen: Taste M drücken. Nach Anzeige des Hauptmenüs analog zu Punkt 3 ist die Verarbeitung mit der Fortsetzungsentscheidung in Punkt 4 abgeschlossen.

36 Nach kurzzeitiger Anzeige des Verarbeitungstitels und des Hinweises „Aufz. ? ja(J), nein(N)" über die Notwendigkeit einer Aufzeichnung entscheiden:

36.1 Keine Aufzeichnung erforderlich: Taste N drücken. Das Programm setzt entweder in einem Teil des Hauptprogramms fort oder mündet nach gesonderter Anwahl der Aufzeichnung in der Menüanzeige analog zu Punkt 3 sowie in der Verarbeitungsentscheidung in Punkt 4.

36.2 Adreßdatei aufzeichnen: Taste J drücken.

37 Bei Anzeige des Verarbeitungstitels und der Hinweise zur Recorderbedienung

REMOTE OFF-REWIND (POS)

REMOTE ON-REC/PLAY-ENTER

Kassettenband den Hinweisen entsprechend positionieren und die Aufzeichnung mit (ENTER) einleiten. Nach durchgeführter Aufzeichnung wird analog zu Punkt 36.1 fortgesetzt.

Testbeispiele

```
Anschriften  anlegen
************************

Herrn Dipl.-Ing.
Gerfried TATZL
Sachbuchautor
0043/316-530802
Moerikestrasse 17
A-8052 Graz-Wetzelsdorf
Oesterreich


Herrn Dipl.-Ing.
Gerfried TATZL
Sachbuchautor
0043/316-530802
Moerikestrasse 17

A-8052 Graz-Wetzelsdorf
------------------------
Oesterreich

Herrn Dipl.-Ing.
Harald SCHUMNY
Herausgeber
05341-267231
Zorgestrasse 10
D-3300 Braunschweig
BRD

Herrn Dipl.-Ing.
Harald SCHUMNY
Herausgeber
05341-267231
Zorgestrasse 10

D-3300 Braunschweig
------------------------
BRD

Firma
Friedr. Vieweg & Sohn
Verlagsgesellschaft mbH
06121-534-1
Postfach 5829
D-6200 Wiesbaden 1
BRD

Firma
Friedr. Vieweg & Sohn
Verlagsgesellschaft mbH
06121-534-1
Postfach 5829

D-6200 Wiesbaden 1
------------------------
BRD
```

Bild 26 Anlage von drei Anschriften mit jeweils nachfolgenden dem Druckoriginal entsprechender Kontrollausgaben

```
Anschriften  aendern
************************

Anschrift 2:
Zeile 1:
Herrn Dr.Ing. Dipl.Phys.


Herrn Dr.Ing. Dipl.Phys.
Harald SCHUMNY
Herausgeber
05341-267231
Zorgestrasse 10

D-3300 Braunschweig
------------------------
BRD
```

Bild 27
Detailänderung der zweiten Anschrift (siehe dazu auch Bild 26)

```
Anschriften  abrufen
************************

Herrn Dipl.-Ing.
Gerfried TATZL
Sachbuchautor
Moerikestrasse 17

A-8052 Graz-Wetzelsdorf
------------------------
Oesterreich

Herrn Dr.Ing. Dipl.Phys.
Harald SCHUMNY
Herausgeber
Zorgestrasse 10

D-3300 Braunschweig
------------------------
BRD

Herrn Dipl.-Ing.
Gerfried TATZL
Sachbuchautor
Moerikestrasse 17

A-8052 Graz-Wetzelsdorf
------------------------
Oesterreich

Firma
Friedr. Vieweg & Sohn
Verlagsgesellschaft mbH
Postfach 5829

D-6200 Wiesbaden 1
------------------------
BRD

Herrn Dr.Ing. Dipl.Phys.
Harald SCHUMNY
Herausgeber
Zorgestrasse 10

D-3300 Braunschweig
------------------------
BRD

Firma
Friedr. Vieweg & Sohn
Verlagsgesellschaft mbH
Postfach 5829

D-6200 Wiesbaden 1
------------------------
BRD
```

Bild 28 Abruf und Ausdruck der drei in Bild 26 angelegten Anschriften ohne Telefonnummer mit je einmaliger Wiederholung

5.3.2 Kalenderrechnung

Die Frage nach Kalenderdaten, nach Wochen- und nach Feiertagen ist wie die Selbstherstellung von Kalendern ein ewig jundes Thema, daß sich auf zahlreichen Rechnermodellen lösen läßt; so auch auf dem PC-1350. Aus den verschiedensten Gründen ist eine frühzeitige Herstellung eines Kalenders ein Argument für dessen Selbstproduktion. Im besonderen gilt das Augenmerk der Lage der Feiertage, die mit oder ohne Kalendarium bestimmt werden können, wie sich auch das Kalendarium mit oder ohne Feiertagen herstellen läßt. Nach Wissen des Autors gibt es kein Programm, mit dessen Hilfe man diese beiden Kalenderelemente – Kalendarium und Feiertagsordnung in einem – berechnen kann. Dieses Programm bietet darüberhinaus noch folgende Vorteile:

- Kalenderrechnungen können auf den gesamten deutschen Sprachraum (Bundesrepublik, Schweiz, Österreich) bezogen durchgeführt werden. Über eine gesonderte Anwahl ist das jeweilige Land einstellbar. Lokale Feiertagsordnungen müssen allerdings im Bedarfsfall berücksichtigt und die Feiertagsvorgaben im Programm ggf. abgeändert werden.
- Obwohl sich in einem Kalendarium der Montag als Wochenbeginn eingebürgert hat, gibt es fallweise auch andere Auffassungen. In diesem Programm können grundsätzlich alle Wochentage als Beginntag gewählt werden, wiewohl nur der Montag und allenfalls der Samstag und der Sonntag infrage kommen.
- Die Feiertagsordnungen werden im Anschluß an den Ausdruck der 12 Monatskalendarien entsprechend textlich gestaltet ausgegeben.

Den Formelmechanismus entnehmen wir dem im Vogel-Buchverlag Würzburg in der Reihe CHIP-WISSEN erschienenen Buch „Praktische Problemanalyse". Interessierte Leser schlagen dort die sie interessierenden Ableitungen nach, deren Darstellung im Rahmen dieser Programmsammlung zu umfangreich wäre.

Die Feiertage werden zuerst als Faktoren des jeweiligen Datums bestimmt und dann deren Datum rückgerechnet.

Weiter ist interessant, daß es eine Formel zur direkten Berechnung des jeweiligen Monatsenddatums gibt. Man beachte auch die Möglichkeit der Anwahl von landesüblichen Feiertagsordnungen, welche durch die Anwahl der Landeskennzeichnung abgerufen werden. Allfällige Abweichungen für lokale Feiertagsordnungen sind im Bedarfsfall durch eine Programmänderung zu realisieren.

Variablenliste (zusätzlich)

A, B, C, D, M	Feiertagskoeffizienten
E	Monatsenddatum
F	Faktor des 31.12. des Vorjahres
G	Faktor des Ostersonntags
H	Faktor des Heiligen Abends
I, X, Y	Schleifenvariable
J	Kalenderjahr
K	erste beiden Ziffern der Jahreszahl

L	Landeskennzeichnung
M	Kalendermonat
N	Feiertagskennzeichnung (Kalendarium mit/ohne Feiertag)
O	Feiertagskennzeichnung (allein Feiertage)
P	Position der letzten Leerstelle zu Beginn eines Monatskalendariums (erste Wochenzeile)
Q	JJJJ/4
R	Restfaktor für die Datumrückrechnung
S	Schaltjahreskennzeichnung
T	Kalendertag
U	K/4
V	Wochentagszahl – 1
W	Wochentagszahl
Z	Wochenbeginntag
FG$	„Feiertage"
FT$	Feiertagsbezeichnung
LL$	Landesbezeichnung
MO$(11)	Monatsnamen
WO$(6)	Wochentagsnamen
TT$(3)	Titelzeile zum Monatskalendarium
TT$(4)	Wochenzeile im Kalendarium

Programmstruktur

- 1000 Programmvorlauf
  - 1020–1060 Entscheidung über die Aufnahme einer Kalenderrechnung
- 2000 nur Feiertage berechnen
- 3000 Kalendarium berechnen
  - 3030–3070 Entscheidung über die Feiertagsberechnung
  - 3170 Eingabe Jahreszahl
  - 3290 Feiertagsberechnung
  - 3420 Sonn- und Feiertagskennzeichnung
    - 3490 bewegliche Feiertage
    - 3540 fixe Feiertage
  - 3630 Kalenderausgabe
- 5000 Feiertagsordnung

8000	Unterprogramme	
	8600	Rollenpapier 210 mm
	8700	Feiertagsausgabe
	8800	Sonn- und Feiertagsrahmung
	8900	Zeilenvorschub
	9000	Formatsteuerung
	9100	Textmodus
	9200	Konstantenzuordnung
	9300	Anzeige des Verarbeitungstitels
	9400	Eingabegüteentscheidung treffen
	9500	Fehlerkennzeichnung anzeigen
	9600	Linie ziehen
	9700	Landesanwahl
	9800	Wochenbeginntag
	9900	Schlußroutine

Anweisungsliste

```
1000:REM Ewiger Kalender
1001:REM
1002:REM by G. Tatzl, Graz
1003:REM
1010:REM Vorlauf
1020:GOSUB 9200: GOSUB 9300
1030:PRINT "Start (G)"
1040:PRINT "Ende  (S)"
1050:IF INKEY$ ="S" THEN 9900
1060:IF INKEY$ <>"G" THEN 1050
1070:CLOSE : GOSUB 9300
1080:PRINT "PC-1350 (1)"
1090:PRINT "PC-2500 (2)"
1100:PC$="":PC$= INKEY$
1110:IF PC$="1" THEN 1130
1120:IF PC$<>"2" THEN 1100
1130:CLS : PRINT "Papierformat festlege
     n:"
1140:PRINT "DIN A 4-Blatt (1)"
1150:PRINT "210 mm-Rolle  (2)"
1160:PRINT "114 mm-Rolle  (3)"
1170:PP$="":PP$= INKEY$ :X= VAL PP$
1180:IF (X<1) OR (X>3) THEN 1170
1190:IF PC$="1" OPEN : GOTO 1260
1200:IF X<3 THEN 1260
1210:CLS : PRINT "114 mm-Rolle mit":
     PRINT TT$(1)
1220:PRINT "eingebautem Plotter (1)"
1230:PRINT "Plotter CE-516P     (2)"
```

```
1240:IF INKEY$ ="2" OPEN : GOTO 1260
1250:IF INKEY$ <>"1" THEN 1240
1260:GOSUB 9300:ZG=7: IF X=3 LET ZG=4
1270:GR=2: PRINT "Zeichengr. (1-"; STR$
     ZG;")=": CURSOR 66: INPUT GR
1280:CURSOR 72: IF (GR<1) OR (GR>ZG) OR
     (GR<> INT GR) THEN 1310
1290:IF GR<=ZG THEN 1320
1300:IF X<3 THEN 1320
1310:GOSUB 9500: GOTO 1260
1320:GOSUB 9400: IF JN$="N" THEN 1260
1330:CLS : CONSOLE 40:GS$="?"+ CHR$ (96
     +GR)
1340:PRINT "Bitte waehlen Sie:": PRINT
     TT$(1)
1350:PRINT "Kalendarium   (K)"
1360:PRINT "nur Feiertage (F)"
1370:IF INKEY$ ="K" THEN 3000
1380:IF INKEY$ <>"F" THEN 1370
2000:REM
2001:REM Feiertage
2002:REM
2010:GOSUB 9300: WAIT 200
2020:PRINT "nur Feiertage"
2030:O=1
2040:IF (GR=1) OR (GR=2) THEN 3140
2050:IF (GR=4) AND (X<>3) THEN 3140
2060:GOSUB 9300: CLOSE
2070:PRINT "Zeichengroesse": WAIT 200
2080:PRINT "unzulaessig!": GOTO 1260
3000:REM
3001:REM Kalendarium
3002:REM
3010:GOSUB 9300: WAIT 200
3020:PRINT "Kalendarium"
3030:O=0: GOSUB 9300
3040:PRINT "mit Feiertagen (F)"
3050:PRINT "ohne Feiertage (O)"
3060:IF INKEY$ ="O" LET L=0:LL$="allgem
     ein": GOTO 3150
3070:IF INKEY$ <>"F" THEN 3060
3080:CLS : PRINT "Feiertage": PRINT TT$
     (1)
3090:PRINT "gerahmt (G)"
3100:PRINT "rot     (R)"
3110:Y$="":Y$= INKEY$
3120:IF (Y$="G") OR (Y$="R") THEN 3135
3130:GOTO 3110
3135:IF (X=3) AND (GR=4) AND (Y$="G")
     WAIT 200: PRINT "Nur Rotdruck moeg
     lich!": GOTO 1130
3140:GOSUB 9700: IF O=1 THEN 3160
3150:GOSUB 9800
3160:GOSUB 9300
3170:REM
```

```
3171:REM Eingabe, Kontrolle Jahreszahl
3172:REM
3180:INPUT "Jahr (1582-2299)="; J
3190:IF (J<1582) OR (J>2299) OR (J<>
     INT J) GOSUB 9500: GOTO 3160
3200:GOSUB 9400: IF JN$="N" THEN 3160
3210:K= INT (J/100):N=J-1:Q=J/4:U=K/4
3220:S=0: IF Q= INT Q LET S=1
3230:IF (K=J/100) AND (U<> INT U) LET S
     =0
3240:F=365*J+ INT (N/4)- INT (.75*( INT
     (N/100)+1))
3250:W=F+1:W=W- INT (W/7)*7
3260:V=W-1: IF V<1 LET V=V+7
3270:P=V-Z: IF P<0 LET P=P+7
3280:IF L=0 THEN 3630
3290:REM
3291:REM Feiertagsberechnung
3292:REM
3300:A=J- INT (J/19)*19
3310:D=K- INT U-2
3320:M=195+ INT ((K-1)/2): IF K=21 LET
     M=M-1
3330:B=M-11*A:B=B- INT (B/30)*30
3340:IF (B<28) OR (B>30) THEN 3380
3350:IF (M=203) OR (M=206) THEN 3380
3360:IF B=29 LET B=28: GOTO 3380
3370:IF M=204 LET B=27
3380:C= INT (J+Q+B-D):C=C- INT (C/7)*7
3390:G=87+B-C+S
3400:H=365*J+357+ INT Q- INT (.75*(K+1)
     ):H= INT (H/7)*7-31-F
3410:IF O=1 THEN 5000
3420:REM
3421:REM Feiertagskennzeichnung
3422:REM
3430:REM Sonntage
3440:I=8-V
3450:T1(I)=1
3460:I=I+7: IF I<=200 THEN 3450
3470:T2(I-200)=1
3480:I=I+7: IF I<=365+S THEN 3470
3490:REM
3491:REM bewegliche Feiertage
3492:REM
3500:T1(G+1)=1:T1(G+39)=1:T1(G+50)=1
3510:IF L<>1 LET T1(G-2)=1
3520:IF L<>2 LET T1(G+60)=1
3530:IF L=3 LET T2(H-200)=1
3540:REM
3541:REM fixe Feiertage
3542:REM
3550:T1(1)=1
3560:IF L<>2 LET T1(6)=1
3570:IF L=2 LET T2(13+S)=1: GOTO 3620
```

```
3580:T1(121+S)=1:T2(27+S)=1
3590:IF L=3 LET T1(168+S)=1
3600:T2(105+S)=1
3610:IF L=1 LET T2(99+S)=1:T2(142+S)=1
3620:T2(159+S)=1:T2(160+S)=1
3630:REM
3631:REM Kalenderausgabe
3632:REM
3640:GOSUB 9300: PRINT "Papier einlegen
     !": WAIT
3650:PRINT "(ENTER) druecken!": WAIT 25
3660:GOSUB 9300: PRINT LL$;" "; STR$ J
3670:PRINT "Kalender wird gedruckt"
3680:GOSUB 9100
3690:LPRINT "Kalender "; STR$ J;" ";LL$
3700:REM
3701:REM Kalendarium
3702:REM
3710:LPRINT CHR$ &1B+"b": GOSUB 9000
3720:Q=1: FOR M=0 TO 11
3730:LPRINT "I"
3740:LPRINT "M0,"+ STR$ (-25*GR):
     LPRINT "I"
3750:T=1: IF M=1 LET E=28+S: GOTO 3780
3760:R=(M- INT (M/7))/2
3770:E=30: IF R= INT R LET E=31
3780:LPRINT CHR$ &1B+"0": LPRINT "I"
3790:LPRINT "R"+ STR$ (3*GR)+",0":
     LPRINT "P"+M1$(M)+" "+ STR$ J
3800:GOSUB 8900: LPRINT "R"+ STR$ (3*GR
     )+",0"
3810:FOR I=0 TO 6
3820:U=I+Z- INT ((I+Z-1)/7)*7-1:CL=0
3830:IF (W1$(U)="So") AND (Y$="R") LET
     CL=3: GOTO 3850
3840:IF (W1$(U)="So") AND (L<>0) GOSUB
     8800
3850:LPRINT CHR$ &1B+ STR$ CL
3860:LPRINT "P"+W1$(U)+" "
3870:NEXT I: GOSUB 8900
3880:R$= STR$ (7.5*GR): LPRINT "I"
3890:LPRINT "M"+ STR$ (3*GR)+",0"+R$
3900:LPRINT CHR$ &1B+"0"
3910:LPRINT "L0"
3920:LPRINT "J"+ STR$ (120*GR)+",0":
     LPRINT "H": LPRINT "R0,-"+ STR$ (6
     *GR)
3930:LPRINT "R"+ STR$ (2*GR)+",0":
     LPRINT "I": IF P<1 THEN 3960
3940:FOR I=1 TO P
3950:LPRINT "P   ": NEXT I
3960:FOR I1=1 TO 6
3970:LPRINT "R"+ STR$ GR+",0"
3980:FOR I2=P+1 TO 7
3990:IF T>E THEN 4080
```

```
4000:IF L=0 LET V=0:CL=0: GOTO 4040
4010:IF Q<=200 LET V=T1(Q): GOTO 4020
4015:V=T2(Q-200)
4020:CL=0: IF (V=1) AND (Y$="R") LET CL
     =3
4030:LPRINT CHR$ &1B+ STR$ CL
4040:IF (V=1) AND (Y$="G") GOSUB 8800
4050:T1$="": IF T<10 LET T1$=" "
4060:T1$=T1$+ STR$ T+" ": LPRINT "P"+T1
     $
4070:Q=Q+1:T=T+1: IF T>E LET R=I2
4080:NEXT I2: GOSUB 8900:P=0
4090:NEXT I1:P=R: IF P=7 LET P=0
4100:REM
4101:REM Papiersteuerung
4102:REM
4110:IF (GR=1) AND (X=3) AND (M=3)
     LPRINT "R175,540": GOTO 4310
4120:IF (GR=1) AND (X=3) AND (M=7)
     LPRINT "R175,540": GOTO 4310
4130:IF (GR=1) AND (X<3) AND (M=2)
     LPRINT "R175,405": GOTO 4310
4140:IF (GR=1) AND (X<3) AND (M=5)
     LPRINT "R175,405": GOTO 4310
4150:IF (GR=1) AND (X<3) AND (M=8)
     LPRINT "R175,405": GOTO 4310
4160:IF (GR=2) AND (X<3) AND (M=3)
     LPRINT "R340,1080": GOTO 4310
4170:IF (GR=2) AND (X<3) AND (M=7)
     LPRINT "R340,1080": GOTO 4310
4190:IF (GR=3) AND (X<>3) AND (M=2)
     LPRINT "R550,1210": GOTO 4310
4200:IF (GR=3) AND (X<>3) AND (M=5)
     THEN 4255
4210:IF (GR=3) AND (X<>3) AND (M=8)
     LPRINT "R550,1210": GOTO 4310
4220:IF (GR=4) AND (X=1) AND (M/2<> INT
     (M/2)) THEN 4260
4230:IF (GR=5) AND (X=1) AND (M/2<> INT
     (M/2)) THEN 4260
4240:IF (GR>5) AND (X=1) THEN 4260
4245:IF (GR>3) AND (X=2) GOSUB 8600:
     GOTO 4290
4250:GOTO 4310
4255:IF X=2 LPRINT "R-550,0": GOSUB 860
     0: GOTO 4290
4260:IF M=11 THEN 4310
4270:GOSUB 9300
4280:PRINT "DIN A 4-Papier einlegen!":
     WAIT : PRINT "(ENTER)-Taste drueck
     en!"
4290:GOSUB 9300: PRINT LL$;" "; STR$ J
4300:PRINT "Kalender wird gedruckt":
     GOTO 4315
4310:LPRINT "R-"+ STR$ (2*GR)+",0"
```

```
4315:NEXT M: GOSUB 9100
4320:LPRINT : LPRINT : IF L=0 THEN 5390
4330:IF (X=3) OR (GR=1) THEN 5050
5000:REM
5001:REM Feiertage
5002:REM
5010:IF (GR>=3) AND (X=2) GOSUB 8600:
     GOTO 5050
5020:GOSUB 9300
5030:PRINT "Papier einlegen!": WAIT
5040:PRINT "(ENTER)-Taste druecken!"
5050:GOSUB 9100: GOSUB 9300
5060:PRINT "Feiertagsordnung "; STR$ J
5070:PRINT "fuer ";LL$
5080:LPRINT "Feiertagsordnung "; STR$ J
     ;" ";LL$
5090:IF (X=3) AND (GR>2) LET GR=2
5100:IF (X<3) AND (GR>4) LET GR=4
5110:GS$="?"+ CHR$ (96+GR)
5120:LPRINT CHR$ &1B+GS$
5130:TT$(2)="Bewegliche": GOSUB 9600
5140:IF L<>1 LET R=G-2:TT$(2)="Karfreit
     ag": GOSUB 8700
5150:R=G:TT$(2)="Ostersonntag": GOSUB 8
     700
5160:R=G+1:TT$(2)="Ostermontag": GOSUB
     8700
5170:TT$(2)="Christi Himmelfahrt": IF L
     =2 LET TT$(2)="Auffahrt"
5180:R=G+39: GOSUB 8700
5190:R=G+49:TT$(2)="Pfingstsonntag":
     GOSUB 8700
5200:R=G+50:TT$(2)="Pfingstmontag":
     GOSUB 8700
5210:IF L<>2 LET R=G+60:TT$(2)="Fronlei
     chnam": GOSUB 8700
5220:IF L=3 LET R=H:TT$(2)="Buss- und B
     ettag": GOSUB 8700
5230:TT$(2)="Fixe": GOSUB 9600
5240:TT$(2)="Neujahrstag":T=1:M=1:
     GOSUB 8750
5250:IF L<>2 LET TT$(2)="Dreikoenigstag
     ":T=6: GOSUB 8750
5260:TT$(2)="Mai": IF L=1 LET TT$(2)="S
     taats"
5270:TT$(2)=TT$(2)+"feiertag":T=1:M=5:
     GOSUB 8750
5280:IF L=3 LET TT$(2)="Gedenktag":T=17
     :M=6: GOSUB 8750
5290:IF L=2 LET TT$(2)="Bundesfeiertag"
     :T=1:M=8: GOSUB 8750
5300:IF L<>2 LET TT$(2)="Mariae Himmelf
     ahrt":T=15:M=8: GOSUB 8750
5310:IF L=1 LET TT$(2)="Nationalfeierta
     g":T=26:M=10: GOSUB 8750
```

```
5320:IF L<>2 LET TT$(2)="Allerheiligen"
     :T=1:M=11: GOSUB 8750
5330:IF L=1 LET TT$(2)="Mariae Empfaeng
     nis":T=8:M=12: GOSUB 8750
5340:TT$(2)="1.Weihnachtstag": IF L=1
     LET TT$(2)="Christtag"
5350:T=25:M=12: GOSUB 8750
5360:TT$(2)="2.Weihnachtstag": IF L=1
     LET TT$(2)="Stephanitag"
5370:T=26: GOSUB 8750
5380:LPRINT : LPRINT
5390:GOSUB 9100: GOTO 1020
8600:REM
8601:REM Rollenpapier 210
8602:REM
8610:GOSUB 9300: PRINT "Vorschubtaste a
     ntippen,": WAIT
8620:PRINT "(ENTER)-Taste druecken!":
     WAIT 25: RETURN
8700:REM
8701:REM Feiertage ausgeben
8702:REM
8710:M=M+1: IF R>59+S THEN 8740
8720:M=1:T=R: IF R>31 LET M=2:T=R-31
8730:GOTO 8750
8740:M= INT ((R-60-S)/30.6+3.014):T=R-3
     1*(M-1)+ INT (.4*M+2.3)-S
8750:IF LEN TT$(2)<21 LET TT$(2)=TT$(2)
     +" ": GOTO 8750
8760:T1$="": IF T<10 LET T1$=" "
8770:T1$=T1$+ STR$ T
8780:LPRINT TT$(2);T1$;".";M1$(M-1)
8790:RETURN
8800:REM
8801:REM Rahmung Sonn- und Feiertage
8802:REM
8810:X1=12*GR:Y1=9*GR:Z1=.5*GR
8820:X1=X1+2:Y1=Y1+1
8830:LPRINT "R-"+ STR$ (2*Z1+1)+",-"+
     STR$ (2*Z1+1)
8840:LPRINT "L0"
8850:LPRINT "J"+ STR$ X1+","+ STR$ Y1+"
     ,B": LPRINT "R-"+ STR$ X1+",-"+
     STR$ Y1
8860:LPRINT "R"+ STR$ (2*Z1+1)+","+
     STR$ (2*Z1+1)
8870:RETURN
8900:REM
8901:REM Zeilenvorschub
8902:REM
8910:LPRINT "H": LPRINT "R0,-"+ STR$ (1
     3*GR)
8920:LPRINT "I": RETURN
9000:REM
9001:REM Format
```

```
9002:REM
9010:LPRINT CHR$ &1B+ STR$ CL
9020:LPRINT CHR$ &1B+GS$
9030:RETURN
9100:REM
9101:REM Textmodus
9102:REM
9110:LPRINT CHR$ &1B+"a"
9120:LPRINT CHR$ &1B+"0"
9130:LPRINT CHR$ &1B+"?b"
9140:RETURN
9200:REM
9201:REM Konstante
9202:REM
9210:CLEAR
9220:DIM TT$(2)*24,M1$(11)*9,W1$(6)*2
9221:DIM T1(200),T2(166)
9230:TT$(0)="**  Ewiger  Kalender  **"
9231:TT$(1)="************************"
9270:RESTORE : FOR I=0 TO 11
9271:READ M1$(I): NEXT I
9280:FOR I=0 TO 6
9281:READ W1$(I): NEXT I
9290:RETURN
9291:DATA "Januar","Februar","Maerz"
9292:DATA "April","Mai","Juni"
9293:DATA "Juli","August","September"
9294:DATA "Oktober","November","Dezembe
     r"
9295:DATA "Mo","Di","Mi","Do","Fr","Sa"
     ,"So"
9300:REM
9301:REM Titelanzeige
9302:REM
9310:CLS : WAIT 25
9320:PRINT TT$(0): PRINT TT$(1)
9390:RETURN
9400:REM
9401:REM Eingabeguetekontrolle
9402:REM
9410:PRINT "Eing.ok? ja(J), nein(N)"
9420:JN$="":JN$= INKEY$
9430:IF (JN$="J") OR (JN$="N") RETURN
9440:GOTO 9420
9500:REM
9501:REM Eingabefehleranzeige
9502:REM
9510:WAIT 200: PRINT "Eingabe unzulaess
     ig!": WAIT 25
9520:RETURN
9600:REM
9601:REM Linie ziehen
9602:REM
9610:LPRINT : LPRINT
9620:LPRINT TT$(2);" Feiertage "; STR$
     J
```

```
9630:LPRINT CHR$ &1B+"b"
9640:LPRINT "L0"
9650:LPRINT "R0,"+ STR$ (5*GR)
9660:LPRINT "J"+ STR$ (200*GR)+",0":
     LPRINT "R0,"+ STR$ (21*GR)
9670:LPRINT CHR$ &1B+"a"
9680:CL=0: GOSUB 9000
9690:RETURN
9700:REM
9701:REM Land
9702:REM
9710:CLS : WAIT 25: PRINT "Kalender fue
     r"
9720:PRINT "BR Deutschland (D)"
9730:PRINT "Schweiz        (C)"
9740:PRINT "Oesterreich    (A)"
9750:IF INKEY$ ="D" LET L=3:LL$="BR Deu
     tschland": RETURN
9760:IF INKEY$ ="C" LET L=2:LL$="Schwei
     z": RETURN
9770:IF INKEY$ ="A" LET L=1:LL$="Oester
     reich": RETURN
9780:GOTO 9750
9800:REM
9801:REM Wochenbeginn
9802:REM
9810:CLS
9820:PRINT "1.Tag d.W:  Donnerst.4"
9830:PRINT "Montag   1  Freitag  5"
9840:PRINT "Dienstag 2  Samstag  6"
9850:PRINT "Mittwoch 3  Sonntag  7"
9860:Z$="":Z$= INKEY$ :Z= VAL Z$
9870:IF (Z>=1) AND (Z<=7) RETURN
9880:GOTO 9860
9900:REM
9902:REM Schlussroutine
9910:"S": CLOSE
9920:GOSUB 9300
9930:PRINT "Ende Kalenderrechnung"
9990:WAIT : USING : END
```

Bild 29 Kalenderprogramm CALGRF

Bedienungsanleitung

Programmname:	CALGRF
Speicheranspruch:	7702 Bytes
Speichererweiterung:	ja
Ausgabebetrieb:	nur Druck (Plotter CE-516P)
Verarbeitungstitel:	,, Ewiger Kalender ''

1 Programm mit RUN (ENTER) starten.

2 Bei Anzeige des Verarbeitungstitels und der Hinweise

Start (G)

Ende (S)

über die Aufnahme einer Kalenderrechnung entscheiden:

2.1 Operationen nicht aufnehmen: Taste S drücken. Bei Anzeige des Verarbeitungstitels und des Hinweises „Ende Kalenderrechnung" sind die Operationen abgeschlossen. Im Bedarfsfall kann dieses Ende auch mit (DEF) S angewählt werden.

2.2 Kalenderrechnung durchführen: Taste G drücken.

3 Bei Anzeige des Verarbeitungstitels und der Hinweise

PC-1350 (1)

PC-2500 (2)

mit Betätigung einer der beiden genannten Tasten die Operationen auf den vorgesehenen Rechner einstellen.

4 Bei Anzeige der Hinweise

Papierformat festlegen:

DIN A 4-Blatt (1)

210 mm-Rolle (2)

114 mm-Rolle (3)

mit Betätigung einer der drei genannten Zifferntasten das Papierformat wählen.

5 Wurden die schmale Rolle und der PC-2500 gewählt, ist bei Anzeige der Entscheidungshinweise

114 mm-Rolle mit eingebautem Plotter (1)

Plotter CE-516P (2)

mit Betätigung einer der beiden Tasten einer der beiden Drucker zu wählen.

6 Bei Anzeige des Verarbeitungstitels und des Eingabehinweises „Zeichengr. (1–n) ?" (n = 7 bei 210 mm breiten Papieren, n = 4 bei der 114-mm-Rolle) Zeichengröße als ganze zwischen 1 und n liegende Zahl eintasten und (ENTER) drücken. Irrtümliche Eingaben führen über eine kurzzeitig wirksame Fehlermeldung „Eingabe unzulaessig!" zur automatischen Eingabewiederholung.

7 Bei der Zusatzanzeige „Eing.ok? ja(J), nein(N)" mit Betätigung der Tasten J oder N über die Richtigkeit der Eingabe entscheiden. Bei Ablehnung mit N wird zur Eingabewiederholung in Punkt 6 zurückgegangen.

8 Bei Anzeige der Hinweise

Bitte waehlen Sie:

****

Kalendarium (K)

nur Feiertage (F)

über den Umfang der Kalenderrechnung entscheiden:

8.1 Nur Feiertage rechnen: Taste F drücken und in Punkt 11 fortsetzen. Die Wahl einer ungeeigneten Kombination Zeichengröße/Papierformat führt über eine kurzzeitig wirksame Fehlermeldung „Zeichengroesse unzulaessig!" zur automatischen Neuanwahl der Zeichengröße in Punkt 6.

8.2 Kalendarium rechnen: Taste K drücken.

9 Bei Anzeige des Verarbeitungstitels und der Hinweise

mit Feiertagen (F)
ohne Feiertage (O)

über die Art der Berechnung des Kalendariums entscheiden:

9.1 Kalendarium neutral: Taste O drücken und in Punkt 11 fortsetzen.

9.2 Kalendarium mit Feiertagen: Taste F drücken.

10 Bei Anzeige der Hinweise

Feiertage
****
gerahmt (G)
rot (R)

mit Betätigung einer der beiden Tasten die Art der Feiertagskennzeichnung wählen. Die Wahl einer ungeeigneten Kombination Papierformat/Feiertagskennzeichnung führt über eine kurzzeitig wirksame Fehlermeldung „nur Rotdruck moeglich!" zur neuerlichen Wahl des Papierformats in Punkt 4.

11 Bei Anzeige der Hinweise

1. Tag d. W.:		Donnerst.	4
Montag	1	Freitag	5
Dienstag	2	Samstag	6
Mittwoch	3	Sonntag	7

durch Betätigung einer der sieben genannten Zifferntasten über den Beginntag der Woche entscheiden. In der Regel sind nur der Sonntag und der Montag von Bedeutung, ggf. auch noch der Samstag. Bei Wahl der Berechnung eines neutralen Kalendariums ohne Feiertage wird in Punkt 13 fortgesetzt.

12 Bei Anzeige der Hinweise

Kalender fuer
BR Deutschland (D)
Schweiz (C)
Oesterreich (A)

bei Betätigung einer der drei genannten Buchstabentasten jenes Landes wählen, für welches die Feiertagsrechnung gewünscht wird.

13 Bei Anzeige des Verarbeitungstitels und des Eingabehinweises „Jahr (1582–2299) =?" Jahr als ganze zwischen einschließlich der Grenzwerte 1582 und 2299 liegende Zahl eintasten und (ENTER) drücken. Unzulässige Eingaben führen über eine kurzzeitig wirksame Fehlermeldung „Eingabe unzulaessig!" zur automatischen Eingabewiederholung.

14 Bei der Zusatzanzeige „Eing.ok? ja(J), nein(N)" durch Betätigung der Tasten J oder N über die Richtigkeit der Eingabe entscheiden. Eine Ablehnung mit N führt zur Eingabewiederholung in Punkt 13.

15 Bei Anzeige des Verarbeitungstitels und der Bedienungshinweise

Papier einlegen!

(ENTER) druecken!

Papier in den Drucker einführen und mit (ENTER) Kalenderausgabe auslösen. Bei Verwendung von DIN-A4-Blättern im Plotter CE-516P kommt es je nach gewählter Zeichengröße zur mehrfachen Wiederholung dieser Aufforderung.

Bei Wahl der 210 mm breiten Papierrolle und entsprechender Zeichengröße kommt es nach Ausgabe eines Monatskalendariums bei Anzeige des Verarbeitungstitels zur Anzeige der Bedienungshinweise

Vorschubtaste antippen,

(ENTER) drücken!

In diesem Fall betreffende Taste nur ganz kurz ohne merkbaren Zeilenvorschub antippen und Ausgabe mit (ENTER) fortsetzen.

Nach Beendigung der Kalenderrechnung wird in Punkt 2 fortgesetzt und dort über die Neuaufnahme einer Kalenderrechnung oder den Abschluß derselben entschieden.

Testbeispiel

```
Feiertagsordnung 1987 BR Deutschland

Bewegliche Feiertage 1987
---------------------------------
Karfreitag              17.April
Ostersonntag            19.April
Ostermontag             20.April
Christi Himmelfahrt     28.Mai
Pfingstsonntag           7.Juni
Pfingstmontag            8.Juni
Fronleichnam            18.Juni
Buss- und Bettag        18.November


Fixe Feiertage 1987
---------------------------------
Neujahrstag              1.Januar
Dreikoenigstag           6.Januar
Maifeiertag              1.Mai
Gedenktag               17.Juni
Mariae Himmelfahrt      15.August
Allerheiligen            1.November
1.Weihnachtstag         25.Dezember
2.Weihnachtstag         26.Dezember
```

Kalender 1987 BR Deutschland

Januar 1987

Mo	Di	Mi	Do	Fr	Sa	So
			1	2	3	4
5	6	7	8	9	10	11
12	13	14	15	16	17	18
19	20	21	22	23	24	25
26	27	28	29	30	31	

Februar 1987

Mo	Di	Mi	Do	Fr	Sa	So
						1
2	3	4	5	6	7	8
9	10	11	12	13	14	15
16	17	18	19	20	21	22
23	24	25	26	27	28	

Maerz 1987

Mo	Di	Mi	Do	Fr	Sa	So
						1
2	3	4	5	6	7	8
9	10	11	12	13	14	15
16	17	18	19	20	21	22
23	24	25	26	27	28	29
30	31					

April 1987

Mo	Di	Mi	Do	Fr	Sa	So
		1	2	3	4	5
6	7	8	9	10	11	12
13	14	15	16	17	18	19
20	21	22	23	24	25	26
27	28	29	30			

Mai 1987

Mo	Di	Mi	Do	Fr	Sa	So
				1	2	3
4	5	6	7	8	9	10
11	12	13	14	15	16	17
18	19	20	21	22	23	24
25	26	27	28	29	30	31

Juni 1987

Mo	Di	Mi	Do	Fr	Sa	So
1	2	3	4	5	6	7
8	9	10	11	12	13	14
15	16	17	18	19	20	21
22	23	24	25	26	27	28
29	30					

Juli 1987

Mo	Di	Mi	Do	Fr	Sa	So
		1	2	3	4	5
6	7	8	9	10	11	12
13	14	15	16	17	18	19
20	21	22	23	24	25	26
27	28	29	30	31		

August 1987

Mo	Di	Mi	Do	Fr	Sa	So
					1	2
3	4	5	6	7	8	9
10	11	12	13	14	15	16
17	18	19	20	21	22	23
24	25	26	27	28	29	30
31						

September 1987

Mo	Di	Mi	Do	Fr	Sa	So
	1	2	3	4	5	6
7	8	9	10	11	12	13
14	15	16	17	18	19	20
21	22	23	24	25	26	27
28	29	30				

Oktober 1987

Mo	Di	Mi	Do	Fr	Sa	So
			1	2	3	4
5	6	7	8	9	10	11
12	13	14	15	16	17	18
19	20	21	22	23	24	25
26	27	28	29	30	31	

November 1987

Mo	Di	Mi	Do	Fr	Sa	So
						1
2	3	4	5	6	7	8
9	10	11	12	13	14	15
16	17	18	19	20	21	22
23	24	25	26	27	28	29
30						

Dezember 1987

Mo	Di	Mi	Do	Fr	Sa	So
	1	2	3	4	5	6
7	8	9	10	11	12	13
14	15	16	17	18	19	20
21	22	23	24	25	26	27
28	29	30	31			

Bild 30 Kalender 1987 für die Bundesrepublik Deutschland. Sonn- und Feiertage gerahmt, mit Feiertagsordnung; hergestellt in Schriftgröße 2

5.3.3 Besondere und kritische Tage

Es hat eine Zeit gegeben, in der dem Biorhythmus besonders im Sport große Bedeutung beigemessen wurde. An sich ist es sicher vorstellbar, daß der Mensch in den verschiedensten Bereichen Schwankungen unterworfen ist und daß diese von unterschiedlichen Faktoren beeinflußt werden. Nun ist es aber sehr zweifelhaft, ob die generell für die periodischen Schwankungen verantwortlichen Einflüsse immer gleichartigen Zahlenwerten zugeordnet werden können. Es ist doch eher anzunehmen, daß die mit 23, 28 und 33 Tagen angegebenen Periodenlängen ebenso Schwankungen unterworfen sind und daß diese Schwankungen nicht für alle Menschen über einen Kamm geschoren werden können. Wenn es gelänge, individuelle Periodenlängen und gegebenenfalls auch deren Abhängigkeiten festzustellen, könnte dem Biorhythmus sicherlich mehr Bedeutung zukommen, als dies im allgemeinen der Fall ist.

Nun gibt es eine Vielzahl von Programmen, die sich mit dem Biorhythmus befassen. Es hat sogar fix programmierte Taschenrechner – Biolatoren genannt – gegeben bzw. gibt es z.T. heute noch. Es sind vorrangig Programme, die sich nur mit der Bestimmung der Amplituden für einen bestimmten Tag befassen. Dann gibt es welche, die besondere bzw. kritische Tage berechnen können. Es wird aber kaum Programme geben, die mehrere Möglichkeiten in einem in sich bergen. Bevor wir uns mit einem solchen Programm für den PC-1350 zuwenden, kurz einige Bemerkungen zur Theorie des Biorhythmus.

Stimmungen und Zustände des Menschen nehmen nach Ansicht von Fachleuten vom Geburtstermin an einen sinusförmigen Verlauf. Diese rhythmischen Schwankungen bringen Ausschläge zwischen den Werten – 1 und + 1. Die Berechnung des Ausschlags erfolgt mit Hilfe der nachstehenden Formel:

$$a = \sin\left(\frac{\text{Tage seit Geburt} \cdot 360}{\text{Periodenlänge in Tagen}}\right)$$

Die Periodenlängen werden von den Fachleuten mit folgenden Werten angegeben:

- körperlicher Zyklus: 23 Tage
- gefühlsbetonter Zyklus: 28 Tage
- geistiger Zyklus: 33 Tage

Diese Zahlen stellen mit Sicherheit nur Mittelwerte dar, die individuellen Bedürfnissen nur bedingt gerecht werden können.

Nun gibt es Tage, an denen die Kurvenverläufe dieser drei Zyklen Besonderheiten aufweisen:

- Zwei oder alle drei Kurven durchstoßen die x-Achse des 2-achsigen kartesischen Koordinatensystems zum gleichen Zeitpunkt: Diese Tage nennen wir 2- oder 3-fach *kritische Tage*.
- Zwei oder alle drei Kurven erreichen zum gleichen Zeitpunkt gemeinsam einen Extremwert (– 1 oder + 1): Diese Tage bezeichnen wir als 2- oder 3-fach *besondere Tage*, wohl ahnend, daß den kritischen Tagen offensichtlich größere Bedeutung zukommt.

Mit unserem Programm können wir folgende Operationen ausführen:

- Berechnung des Biorhythmus für einen Tag.

- Berechnung des Biorhythmus für einen mehrere Tage umfassenden Zeitraum. Im Programm wurde dieser Zeitraum mit 40 Tagen begrenzt. Diese Festlegung kann im Bedarfsfall durch eine entsprechende Programmänderung gegen eine andere ausgetauscht werden.
- Berechnung der besonderen Tage für ein bestimmtes Jahr.
- Berechnung der kritischen Tage für ein bestimmtes Jahr.

Das Programm weist folgende Grenzen auf:

- Es gilt für einen zwischen den Jahren 1582 und 2400 liegenden Zeitraum unter Berücksichtigung des derzeit gültigen gregorianischen Kalenders.
- Tages- und Monatszahlen sind kalendergerecht einzugeben und allenfalls auch vorangehende Nullen mit einzutasten.
- Die Eingabe eines an sich gültigen Jahres für die Ermittlung der Bio-Daten wird dann abgewiesen, wenn es vor dem Geburtsjahr liegt.

Für einen kritischen Termin werden immer zwei Bio-Tage berechnet und ausgegeben und zwar deswegen, damit anhand der Amplitudenvorzeichen bei numerischer Darstellung ablesbar ist, in welcher Richtung eine Kurve die x-Achse durchstößt. Nun gibt es bei der Kombination körperlicher/geistiger Zyklus wegen der Länge der Halbperiode 379,5 Tage keinen exakt gleichen Durchstoßpunkt, so daß auch in beiden einen kritischen Termin kennzeichnenden Bio-Tage keine 0-Meldung erfolgen kann. Im Fall der Ermittlung besonderer Tage begnügen wir uns mit der Angabe nur eines Bio-Tages.

Zusätzliches Service bietet dieses Programm mit der Angabe des Wochentags der Geburt und des jeweiligen Bio-Tages.

Variablenliste (zusätzlich)

A	Schleifenvariable bei Ermittlung der Rhythmen
B	Abstand eines ersten Ereignisses in Tagen nach der Geburt
C	Hilfsvariable
E	Monatsenddatum
F	Faktor aktuell
I	Jahreszahl bei der Faktorenermittlung, Schleifenvariable
J	Kalenderjahr aktuell
K	INT (J/100), Periodenkombination in Tagen
L	J/4
M	Kalendermonat aktuell
N	umgewandelte Monatszahl zur Berechnung des Enddatums
O	Faktor 31.12.(JJJJ–1) abzüglich Faktor Geburtstag
P	Schleifenendwert
R	Hilfsvariable
S	Schaltjahreskennzeichnung
T	Kalendertag aktuell

U	Fehlerhinweis (keine Personendaten)
V	Periodenlänge in Tagen
X	Anzahl der Biotage
FB	Faktor erstes Biodatum
JB	Kalenderjahr erstes Biodatum
MB	Kalendermonat erstes Biodatum
TB	Kalendertag erstes Biodatum
FG	Faktor Geburtstag
JG	Kalenderjahr Geburtstag
MG	Kalendermonat Geburtstag
TG	Kalendertag Geburtstag
D$	Datumkennzeichnung „Geburts" bzw. „Bio"
H$	Rhythmenbezeichnung
DT$	Datumsring TT.MM.JJJJ
FN$	Familienname
VN$	Vorname
WB$	Wochentagsbezeichnung erster Biotag
WG$	Wochentagsbezeichnung Geburtstag
WT$	Wochentagsbezeichnung aktuell

Programmstruktur

1000	Programmvorlauf	
	1020–1050	Entscheidung über die Aufnahme einer Rhythmenberechnung
	1100	Wahl des Ausgabemodus
	1200	Menüausdruck
	1300	Menüanzeige
2000	Eingabe Namen und Geburtsdatum	
3000	Berechnung der Rhythmen für mehrere Tage	
	3040–3050	Eingabe und Kontrolle des Zeitraums
	3060	gemeinsame Fortsetzung mit der Eintagesberechnung
4000	Berechnung der Rhythmen für einen Tag	
	4030	Eingabe und Kontrolle Biodatum
	4040	Titelausgabe
	4050–4100	Ausgabeschleife bei kalendergerechter Datumfortschreibung

- 5000 Berechnung der besonderen Tage für ein Kalenderjahr
  - 5030 Eingabe und Kontrolle der Jahreszahl
  - 5040–5090 Ermittlung und Abspeicherung der Faktoren besonderer Tage
- 6000 Berechnung der kritischen Tage für ein Kalenderjahr
  - 6030 Eingabe und Kontrolle der Jahreszahl
  - 6040–6060 Ermittlung und Abspeicherung der Faktoren kritischer Tage
- 7000 gemeinsame Ausgabe der bemerkenswerten Tage
  - 7010 Ausgabe des Verarbeitungstitels
  - 7040 Hinweis auf fehlende bemerkenswerte Tage
    - 7120 Datumrückrechnung
  - 7230 Ende der Ausgabeschleife
- 8000 Unterprogramme
  - 8000 Eingabe Datum und Kontrolle
    - 8060 Auflösung Datumstring
    - 8090 Einstieg Datumfortschreibung
    - 8120 Berechnung Monatsenddatum
    - 8150 Plausibilitätskontrolle Datumelemente
  - 8170–8180 Faktorenberechnung
    - 8190 Einstieg Ermittlung Wochentagsbezeichnung
  - 8300 Ausgabe Verarbeitungstitel, Name und Geburtsdatum
  - 8400 Berechnung des Kurvenausschlags
  - 8600 Berechnung eines einzelnen Ausschlags
  - 8700 Eingabe und Kontrolle der Jahreszahl
  - 8800 Feststellen und Einordnen bemerkenswerter Tage
  - 8900 Hinweis auf fehlende Personendaten
  - 9200 Konstantenzuordnung
  - 9300 Anzeige des Verarbeitungstitels
  - 9400 Eingabegüteentscheidung treffen
  - 9500 kurzzeitige Eingabefehleranzeige
  - 9900 Schlußroutine

Anweisungsliste

```
1000:REM Biorhythmus
1001:REM
1002:REM by Tatzl, Graz
1003:REM
1010:GOSUB 9200: GOSUB 9300
1020:PRINT "Start Taste (G)"
1030:PRINT "Ende  Taste (S)"
1040:IF INKEY$ ="S" THEN 9900
1050:IF INKEY$ <>"G" THEN 1040
1100:REM
1101:REM Ausgabebetrieb
1102:REM
1110:"A": GOSUB 9300
1120:PRINT "Anzeige Taste (A)"
1130:PRINT "Druck   Taste (D)"
1140:OP$="":OP$= INKEY$
1150:IF OP$="A" LET O$="Anzeige": GOTO
     1180
1160:IF OP$="D" LET O$="Drucker": GOTO
     1180
1170:GOTO 1140
1180:GOSUB 9300: WAIT 200: PRINT O$;" b
     etriebsbereit"
1190:IF OP$="A" THEN 1300
1200:REM
1201:REM Menuedruck
1202:REM
1210:LPRINT : LPRINT
1220:LPRINT TT$(1);TT$(0);TT$(1)
1230:LPRINT
1240:LPRINT "(DEF) Verarbeitung"
1250:LPRINT TT$(2)
1260:LPRINT "  A   Wahl der Ausgabe"
1261:LPRINT "  S   Verarbeitungsende"
1264:LPRINT "  G   Name, Geburtsdatum"
1265:LPRINT "  H   Rhythmen f. 1 Tag"
1266:LPRINT "  J   Rhythmen f. x Tage"
1267:LPRINT "  K   kritische Tage"
1273:LPRINT "  B   besondere Tage"
1275:LPRINT "  M   Menueanzeige"
1276:LPRINT TT$(2)
1277:LPRINT : LPRINT
1279:GOTO 1380
1300:REM
1301:REM Menueanzeige
1302:REM
1310:GOSUB 9300
1320:PRINT "Haupt - Menue: (DEF) und"
1330:WAIT 200: PRINT "Buchstabentaste d
     ruecken"
1340:"M": CLS : WAIT 25: PRINT = PRINT
1350:PRINT "A:Ausgabe   S:Ende"
1351:PRINT "G:Pers.Dat  M:Menue"
1352:PRINT "H:f. 1 Tag  J:f. x Tage"
```

```
1353:PRINT "K:krit.Tage B:besd.Tage "
1354:IF INKEY$ ="" THEN 1354
1380:GOSUB 9300: PRINT "Anwahl treffen!
     "
1390:END
2000:REM
2001:REM Name,Geb.Datum
2002:REM
2010:"G": GOSUB 9300
2020:PRINT "Namen mit maximal  je 16"
2030:WAIT 200: PRINT "Zeichen eingeben!
     "
2040:GOSUB 9300: INPUT "Name =";FN$
2050:INPUT "Vorn.=";VN$
2060:GOSUB 9400: IF JN$="N" THEN 2040
2070:D$="Geburts":W=1: GOSUB 8000
2080:FG=F:TG=T:MG=M:JG=J:WG$=WT$
2090:GOTO 1340
3000:REM
3001:REM mehrere Tage
3002:REM
3010:"J": GOSUB 9300
3020:WAIT 200: PRINT "Rhythmen fuer x T
     age": GOSUB 8900: IF U=1 THEN 2000
3030:X=0: GOSUB 9300
3040:INPUT "Zahl Tage (1-40) = ";X
3050:IF (X<1) OR (X>40) OR (X<> INT X)
     GOSUB 9500: GOTO 3030
3060:GOTO 4030
4000:REM
4001:REM ein Tag
4002:REM
4010:"H": GOSUB 9300:X=1
4020:WAIT 200: PRINT "Rhythmen fuer 1 T
     ag": GOSUB 8900: IF U=1 THEN 2000
4030:D$="Bio":W=1: GOSUB 8000
4040:FB=F:T=T-1: GOSUB 8300
4050:FOR A=FB TO FB+X-1
4060:T=T+1: IF T<=E THEN 4090
4070:T=1:M=M+1: IF M<=12 THEN 4090
4080:M=1:J=J+1
4090:W=0: GOSUB 8090
4100:GOSUB 8400: NEXT A
4110:GOTO 1340
5000:REM
5001:REM besondere Tage
5002:REM
5010:"B": GOSUB 9300:TT$(3)="Besondere
     Tage"
5020:WAIT 200: PRINT TT$(3): GOSUB 8900
     : IF U=1 THEN 2000
5030:GOSUB 8700:P=0
5040:K=644:B=259: GOSUB 8800
5050:B=385: GOSUB 8800
5060:K=759:B=305: GOSUB 8800
5070:B=454: GOSUB 8800
```

```
5080:K=924:B=371: GOSUB 8800
5090:B=553: GOSUB 8800
5100:GOTO 2000
6000:REM
6001:REM kritische Tage
6002:REM
6010:"K": GOSUB 9300:TT$(3)="Kritische
     Tage"
6020:WAIT 200: PRINT TT$(3): GOSUB 8900
     : IF U=1 THEN 2000
6030:GOSUB 8700:B=0:P=1
6040:K=322: GOSUB 8800
6050:K=379.5: GOSUB 8800
6060:K=462: GOSUB 8800
7000:REM
7001:REM bem.Tage
7002:REM
7010:GOSUB 8300: CLS
7020:IF OP$="D" LPRINT : LPRINT : PRINT
     = LPRINT
7030:PRINT TT$(3);" "; STR$ J: PRINT TT
     $(1)
7040:IF BT(0)=0 PRINT "keine ";TT$(3)
7050:IF OP$="D" THEN 7070
7060:IF INKEY$ ="" THEN 7050
7070:FOR I=0 TO 5
7080:IF BT(I)=0 THEN 7230
7090:F= INT (BT(I)+.5)-P
7100:FOR A=0 TO P
7110:GOSUB 8190
7120:O=F-C+1: IF O<>0 THEN 7140
7130:T=31:M=12:J=JB-1: GOSUB 7200
7140:J=JB: IF O>59+S THEN 7180
7150:M= INT ((O-1)/31)+1:T=O
7160:IF M=2 LET T=O-31
7170:GOTO 7200
7180:M= INT ( INT (O-60-S)/30.6+3.014)
7190:T=O-31*(M-1)+ INT (.4*M+2.3)-S
7200:GOSUB 8400
7210:IF P=1 LET F=F+1
7220:NEXT A: NEXT I
7230:IF OP$="D" LPRINT : LPRINT
7240:GOTO 1340
8000:REM
8001:REM Datum,Kontrolle
8002:REM
8010:GOSUB 9300
8020:PRINT D$;"datum TT.MM.JJJJ="
8030:INPUT DT$
8040:IF LEN DT$<>10 GOSUB 9500: GOTO 80
     10
8060:T= VAL ( LEFT$ (DT$,2))
8070:M= VAL ( MID$ (DT$,4,2))
8080:J= VAL ( RIGHT$ (DT$,4))
8090:K=J/100:L= INT K/4:I=J/4
8100:S=0: IF I= INT I LET S=1
```

```
8110:IF (K= INT K) AND (L<> INT L) LET
     S=0
8120:IF M=2 LET E=28+S: GOTO 8150
8130:N=(3* INT ((M-1)/7)+M-1)/2
8140:E=30: IF N= INT N LET E=31
8150:IF (T>=1) AND (T<=E) AND (M>=1)
     AND (M<=12) AND (J>=1582) AND (J<=
     2400) THEN 8170
8160:GOSUB 9500: GOTO 8010
8170:F=- INT (.4*M+2.3):I=J: IF M<=2
     LET F=0:I=J-1
8180:F=F+T+31*(M-1)+365*J+ INT (I/4)-
     INT (.75*( INT (I/100)+1))
8190:GOTO (F- INT (F/7)*7+8200)
8200:WT$="Sa": GOTO 8210
8201:WT$="So": GOTO 8210
8202:WT$="Mo": GOTO 8210
8203:WT$="Di": GOTO 8210
8204:WT$="Mi": GOTO 8210
8205:WT$="Do": GOTO 8210
8206:WT$="Fr"
8210:IF W=0 RETURN
8220:GOSUB 9400: IF JN$="N" THEN 8010
8230:RETURN
8300:REM
8301:REM Ausgabetitel
8302:REM
8310:IF OP$="A" CLS
8320:IF OP$="D" LPRINT : LPRINT : PRINT
     = LPRINT
8330:PRINT "Biorhythmus fuer"
8340:PRINT FN$: PRINT UN$
8350:PRINT "Geb-Datum: ";WG$;",";  STR$
     TG;".";  STR$ MG;".";  STR$ JG
8360:IF OP$="D" LPRINT TT$(1): RETURN
8370:IF INKEY$ ="" THEN 8370
8380:RETURN
8400:REM
8401:REM Rhythmen
8402:REM
8410:IF OP$="A" CLS : WAIT 1
8420:IF OP$="D" LPRINT
8430:PRINT "Bio-Datum: ";WT$;",";  STR$
     T;".";  STR$ M;".";  STR$ J
8440:IF OP$="D" LPRINT TT$(2)
8450:R=360*(F-FG)
8460:V=23:H$="phys": WAIT 1: GOSUB 8600
8470:V=28:H$="sens": WAIT 1: GOSUB 8600
8480:V=33:H$="intl": WAIT 1: GOSUB 8600
8490:IF OP$="D" RETURN
8500:IF INKEY$ ="" THEN 8500
8510:RETURN
8600:REM
8601:REM Ausschlag
8602:REM
8610:Y=( SIN (R/V)): IF Y=0 WAIT 10:
     GOTO 8620
```

```
8615:Y=Y/ ABS Y* INT ( ABS (100*Y)+.5)/
     100
8620:PRINT H$; ". Ausschlag = "; USING "
     ###.##"; Y
8630:RETURN
8700:REM
8701:REM Jahreszahl
8702:REM
8710:CLS : WAIT 25: PRINT TT$(3): PRINT
     TT$(1)
8720:INPUT "Jahreszahl JJJJ = "; J
8730:IF (J<JG) OR (J<1582) OR (J>2400)
     OR (J<> INT J) GOSUB 9500: GOTO 87
     10
8740:GOSUB 9400: IF JN$="N" THEN 8710
8750:T=1:M=1:W=0: GOSUB 8090
8760:C=F:O=F-FG-1:FB=F:JB=J
8770:FOR A=0 TO 5
8780:BT(A)=0: NEXT A
8790:RETURN
8800:REM
8801:REM Datumordnung
8802:REM
8810:R=K* INT ((O-B)/K)+FG+B+K
8820:IF O-B<=0 LET R=FG+B
8830:I=0:L=R
8840:IF L>C+364.5+S RETURN
8850:IF BT(I)=L RETURN
8860:IF BT(I)=0 LET BT(I)=L:R=R+K: GOTO
     8830
8870:IF L<BT(I) LET N=BT(I):BT(I)=L:L=N
8880:I=I+1: IF I<=5 THEN 8860
8890:RETURN
8900:REM
8902:REM Eingabekontr.
8910:U=0: IF FG<>0 RETURN
8920:U=1: PRINT "Personendaten eingeben
     !"
8930:RETURN
9200:REM
9201:REM Konstante
9202:REM
9210:CLEAR
9220:DIM TT$(3)*24,BT(5)
9230:TT$(0)="*Biorhythmen-Berechnung*"
9231:TT$(1)="************************"
9232:TT$(2)="------------------------"
9290:RETURN
9300:REM
9301:REM Titelanzeige
9302:REM
9310:WAIT 25: CLS : PRINT TT$(0);TT$(1)
9320:RETURN
9400:REM
9401:REM Eingabeentsch.
9402:REM
```

```
9410:PRINT "ok? ja(J),no(N) druecken"
9420:JN$="":JN$= INKEY$
9430:IF (JN$="J") OR (JN$="N") RETURN
9440:GOTO 9420
9500:REM
9501:REM Fehleranzeige
9502:REM
9510:WAIT 200: PRINT "Eingabe unzulaess
     ig!"
9520:RETURN
9900:REM
9901:REM Schlussroutine
9902:REM
9910:"S": GOSUB 9300
9920:IF OP$="D" LPRINT : LPRINT : PRINT
     = PRINT
9980:PRINT "Verarbeitung beendet"
9990:WAIT : USING : END
```

Bild 31 Programm BIORYT

Bedienungsanleitung

Programmname:	BIORYT
Speicheranspruch:	4628 Bytes
Speichererweiterung:	ja
Ausgabebetrieb:	Anzeige und Druck (CE-126P)
Verarbeitungstitel:	„Biorhythmus-Berechnung“

Der Programmbeginn deckt sich mit der in Kapitel 5 dargestellten Startphase und enthält auch die Punkte 1 bis 3 der Bedienungsanleitung. In der Druckausgabe hat das Menü folgendes Aussehen:

```
************************
*Biorhythmen-Berechnung*
************************

(DEF) Verarbeitung
------------------------
  A   Wahl der Ausgabe
  S   Verarbeitungsende
  G   Name, Geburtsdatum
  H   Rhythmen f. 1 Tag
  J   Rhythmen f. x Tage
  K   kritische Tage
  B   besondere Tage
  M   Menueanzeige
------------------------
```

Bild 32 Menüausdruck zur Berechnung von Biorhythmen

4 Anwahl einer Verarbeitung:

4.1 Ausgabemodus neu einstellen: Tasten (DEF) A drücken, in Punkt 3 fortsetzen und nach der Menüausgabe Verarbeitung in Punkt 4 anwählen.

4.2 Verarbeitung abschließen: Tasten (DEF) S drücken. Die Operationen sind analog zu Punkt 2.1 beendet.

4.3 Namen und Geburtsdatum eingeben: Tasten (DEF) G drücken und in Punkt 5 fortsetzen.

4.4 Menüanzeige: Tasten (DEF) M drücken. Anzeige des Hauptmenüs mit Druck auf eine beliebige Taste außer (ENTER), etc. löschen und Operation in Punkt 4 anwählen.

4.5 Rhythmen für einen Tag berechnen: Tasten (DEF) H drücken und in Punkt 11 fortsetzen.

4.6 Rhythmen für mehrere Tage berechnen: Tasten (DEF) J drücken und in Punkt 14 fortsetzen.

4.7 Zwei- und dreifach besondere Tage für ein Kalenderjahr berechnen: Tasten (DEF) B drücken und in Punkt 17 fortsetzen.

4.8 Zwei- und dreifach kritische Tage für ein Kalenderjahr berechnen: Tasten (DEF) K drücken und in Punkt 20 fortsetzen.

Wird eine der Verarbeitungen 4.4 bis 4.7 vor einer gültigen Eingabe eines Namens sowie Geburtsdatums angewählt, kommt es nach Anzeige des Verarbeitungstitels und einer Anwahlkontrollanzeige zu einer kurzzeitig wirksamen Fehlermeldung „Personendaten eingeben!" sowie zur automatischen Ansteuerung dieser Eingaben ab Punkt 5. Die gewünschte Verarbeitung ist nach Abschluß dieser Operation erneut anzuwählen.

5 Kurzzeitige Anzeige des Verarbeitungstitels und der Anwahlkontrolle „Namen mit maximal 16 Zeichen eingeben!".

6 Bei Anzeige des Verarbeitungstitels und des Eingabehinweises „Name = _" im Höchstfall 16 Zeichen umfassenden Familiennamen (überschüssige Zeichen werden nicht berücksichtigt) eintasten und (ENTER) drücken.

7 Bei Zusatzanzeige des Eingabehinweises „Vorn.=_" Vornamen wie zuvor beschrieben eingeben.

8 Bei der Zusatzanzeige des Entscheidungshinweises „ok? ja(J), no(N) druecken" über die Richtigkeit der Namenseingaben urteilen:

8.1 Eingaben nicht korrekt: Taste N drücken und die Eingaben ab Punkt 6 richtig wiederholen.

8.2 Eingaben korrekt: Taste J drücken.

9 Bei Anzeige des Verarbeitungstitels und des Eingabehinweises „Geburtsdatum TT. MM.JJJJ=?" Geburtsdatum in genau der angebenen Form kalendergerecht eintasten und (ENTER) drücken. Fehleingaben führen über eine kurzzeitig wirksame Fehlermeldung „Eingabe unzulaessig!" zur automatischen Eingabewiederholung.

10 Bei der Zusatzanzeige des Entscheidungshinweises „ok? ja(J), no(N) druecken" über die Richtigkeit der Eingabe urteilen:

10.1 Eingabe nicht korrekt: Taste N drücken und Datum in Punkt 9 erneut eingeben.

10.2 Eingabe korrekt: Taste J drücken. Die Verarbeitung endet in der Menüanzeige analog Punkt 3, worauf in Punkt 4 über die weitere Fortsetzung der Operationen entschieden wird.

11 Kurzzeitige Anzeige des Verarbeitungstitels und der Anwahlkontrollanzeige „Rhythmen für 1 Tag".

12 Bei Anzeige des Verarbeitungstitels und des Eingabehinweises „Biodatum TT.MM. JJJJ=?" Datum des gewünschten Biotages kalendergerecht und nicht vor dem Geburtsdatum liegend eintasten und (ENTER) drücken. Irrtümliche Eingaben führen über eine kurzzeitig wirksame Fehlermeldung „Eingabe unzulaessig!" zur automatischen Eingabewiederholung.

13 Bei der Zusatzanzeige des Entscheidungshinweises „ok? ja(J), no(N) druecken" über die Richtigkeit des eingegebenen Datums befinden:

13.1 Datum nicht korrekt: Taste N drücken und die Eingabe in Punkt 12 richtig wiederholen.

13.2 Datum korrekt: Taste J drücken. Berechnung und Ausgabe erfolgen nun analog Bild 33.

Im Anzeigebetrieb ist nach der Ausgabe der Personendaten bzw. nach der Ausgabe der Rhythmen des gewählten Biotages jeweils mit der Betätigung einer beliebigen Taste außer ENTER, etc. fortzusetzen. In allen Fällen endet diese Verarbeitung in der Menüanzeige analog Punkt 3 und in der Entscheidung über die weitere Fortsetzung in Punkt 4.

```
Biorhythmus fuer
DELMENHORST
Ingrid
Geb-Datum: So,13.6.1937
************************

Bio-Datum: So,29.12.1985
------------------------
phys. Ausschlag =  -0.52
sens. Ausschlag =   1.00
intl. Ausschlag =   0.95
```

Bild 33
Rhythmik für einen Kalendertag

14 Kurzzeitige Anzeige des Verarbeitungstitels und der Anwahlkontrollanzeige „Rhythmen fuer mehrere Tage".

15 Bei Anzeige des Verarbeitungstitels und des Eingabehinweises „Zahl Tage (1–40) = _" Länge des Zeitraums, für den Rhythmenberechnungen durchzuführen sind, als ganze zwischen einschließlich 1 und 40 liegende Zahl eintasten und (ENTER) drükken. Fehleingaben führen über eine kurzzeitig wirksame Fehlermeldung „Eingabe unzulaessig!" zur automatischen Eingabewiederholung.

16 Bei der Zusatzanzeige des Entscheidungshinweises „ok? ja(J), no(N) druecken" über die Richtigkeit der Eingabe urteilen:

16.1 Anzahl nicht korrekt: Taste N drücken und Eingabe in Punkt 15 richtig wiederholen.

16.2 Anzahl korrekt: Taste J drücken. Berechnung und Ausgabe erfolgen nun analog Bild 34.

Im Anzeigebetrieb ist nach der Ausgabe der Personendaten bzw. nach der Ausgabe der jeweiligen Tagesrhythmen mit der Betätigung einer beliebigen Taste

```
Biorhythmus fuer                  Bio-Datum: Di,31.12.1985
DELMENHORST                       ------------------------
Ingrid                            phys. Ausschlag =   0.00
Geb-Datum: So,13.6.1937           sens. Ausschlag =   0.90
************************          intl. Ausschlag =   0.76

Bio-Datum: Mo,30.12.1985          Bio-Datum: Mi,1.1.1986
------------------------          ------------------------
phys. Ausschlag =  -0.27          phys. Ausschlag =   0.27
sens. Ausschlag =   0.97          sens. Ausschlag =   0.78
intl. Ausschlag =   0.87          intl. Ausschlag =   0.62
```

Bild 34 Rhythmik für drei aufeinanderfolgende Kalendertage; man beachte dabei die kalendergerechte Datumfortschreibung

außer ENTER, etc. fortzusetzen. In allen Fällen endet diese Verarbeitung in der Menüanzeige analog zu Punkt 3 und in der Wahl einer Verarbeitungsfortsetzung in Punkt 4.

17 Kurzzeitige Anzeige des Verarbeitungstitels und der Anwahlkontrollanzeige „Besondere Tage".

18 Bei Anzeige des Texthinweises „Besondere Tage" und des Eingabehinweises „Jahr JJJJ = _" Zahl jenes Jahres, für welches besondere Tage ermittelt werden sollen, als ganze zwischen einschließlich 1582 und 2400 liegende Zahl, die aber nicht vor dem Geburtsjahr liegen darf, eintasten und (ENTER) drücken. Irrtümliche Eingaben führen über die kurzzeitige Fehleranzeige „Eingabe unzulaessig!" zur automatischen Eingabewiederholung.

19 Bei der Zusatzanzeige des Entscheidungshinweises „ok? ja(J), no(N) druecken" über die Richtigkeit der Eingabe befinden:

19.1 Jahreszahl nicht korrekt: Taste N drücken und Eingabe in Punkt 18 richtig wiederholen.

19.2 Jahreszahl korrekt: Taste J drücken. Bei Annahme der Eingabe werden die besonderen Tage berechnet und analog zu Bild 35 ausgegeben.

```
Biorhythmus fuer                  Bio-Datum: So,9.2.1986
DELMENHORST                       ------------------------
Ingrid                            phys. Ausschlag =  -1.00
Geb-Datum: So,13.6.1937           sens. Ausschlag =  -1.00
************************          intl. Ausschlag =  -0.46

                                  Bio-Datum: Fr,27.6.1986
Besondere Tage 1986               ------------------------
************************          phys. Ausschlag =  -1.00
                                  sens. Ausschlag =  -0.90
Bio-Datum: Mi,29.1.1986           intl. Ausschlag =  -1.00
------------------------
phys. Ausschlag =   1.00          Bio-Datum: So,13.7.1986
sens. Ausschlag =   0.78          ------------------------
intl. Ausschlag =   1.00          phys. Ausschlag =   0.40
                                  sens. Ausschlag =   1.00
                                  intl. Ausschlag =   1.00
```

Bild 35 Berechnung besonderer Tage für ein Kalenderjahr

Im Anzeigebetrieb ist nach der Ausgabe der Personendaten bzw. der Rhythmen eines besonderen Tages jeweils mit der Betätigung einer beliebigen Taste außer ENTER, etc. fortzusetzen. Liegen keine besonderen Tage vor, wird dies durch einen entsprechenden Hinweis bekannt gegeben. Auch diese Verarbeitung endet in der Menüanzeige analog zu Punkt 3 und in der Wahl einer weiteren Operation in Punkt 4.

20 Kurzzeitige Anzeige des Verarbeitungstitels und der Anwahlkontrollanzeige „Kritische Tage".

21 Die Berechnung kritischer Tage erfolgt nach den gleichen für die Ermittlung nach den Punkten 18 und 19 geltenden Grundsätzen und ist auch analog zu diesen Hinweisen auszuführen.

```
Biorhythmus fuer
DELMENHORST
Ingrid
Geb-Datum: So,13.6.1937
***********************


Kritische Tage 1986
***********************

Bio-Datum: So,13.4.1986
-----------------------
phys. Ausschlag =   0.14
sens. Ausschlag =   0.00
intl. Ausschlag =   0.10

Bio-Datum: Mo,14.4.1986
-----------------------
phys. Ausschlag =  -0.14
sens. Ausschlag =   0.22
intl. Ausschlag =  -0.10

Bio-Datum: Sa,11.10.1986
-----------------------
phys. Ausschlag =   0.82
sens. Ausschlag =   0.22
intl. Ausschlag =  -0.19

Bio-Datum: So,12.10.1986
-----------------------
phys. Ausschlag =   0.63
sens. Ausschlag =   0.00
intl. Ausschlag =   0.00

Bio-Datum: Sa,25.10.1986
-----------------------
phys. Ausschlag =  -0.27
sens. Ausschlag =  -0.22
intl. Ausschlag =   0.62

Bio-Datum: So,26.10.1986
-----------------------
phys. Ausschlag =   0.00
sens. Ausschlag =   0.00
intl. Ausschlag =   0.46
```

Bild 36 Berechnung kritischer Tage für ein Kalenderjahr

5.4 Graphische Anwendungen

Unüblicherweise wird in diesem Buch auch ein Computermodell berücksichtigt, welches nicht jenem entspricht, dem dieses Buch gewidmet ist. Nun haben aber die Modelle PC-1350 und PC-2500 nicht nur den Hersteller, sondern auch verschiedene Eigenschaften gemeinsam. Diese wurden bereits im Abschnitt 3.1 angedeutet.

Nun kann auch an beide Modelle der DIN-A4-Plotter CE-516P über die serielle Schnittstelle RS-232 angeschlossen werden. Dies ergibt für den PC-1350 völlig neue Aspekte: Unerwartete Verwendung dieses Taschencomputers auch für graphische Einsätze und damit verstärkter Programmaustausch mit dem PC-2500. Aus Gründen des Druckformats werden druckerspezifische Abweichungen in den Beispielen diskutiert.

Wenn allerdings ein bestimmter Drucker bzw. Plotter bevorzugt werden soll, sind die jeweiligen Ausgabeformate vorteilhaft schon in den Programmen entsprechend einzustellen.

5.4.1 Graphische Variante Verfahrensvergleich

Um die Verbindung vom PC-2500 zum PC-1360 recht eng zu knüpfen, wird mit einer Variante des bereits in Abschnitt 5.2.3 erläuterten Programms begonnen.

Die graphische Darstellung des Vergleichs zweier Arbeits- bzw. Produktionsverfahren stützt sich im wesentlichen auf die numerische Aufbereitung der Ausgangswerte. Die Dokumentation der Ausgangswerte wie auch die der Ergebnisse wurde von Abschnitt 5.2.3 unverändert übernommen, wiewohl der PC-2500 beim Druck eine größere Anzahl Zeichen je Zeile ermöglichen würde.

Die vorliegende 4920 byte lange Programmvariante verzichtet daher auf eine Anpassung des Druckformats und auch auf die Wahl der Ausgabe über die Anzeige bzw. den Drucker. Auch Programmstruktur und Variablenliste können übernommen werden bzw. sind im Bedarfsfall nochmals in Abschnitt 5.2.3 nachzulesen.

Der einzige Unterschied zum auf die Bedürfnisse des PC-1350 mit dem Thermodrucker CE-126P zugeschnittenen Programms liegt einmal in der Wahl des Größtwertes der Werteskala für die graphische Darstellung sowie in der zusätzlich zu den numerisch aufbereiteten Daten ausgegebenen Graphik. Die einzelnen Beispiele mit den von Abschnitt 5.2.3 übernommenen Zahlenwerten sprechen für sich und bedürfen keines zusätzlichen Kommentars.

Dementsprechend ist auch die Bedienungsanleitung mit der Eingabe des Skalengrößtwertes zu ergänzen. Dieser Wert muß eine durch 3 ganzzahlig teilbare Zahl sein. Selbstredend wird man Größtwerte wählen, die Zwischenwerte leicht interpretieren lassen, wie z. B. 300, 9000, 150000, etc.

Im übrigen kann dieses Programm auch über den PC-2500 zusammen mit dem Plotter CE-516P gefahren werden.

Anweisungsliste

```
1000:REM Verf.Vergleich
1001:REM graph.Variante
1002:REM by Tatzl, Graz
1003:REM
1010:GOSUB 9200: GOSUB 9300
1020:PRINT "Start Taste (G)"
1030:PRINT "Ende  Taste (S)"
1040:IF INKEY$ ="S" THEN 9900
1050:IF INKEY$ <>"G" THEN 1040
1060:GOSUB 9300
1070:PRINT "max. Umsatz/Kosten ="
```

```
1080:INPUT M
1090:IF INT (M/3)=M/3 THEN 1200
1100:WAIT 200: PRINT "Masstab unzulaess
     ig!": GOTO 1060
1200:REM
1201:REM Menuedruck
1202:REM
1210:LPRINT : LPRINT
1220:LPRINT TT$(1): LPRINT TT$(0):
     LPRINT TT$(1)
1230:LPRINT
1240:LPRINT "(DEF) Verarbeitung"
1250:LPRINT TT$(2)
1261:LPRINT "  S   Verarbeitungsende"
1263:LPRINT "  F   Verfahrenrechnung"
1264:LPRINT "  G   Gewinn/Verlust"
1272:LPRINT "  V   Verfahrenvergleich"
1275:LPRINT "  M   Menueanzeige"
1276:LPRINT TT$(2)
1277:LPRINT : LPRINT
1300:REM
1301:REM Menueanzeige
1302:REM
1340:"M": CLS : PRINT = PRINT
1350:PRINT "F:Verfahren G:Gew./Verl."
1351:PRINT "V:Vergleich"
1352:PRINT "M:Menue      S:Ende"
1360:IF INKEY$ ="F" THEN 2000
1370:IF INKEY$ ="G" THEN 3000
1380:IF INKEY$ ="V" THEN 4000
1390:IF INKEY$ ="M" THEN 1340
1400:IF INKEY$ ="S" THEN 9900
1410:GOTO 1360
2000:REM
2001:REM Eing.Verfahren
2002:REM
2010:"F": GOSUB 9300: WAIT 200
2020:PRINT "Eing.Verfahren A,B"
2030:GOSUB 9700: WAIT 25
2040:USING "##########": CLS : GOSUB 98
     00
2050:FOR I=1 TO 2
2060:PRINT "                    ";
2070:CURSOR 0,I: PRINT "P("; STR$ I;")"
     ;
2080:INPUT "Umsatz = ";X
2090:PRINT X;
2100:INPUT "Kosten = ";Y
2110:PRINT Y
2120:A((I-1)*I+1)=X
2130:A((I-1)*I+2)=Y
2140:NEXT I
2150:GOSUB 9400: IF JN$="N" THEN 2040
2160:IF (X<0) OR (X>=1E9) OR (X<> INT X
     ) THEN 2210
```

```
2170:IF (Y<0) OR (Y>=1E9) OR (Y<> INT Y
     ) THEN 2210
2180:IF (A=C) OR (B=D) THEN 2210
2190:E=(B-D)/(A-C): IF E<0 THEN 2210
2200:F= INT (B-E*A+.5): IF F>=0 THEN 22
     20
2210:GOSUB 9500: GOTO 2040
2220:IF E=1 LET U=1E99: GOTO 2240
2230:U= INT ((B-E*A)/(1-E)+.5):V=U-F
2240:FOR I=1 TO 7
2250:IF W$="A" LET VA(I)=A(I):VA(0)=1
2260:IF W$="B" LET VB(I)=A(I):VB(0)=1
2270:NEXT I
2280:PRINT = LPRINT : PRINT : PRINT
2290:PRINT "Ausgangswerte Verf. ";W$:
     GOSUB 9800: PRINT TT$(2)
2300:PRINT "P(1)";A;B
2310:PRINT "P(2)";C;D
2320:PRINT TT$(2): PRINT
2330:PRINT "Kosten, Gewinnschwelle ";W$
2340:PRINT TT$(2)
2350:PRINT "Fixe Kosten   ";F
2360:PRINT "Var. Kosten   ";V
2370:IF U=1E99 USING
2380:PRINT "Grenzumsatz   ";U
2390:PRINT TT$(2)
2400:IF E<1 THEN 2430
2410:PRINT "Kein Gewinn fuer Verf. ";W$
2420:PRINT TT$(2): PRINT : PRINT
2430:PRINT CHR$ &1B+"b"; CHR$ &1B+"0";
     CHR$ &1B+"?"+"b";"L0"
2440:GOSUB 6000: GOSUB 6300:X=375*U/M:
     IF U=0 LET X=X+25: GOTO 2460
2450:PRINT "L1": PRINT "M"+ STR$ X+",-1
     0": PRINT "D"+ STR$ X+",380"
2460:PRINT "M"+ STR$ (X+7)+",400":
     PRINT "Q3": PRINT "PGewinnschwelle
     "
2470:PRINT "Q0": PRINT "H": PRINT "M0,-
     100": PRINT "A"
2480:GOTO 1340
3000:REM
3001:REM Gewinn, Verlust
3002:REM
3010:"G": GOSUB 9300: WAIT 200
3020:PRINT "Gewinn oder Verlust"
3030:GOSUB 9700: WAIT 25: USING "######
     ####"
3040:IF VA(0)=0 LET W$="A": GOTO 4330
3050:IF VB(0)=0 LET W$="B": GOTO 4330
3060:CLS : PRINT "Gewinn/Verlustrechnun
     g ";W$;TT$(1)
3070:INPUT "Umsatz = ";U
3080:IF (U<0) OR (U>=1E9) OR (U<> INT U
     ) GOSUB 9500: GOTO 3060
```

```
3090:E=VA(5): IF W$="B" LET E=VB(5)
3100:F=VA(6): IF W$="B" LET F=VB(6)
3110:V= INT (E*U+.5)
3120:PRINT = LPRINT : PRINT : PRINT
3130:CLS : PRINT "Gewinn oder Verlust "
     ;W$
3140:PRINT TT$(2)
3150:PRINT "Umsatz          ";U
3160:PRINT "Fixe Kosten     ";F
3170:PRINT "Var. Kosten     ";V
3190:PRINT "Gesamtkosten    ";F+V
3200:G=U-V-F: GOSUB 8000
3210:PRINT R$;" ";F0$;G
3220:PRINT TT$(2): PRINT : PRINT
3230:PRINT CHR$ &1B+"b"; CHR$ &1B+"0";
     CHR$ &1B+"?"+"b";"L0"
3240:GOSUB 6000: GOSUB 6300:X=375*U/M
3250:PRINT "L1": PRINT "M"+ STR$ X+",-1
     0": PRINT "D"+ STR$ X+",380"
3260:PRINT "M"+ STR$ (X+7)+",400":
     PRINT "Q3": PRINT "PUmsatz": PRINT
     "Q0"
3270:PRINT "H": PRINT "M0,-100": PRINT
     "A"
3280:GOTO 1340
4000:REM
4001:REM Vergleich A,B
4002:REM
4010:"V": GOSUB 9300: WAIT 200
4020:PRINT "Vergleich A-B": WAIT 25
4030:IF VA(0)=0 LET W$="A": GOTO 4330
4040:IF VB(0)=0 LET W$="B": GOTO 4330
4050:PRINT = LPRINT : PRINT : PRINT
4060:CLS : PRINT "Gewinngleiche A-B":
     PRINT TT$(2)
4070:IF VA(5)>=1 PRINT "Verfahren A neg
     ativ!"
4080:IF VB(5)>=1 PRINT "Verfahren B neg
     ativ!"
4090:IF (VA(5)>=1) AND (VB(5)>=1) THEN
     4230
4100:IF VA(5)=VB(5) PRINT "Verfahren A
     parallel B": GOTO 4230
4110:U= INT ((VA(5)*VA(1)-VB(5)*VB(1)-V
     A(2)+VB(2))/(VA(5)-VB(5))+.5)
4120:K= INT (VA(6)+VA(5)*U+.5):G=U-K
4130:IF U<0 PRINT "Umsatz negativ!":
     GOTO 4190
4140:USING "###########":F0$="      ":
     REM 6 Leerstellen
4150:PRINT "Umsatz ";F0$;U
4160:PRINT "Kosten ";F0$;K
4170:GOSUB 8000
4180:PRINT R$;F0$;G
4190:IF VA(5)>=1 LET W$="B": GOTO 4220
```

```
4200:IF VB(5)>=1 LET W$="A": GOTO 4220
4210:W$="A": IF VA(5)>VB(5) LET W$="B"
4220:PRINT "Verfahren ";W$;" im Vorteil
     !"
4230:PRINT TT$(2): PRINT : PRINT
4240:PRINT CHR$ &1B+"b"; CHR$ &1B+"0";
     CHR$ &1B+"?"+"b";"L0"
4250:GOSUB 6000
4260:E=VA(5):F=VA(6):W$="A": GOSUB 6300
4270:E=VB(5):F=VB(6):W$="B": GOSUB 6300
4280:X=375*U/M
4290:PRINT "L1": PRINT "M"+ STR$ X+",-1
     0": PRINT "D"+ STR$ X+",385"
4300:PRINT "M"+ STR$ (X+7)+",400":
     PRINT "Q3": PRINT "PGrenzumsatz":
     PRINT "Q0"
4310:PRINT "H": PRINT "M0,-100": PRINT
     "A"
4320:GOTO 1340
4330:WAIT 200: PRINT "Erst Verf. ";W$;"
      eingeben!": WAIT 25: GOTO 2040
6000:REM
6001:REM Koord.System
6002:REM
6010:PRINT "R10,-200": PRINT "J0,-375"
6020:PRINT "I": PRINT "R5,0"
6030:FOR I=1 TO 3
6040:X=375*F/M:Y=I*M/3:Z=I*125: FOR J=1
     TO 4
6050:PRINT "R-10,25": PRINT "J10,0"
6060:NEXT J
6070:PRINT "R-15,25": PRINT "J20,0"
6080:PRINT "R10,-7": PRINT "P"+ STR$ Y
6090:PRINT "M5,"+ STR$ Z
6100:NEXT I
6110:PRINT "M7,400": PRINT "Q3": PRINT
     "PKosten": PRINT "Q0"
6120:PRINT "M385,385": PRINT "PErloese"
6130:PRINT "M375,375": PRINT "D0,0,375,
     0"
6140:PRINT "M0,-35": PRINT "PUmsatz"
6150:PRINT "M0,-5"
6160:FOR I=1 TO 3
6170:Y=I*M/3:Z=I*125: FOR J=1 TO 4
6180:PRINT "R25,10": PRINT "J0,-10"
6190:NEXT J
6200:PRINT "R25,15": PRINT "J0,-20"
6210:PRINT "R-25,-25": PRINT "P"+ STR$
     Y
6220:PRINT "M"+ STR$ Z+",-5"
6230:NEXT I: PRINT "H"
6240:RETURN
6300:REM
6301:REM graph.Verf.A,B
6302:REM
```

```
6310:X=375*F/M: IF F=0 PRINT "M375,0":
     GOTO 6330
6320:PRINT "M0,"+ STR$ X: PRINT "D375,"
     + STR$ X
6330:PRINT "R10,-7": PRINT "Pfixe "+W$
6340:IF E=1 PRINT "M375,400": GOTO 6360
6350:PRINT "M0,"+ STR$ X: PRINT "J375,"
     + STR$ (375*E)
6360:PRINT "R10,0": PRINT "Pvar. "+W$
6370:RETURN
8000:REM
8001:REM G/V-Kennz.
8002:REM
8010:R$="Gewinn ": IF G<0 LET R$="Verlu
     st"
8020:RETURN
9200:REM
9201:REM Konstante
9202:REM
9210:CLEAR
9220:DIM TT$(2)*24,VA(7),VB(7)
9230:TT$(0)="** Verfahrenvergleich **"
9231:TT$(1)="************************"
9232:TT$(2)="------------------------"
9290:RETURN
9300:REM
9301:REM Titelanzeige
9302:REM
9310:WAIT 25: CLS : PRINT TT$(0);TT$(1)
9320:RETURN
9400:REM
9401:REM Eingabeentsch.
9402:REM
9410:PRINT "ok? ja(J),no(N) druecken"
9420:JN$="":JN$= INKEY$
9430:IF (JN$="J") OR (JN$="N") RETURN
9440:GOTO 9420
9500:REM
9501:REM Fehleranzeige
9502:REM
9510:WAIT 200: PRINT "Eingabe unzulaess
     ig!"
9520:RETURN
9700:REM
9701:REM Wahl A,B
9702:REM
9710:GOSUB 9300
9720:PRINT "Verfahren A Taste (A)"
9730:PRINT "Verfahren B Taste (B)"
9740:W$="":W$= INKEY$
9750:IF (W$="A") OR (W$="B") WAIT 200:
     PRINT "gewaehlt Verfahren ";W$:
     RETURN
9760:GOTO 9740
9800:REM
```

```
9801:REM Tab.Titel
9802:REM
9810:PRINT "      Umsatz ";W$;"  Kosten
     ";W$
9820:RETURN
9900:REM
9901:REM Schlussroutine
9902:REM
9910:"S": GOSUB 9300
9920:LPRINT : LPRINT : PRINT = PRINT
9980:PRINT "Verarbeitung beendet"
9990:WAIT : USING : END
```

Bild 37 Programm COMGRF

Testbeispiele

Wie erwähnt, werden die bereits in Abschnitt 5.2.3 gewählten Zahlenbeispiele wiederholt, um einen Vergleich beider Programmvarianten zu erleichtern. Man hat in der Wahl der Skalengrößtwerte die Möglichkeit, die graphische Darstellung so zu beeinflussen, daß eine akzeptable Raumaufteilung im Ausdruck erzielt wird.

```
************************
** Verfahrenvergleich **
************************

(DEF) Verarbeitung
------------------------
  S   Verarbeitungsende
  F   Verfahrenrechnung
  G   Gewinn/Verlust
  V   Verfahrenvergleich
  M   Menueanzeige
------------------------
```

Bild 38
Menüausdruck zum graphischen Verfahrensvergleich

Ausgangswerte Verf. A

	Umsatz A	Kosten A
P(1)	100000	94500
P(2)	0	49500

Kosten, Gewinnschwelle A

Fixe Kosten	49500
Var. Kosten	40500
Grenzumsatz	90000

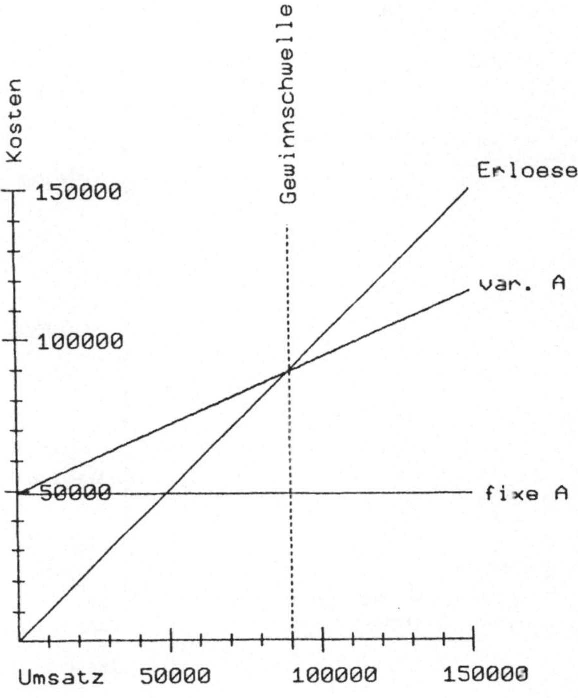

Bild 39
Ausgangslage Verfahren A

Ausgangswerte Verf. B

	Umsatz B	Kosten B
P(1)	100000	85000
P(2)	0	0

Kosten, Gewinnschwelle B

Fixe Kosten	0
Var. Kosten	0
Grenzumsatz	0

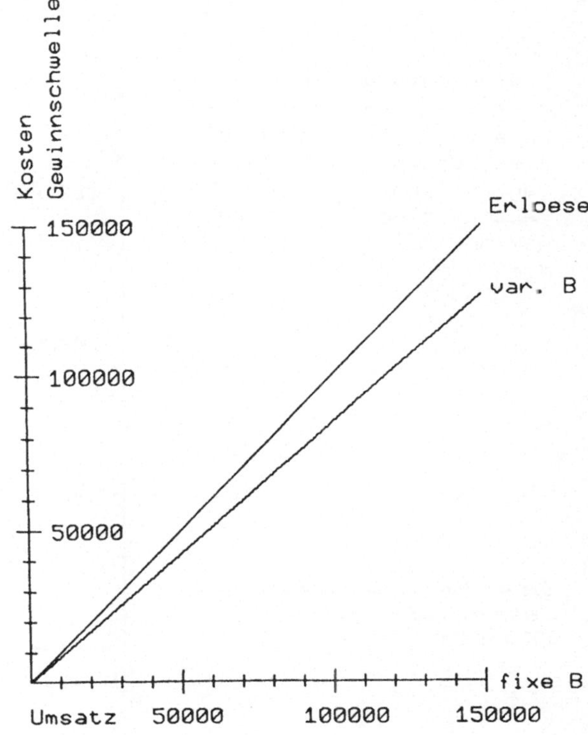

Bild 40
Ausgangslage Verfahren B

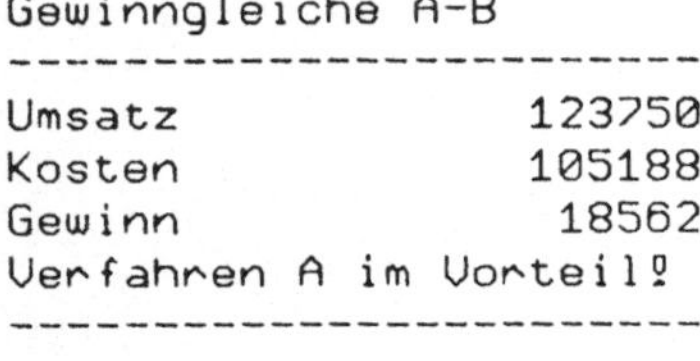

Gewinngleiche A-B

Umsatz	123750
Kosten	105188
Gewinn	18562

Verfahren A im Vorteil!

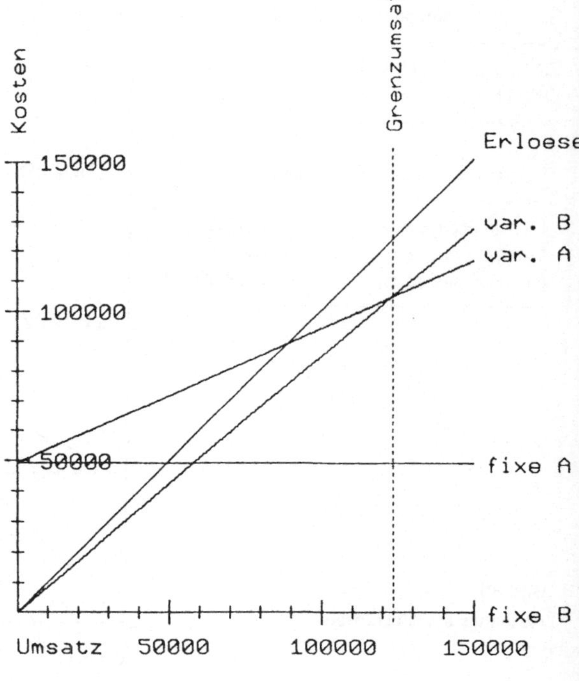

Bild 41
Berechnung der Gewinngleiche zwischen den beiden Verfahren A und B

Gewinn oder Verlust A

Umsatz	150000
Fixe Kosten	49500
Var. Kosten	67500
Gesamtkosten	117000
Gewinn	33000

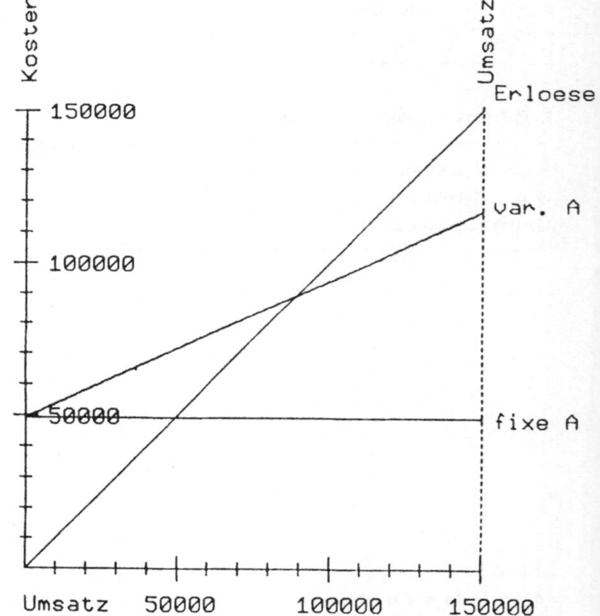

Bild 42 Berechnung des Gewinns für Verfahren A bei einem Umsatz von 150 000 DM

```
Gewinn oder Verlust B
-------------------------
Umsatz              150000
Fixe Kosten              0
Var. Kosten         127500
Gesamtkosten        127500
Gewinn               22500
-------------------------
```

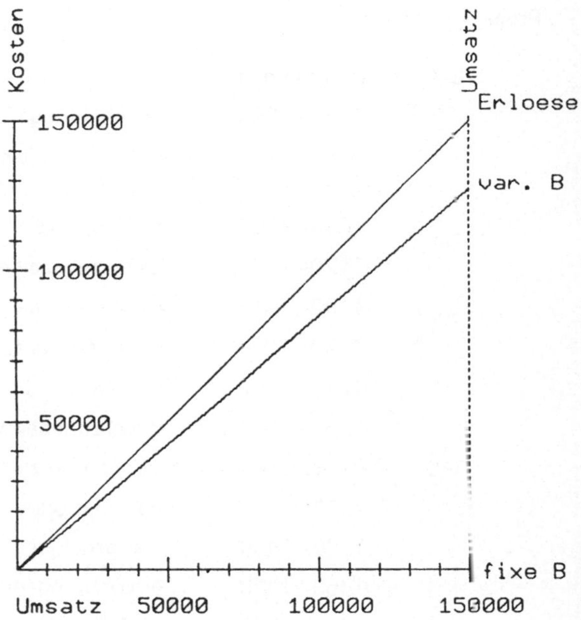

Kosten
150000
100000
50000
Umsatz
Erloese
var. B
fixe B
Umsatz 50000 100000 150000

Bild 43
Berechnung des Gewinns für Verfahren B bei einem Umsatz von 150 000 DM

5.4.2 Kreisschaubild mit Hervorhebung eines Sektors

Programme wie das vorliegende beruhen auf der Darstellung von Teilsummen in % der Gesamtsumme. Die absoluten Zahlenwerte können sich aus einer beliebigen Verarbeitung ergeben; hier gehen wir von einzugebenden Werten aus. Im Bedarfsfall ist dieses Programm als Folgeprogramm numerischer Ermittlungen geänderten Umständen anzupassen bzw. in ein solches Programm als Abschluß einzubauen.

Die graphische Darstellung relativer Größenverhältnisse ist in der Regel leichter erfaßbar, als der Vergleich absoluter Zahlen. Das besondere an diesem Programm ist der Umstand, daß aus dem Kreisschaubild ein Sektor nach Wahl besonders hervorgehoben werden kann. Die Schraffur der Sektoren beruht auf graphischen Funktionen, die im Befehlsvorrat des Plotters enthalten sind. Dieses Programm ist aufgrund der Größenverhältnisse der graphischen Darstellung sowohl mit dem PC-2500, als auch mit dem PC-1350 ausführbar, bedingt aber in beiden Fällen den Einsatz des DIN-A4-Plotters CE-516P. Das Programm wurde dem Bedienungshandbuch zum CE-516P entnommen, etwas modifiziert und den in diesem Buch verwendeten Programmstrukturen angepaßt.

Der Umbau dieses Programms wurde darüberhinaus auf eine vielseitige Verwendung hin abgestellt. Texteingaben und Festlegungen von Einheiten (DM, Massen, etc.) sind frei wählbar. Damit wurde das Programm aus einem reinen Umsatzvergleich herausgeführt und vielfältiger einsetzbar gemacht.

Programmstruktur

1000	Programmvorlauf	
	1020–1050	Entscheidung über die Aufnahme einer Verarbeitung
	1060	Verbindung über die Schnittstelle RS-232-C zum Plotter öffnen
	1080–1100	Rechnungszeitraum festlegen
	1120–1160	Sektorenbezeichnungen eingeben
	1190–1210	Absolutwertcharakteristik bekannt geben
	1220–1270	Absolutwerte für die einzelnen Sektoren eingeben
	1280–1310	Relativwerte berechnen
	1320–1340	Hervorzuhebenden Sektor benennen
1350	Kreisschaubild berechnen und zeichnen	
	1360	Graphikmodus einstellen
	1370–1450	Titel drucken
	1460–1480	Hervorzuhebenden Sektor aufsuchen
	1490–1550	ggf. fehlende Hervorhebung nachnennen
	1560–1770	Schaubild zeichnen
9000	Unterprogramme	
	9200	Konstantenzuordnung
	9300	Verarbeitungstitel anzeigen
	9400	Eingabegüteentscheidung treffen
	9500	kurzzeitige Fehleranzeige
	9600	Fortsetzungsentscheidung treffen
	9900	Schlußroutine

Variablenliste

A, Z, Z1	Schleifenindices
AB(Ø)	Summe Absolutwerte
AB(1 ... 1Ø)	Einzelabsolutwerte
RL(Ø)	Summe Relativwerte (= 100)
RL(1 ... 1Ø)	Einzelrelativwerte
BZ$(Ø)	Benennung des hervorzuhebenden Sektors
BZ$(1–1Ø)	Sektorenbenennungen
N	höchster verwendeter Index
Y	Rechnungszeitraum numerisch
Q	Sektorenwinkel

SS	Index des hervorzuhebenden Sektors
T1, T2	Kreisparameter
X1, Y1	Kreisparameter des hervorzuhebenden Sektors
XX, YY	Startpunkte für sektorenorientierte Textcharakteristik
JN$	ja/nein-Entscheidung für die Eingabegüte
WE$	ja/nein-Entscheidung über die Fortsetzung
TT$(Ø)	Verarbeitungstitel
TT$(1)	Sternchenzeile
TT$(2)	Strichzeile
TT$(3)	Kennzeichnung der Einheit der Absolutwerte

Anweisungsliste

```
1000:REM Kreisschaubild
1001:REM
1002:REM by Tatzl, Graz
1003:REM
1010:GOSUB 9200: GOSUB 9300
1020:PRINT "Start Taste (G)"
1030:PRINT "Ende  Taste (S)"
1040:IF INKEY$ ="S" THEN 9900
1050:IF INKEY$ <>"G" THEN 1040
1060:OPEN : CONSOLE 80
1070:GOSUB 9300:Y=0
1080:PRINT "Rechnungszeitraum (num)="
1090:INPUT Y
1100:IF (Y<1) OR (Y>9999) OR (Y<> INT Y
     ) GOSUB 9500: GOTO 1070
1110:N=1
1120:GOSUB 9300: PRINT "Bezeichnung ";
     STR$ N;" ="
1130:BZ$(N)="": INPUT BZ$(N)
1140:IF BZ$(N)="" GOSUB 9500: GOTO 1120
1150:GOSUB 9400: IF JN$="N" THEN 1120
1160:N=N+1: IF N>10 THEN 1180
1170:GOSUB 9600: IF WE$="J" THEN 1120
1180:N=N-1
1190:GOSUB 9300: PRINT "Absolutwerte si
     nd"
1200:TT$(3)="": INPUT TT$(3)
1210:IF TT$(3)="" GOSUB 9500: GOTO 1190
1220:AB(0)=0: FOR Z=1 TO N
1230:CLS : WAIT 25: PRINT TT$(3): PRINT
     BZ$(Z): PRINT TT$(1)
1240:AB(Z)=0: INPUT AB(Z)
1250:IF (AB(Z)<=0) OR (AB(Z)>9999999999
     ) OR (AB(Z)<> INT AB(Z)) GOSUB 950
     0: GOTO 1230
1260:GOSUB 9400: IF JN$="N" THEN 1230
```

```
1270:AB(0)=AB(0)+AB(Z): NEXT Z
1280:RL(0)=0: FOR Z=1 TO N
1290:RL(Z)= INT (AB(Z)*1000/AB(0)+.5)/1
     0
1300:RL(0)=RL(0)+RL(Z)
1310:NEXT Z:RL(1)=RL(1)+(100-RL(0))
1320:GOSUB 9300: PRINT "welchen Bereich
      betonen?"
1330:BZ$(0)="": INPUT BZ$(0)
1340:IF BZ$(0)="" GOSUB 9500: GOTO 1320
1345:GOSUB 9400: IF JN$="N" THEN 1320
1350:GOSUB 9300: PRINT "Ausdruck Kreiss
     chaubild": WAIT : PRINT "Papier ei
     nlegen (ENTER)"
1360:LPRINT CHR$ &1B+"b"; CHR$ &1B+"0";
     CHR$ &1B+"?"+"e"; "L0"
1370:LPRINT "M0,-200": LPRINT "I"
1380:FOR Z=0 TO 4
1390:LPRINT "P        KREISSCHAUBILD"
1400:LPRINT "F,M"+ STR$ (Z+1)+",0":
     NEXT Z
1410:LPRINT "F"
1420:LPRINT CHR$ &1B+"0"; CHR$ &1B+"?"+
     "b"
1430:LPRINT "P   Absolute und relative
     Darstellung der ";
1440:LPRINT TT$(3);" fuer "; STR$ Y
1450:LPRINT "M430,-500": LPRINT "I"
1460:FOR Z=1 TO N
1470:IF BZ$(0)=BZ$(Z) THEN 1560
1480:NEXT Z
1490:GOSUB 9300: WAIT 200: PRINT "Beton
     ung fehlt!"
1500:GOSUB 9300: PRINT "welchen Bereich
      betonen?"
1510:BZ$(0)="": INPUT BZ$(0)
1520:IF BZ$(0)="" GOSUB 9500: GOTO 1500
1525:GOSUB 9400: IF JN$="N" THEN 1500
1530:FOR A=1 TO N
1540:IF BZ$(0)=BZ$(A) LET Z=A: GOTO 156
     0
1550:NEXT A: GOSUB 9500: GOTO 1500
1560:DEGREE :SS=Z:T1=0
1570:FOR A=1 TO N
1580:T2=T1+RL(A)*3.6
1590:IF A=SS LPRINT CHR$ &1B+"3": GOTO
     1610
1600:LPRINT "C,,250,"+ STR$ T1+","+
     STR$ T2+",,1,": LPRINT "T"+ STR$ (
     A-1): GOTO 1640
1610:Q=T1+RL(A)*1.8:X1=50* COS Q:Y1=50*
     SIN Q: IF SS=1 THEN 1790
1620:LPRINT "C"+ STR$ X1+","+ STR$ Y1+"
     ,250,"+ STR$ T1+","+ STR$ T2+",,,"
1630:LPRINT "T9": LPRINT CHR$ &1B+"0"
```

```
1640:T1=T2: NEXT A
1650:T1=0: FOR A=1 TO N
1660:T2=T1+RL(A)*1.8
1670:XX=350* COS T2-75:YY=350* SIN T2
1680:LPRINT CHR$ &1B+"0"
1690:IF A=SS LPRINT CHR$ &1B+"3":XX=XX+
     X1:YY=YY+Y1
1700:LPRINT "M"+ STR$ XX+","+ STR$ YY:
     LPRINT "P"+BZ$(A)
1710:LPRINT "F,P"+ STR$ AB(A): LPRINT "
     F,P"+ STR$ RL(A)+" %"
1720:T1=T2+RL(A)*1.8: NEXT A
1730:LPRINT CHR$ &1B+"0"
1740:LPRINT "M0,-500": LPRINT "P"+TT$(3
     )
1750:LPRINT "A"
1760:FOR Z=0 TO 10
1770:LPRINT : NEXT Z
1780:GOTO 9900
1790:LPRINT "C"+ STR$ X1+","+ STR$ Y1+"
     ,250,"+ STR$ T1+","+ STR$ T2+",,1,
     ": GOTO 1630
9200:REM
9201:REM Konstante
9202:REM
9210:CLEAR
9220:DIM TT$(3)*24,BZ$(10),AB(10),RL(10
     )
9230:TT$(0)="***  Kreisschaubild  ***"
9231:TT$(1)="************************"
9232:TT$(2)="------------------------"
9240:RETURN
9300:REM
9301:REM Verarb.Titel
9302:REM
9310:CLS : WAIT 25: PRINT TT$(0);TT$(1)
9320:RETURN
9400:REM
9401:REM Eingabeguete
9402:REM
9410:PRINT "Eing. ok? ja(J), nein(N)"
9420:JN$="":JN$= INKEY$
9430:IF (JN$="J") OR (JN$="N") RETURN
9440:GOTO 9420
9500:REM
9501:REM Fehleranzeige
9502:REM
9510:WAIT 200: PRINT "Eingabe unzulaess
     ig!"
9520:RETURN
9600:REM
9601:REM Fortsetzung
9602:REM
9610:PRINT "Weiter? ja (J), nein (N)"
9620:WE$="":WE$= INKEY$
```

```
9630:IF (WE$="J") OR (WE$="N") RETURN
9640:GOTO 9620
9900:REM
9901:REM Schlussroutine
9902:REM
9910:GOSUB 9300: PRINT "Verarbeitung be
     en'et"
9920:USING : WAIT : END
```

Bild 44 Programm TORTEN

Bedienungsanleitung

Programmname:	TORTEN
Speicheranspruch:	2570 Bytes
Speichererweiterung:	ja
Ausgabebetrieb:	nur Plotterbetrieb (CE-516P) möglich
Verarbeitungstitel:	„xxx Kreisschaubild xxx"

1 Programm mit RUN (ENTER) starten.

2 Bei Anzeige des Verarbeitungstitels und der Anwahlhinweise

Start	Taste (G)
Ende	Taste (S)

über die Aufnahme einer Verarbeitung entscheiden:

2.1 Verarbeitung nicht aufnehmen: Taste N drücken. Die Verarbeitung ist mit der Anzeige des Verarbeitungstitels und des Hinweises „Verarbeitung beendet" abgeschlossen. Neue Verarbeitungen können ab Punkt 1 aufgenommen werden.

2.2 Verarbeitung aufnehmen: Taste G drücken.

3 Bei Anzeige des Verarbeitungstitels und des Eingabehinweises „Rechnungszeitraum (num)=?" numerische Bezeichnung des Zeitraums als ganze zwischen einschließlich 1 und 9999 liegende Zahl eintasten und (ENTER) drücken. Unzulässige Eingaben, wie die Betätigung von (ENTER) ohne vorangehende Zahleneingabe führen über eine kurzzeitig wirksame Fehleranzeige „Eingabe unzulaessig!" zur automatischen Eingabewiederholung.

4 Bei Anzeige des Verarbeitungstitels und des Eingabehinweises „Bezeichnung n =?" (n = laufende Nummer der Eingabe von 1 bis 10) maximal 16 Zeichen umfassende Textkennzeichnung eines in den Vergleich einzubeziehenden Sektors eintasten und (ENTER) drücken. Die Betätigung von (ENTER) ohne vorangehende Texteingabe ist unzulässig und führt über die kurzzeitige Fehleranzeige „Eingabe unzulaessig!" zur automatischen Eingabewiederholung.

5 Bei der Zusatzanzeige „Eing. ok? ja(J), nein(N)" über die Richtigkeit der Eingabe entscheiden:

5.1 Eingabe nicht korrekt: Taste N drücken und Sektorenbenennung in Punkt 4 richtig wiederholen.

5.2 Eingabe korrekt: Taste J drücken.

6 Bei der weiteren Zusatzanzeige „Weiter? ja(J), nein(N)" über die weitere Fortsetzung der Eingaben entscheiden:

6.1 Eingaben fortsetzen: Taste J drücken und bei Fortschreibung des Werts für n weitere Eingabe in Punkt 4 vornehmen.

6.2 Eingaben abschließen: Taste N drücken.

Punkt 6 wird nur dann angesteuert, wenn in Punkt 5 noch nicht 10 Eingaben getätigt wurden.

7 Bei Anzeige des Verarbeitungstitels und des Eingabehinweises „Absolutwerte sind?" maximal 24 Zeichen umfassende Kennzeichnung der nachfolgend einzuspeichernden Absolutwerte (Umsätze, Produktionsmengen, etc.) eintasten und (ENTER) drücken. Die Betätigung von (ENTER) ohne vorangehende Texteingabe ist unzulässig und führt über eine kurzzeitig wirksame Fehlermeldung „Eingabe unzulaessig!" zur automatischen Eingabewiederholung.

8 Bei Anzeige der Absolutwertkennzeichnung und einer Sektorenbenennung absolute zwischen einschließlich 1 und 9 999 999 999 liegende ganze Zahl eintasten und (ENTER) drücken. Unzulässige Eingaben führen über die kurzzeitig wirksame Fehlermeldung „Eingabe unzulaessig!" zur automatischen Eingabewiederholung.

9 Bei der Zusatzanzeige „Eing. ok? ja(J), nein(N)" über die Richtigkeit der letzten Eingabe entscheiden:

9.1 Eingabe nicht korrekt: Taste N drücken und Eingabe in Punkt 8 wiederholen.

9.2 Eingabe korrekt: Taste J drücken. Es wird mit einer weiteren Eingabe in Punkt 8 fortgesetzt, solange noch nicht alle den Sektorenbenennungen zugeordneten Absolutwerte eingeben sind.

10 Bei Anzeige des Verarbeitungstitels und des Anwahlhinweises „welchen Bereich betonen?" Benennung jenes Sektors eintasten und (ENTER) drücken, der in der Graphik hervorgehoben werden soll. Die Betätigung von (ENTER) ohne vorangehende Texteingabe ist unzulässig und führt über eine kurzzeitig wirksame Fehlermeldung „Eingabe unzulaessig!" zur automatischen Eingabewiederholung.

11 Bei der Zusatzanzeige „Eing. ok? ja(J), nein(N)" über die Richtigkeit der getroffenen Anwahl entscheiden:

11.1 Eingabe nicht korrekt: Taste N drücken und Eingabe in Punkt 10 richtig wiederholen.

11.2 Eingabe korrekt: Taste J drücken.

12 Bei Anzeige des Verarbeitungstitels und des Hinweises

Ausdruck Kreisschaubild

Papier einlegen (ENTER)

DIN A4 großes Papier – auch von einer Rolle möglich – sachgerecht einlegen, kurz einziehen und mit (ENTER) fortsetzen. Die Ausgabe beginnt mit dem Ausdruck des Verarbeitungstitels.

13 Für den Fall, daß eine falsche Sektorenbenennung eingegeben wurde, kommt es zur kurzzeitigen Anzeige „Betonung fehlt!" und zur Eingabe der richtigen Sektorenbenennung analog zu den Punkten 10 und 11. Weitere unzulässige Eingaben führen über eine kurzzeitig wirksame Fehlermeldung „Eingabe unzulaessig!" zur automatischen Eingabewiederholung.

14 Im Anschluß daran wird das Kreisschaubild analog zum Testbeispiel in Bild 45 gezeichnet. Nach Beendigung der Ausgabe wird das Blatt zur Entnahme vorgeschoben und die Verarbeitung mit der Anzeige des Verarbeitungstitels und der Anzeige des Hinweises „Verarbeitung beendet" abgeschlossen. Weitere Verarbeitungen sind bei Punkt 1 beginnend aufzunehmen.

Testbeispiel

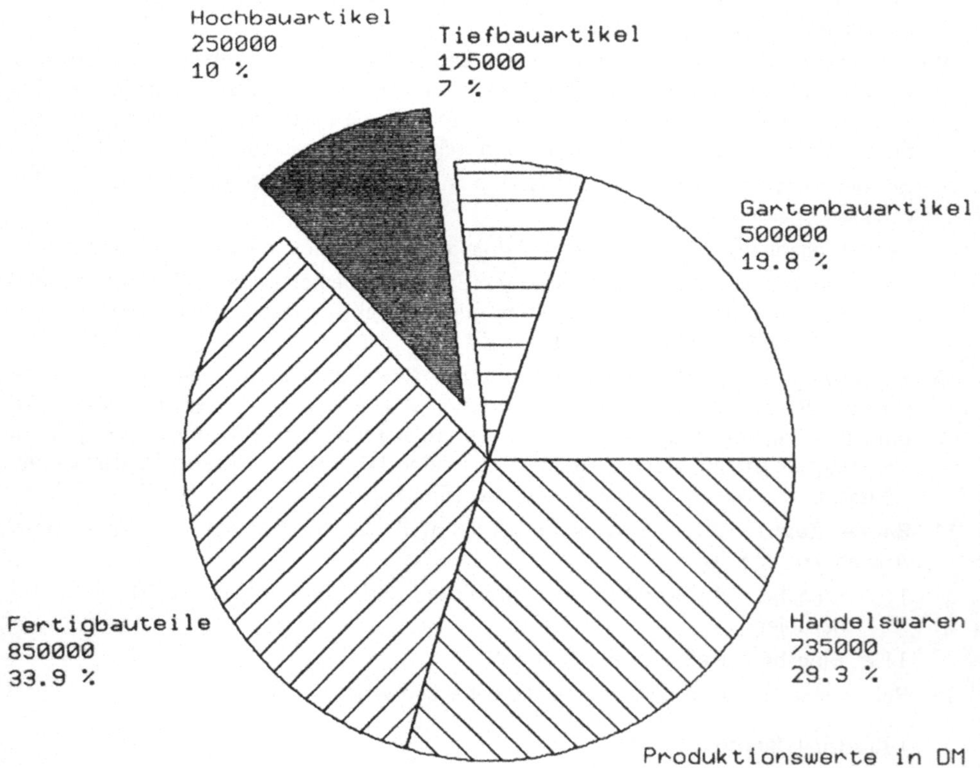

Bild 45 Beispiel für eine Tortengraphik

5.4.3 LOGO-Ratespiel

In einer Programmsammlung sollte das Spiel nicht fehlen. Und zwar dann, wenn ein solches nicht nur anspruchsvoll ist, sondern auch zufolge der graphischen Darstellung von Spielfeld und Spielablauf besticht.

Dieses Spiel wurde dem PARKER-Spiel 611 1088 nachempfunden und von einem Spiel zweier Partner in ein Spiel gegen den PC-1350 umgebaut.

Der Spielwitz besteht darin, die Lage eines aus 4 oder 5 „Atomen" bestehenden „Moleküls" in einem 8 mal 8 Kästchen umfassenden „Atomgitter" (Spielfeld) mit möglichst wenigen Versuchen zu erraten. In dieser Variante Spieler gegen Rechner übernimmt der Computer immer die Rolle des eine Molekülstruktur vorgebenden Partners und setzt die einzelnen Atome nach seinem Zufallszahlengenerator. Im Computerspiel wird das in Bild 46 dargestellt Spielfeld verwendet; es wird auch vom Computer so ähnlich gezeichnet.

	24	23	22	21	20	19	18	17	
25	57	58	59	60	61	62	63	64	16
26	49	50	51	52	53	54	55	56	15
27	41	42	43	44	45	46	47	48	14
28	33	34	35	36	37	38	39	40	13
29	25	26	27	28	29	30	31	32	12
30	17	18	19	20	21	22	23	24	11
31	9	10	11	12	13	14	15	16	10
32	1	2	3	4	5	6	7	8	9
	1	2	3	4	5	6	7	8	

Bild 46
Nummeriertes LOGO-Spielfeld, wie es vom Plotter CE-516P gezeichnet wird

Von einem entgegen dem Uhrzeigersinn von 1 bis 32 durchnumerierten Randstreifen werden Strahlen in das Atomgitter geschickt. Die Positionen der Atome beeinflussen den jeweiligen Strahlenverlauf. Aufgrund der Reaktion bzw. der Tatsache, ob oder wo ein Strahl das Atomgitter wieder verläßt, kann auf die Lage der Atome geschlossen werden. Wenn der fragende Spieler meint, über genügen Informationen bezüglich der Lage der einzelnen Atome zu besitzen, bricht er das Absenden von Strahlen ab und gibt 4 bzw. 5 der mit 1 bis 64 bezeichneten Positionen ein, und zwar jene Zahlen, die eine vermutete Atomposition kennzeichnen. Jedes Absenden bzw. jede Ankunft eines Strahls in einem Randfeld kostet 1 Punkt. Für eine falsche Atomposition werden weitere 5 Punkte vergeben. Die richtigen Atomlagen werden schließlich zusammen mit der Anzahl der dabei im Spiel erzielten Punkte ausgegeben. Es kommt nun darauf an, die Positionen mit möglichst wenigen Punkten zu finden. Wenn sich mehrere Teilnehmer an einem Spiel beteiligen, gewinnt jener, welcher nach einer einvernehmlich festgelegten Anzahl von Runden die wenigsten Punkte auf seinem Konto hat.

Die Feldnumerierungen sind im Originalspiel nicht vorhanden. In der Computerspielvariante dienen sie lediglich zur Fixierung der Positionsangaben für die Atomlagen.

Ein Strahl kann auf seinem Weg durch das Spielfeld (Atomgitter) durch folgende Situationen beeinflußt werden:

1. *Der Strahl tritt an anderer Stelle aus*

Für diese in Bild 47 dargestellte Situation werden 2 Punkte vergeben.

Im ersten Fall tritt ein Strahl an der der Eintrittsstelle gegenüberliegenden Seite wieder aus, ohne auf seinem Weg durch das Atomgitter durch ein oder mehrere Atome abgelenkt

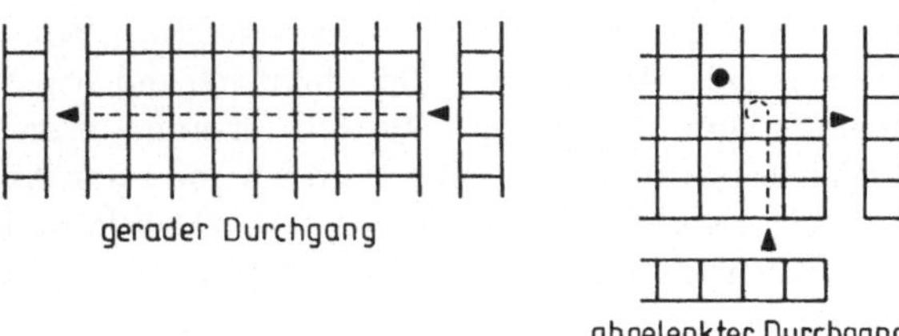

Bild 47
Strahlenverlauf mit Ein- und Austritt

worden zu sein. Im zweiten Fall wird der Strahl durch ein Atom einmal um 90 Grad abgelenkt. Neben der im Bild 47 dargestellten Rechts- ist natürlich auch eine Linksablenkung möglich; außerdem kann es auch zu Mehrfachablenkungen kommen.

2. *Der Strahl wird reflektiert*

Der Strahl tritt wieder an der Eintrittsstelle aus. Für einen solchen Fall wird nur ein Punkt vergeben, da nur ein Randfeld vom Strahlengang berührt wird. Die Reflexion ist nichts anderes als eine Umlenkung um 180 Grad. Ein Strahl kann auf zweierlei Art und Weise reflektiert werden (Bild 48).

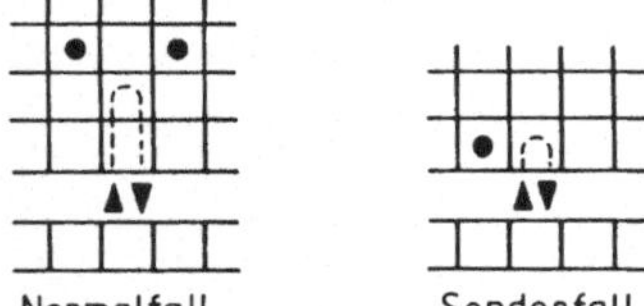

Bild 48
Strahlenverlauf bei einer Reflexion

Im links dargestellten Normalfall befinden sich zwei Atome auf genau gleicher Höhe und zwar liegt ein Atom links und das zweite rechts vom aktuellen Strahlengang. Aufgrund dieser Atomlage kommt es zu einer zweimaligen Umlenkung zu je 90 Grad und damit zum Austritt des Strahls an der Eintrittsstelle. Als Sonderfall gilt die Umlenkung durch ein am Rand des Atomgitters lagerndes Atom, wenn der Strahleneintritt links oder rechts von diesem Randatom erfolgt. Im Normalfall kann es vor dem Reflexionsfall 1 schon zu einer oder mehreren Umlenkungen um 90 Grad gekommen sein.

3. *Der Strahl wird absorbiert*

Auch in diesem Fall wird vom Strahlenverlauf nur ein Randfeld berührt; es wird ein Punkt vergeben. Der Strahl trifft auf seinem Weg durch das Atomgitter – Bild 49 – auf ein auf seinem Weg liegendes Atom direkt auf. Es spielt dabei keine Rolle, ob der Strahl vor diesem Ereignis bereits ein oder mehrere Male bis gar nicht umgelenkt wurde.

Bild 49
Strahlenverlauf bei einer Absorption; der Strahl kann nach dem Eintritt auch sofort auf ein Atom auftreffen

Für die Computervariante dieses Spiels ist noch nachzutragen, daß der Spielverlauf durch das Umranden von Kästchen, die Kennzeichnung von Ein- bzw. Austrittsposition sowie der Strahlenreaktion dokumentiert wird.

Von diesem auf den Computer angepaßten Spiel gibt es mehrere Varianten, die allerdings bisher nur numerisch dokumentiert werden konnten. Es blieb diesem Buch vorbehalten, auch eine graphische Variante der Spieldokumentation zu präsentieren. Auf diese Weise hat man einen besseren Überblick über den Spielverlauf.

Nun kann nicht nur der PC-2500 mit dem eingebauten Plotter, sondern auch der PC-1350 mit angeschlossenem DIN-A4-Plotter CE-516P verwendet werden. Damit das Spielfeld in diesem Fall jederzeit sichtbar bleibt, bedarf es folgender Programmänderungen:

```
1440:... : LPRINT "MØ,6ØØ"
1930:LPRINT "MØ,6ØØ"
2080:LPRINT "MØ,6ØØ"
```

Programmstruktur

1000 Programmvorlauf

1020–1050	Entscheidung über die Aufnahme eines Spiels
1070–1090	Eingabe der Zahl der Atome je Molekül
1120	Datenfelddimensionierungen
1130–1150	Belegung des Spielfelds mit 4 bzw. 5 Atomen
1170–1430	Titelausgabe, Zeichnen und Beschriften des Atomgitters

1450 Absenden eines Strahls in das Atomgitter

1460–1470	Plausibilitätskontrolle der Eingabe
1480	Eingabegüteentscheidung fällen
1490	Eintrittskennzeichnung
1510–1540	Einstieg Seite 1, 2, 3 oder 4
1560	Strahl wird ggf. absorbiert
1610–1630	Reflexionsfälle
1760	Austrittskennzeichnung
1770	Markierung des Randfeldes, von dem aus ein Strahl abgeschickt wurde
1920	Markierung des Randfeldes, an welchem ein Strahl aus dem Atomgitter austritt
1940	Entscheidung über die Fortsetzung des Strahlenbeschusses treffen

1960	Eingabe der vermuteten Atompositionen	
	1950–2090	Eingabe der Atomlagen
	1980	Eingabeplausibilitätskontrolle
	2000	bei Eingabefehler Eingabewiederholung
	2020	Eingabegüteentscheidung fällen
	2040	Eingabe im Atomgitter kennzeichnen
	2120	fehlende Übereinstimmung ergibt 5 Punkte
2140	Ausgabe der tatsächlichen Atompositionen	
	2150–2170	Ausgabe der Positionen
	2180	Ausgabe des Punktestandes
2190	Entscheidung über die Spielfortsetzung	
8800	Unterprogramme	
	8800	Markierung einer Zahl durch Umrandung
	8900	Strahl absenden
	9000	Strahlenumlenkung
	9100	Zahl drucken
	9200	Konstantenzuordnung
	9300	Spielkennzeichnung anzeigen
	9400	Eingabegüteentscheidung treffen
	9500	kurzzeitig wirksame Fehlermeldung
	9600	Fortsetzungsentscheidung treffen
	9700	Anwesenheits- bzw. Trefferkontrolle
	9800	Trennlinien im Atomgitter zeichnen
	9900	Spielende

Variablenliste

N	Atomanzahl je Molekül
AT(N)	Atompositionen
RF(N)	Randfeldkennzeichnungen
TR(N)	Trefferkennzeichnungen
X, F	Strahl
K, K1, K2	Kontrollzahlen
L, S, V, W, X, Y, PX, PY	Trennlinienkonstante und Konstante zur Steuerung des Zahlendrucks
S	Seitenkennzeichnung
R, L	Atomlagen rechts bzw. links vom Strahlenverlauf

P, Z, O, Y, Q, V, G	Strahlenverlaufsvariable
X1, Y1, CX, SX, CY, SY, DX, DY, U, U1, X2, Y2	Zahlenumrahmungskonstante
I, J	Schleifenvariable
Z	Endwert der Zufallszahlengenerierung
Z, S	Positionskonstante bei Eingabe Atomposition
JN$	Ja/nein-Entscheidung zur Eingabegüte
WE$	Ja/nein-Entscheidung bei der Fortsetzungsabfrage
A$, B$, C$, D$	Eckpunkte der Zahlenumrandung
M$	Ausgabestring zur Kennzeichnung von Ein- bzw. Austritt
PS$	Position der zu druckenden Zahl
ZL$	zu druckende Zahl
TT$(Ø)	Spieltitel
TT$(1)	Sternchenzeile
TT$(2)	Strichzeile

Anweisungsliste

```
1000:REM LOGO-Ratespiel
1001:REM
1002:REM by Tatzl, Graz
1003:REM
1010:GOSUB 9200: GOSUB 9300
1020:PRINT "Start Taste (G)"
1030:PRINT "Ende  Taste (S)"
1040:IF INKEY$ ="S" THEN 9920
1050:IF INKEY$ <>"G" THEN 1040
1060:GOSUB 9300
1070:INPUT "Atomzahl (4,5) = ";N
1080:IF (N<4) OR (N>5) OR (N<> INT N)
     GOSUB 9500: GOTO 1060
1090:GOSUB 9400: IF JN$="N" THEN 1060
1100:Z= RND 10: FOR I=1 TO Z
1110:RANDOM : NEXT I
1120:DIM AT(N),RF(32),TR(N)
1130:FOR I=1 TO N
1140:F= RND 64: GOSUB 9700: IF K=1 THEN
     1140
1150:AT(I)=F: NEXT I
1160:GOSUB 9300
1170:PRINT "Das Atomgitter wird"
1180:PRINT "gezeichnet"
1190:LPRINT : LPRINT
```

```
1200:GOSUB 9990: LPRINT "                L
     OGO-Ratespiel": GOSUB 9990
1210:LPRINT "Das Molekuel besteht aus "
     ; STR$ N; " Atomen"
1220:LPRINT : LPRINT : LPRINT
1230:LPRINT CHR$ &1B+"b"; CHR$ &1B+"0";
     CHR$ &1B+"?"+"b"; "L0"
1240:LPRINT "I": LPRINT "M80,0"
1250:LPRINT "D400,0,400,-320,80,-320,80
     ,0"
1260:L=320:S=40:V=-1:W=1:X=80:Y=0:PX=1:
     PY=0
1270:LPRINT "L1": FOR I=1 TO 7
1280:GOSUB 9800: NEXT I
1290:X=400:Y=-320:PX=0:PY=1
1300:FOR I=1 TO 7
1310:GOSUB 9800: NEXT I
1320:X=50:Y=-348: FOR I=1 TO 8
1330:X=X+S: GOSUB 9100: NEXT I
1340:X=X+S: FOR I=9 TO 16
1350:Y=Y+S: GOSUB 9100: NEXT I
1360:Y=Y+S: FOR I=17 TO 24
1370:X=X-S: GOSUB 9100: NEXT I
1380:X=X-S: FOR I=25 TO 32
1390:Y=Y-S: GOSUB 9100: NEXT I
1400:Y=-348: FOR J=1 TO 8
1410:Y=Y+S:X=50: FOR K=1 TO 8
1420:I=(J-1)*8+K:X=X+S: GOSUB 9100
1430:NEXT K: NEXT J
1440:LPRINT "M0,-450": LPRINT "I"
1450:GOSUB 9300: INPUT "Strahl (1-32) =
      ";X
1460:IF (X<1) OR (X>32) OR (X<> INT X)
     GOSUB 9500: GOTO 1450
1470:IF RF(X)=1 GOSUB 9500: GOTO 1450
1480:GOSUB 9400: IF JN$="N" THEN 1450
1490:F=X: GOSUB 8900:RF(X)=1:P=1:Z=1
1500:GOTO (1500+10*(S+1))
1510:O=1+Y: GOSUB 9010: GOTO 1550
1520:O=8+8*Y: GOSUB 9020: GOTO 1550
1530:O=64-Y: GOSUB 9030: GOTO 1550
1540:O=57-8*Y: GOSUB 9040
1550:L=0:R=0:F=O: GOSUB 9700
1560:IF K=1 LET M$="Pabs": GOTO 1800
1570:IF Y=0 THEN 1600
1580:F=O-Q: GOSUB 9700: IF K=1 LET L=1
1590:IF Y=7 THEN 1610
1600:F=O+Q: GOSUB 9700: IF K=1 LET R=1
1610:IF (P=1) AND (L=1) THEN 1780
1620:IF (P=1) AND (R=1) THEN 1780
1630:IF (L=1) AND (R=1) THEN 1780
1640:IF L=0 THEN 1670
1650:IF S=0 LET S=4
1660:H=Y:Y=9-Z:Z=H+1:S=S-1: GOTO 1700
1670:IF R=0 THEN 1710
```

```
1680:IF S=3 LET S=-1
1690:H=Z:Z=8-Y:Y=H-2:S=S+1
1700:O=O-V: GOSUB (9000+10*(S+1))
1710:O=O+V:Z=Z+1:P=0
1720:IF (V>0) AND (O<=G) THEN 1550
1730:IF V>0 THEN 1750
1740:IF O>=G THEN 1550
1750:O=O-V:S=S+2: IF S>3 LET S=S-4
1760:F=8*(S+1)-Y: GOSUB 8900:RF(F)=1
1770:K1=2:M$= STR$ F:M$="Pn"+ RIGHT$ (M
     $,2): GOTO 1810
1780:M$="Pref"
1800:K1=1
1810:U=X
1820:IF (U>=1) AND (U<=8) LET CX=45:SX=
     40:DX=1:CY=99:SY=0:DY=-20: GOTO 18
     60
1830:IF (U>=9) AND (U<=16) LET CX=405:S
     X=0:DX=39:CY=99:SY=40:DY=5: GOTO 1
     860
1840:IF (U>=17) AND (U<=24) LET CX=405:
     SX=-40:DX=-1:CY=459:SY=0:DY=30:
     GOTO 1860
1850:CX=45:SX=0:DX=-41:CY=459:SY=-40:DY
     =5
1860:U1=U- INT ((U-1)/8)*8:X1=CX+U1*SX:
     X2=X1+DX:Y1=CY+U1*SY:Y2=Y1+DY-2
1870:GOSUB 8800
1910:LPRINT "M"+ STR$ X2+","+ STR$ Y2:
     LPRINT M$
1920:IF K1=2 LET U=F:M$= STR$ X:M$="Pv"
     + RIGHT$ (M$,2):K1=1: GOTO 1820
1930:LPRINT "M0,0"
1940:GOSUB 9600: IF WE$="J" THEN 1450
1950:FOR I=1 TO N
1960:GOSUB 9300
1970:PRINT "Atom "; STR$ I;" (1-64) =":
     INPUT F
1980:IF (F<1) OR (F>64) OR (F<> INT F)
     GOSUB 9500: GOTO 1960
1990:FOR J1=1 TO N
2000:IF F=TR(J1) GOSUB 9500: GOTO 1960
2010:NEXT J1
2020:GOSUB 9400: IF JN$="N" THEN 1960
2030:TR(I)=F:Z= INT ((F-1)/8):S=(F-1)-Z
     *8:X1=85+S*40:Y1=139+Z*40
2040:GOSUB 8800
2080:LPRINT "M0,0"
2090:NEXT I
2100:LPRINT "M0,50": LPRINT "A"
2110:FOR I=1 TO N
2120:F=TR(I): GOSUB 9700: IF K=0 LET T=
     T+5
2130:NEXT I
2140:LPRINT "Richtige Atompositionen":
     GOSUB 9990
```

```
2150:FOR I=1 TO N
2160:LPRINT STR$ AT(I);" ";
2170:NEXT I: LPRINT "": LPRINT
2180:LPRINT "Sie haben "; STR$ T;" Punk
     te erzielt!"
2190:GOSUB 9600: IF WE$="N" THEN 9900
2200:GOSUB 9200: GOTO 1060
8800:REM
8801:REM Zahl rahmen
8802:REM
8810:A$= STR$ X1:B$= STR$ Y1
8820:C$= STR$ (X1+30):D$= STR$ (Y1+22)
8830:LPRINT "M"+A$+","+B$: LPRINT "L0"
8840:LPRINT "D"+C$+","+B$+","+C$+","+D$
     +","+A$+","+D$+","+A$+","+B$
8850:RETURN
8900:REM
8901:REM Schuss
8902:REM
8910:S= INT ((F-1)/8):Y=F-1-8*S:T=T+1
8920:RETURN
9000:REM
9001:REM Umlenkung
9002:REM
9010:Q=1:V=8: GOTO 9050
9020:Q=8:V=-1: GOTO 9050
9030:Q=-1:V=-8: GOTO 9050
9040:Q=-8:V=1
9050:G=O+(8-Z)*V
9060:RETURN
9100:REM
9101:REM Zahl drucken
9102:REM
9110:ZL$="P": IF I<10 LET ZL$="P "
9120:ZL$=ZL$+ RIGHT$ ( STR$ I, LEN STR$
     I)
9130:PS$="M"+ STR$ X+","+ STR$ Y
9140:LPRINT PS$: LPRINT ZL$
9150:RETURN
9200:REM
9201:REM Konstanten
9202:REM
9210:CLEAR : DIM TT$(2)*24
9220:TT$(0)="***  LOGO-Ratespiel  ***"
9221:TT$(1)="************************"
9222:TT$(2)="------------------------"
9230:RANDOM
9240:RETURN
9300:REM
9301:REM Spieltitel
9302:REM
9310:CLS : WAIT 25: PRINT TT$(0): PRINT
     TT$(1)
9320:RETURN
9400:REM
```

```
9401:REM Eingabeguete
9402:REM
9410:PRINT "Eing. ok? ja(J), nein(N)"
9420:JN$="":JN$= INKEY$
9430:IF (JN$="J") OR (JN$="N") RETURN
9440:GOTO 9420
9500:REM
9501:REM Fehleranzeige
9502:REM
9510:WAIT 200: PRINT "Eingabe unzulaess
     ig!"
9520:RETURN
9600:REM
9601:REM Fortsetzung
9602:REM
9610:GOSUB 9300
9620:PRINT "Weiter? ja (J), nein (N)"
9630:WE$="":WE$= INKEY$
9640:IF (WE$="J") OR (WE$="N") RETURN
9650:GOTO 9630
9700:REM
9701:REM Anwesenheit
9702:REM
9710:K=0: FOR J=1 TO N
9720:IF F=AT(J) LET K=1
9730:NEXT J: RETURN
9800:REM
9801:REM Trennlinien
9802:REM
9810:LPRINT "L1":W=V*W
9820:X=X+S*PX:Y=Y+S*PY
9830:LPRINT "M"+ STR$ X+","+ STR$ Y
9840:X=X-PY*W*L:Y=Y+PX*W*L
9850:LPRINT "D"+ STR$ X+","+ STR$ Y
9860:RETURN
9900:REM
9901:REM Spielende
9902:REM
9910:LPRINT : LPRINT : LPRINT
9920:GOSUB 9300: PRINT "Spiel beendet"
9930:USING : WAIT : END
9990:LPRINT TT$(2);"---------------":
     RETURN
```

Bild 50 Spielprogramm LOGO

Bedienungsanleitung

Programmname:	LOGOSP
Speicheranspruch:	3749 Bytes
Speichererweiterung:	ja
Ausgabebetrieb PC-2500:	nur über eingebauten Drucker
PC-1350:	Plotter CE-516P

Spieltitel: „xxx LOGO-Ratespiel xxx"

1 Spiel mit RUN (ENTER) starten.

2 Bei Anzeige des Spieltitels und der Anwahlhinweise

Start Taste (G)

Ende Taste (S)

über die Aufnahme eines Spiels entscheiden:

2.1 Spiel nicht aufnehmen: Taste S drücken. Das Spiel ist mit der Anzeige des Spieltitels und dem Hinweis „Spiel beendet" abgeschlossen.

2.2 Spiel aufnehmen: Taste G drücken.

3 Bei Anzeige des Spieltitels und des Eingabehinweises „Zahl Atome (4, 5) = _" Anzahl der Atome, aus der ein Molekül bestehen soll, mit der Zahl 4 oder 5 eintasten und (ENTER) drücken. Unzulässige Eingaben führen über eine kurzzeitig wirksame Fehlermeldung „Eingabe unzulaessig!" zur automatischen Eingabewiederholung. Die Betätigung der (ENTER)-Taste ohne vorangehende Zahleneingabe ist nur bei weiteren Spielen möglich und ergibt eine automatische Anwahlwiederholung; die Molekülgröße entspricht der zuletzt gültigen Atomzahl. Das Atomgitter wird bei Anzeige des Spieltitels und des Verarbeitungshinweises „Das Atomgitter wird gezeichnet" über den Drucker ausgegeben und beschriftet.

4 Bei Anzeige des Spieltitels und des Eingabehinweises „Strahl (1–32) = _" ganzzahlige zwischen einschließlich 1 und 32 liegende Nummer jenes Randfeldes eintasten, von welchem aus ein Strahl abgeschickt werden soll, und (ENTER) drücken. Unzulässige Eingaben, darunter bereits von Ein- oder Austritten berührte Randfeldnummern, führen über eine kurzzeitig wirksame Fehleranzeige „Eingabe unzulaessig!" zur automatischen Eingabewiederholung.

5 Bei der Zusatzanzeige „Eing. ok? ja(J), nein(N)" über die Richtigkeit der Eingabe entscheiden:

5.1 Eingabe nicht korrekt: Taste N drücken und die Eingabe in Punkt 4 richtig wiederholen.

5.2 Eingabe korrekt: Taste J drücken. Ein- und ggf. Austritt aus dem Atomgitter werden durch Umrandung und Kennzeichnung der Richtung des Strahlenverlaufs markiert.

6 Bei der Zusatzanzeige „Weiter? ja(J), nein(N)" über die weitere Fortsetzung der Eingaben entscheiden:

6.1 Eingaben fortsetzen: Taste J drücken und den nächsten Strahl in Punkt 4 abschicken.

6.2 Eingaben abschließen: Taste N drücken.

7 Bei Anzeige des Spieltitels und des Eingabehinweises „Atom (1–64) =?" vermutete Position eines Atoms n (n = laufende Nummer der Eingabe) als ganze zwischen einschließlich 1 und 64 liegende Zahl eintasten und (ENTER) drücken. Unzulässige Eingaben, darunter bereits eingegebene Positionsnummern, werden mit der kurzzeitig wirksamen Fehlermeldung „Eingabe unzulaessig!" abgewiesen, worauf die automatische Eingabewiederholung angesteuert wird.

8 Bei der Zusatzanzeige „Eing. ok? ja(J), nein(N)" über die Richtigkeit der eingebenen Positionsnummer entscheiden:

8.2 Eingabe nicht korrekt: Taste N drücken und Positionsnummer in Punkt 7 richtig eingeben.

8.2 Eingabe korrekt: Taste J drücken. Die Eingabe der Positionsnummer wird so lange in Punkt 7 fortgesetzt, bis alle vermuteten 4 bzw. 5 Positionen eingegeben sind.

9 Nach Eingabe der letzten durch die Anwahl in Punkt 3 festgelegten Atompositionen werden die tatsächlichen Positionen ausgegeben, die erreichte Punkteanzahl genannt und bei der Zusatzanzeige „Weiter? ja(J), nein(N)" darüber entschieden, ob mit einem weiteren Spiel fortgesetzt werden soll oder nicht:

9.1 Neues Spiel beginnen: Taste J drücken und in Punkt 3 fortsetzen. In diesem Fall kann (ENTER) ohne vorangehende Zahleneingabe zur Wiederholung der zuletzt benutzten Atomanzahl gedrückt werden.

9.2 Spiel abbrechen: Taste N drücken. Bei Anzeige des Spieltitels und des Hinweises „Spiel beendet" ist das Ratespiel abgeschlossen. Ein neues Spiel kann in diesem Fall nur ab Punkt 1 aufgenommen werden.

Testbeispiele

Die beiden mit 4 bzw. 5 Atomen je Molekül dargestellten Spielbeispiele sprechen für sich und bedürfen keiner zusätzlichen erläuternden Bemerkung. Die Kennzeichnung der Strahlenrichtung bei Abschüssen, die an anderer Stelle des Atomgitters austreten, ist leicht abzulesen. Der Kleinbuchstabe „v" zeigt an, daß ein Strahlenaustritt vorliegt, und der Strahl

```
-------------------------------------------
              LOGO-Ratespiel
-------------------------------------------
Das Molekuel besteht aus 4 Atomen

             ref              ref
        24 [23] 22  21  20 [19] 18  17
      +-------------------------------+
   25 |[57] 58  59  60 [61] 62  63  64| 16
ref[26]| 49  50  51  52  53  54  55  56|[15] abs
v14[27]| 41  42  43  44  45  46  47  48|[14] n27
n13[28]| 33  34  35  36  37  38  39  40|[13] v28
   29 | 25  26  27  28  29  30  31  32|[12] abs
   30 | 17  18  19 [20] 21  22  23  24| 11
n3 [31]|  9  10  11  12  13 [14] 15  16| 10
v5 [32]|  1   2   3   4   5   6   7   8|[9] v7
      +-------------------------------+
          1   2  [3]  4  [5]  6  [7]  8
                 v31     n32     n9

Richtige Atompositionen
-------------------------------------------
14 61 57 20

Sie haben 15 Punkte erzielt!
```

Bild 51a
Spielbeispiel mit vier Atomen je Molekül; alle Positionen wurden richtig erraten

```
----------------------------------------
           LOGO-Ratespiel
----------------------------------------
Das Molekuel besteht aus 5 Atomen

              abs abs ref
           24 [23] [22] [21] 20  19  18  17
        +---------------------------------+
     25 | 57 :[58]:[59]: 60 : 61 : 62 : 63 : 64 | 16
ref [26]| 49 : 50 : 51 : 52 : 53 :[54]: 55 : 56 |[15] abs
abs [27]| 41 :[42]: 43 : 44 : 45 : 46 : 47 : 48 |[14] ref
n1  [28]| 33 : 34 : 35 : 36 : 37 :[38]: 39 : 40 |[13] abs
v5  [29]| 25 : 26 : 27 : 28 : 29 : 30 : 31 : 32 | 12
     30 | 17 : 18 : 19 : 20 : 21 : 22 : 23 : 24 | 11
     31 |  9 : 10 : 11 : 12 : 13 : 14 : 15 : 16 | 10
     32 |  1 :  2 :  3 :  4 :  5 :  6 :  7 :  8 |  9
        +---------------------------------+
         [1]   2    3  [4]  [5]   6    7    8
         v28            abs  n29

Richtige Atompositionen
----------------------------------------
58 38 42 59 56

Sie haben 18 Punkte erzielt!
```

Bild 51b

Spielbeispiel mit fünf Atomen je Molekül; anstelle der Position 56 wurde auf 54 getippt, das ergab fünf zusätzliche Punkte

von einem anderen Randfeld kommt. Das absendende Randfeld wird mit einem „n" gekennzeichnet; dieser Buchstabe benennt jenes Randfeld, in welchem der Strahlenaustritt erfolgt. Reflektierte bzw. absorbierte Strahlen werden am Strahleneintritt mit „ref" bzw. „abs" gekennzeichnet.

6 Der Rechner als Datenzubringer

In diesem Kapitel werden eine Reihe praktisch anwendbarer Erfassungsprogramme diskutiert. Die Erfassung von Daten vor Ort ist eine der Anwendungsmöglichkeiten kleiner mobiler Taschencomputer, für welche es kaum Alternativen gibt. Dabei sind jene Geräte im Vorteil, die – wie der PC-1350 – über eine größere Anzeige verfügen.

Ob es nun um die Durchführung einer Bestandsaufnahme, die Erfassung von Lohn- und Produktionsdaten oder eine Auftragsbearbeitung vor Ort geht: In allen diesen Fällen handelt es sich um die Erfassung von Daten, die in anderen Zusammenhängen als *Bewegungsdaten* weiterverarbeitet werden. Die Datenerfassung wird nicht ohne Steuerung ablaufen können.

Die Erfassung vor Ort ist vielfach von äußeren Einflüssen gekennzeichnet, die eine exakte und vor allem fehlerfreie Durchführung mitunter beeinträchtigen können. Man denke dabei an einen Meister in einem Produktionsbetrieb, der Lohn- und Produktionsdaten zu erfassen hat. Mit welcher Methode diese Erfassung durchgeführt wird, ob auf eine konventionelle Weise oder eine mit Hilfe des Computers: Der Meister ist bei der Hektik seiner Tätigkeit kaum in der Lage, sich Artikel- oder Personalnummern zweifelsfrei zu merken oder auch die exakte in der DV verwendete Artikelbezeichnung im Kopf zu behalten. Weil dem so ist, wird es ständig zu Zuordnungsproblemen kommen.

Eine Vielzahl von Artikeln läßt deren Aufnahme in den Taschencomputer ganz einfach nicht zu, wenn eine mobile Datenerfassung vor Ort betrieben werden soll. Bei ungeordneter Einspeicherung von Daten wird man andererseits im auswertenden Computer für eine reibungslose und zweifelsfreie Zuordnung Vorsorge zu treffen haben.

Aus diesen einleitenden Bemerkungen zu einer der praktischsten Anwendungen von Taschencomputern lassen sich zwei mögliche Lösungen für die Datenerfassung vor Ort erkennen:

- Erfassung der Daten bei größtmöglicher Sicherheit für eine eindeutige Zuordnung zu Datensätzen durch Vorgabe von Nummer und Textkennzeichnung von Files. Diese Variante ist für eine geringe Anzahl von Datensätzen (Files) in einer Datei (Personal-, Aritkeldatei) besonders gut geeignet oder auch für jene Fälle, in denen eine Teilung der Datensätze in sinnvoll zusammengesetzte Segmente (ggf. Speicherung auf RAM-Karten) möglich ist.
- Erfassung der Daten in ungeordneter Form so lange, bis der für die Aufnahme von Daten reservierte Speicher gefüllt ist. In dieser Variante ist beim auswertenden Computer für eine ausreichende Zuordnungskontrolle zu sorgen, damit ein für diese Erfassungsform nicht auszuschließender Eingabeirrtum weitestgehend vermieden werden kann, der ggf. zu zeitraubenden Rückfragen bzw. zu aufwendigen Korrekturarbeiten führen kann.

Die Programme dieses Kapitels werden daher beide Erfassungsmöglichkeiten nutzen; die praktische Anwendung einer dieser beiden Varianten muß dann im Einzelfall auf die jeweiligen Bedürfnisse abgestimmt werden.

In der erstgenannten Variante – Vorgabe von Nummer und Textkennzeichnung und ggf. weiterer Fileinformationen – ist für die Einspeicherung dieser Kontrolldaten in den erfassenden Taschencomputer zu sorgen. Dazu ist die Vorgabe mit leeren Speichern zu versehen, in welche die zu erfassenden Daten wie in einem Formblatt eingetragen werden.

Diese für den Filetransfer (siehe dazu auch Abschnitt 2.2) wichtigen Voraussetzungen kommen entweder vom auswertenden Computer, oder müssen vom erfassenden Taschencomputer selbst angelegt werden. Für diesen Fall wird man dieses Gerüst im Wege eines Ladeprogramms erzeugen und es für den weiteren Gebrauch auf einem handelsüblichen Audiokassettenband speichern (siehe dazu Bild 52). In dieser Variante erfolgt der Filetransfer in einer Einbahnstraße hin zum empfangenden und weiterverarbeitenden Computer. Bild 53 zeigt die zweite Möglichkeit im Wege eines Gegenverkehrs; der Taschencomputer hat sich in solchen Fällen nicht selbst um das jeweils benötigte Datengerüst zu kümmern.

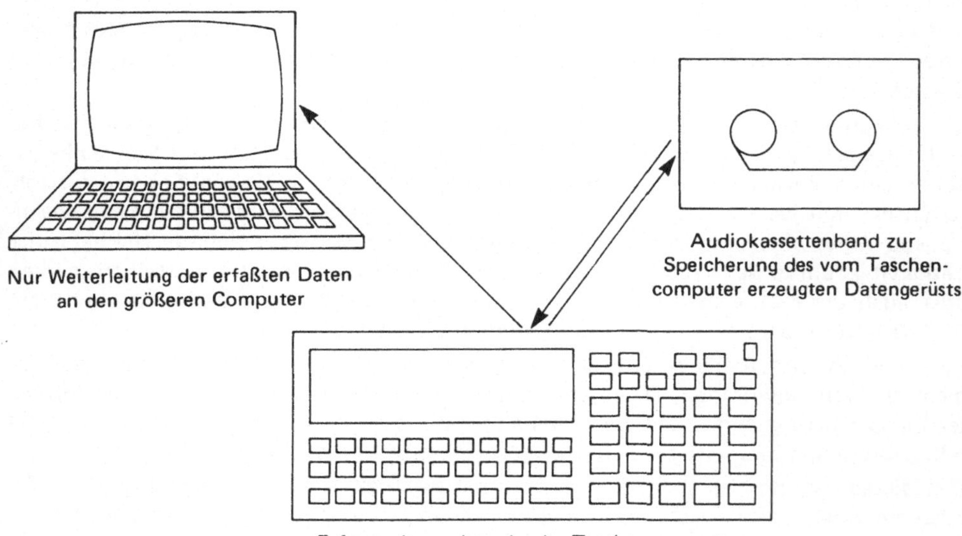

Bild 52 Erstellung des Datengerüsts durch den Taschencomputer

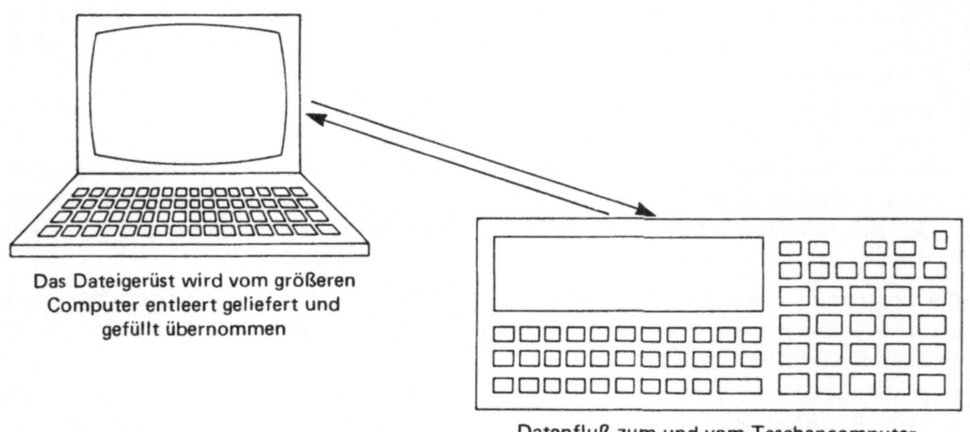

Bild 53 Das Dateigerüst wird vom empfangenden und verarbeitenden Computer geliefert

In jenen Programmen, die für eine Selbstherstellung des Datengerüsts sorgen, wird auch das dazu benötigte Ladeprogramm präsentiert und besprochen.

Zufolge der besonderen Eigenart der Verarbeitungsformen dieser Programme wurde bei deren Erstellung von einem eigenen Rahmenprogramm ausgegangen. Ein wahlweiser Wechsel des Ausgabebetriebs ist in Datenerfassungsprogrammen wenig sinnvoll. Die Anzeige des Hauptmenüs ist generell mit Betätigung der Tasten (DEF) M abrufbar; außerdem sind die durch das Menü anwählbaren Teilverarbeitungen mit den gleichen Buchstabentasten gekennzeichnet, wie die (DEF)-Anwahlen, so daß Anwahlirrtümer in engen Grenzen gehalten werden können.

Die Länge eines Ladeprogramms für ein Datenfilegerüst ist im allgemeinen nicht so aufwendig, so daß ein solches generell in die Programme eingebaut wurde; im Bedarfsfall ist es aus den Programmen wieder zu entfernen.

Die Übertragung von Datenfiles erfordert keine Angabe von Dateinamen; allein die zu übertragenden Variableninhalte sind mit Angabe der Variablennamen aufzulisten. Ein Filename ist nur beim Betrieb mit Kassettenrecordern vorgesehen. Gegebenenfalls kann das Datengerüst für spätere Verwendung auch von seiten des PC-1350 auf einem Audiokassettenband wie auch ein mit Daten versehenes Gerüst vor dem Senden zwischenzeitlich auf Kassettenbändern aufgezeichnet werden, dies vor allem dann, wenn sich das Senden der Daten an die größere DV-Anlage zeitlich verschiebt.

Die in diesem Kapitel vorgestellten Lösungsmodelle von Datenerfassungen enthalten nur die Formulierungen für Erfassung der Daten und deren Übertragung. Die Übernahme und Weiterverarbeitung auf der Empfängerseite muß gesondert geschrieben und den jeweils gewählten Filestrukturen angepaßt werden. Die zu übertragenden Daten sind nur zum Teil vorverdichtet. Die Verdichtung der erfaßten Daten ist in der Regel Aufgabe der Empfängerprogramme.

Die mit den vorliegenden Programmen durchgeführten Datenerfassungen können selbstverständlich auch in konventioneller Form weiterverarbeitet werden; die elektronische Übermittlung ist aber sehr vorteilhaft, jedoch nicht unbedingt Voraussetzung für den praktischen Einsatz von Erfassungsprogrammen.

Zur Demonstration von Datenerfassungen kann aus verschiedenen Anwendungsbereichen gewählt werden. Von den sich bietenden Themen seien drei herausgegriffen, die sich in ihrer Komplexität voneinander unterscheiden. Beispielsweise wäre es passend, parallel zu einer Lohn- auch eine Produktionsdatenerfassung zu präsentieren. Eine solche ist einer Bestandsaufnahme jedoch sehr ähnlich, wiewohl durch die Zusatzinformation aufgewendeter Mannstunden für die Herstellung eine Leistungskontrolle hätte durchgeführt werden können. Daher wird auf dieses Beispiel verzichtet. Interessierte Leser sehen sich imstande, eine Produktionsdatenerfassung aufgrund vom Rahmenprogramm nach Abschnitt 4.6.2 und der Bestandsaufnahme nach Abschnitt 6.1 selbst zu lösen.

Bei den drei Anwendungsmöglichkeiten programmierter Datenerfassungen steigert sich der Problemumfang von Beispiel zu Beispiel:

- **Bestandsaufnahmen** erfassen aufgrund der Vorgabe von Nummer und Bezeichnung lediglich Mengen bestimmter auf Lager befindlicher Artikel.
- **Lohndatenerfassungen** sind schon komplexer aufgebaut. Für jeden Mitarbeiter sind eine Reihe unterschiedlicher, dessen Arbeitsleistung kennzeichnender Informationen (Zeit- oder Leistungslohnstunden, absoluter Leistungslohn, Arbeitsgangbeschreibung sowie Angabe der Kostenstellennummer) aufzunehmen.
- **Auftragserfassungen** gehen noch einen Schritt weiter und verknüpfen zwei Dateien miteinander: Artikel- und Kundendatei. Die Flexibilität zeigt sich besonders in diesem

Programm, wenn neben fixen Vorgaben auch noch über einen bestimmten Speicherbereich frei nach Bedarf verfügt werden kann.

6.1 Bestandsaufnahme

Mit zur Beurteilung des wirtschaftlichen Erfolges eines Unternehmens gehört die Beobachtung des Warenlagers. Eine Bestandsaufnahme wird vielfach am Ende eines Wirtschaftsjahres, das in der Regel mit dem Ende des Kalenderjahres zusammenfällt, durchgeführt. Eine derartige Maßnahme kann auch mehrmals während eines Jahres notwendig werden. In einigen Branchen ist aufgrund gekennzeichneter Verpackungen das Inventieren mit Strichcodelesern, angeschlossen an Hand- oder Taschencomputer, keine aufwendige Sache mehr. Andere Branchen genießen diesen Vorteil nicht. Hier müssen die Bestände konventionell aufgenommen werden, also mit Hilfe von Papier und Bleistift.

Aber auch ohne diese konventionellen Hilfsmittel lassen sich in den genannten benachteiligten Branchen mit kleinen Computern Bestandsaufnahmen durchführen.

Wie schon einleitend zu Kapitel 6 erwähnt, bedarf es zur Vermeidung von Zuordnungsfehlern eines Datenfilegerüsts. Dieses wird von dem die Daten empfangenden und dann weiterverarbeitenden Computer erstellt und an den Taschencomputer geliefert. Es kann aber auch umgekehrt vom Taschencomputer produziert werden.

Sicherlich ist die Durchführung einer Bestandsaufnahme auch ohne Vorgabe eines Datengerüsts möglich; die Speicherkapazität würde schon deswegen besser ausgenutzt, weil nicht immer alle von einer Vorgabe betroffenen Artikel von einer Bestandsaufnahme berührt werden. In diesem Fall müssen aber Zuordnungsprobleme im empfangenden Computer gelöst werden; keine leichte Aufgabe!

Die Kapazität des PC-1350 einschließlich einer 8 oder 16 Kbyte RAM-Speicherkarte reicht für eine Vielzahl von Artikeln aus; gegebenenfalls kann man sich mit einem weiteren Datengerüst für zusätzliche Artikel behelfen und problemlos weiter inventarisieren. Die Durchführung der Bestandsaufnahme im Hinblick auf eine zweifelsfreie Zuordnung bedarf nur der Angabe von Artikelnummer und Artikelbezeichnung. Dazu ist im artikelbezogenen Teildatensatz ein Speicher für den Bestand erforderlich, den wir als Summenspeicher auslegen, da nicht auszuschließen ist, daß sich der Gesamtbestand eines Artikels auf mehrere Standorte im Betrieb verteilt. Wir legen also folgende Teilstruktur fest:

- Artikelnummer, numerisch, max. 10 Stellen 8 Bytes
- Artikelbezeichnung, max. 24 Zeichen 24 Bytes
- Bestand, numerisch, max. 10 Stellen 8 Bytes

Zusätzlich kommen je 7 Bytes zum Tragen, die für die Variablennamen – allerdings nur einmal – verbraucht werden. Der Speicherbedarf für einen Artikel beträgt somit netto 40 Bytes. Bei Benutzung der Speicherkarten ergeben sich folgende Speicherkapazitäten:

- 180 Artikel bei Verwendung einer 8 Kbyte RAM-Karte
- 256 Artikel bei Verwendung einer 16 Kbyte RAM-Karte

Die Verwendung einer 16 Kbyte großen Speicherkarte ließe allerdings auch eine größere Anzahl an Artikeln zu. Da in einer Felddimensionierung im Höchstfall allerdings nur 256 Feldelemente definiert werden können, müßte für die Nutzung einer größeren Artikelzahl eine zweite Dimension vereinbart werden; dies würde eine Programmänderung bedingen. Um eine solche zu vermeiden, begnügen wir uns im vorliegenden Fall mit den gegebenen Kapazitäten für eindimensionale Datenfelder. Die Bewältigung größerer Artikelmengen läßt sich auch durch die Erstellung von mehreren Datengerüsten erreichen. Mit einem Gerüst erfaßte Daten werden vor der Weitergabe zwischenzeitlich auf Kassettenband abgespeichert. Die Erfassungsdokumentation sollte tunlichst von einer Datenübertragung erfolgen.

Zur Erhöhung der Sicherheit sind Kontrollabrufe der Bestände auch über die Anzeige im Programm vorgesehen.

Für die Erfassung und den Kontrollabruf kann ein Artikel wahlweise über die Artikelnummer oder die Artikelbezeichnung bzw. über einen Teil derselben abgerufen werden. Aus praktischen Gründen wählt man als Textdetail die ersten Zeichen der Bezeichnung des betreffenden Artikels. Wird der gesuchte Begriff nicht gefunden, kommt es zu einer entsprechenden Fehlermeldung und zur Neuanwahl. Der Artikel, bei welchem ein eingegebener Suchbegriff zum ersten Mal gefunden wird, gelangt mit Artikelnummer und Artikelbezeichnung in die Anzeige. Es ist nämlich nicht auszuschließen, daß ein Textmerkmal öfter als nur einmal in einer Datei angetroffen wird. Aus diesem Grund werden alle Artikel, auf welche das Textmerkmal zutrifft, zur Entscheidung über den Gutbefund vorgelegt und die angewählte Verarbeitung erst bei Annahme eines Artikels fortgesetzt.

Variablenliste

Für die Inventurdatei (bei Benutzung einer 16 Kbyte RAM-Speicherkarte):

AN(255)	Artikelnummer
ME(255)	Bestandsmenge
AB$(255)	Artikelbezeichnung (max. 24 Zeichen)

Für die Inventurdurchführung:

I	Schleifenindex (Artikel)
J	Schleifenindex (Artikelsuche nach Textvorgabe)
L	Programmcharakteristik
M	aktueller eingegebener Bestand
N	aktuelle eingegebene Artikelnummer
P	Länge des Suchstrings in Zeichen
V	als letztes benutzer Speicherindex
JN$	Ja/nein-Entscheidung für die Güte einer Eingabe
WE$	Ja/nein-Entscheidung für eine Fortsetzung der aktuellen Verarbeitung
VV$(Ø)	Suchbegriff mit max. 24 Zeichen
VV$(1)	aus Artikelbezeichnung herausgelöster Vergleichsbegriff

Programmstruktur

1000	Programmvorlauf	
	1020–1030	Datenfelddimensionierungen (bei 8 Kbyte RAM-Speicherkarte größten Index von 255 auf 179 abändern)
	1300–1440	Anzeige des Hauptmenüs

2000 Erstellung eines Datenrahmens (Datengerüst)

- 2020–2030 lokales Menü
- 2100 Rahmen anlegen
- 2120–2150 Entscheidung über Neuanlage oder Ergänzung fällen
- 2200 bestehenden Rahmen ergänzen
  - 2210 über ein ggf. erforderliches Einlesen entscheiden
- 2300 neuen Rahmen anlegen
  - 2330 Artikelnummer eingeben
  - 2360 Artikelbezeichnung eingeben
  - 2450 Eingabegüteentscheidung treffen
  - 2460 Fortsetzungsentscheidung treffen
  - 2470 Einstieg nach angewählter Ergänzung
- 2500 Einlesen (kann sowohl als Haupt- oder auch Unterprogramm fungieren)
  - 2520 Entscheidung über die Notwendigkeit ein Datengerüst einzulesen fällen
  - 2560 Hinweise zur Recorderbedienung
  - 2600 Einlesen

3000 Erfassung von Beständen

- 3020 ggf. Datei einlesen
- 3030 Artikeldatensatz aufsuchen
- 3070 neuen Teilbestand einspeichern
- 3970 Eingabegüteentscheidung treffen
- 3980 neue Zwischensumme bilden und über die Fortsetzung entscheiden
- 3990 Entscheidung über eine ggf. erforderliche Aufzeichnung fällen

4000 Dokumentation der erfaßten Bestände (kann sowohl als Haupt- aber auch als Unterprogramm eingesetzt werden)

- 4020–4050 Entscheidung über die Notwendigkeit einer Erfassungsdokumentation treffen
- 4060–4070 Hinweise zur Druckerbedienung
- 4100–4960 Ausgabeschleife

5000 Kontrollabruf einzelner Bestände

- 5030 Artikeldatensatz aufsuchen
- 5040–5070 Einzelabruf Artikelnummer, Artikelbezeichnung und Bestand
- 5980 Fortsetzungsentscheidung treffen

6000 Aufzeichnung auf Kassettenband

- 6020–6050 Entscheidung über die Notwendigkeit einer Aufzeichnung fällen
- 6070–6080 Hinweise zur Recorderbedienung
- 6110 Aufzeichnung

7000 Datenübertragung

- 7020–7050 Entscheidung über die Durchführung einer Übertragung der Daten auf einen anderen Computer fällen
- 7060 Entscheidung über eine ggf. vorangehende Erfassungsdokumentation fällen
- 7070–7080 Überprüfung der Betriebsbereitschaft der Übertragungseinrichtungen
- 7120 Übertragung

8000 Unterprogramme

- 8000 nach einem Artikeldatensatz suchen
  - 8030 lokales Menü
  - 8100 Artikel nach Text bzw. Textteil suchen
    - 8120 Suchmerkmal eingeben
    - 8160 Vergleichsbegriff herauslösen
    - 8170 Vergleich durchführen
    - 8200 Anwahlentscheidung treffen
    - 8210 Suchen fortsetzen
  - 8300 Artikel nach Artikelnummer suchen
    - 8320 Artikelnummer eingeben
    - 8360 Fehlerkennzeichnung und neue Suchvorgangsentscheidung
- 9300 Anzeige des Verarbeitungstitels
- 9400 Eingabegüteentscheidung treffen
- 9600 Fortsetzungsentscheidung treffen
- 9900 Verarbeitungsende anzeigen
- 9990 Sternchenzeile ausgeben
- 9991 Strichzeile ausgeben

Für den Fall, daß anstelle der 16 Kbyte RAM-Speicherkarte die 8 Kbyte-Karte eingesetzt ist, muß der Index der Felddimensionierung in Zeile 1010 von 255 auf 179 abgeändert werden. Analog dazu ist diese Änderung auch in Zeile 2470 (Verzweigungsanweisung) durchzuführen.

Anweisungsliste

```
1000:REM Inventur
1001:REM
1002:REM by Tatzl, Graz
1003:REM
1004:REM Programmvorl.
1005:REM
1010:CLEAR
1020:DIM AN(255),AB$(255)*24,UV$(1)*24
1030:DIM ME(255)
1040:GOSUB 9300
1050:PRINT "Hauptmenue immer mit den"
1060:WAIT 200: PRINT "Tasten (DEF) M ab
     rufen!"
1300:REM
1301:REM Menueanzeige
1302:REM
1310:"M": CLS : WAIT 25
1320:PRINT "Rahmen   (G) Erfassg.(F)"
1330:PRINT "Dokumen.(D) Aruf     (K)"
1340:PRINT "Aufz.    (A) Uebertr.(X)"
1350:PRINT "Menue    (M) Ende     (S)"
1360:IF INKEY$ ="G" THEN 2000
1370:IF INKEY$ ="F" THEN 3000
1380:IF INKEY$ ="D" THEN 4000
1390:IF INKEY$ ="K" THEN 5000
1400:IF INKEY$ ="A" THEN 6000
1410:IF INKEY$ ="X" THEN 7000
1420:IF INKEY$ ="M" THEN 1300
1430:IF INKEY$ ="S" THEN 9900
1440:GOTO 1360
2000:REM
2001:REM Datenrahmen
2002:REM
2010:"G": GOSUB 9300
2020:PRINT "Datenrahmen anlegen  (A)"
2030:PRINT "Datenrahmen einlesen (L)"
2040:IF INKEY$ ="L" THEN 2500
2050:IF INKEY$ <>"A" THEN 2040
2100:REM
2101:REM Anlegen
2102:REM
2110:CLS : WAIT 25: PRINT "Artikeldaten
     rahmen": GOSUB 9990
2120:PRINT "Neuanlage  (N)"
2130:PRINT "Ergaenzung (E)"
2140:IF INKEY$ ="N" THEN 2300
2150:IF INKEY$ <>"E" THEN 2140
2200:REM
2201:REM Ergaenzung
2202:REM
2210:L=1: GOSUB 2500:I=V
2220:GOTO 2470
2300:REM
2301:REM Neuanlage
```

```
2302:REM
2310:I=0
2320:CLS : PRINT "Datenanlage Artikel "
     ; STR$ (I+1): GOSUB 9990
2330:AN(I)=0: INPUT "Art.-Nr. = ";AN(I)
2340:IF AN(I)=0 THEN 2320
2350:PRINT "Artikelbezeichnung ="
2360:AB$(I)="": INPUT AB$(I)
2370:IF AB$(I)="" CURSOR 0,3: GOTO 2360
2450:GOSUB 9400: IF JN$="N" THEN 2320
2460:V=I: GOSUB 9600: IF WE$="N" THEN 6
     000
2470:I=I+1: IF I<=255 THEN 2320
2480:GOSUB 9300: WAIT 200
2490:PRINT "Speicher voll!": GOTO 6000
2500:REM
2501:REM Einlesen
2502:REM
2510:GOSUB 9300
2520:PRINT "Einlesen? ja(J), nein(N)"
2530:IF INKEY$ ="N" THEN 2620
2540:IF INKEY$ <>"J" THEN 2530
2550:GOSUB 9300
2560:PRINT "REMOTE OFF-REWIND (POS)"
2570:WAIT : PRINT "REMOTE ON-PLAY-ENTER
     "
2580:GOSUB 9300
2590:PRINT "Einlesen laeuft"
2600:INPUT #"DATINV";V,AN(*),AB$(*),ME(
     *)
2610:WAIT 200: PRINT "Einlesen beendet"
2620:IF L=1 LET L=0: WAIT 25: RETURN
2630:GOTO 1300
3000:REM
3001:REM Erfassung
3002:REM
3010:"F": GOSUB 9300: WAIT 200
3020:PRINT "Artikelmengen erfassen":L=1
     : GOSUB 2500
3030:GOSUB 8000
3040:CLS : PRINT "Art.-Nr. "; STR$ AN(I
     )
3050:PRINT AB$(I)
3060:PRINT "Bestand alt = "; STR$ ME(I)
3070:INPUT "Bestand zus.= ";M
3970:GOSUB 9400: IF JN$="N" THEN 3040
3980:ME(I)=ME(I)+M: GOSUB 9600: IF WE$=
     "J" THEN 3030
3990:GOTO 6000
4000:REM
4001:REM Dokumentation
4002:REM
4010:"D": GOSUB 9300: WAIT 200
4020:PRINT "Erfassungsdokumentation"
4030:WAIT 25: PRINT "Dok? ja (J), nein
     (N)"
```

```
4040:IF INKEY$ ="N" THEN 4980
4050:IF INKEY$ <>"J" THEN 4040
4060:GOSUB 9300: PRINT "Drucker angesch
     lossen?"
4070:WAIT : PRINT "ja (ENTER), nein (DE
     F) D": WAIT 25
4080:PRINT = LPRINT : PRINT : PRINT
4090:PRINT "Erfassungsdokumentation":
     GOSUB 9990: PRINT "Bestaende:"
4100:FOR I=0 TO V
4110:PRINT : PRINT "Art.-Nr. "; STR$ AN
     (I)
4120:PRINT AB$(I): GOSUB 9991
4130:PRINT "Bestand  "; STR$ ME(I)
4960:NEXT I: PRINT : PRINT
4970:PRINT = PRINT
4980:IF L=1 LET L=0: RETURN
4990:GOTO 1300
5000:REM
5001:REM Abruf
5002:REM
5010:"K": GOSUB 9300: WAIT 200
5020:PRINT "Kontrollabruf":L=1: GOSUB 2
     500
5030:GOSUB 8000
5040:CLS : PRINT "Art.-Nr. "; STR$ AN(I
     )
5050:PRINT AB$(I): GOSUB 9991
5060:PRINT "Bestand  "; STR$ ME(I)
5070:IF INKEY$ ="" THEN 5070
5980:GOSUB 9600: IF WE$="J" THEN 5030
5990:GOTO 1300
6000:REM
6001:REM Aufzeichnung
6002:REM
6010:"A": GOSUB 9300: WAIT 200
6020:PRINT "Daten aufzeichnen": WAIT 25
6030:PRINT "Aufz.? ja (J), nein (N)"
6040:IF INKEY$ ="N" THEN 6980
6050:IF INKEY$ <>"J" THEN 6040
6060:CLS : PRINT "Daten aufzeichnen":
     GOSUB 9990
6070:PRINT "REMOTE OFF-REWIND (POS)":
     WAIT
6080:PRINT "REMOTE ON-REC/PLAY-ENTER"
6090:GOSUB 9300
6100:PRINT "Aufzeichnung laeuft"
6110:PRINT #"DATINV";V,AN(*),AB$(*),ME(
     *)
6970:WAIT 200: PRINT "Aufzeichnung been
     det"
6980:IF L=1 LET L=0: WAIT 25: RETURN
6990:GOTO 1300
7000:REM
7001:REM Uebertragung
```

```
7002:REM
7010:"X": GOSUB 9300: WAIT 200
7020:PRINT "Datenuebertragung": WAIT 25
7030:PRINT "Uebertr.?ja (J),nein (N)"
7040:IF INKEY$ ="N" THEN 1300
7050:IF INKEY$ <>"J" THEN 7040
7060:L=1: GOSUB 4000
7070:GOSUB 9300: PRINT "Geraete betrieb
     sbereit?": WAIT
7080:PRINT "ja (ENTER), nein (DEF) X"
7090:GOSUB 9300
7100:PRINT "Uebertragung laeuft"
7110:OPEN
7120:PRINT #1AN(*),AB$(*),ME(*)
7970:CLOSE
7980:WAIT 200: PRINT "Uebertragung been
     det"
7990:GOTO 1300
8000:REM
8001:REM Suchen
8002:REM
8010:CLS : WAIT 25
8020:PRINT "Artikel suchen nach": GOSUB
     9990
8030:PRINT "Bezeichnung (B)"
8040:PRINT "Nummer       (N)"
8050:IF INKEY$ ="N" THEN 8300
8060:IF INKEY$ <>"B" THEN 8050
8100:REM
8101:REM Bezeichnung
8102:REM
8110:GOSUB 9300: PRINT "Artikelbezeichn
     ung ="
8120:VV$(0)="": INPUT VV$(0)
8130:IF VV$(0)="" THEN 8110
8140:I=0:P= LEN VV$(0)
8150:J=1
8160:VV$(1)= MID$ (AB$(I),J,P)
8170:IF VV$(0)<>VV$(1) THEN 8220
8180:CLS : PRINT "Art.-Nr. "; STR$ AN(I
     )
8190:PRINT AB$(I)
8200:GOSUB 9400: IF JN$="J" RETURN
8210:CLS : PRINT "gesucht": PRINT VV$(0
     ): GOTO 8230
8220:J=J+1: IF J<=25-P THEN 8160
8230:I=I+1: IF I<=V THEN 8150
8240:GOTO 8360
8300:REM
8301:REM Nummer
8302:REM
8310:GOSUB 9300
8320:INPUT "Art.-Nr. = ";N
8330:I=0
8340:IF N=AN(I) RETURN
```

```
8350:I=I+1: IF I<=V THEN 8340
8360:WAIT 200: PRINT "kein Artikel vorh
     anden!"
8370:GOTO 8010
9300:REM
9301:REM Titelanzeige
9302:REM
9310:CLS : WAIT 25
9320:PRINT "**  Bestandsaufnahme  **"
9330:GOSUB 9990: RETURN
9400:REM
9401:REM Eingabeentsch.
9402:REM
9410:PRINT "Eing. ok? ja(J), nein(N)"
9420:JN$="":JN$= INKEY$
9430:IF (JN$="J") OR (JN$="N") RETURN
9440:GOTO 9420
9600:REM
9601:REM Fortsetzung
9602:REM
9610:PRINT "Weiter?   ja(J), nein(N)"
9620:WE$="":WE$= INKEY$
9630:IF (WE$="J") OR (WE$="N") RETURN
9640:GOTO 9620
9900:REM
9901:REM Ende
9902:REM
9910:"S": GOSUB 9300
9920:PRINT "Verarbeitung beendet"
9930:PRINT = PRINT : WAIT : USING : END
9990:PRINT "************************":
     RETURN
9991:PRINT "------------------------":
     RETURN
```

Bild 54 Programm INVDAT

Bedienungsanleitung

Programmname: INVDAT
Speicheranspruch: 3904 Bytes
Speichererweiterung: ja
Ausgabebetrieb: zwischen Anzeige und Druck (CE-126P) je nach Bedarf wechselnd
Verarbeitungstitel: „xx Bestandsaufnahme xx"

1 Programm mit RUN (ENTER) oder (DEF) M starten. Im zweiten Fall wird sofort in Punkt 3 fortgesetzt. Die zweite Anwahl ist für die Aufrechterhaltung von Speicherinhalten unbedingt erforderlich.
2 Kurzzeitige Anzeige des Verarbeitungstitels und der Hinweise

Hauptmenue immer mit den

Tasten (DEF) M abrufen!

3 Bei Anzeige des Hauptmenüs

Rahmen	(G)	Erfassg.	(F)
Dokumen.	(D)	Abruf	(K)
Aufz.	(A)	Uebertr.	(X)
Menue	(M)	Ende	(S)

über die weitere Fortsetzung der Verarbeitung entscheiden:

3.1 Verarbeitung abschließen: Taste S drücken. Bei Anzeige des Verarbeitungstitels und des Hinweises „Verarbeitung beendet" sind die Operationen abgeschlossen. Weitere Verarbeitungen können ab Punkt 1 oder durch Direktanwahl mit (DEF) und einer der acht genannten Buchstabentasten aufgenommen werden.

3.2 Menüanzeige wiederholen: Taste M drücken und in Punkt 3 fortsetzen.

3.3 Datenrahmen erstellen: Taste G drücken und in Punkt 4 fortsetzen.

3.4 Bestände erfassen: Taste F drücken und in Punkt 14 fortsetzen.

3.5 Erfaßte Bestände zur Kontrolle abrufen: Taste K drücken und in Punkt 22 fortsetzen.

3.6 Dokumentation der erfaßten Bestände abrufen: Taste D drücken und in Punkt 25 fortsetzen.

3.7 Datenrahmen oder Datei mit erfaßten Beständen aufzeichnen: Taste A drücken und in Punkt 12 fortsetzen.

3.8 Bestände übertragen: Taste X drücken und in Punkt 27 fortsetzen.

4 Bei Anzeige des Verarbeitungstitels und des lokalen Menüs

Datenrahmen anlegen	(A)
Datenrahmen einlesen	(L)

über die Art der nachfolgenden Operationen entscheiden:

4.1 Datenrahmen bearbeiten: Taste A drücken und in Punkt 7 fortsetzen.

4.2 Datenrahmen oder erfaßte Bestände vom Kassettenband einlesen: Taste L drükken.

5 Bei Anzeige des Verarbeitungstitels und des Entscheidungshinweises „Einlesen? ja(J), nein(N)" über die weitere Vorgangsweise entscheiden:

5.1 Einlesen nicht erforderlich: Taste N drücken und ins Hauptprogramm zurückkehren bzw. mit der Menüanzeige in Punkt 3 fortsetzen.

5.2 Datengerüst bzw. erfaßte und zwischengespeicherte Bestände einlesen: Taste J drücken.

6 Bei Anzeige des Verarbeitungstitels und der Hinweise zur Recorderbedienung

REMOTE OFF-REWIND (POS)

REMOTE ON-PLAY-ENTER

Kassettenband den Hinweisen entsprechend positionieren und Einlesevorgang mit (ENTER) einleiten. Bei Anzeige des Verarbeitungstitels und des Betriebshinweises „Einlesen laeuft" wird die Datei eingelesen und der Vorgang mit der Anzeige des Texthinweises „Einlesen beendet" bestätigt. Je nach Abrufart wird entweder im Hauptprogramm oder mit der Menüanzeige in Punkt 3 fortgesetzt.

7 Bei Anzeige der Hinweise

Artikeldatenrahmen

****

Neuanlage (N)

Ergaenzung (E)

über die weitere Fortsetzung entscheiden:

7.1 Bestehenden Rahmen ergänzen: Taste E drücken. Hierauf ist analog zu den Punkten 5 und 6 über die Notwendigkeit des Einlesens zu entscheiden und ggf. eine Datei bzw. ein Datenrahmen einzulesen.

7.2 Neuen Datenrahmen erstellen: Taste N drücken.

8 Bei Anzeige der Eingabehinweise

Datenanlage Artikel n

****

Art.-Nr. = _

Artikelnummer eintasten und (ENTER) drücken. Die Betätigung von (ENTER) ohne vorangehende Zahleneingabe führt ohne Fehlermeldung zur automatischen Eingabewiederholung.

9 Bei Anzeige des zusätzlichen Eingabehinweises „Artikelbezeichnung = ?" im Höchstfall 24 Zeichen umfassenden Artikelnamen eintasten und (ENTER) drücken. Auch in diesem Fall ist die Betätigung von (ENTER) ohne vorangehende Eingabe nicht zulässig und führt ohne Fehlermeldung zur automatischen Eingabewiederholung.

10 Bei der Zusatzanzeige des Entscheidungshinweises „Eing. ok? ja(J), nein(N)" über die Richtigkeit beider Eingaben in einem entscheiden:

10.1 Eingaben nicht korrekt: Taste N drücken und Eingaben ab Punkt 8 richtig wiederholen.

10.2 Eingaben korrekt: Taste J drücken.

11 Bei der Zusatzanzeige des Entscheidungshinweises „Weiter? ja(J), nein(N)" über die Fortsetzung der Fileanlage entscheiden:

11.1 Weitere Artikelfiles anlegen: Taste J drücken und in Punkt 8 fortsetzen. Dies ist so lange möglich, wie noch nicht alle Speicherplätze (256 bei einer 16 sowie 180 bei einer 8 Kbyte RAM-Karte) besetzt sind. Ist dies der Fall, wird nach einer kurzzeitigen Textanzeige „Speicher voll!" in Punkt 12 fortgesetzt.

11.2 Anlagen abschließen: Taste N drücken.

12 Nach kurzzeitiger Anzeige des Verarbeitungstitels und des Anwahlkontrollhinweises „Daten aufzeichnen" bei Anzeige des Entscheidungshinweises „Aufz.? ja(J), nein (N)" über die Notwendigkeit einer Aufzeichnung entscheiden:

12.1 Datenrahmen oder Bestände nicht auf Kassettenband zwischenspeichern: Taste N drücken und je nach Anwahl entweder ins Hauptprogramm zurückkehren oder mit der Menüanzeige in Punkt 3 fortsetzen.

12.2 Aufzeichnung durchführen: Taste J drücken.

13 Bei Anzeige der Hinweise zur Recorderbedienung

Daten aufzeichnen

****

REMOTE OFF-REWIND (POS)

REMOTE ON-REC/PLAY-ENTER

unter Beachtung der Hinweise Kassettenband positionieren und die Aufzeichnung mit Betätigung der (ENTER)-Taste einleiten. Die Aufzeichnung erfolgt bei Anzeige des Verarbitungstitels und des Betriebshinweises „Aufzeichnung laeuft" und wird mit der Zusatzanzeige „Aufzeichnung beendet" bestätigt. Die Fortsetzung erfolgt analog zu Punkt 12.1.

14 Nach kurzzeitiger Anzeige des Verarbeitungstitels und des Anwahlkontrollhinweises „Artikelmengen erfassen" analog zu Punkt 5 und 6 über die Notwendigkeit des Einlesens einer Datei entscheiden.

15 Bei Anzeige der Bedienungshinweise im lokalen Menü

Artikel suchen nach

****

Bezeichnung (B)

Nummer (N)

über die Art des Suchens entscheiden:

15.1 Artikel nach Bezeichnung oder einen Teil derselben suchen: Taste B drücken und in Punkt 17 fortsetzen.

15.2 Artikel (mit wesentlich weniger Zeitaufwand) nach Artikelnummer suchen: Taste N drücken.

16 Bei Anzeige des Verarbeitungstitels und des Eingabehinweises „Art.-Nr. = _" Artikelnummer eintasten und (ENTER) drücken. Für den Fall, daß ein File mit dieser Nummer nicht vorliegt, kommt es zur kurzzeitig wirksamen Fehlermeldung „kein Artikel gefunden!" und zur automatischen Anwahlwiederholung in Punkt 15, andernfalls zur Fortsetzung in Punkt 19.

17 Bei Anzeige des Verarbeitungstitels und des Eingabehinweises „Artikelbezeichnung = ?" Namen eines Artikels bzw. Teil eines solchen (vorteilhaft die jeweils ersten Zeichen eingeben) eintasten und (ENTER) drücken. Wird kein Artikel gefunden, kommt es zur in Punkt 16 beschriebenen Reaktion. Es ist von zeitlichem Vorteil, wenn als Suchbegriff die ersten Zeichen einer Artikelbezeichnung eingegeben werden.

18 Wird ein Artikel, auf welchen der eingebene Suchbegriff zutrifft, gefunden, wird er mit Nummer und Bezeichnung angezeigt und bei der Zusatzanzeige des Entscheidungshinweises „Eing. ok? ja(J), nein(N)" über die Richtigkeit der Anwahl entschieden:

18.1 Der gesuchte Artikel liegt nicht vor: Taste N drücken, und bei Anzeige „gesucht ‚Textmerkmal'" wird so lange weitergesucht, bis der richtige Artikel gefunden wird oder es zur analog in Punkt 16 beschriebenen Reaktion kommt.

18.2 Artikel gefunden: Taste J drücken.

19 Der Artikel wird mit Nummer, Bezeichnung und letztgültigem Bestand angezeigt. Bei der Zusatzanzeige „Bestand zus. = _" ist der zusätzlich zu erfassende Bestand einzutasten und die Eingabe mit (ENTER) abzuschließen.

20 Bei der Zusatzanzeige des Entscheidungshinweises „Eing. ok? ja(J), nein(N)" über die Richtigkeit der Eingabe entscheiden:

20.1 Eingabe nicht korrekt: Taste N drücken und Eingabe in Punkt 19 richtig wiederholen.

20.2 Eingabe korrekt: Taste J drücken.

21 Bei der Zusatzanzeige „Weiter? ja(J), nein(N)" über die weitere Fortsetzung der Erfassung entscheiden:

21.1 Weitere Bestände erfassen: Taste J drücken und in Punkt 15 fortsetzen.

21.2 Eingaben abschließen: Taste N drücken und in Punkt 12 fortsetzen.

22 Nach kurzzeitiger Anzeige des Verarbeitungstitels und des Anwahlkontrollhinweises „Kontrollabruf" analog zu Punkt 5 und 6 über die Notwendigkeit des Einlesens einer Datei entscheiden.

23 Artikel, dessen Bestand überprüft werden soll, analog zu den Punkten 15 bis 18 anwählen. Der aktuelle Zwischenstand wird mit Nummer und Bezeichnung angezeigt.

24 Nach beliebig langer Betrachtungsdauer wird mit Betätigung einer beliebigen Taste außer (ENTER) etc. fortgesetzt und bei der Zusatzanzeige „Weiter? ja(J), nein(N)" über die weitere Fortsetzung entschieden:

24.1 Weitere Bestände überprüfen: Taste J drücken und in Punkt 23 fortsetzen.

24.2 Abrufe beenden: Taste N drücken und mit der Menüanzeige in Punkt 3 fortsetzen.

25 Nach kurzzeitiger Anzeige des Verarbeitungstitels und des Anwahlkontrollhinweises „Erfassungsdokumentation" bei Anzeige des Entscheidungshinweises „Dok? ja(J), nein(N)" über die Notwendigkeit der Ausgabe der letztgültigen Bestände entscheiden:

25.1 Erfaßte Daten nicht dokumentieren: Taste N drücken und je nach Anwahl entweder in das Hauptprogramm zurückkehren oder mit der Menüanzeige in Punkt 3 fortsetzen.

25.2 Bestände ausgeben: Taste J drücken.

26 Bei Anzeige des Verarbeitungstitels und der Hinweise zur Druckerbedienung

Drucker angeschlossen?

ja (ENTER), nein (DEF) D

über die weitere Fortsetzung entscheiden:

26.1 Drucker fehlt bzw. ist nicht eingeschaltet: Mangel ggf. beheben und im Fall des Anschlusses mit (DEF) D zu Punkt 25 zurückkehren.

26.2 Drucker betriebsbereit: (ENTER) drücken. Die erfaßten Daten werden analog zum Testbeispiel ausgegeben. War der Drucker weder eingeschaltet noch angeschlossen, werden die einzelnen Files selbsttätig angezeigt. Nach Beendigung der Ausgabe wird mit der Menüanzeige in Punkt 3 fortgesetzt.

27 Nach kurzzeitiger Anzeige des Verarbeitungstitels und des Anwahlkontrollhinweises „Datenuebertragung" bei der Zusatzanzeige des Entscheidungshinweises „Uebertr.? ja(J), nein(N)" über die Notwendigkeit einer Datenübertragung entscheiden:

27.1 Keine Übertragung erforderlich: Taste N drücken und mit der Menüanzeige in Punkt 3 fortsetzen.

27.2 Übertragung durchführen: Taste J drücken.

28 Analog zu den Punkten 25 und 26 über die Notwendigkeit einer Erfassungsdokumentation entscheiden.

29 Bei Anzeige des Verarbeitungstitels und der Betriebshinweise

Geraete betriebsbereit?

ja (ENTER), nein (DEF) X

den Status der an der Übertragung beteiligten Geräte überprüfen:

29.1 Geräte nicht betriebsbereit: Geräte ausschalten, anschließen, wieder einschalten und mit (DEF) X zu Punkt 29 zurückkehren.

29.2 Einrichtung für die Übertragung bereit: (ENTER) drücken. Die Übertragung erfolgt während der Anzeige des Verarbeitungstitels und des Betriebshinweises „Uebertragung laeuft" und ist mit der Anzeige des Texthinweises „Uebertragung beendet" abgeschlossen. Es wird auch hier mit der Menüanzeige in Punkt 3 fortgesetzt.

Testbeispiele

```
Erfassungsdokumentation
***********************
Bestaende:

Art.-Nr. 205000
Gartenplatten 50/50/5 cm
------------------------
Bestand  0

Art.-Nr. 295510
Blumentroege 100/50/50
------------------------
Bestand  0

Art.-Nr. 250150
Zaunsaeulen 200/12/12
------------------------
Bestand  0

Art.-Nr. 431220
Schachtringe D 100/50/6
------------------------
Bestand  0

Art.-Nr. 640100
Mauersteine 25/12/6.5
------------------------
Bestand  0
```

```
Erfassungsdokumentation
***********************
Bestaende:

Art.-Nr. 205000
Gartenplatten 50/50/5 cm
------------------------
Bestand  12585

Art.-Nr. 295510
Blumentroege 100/50/50
------------------------
Bestand  48

Art.-Nr. 250150
Zaunsaeulen 200/12/12
------------------------
Bestand  85

Art.-Nr. 431220
Schachtringe D 100/50/6
------------------------
Bestand  300

Art.-Nr. 640100
Mauersteine 25/12/6.5
------------------------
Bestand  25500
```

Bild 55 Datengerüst nach der Anlage und nach einer ersten Erfassung

6.2 Personaldatenerfassung

Mit der Produktionstätigkeit, aber auch im Zusammenhang mit anderen Arbeiten, muß auch für die Aufzeichnung von Personal- bzw. Lohndaten gesorgt werden. Eine Lohndatenerfassung ist nicht nur für die Lohnfindung von Wichtigkeit, sondern dient auch zur Feststellung der Kostenbelastung einzelner Abteilungen mit Lohnkosten.

Generell gelten für Lohndatenerfassungen die in Beispiel 6.1 angeschnittenen Grundsätze der Erfassungsproblematik.

Die charakteristischen Zuordnungsmerkmale analog zu den Artikeln sind im vorliegenden Fall Personalnummer und Name eines Mitarbeiters. Im Gegensatz zur Produktionsdatenerfassung, wo es für jeden Artikel nur eine Mengen- und auch nur eine Zeitangabe geben kann, ist hier mit mehr als einer Leistungseingabe – zumindest in der Regel – zu rechnen. In diesem Programmbeispiel wird von drei Tätigkeiten an einem Arbeitstag ausgegangen, und dementsprechend werden für jeden Mitarbeitern drei Leistungszeilen reserviert. Sollte diese Anzahl nicht reichen, stehen Reservespeicher zur Verfügung.

Auf diese Weise läßt sich der PC-1350 mit einer 16 Kbyte RAM-Speicherkarte ausgerüstet zur Erfassung von 80 Mitarbeitern einrichten. Von dieser Anzahl sind 60 Segmente für fix vorgegebene Mitarbeiter – diese Zahl kann beliebig abgeändert (Zeilen 2470 und 3300) werden – eingerichtet, die restlichen 20 dienen zur Aufnahme zusätzlicher über 3 hinausgehender Leistungen bestimmter Mitarbeiter. Wenn man bedenkt, daß ein Meister in der Regel wesentlich weniger Mitarbeiter zu betreuen hat, könnte auch eine andere Speicheraufteilung – weniger Mitarbeiter, dafür mehr Leistungszeilen je Arbeitstag – gewählt werden. Der Benutzer dieses Programms wird die für seinen Anwendungsfall geeignete Lösung selbst finden.

Im Datengerüst – das als *ein File* behandelt wird – werden je Mitarbeiter folgende für die jeden Arbeitstag zu erfassenden Informationen bei Fixvorgaben für Personalnummer und Namen vorgesehen:

- Personalnummer
- Name mit im Höchstfall 24 Zeichen
- Zeitlohnanteil in Stunden (3 Speicher)
- Leistungslohnanteil in Stunden (3 Speicher)
- Leistungslohn in DM (für andere Währungen ist eine kleine Programmänderung in den Zeilen 3160 und 9810 vorzunehmen; 3 Speicher)
- Arbeitsgangbeschreibung (3 Speicher)
- Kostenstellennummer (3 Speicher)

Für jeden so erfaßten Mitarbeiter werden von den Filenamen abgesehen 178 Bytes Speicherplatz benötigt.

Beim Einsatz einer 8 Kbyte großen Speicherkarte würden 30 Mitarbeiter erfaßt werden können, was zwar für manche Fälle ausreichen dürfte, aber den Verzicht auf Reservespeicher für mehr als drei Leistungen je Tag bedeutet. Daher ist für eine Lohndatenerfassung in der Regel die große Speicherkarte mit 16 Kbyte RAM vorzuziehen.

Die Verarbeitung ist so gestaltet, daß bei Eingabe von Zeitlohnstunden eine Eingabe von Leistungslohnstunden und Leistungslöhnen unterbleibt bzw. daß bei Ablehnung einer Zeitlohneingabe die Leistungslohneingabe angesteuert wird.

In den Programmstarts und der jeweiligen Programmausführung gibt es auch hier fast völlige Übereinstimmung mit den anderen Beispielen dieses Kapitels.

Werden für einen aktuellen Fall kleinere Mitarbeiterzahlen benötigt, kann das Programm trotzdem ohne Änderung und ohne zeitraubendes Suchen verwendet werden. Für den Fall, daß diese Änderung auch im Programm berücksichtigt werden soll, sind folgende Programmzeilen entsprechend abzuändern:

1010 und 1020	Felddimensionierungen (Indexänderungen 79, 239)
2470	Endwert für die Anlage neuer Mitarbeiter (59)
3300	Endwert für die Vergabe freier Zusatzspeicher (20)

Variablenliste

Für die Personaldatei:

PN(79)	Personalnummer
PB$(79)	Name des Mitarbeiters (24 Zeichen)
HR(239)	Zeitlohnstunden
HA(239)	Leistungslohnstunden
SA(239)	Leistungslohn
GG$(239)	Leistungs- bzw. Arbeitsgangbeschreibung (16 Zeichen)
KS(239)	Kostenstellennummer

Für die Lohndatenerfassung:

A	Anzahl der besetzten Zusatzspeichergruppen
C	Zusatzzeilenindex
H	Mitarbeiterhilfsspeicher bei Überschreitung der Tageszeilenkapazität
I	Personalnummer
J	Leistungszeilenzähler
L	Programmcharakteristik
N	aktuelle eingegebene Personalnummer
P	Länge des Suchstrings in Zeichen
V	Zahl der Mitarbeiterfiles vermindert um 1
X	Speicherindex der Leistungszeile
JN$	Ja/nein-Entscheidung über die Eingabegüte
WE$	Ja/nein-Entscheidung über die Verarbeitungsfortsetzung
VV$(Ø)	Name bzw. Namensteil des gesuchten Mitarbeiters (24 Zeichen)
VV$(1)	vorliegender Name (24 Zeichen)

Programmstruktur

1000	Programmvorlauf		
	1020–1030		Datenfelddimensionierungen
	1300–1440		Anzeige des Hauptmenüs
2000	Erstellung eines Personaldatenrahmens		
	2020–2030		lokales Menü
	2100		Rahmen anlegen
	2120–2150		Entscheidung über Neuanlage oder Ergänzung treffen
	2200		bestehenden Rahmen ergänzen
		2210	über ein ggf. erforderliches Einlesen entscheiden
	2300		neuen Rahmen anlegen
		2330	Personalnummer eingeben
		2360	Namen eingeben
		2450	Eingabegüteentscheidung treffen
		2460	Fortsetzungsentscheidung treffen
		2470	Einstieg nach gewählter Ergänzung
	2500		Einlesen (kann sowohl als Haupt- oder auch Unterprogramm fungieren)
	2520		Entscheidung über die Notwendigkeit fällen, einen Datenrahmen bzw. eine Datei einzulesen
3000	Erfassung von Lohndaten		
	3020		ggf. Datenrahmen bzw. Datei einlesen
	3030		Mitarbeiter suchen
	3070		Arbeitsgangbezeichnung eingeben
	3090		Zeitlohnstunden eingeben
	3120		Leistungslohnstunden eingeben
	3160		Leistungslohn eingeben
	3190		Kostenstellennummer eingeben
	3220		Eingabegüteentscheidung treffen
	3230		Fortsetzungsentscheidung bei gleichem Mitarbeiter treffen
	3260		Entscheidung über die Eingabe von mehr als 3 Leistungszeilen fällen
	3980		Entscheidung über die Erfassung weiterer Mitarbeiter fällen
	3990		über eine ggf. erforderliche Aufzeichnung entscheiden

4000 Dokumentation der Lohndaten (kann sowohl als Haupt- als auch als Unterprogramm benutzt werden)

- 4020–4050 Entscheidung über die Notwendigkeit einer Erfassungsdokumentation fällen
- 4060–4070 Hinweise zur Druckerbedienung
- 4100–4960 Ausgabeschleife
  - 4110 Personalnummer
  - 4120 Name des Mitarbeiters
  - 4160 Tabellentitel
  - 4170 Stundenanteile
  - 4180 Leistungslohn und Kostenstellennummer

5000 Kontrollabruf einzelner Mitarbeiterdaten

- 5030 Mitarbeiter suchen
- 5040–5080 Einzelabruf von Stamm- und Bewegungsdaten
- 5980 Fortsetzungsentscheidung treffen

6000 Aufzeichnung auf Kassettenband

- 6020–6050 Entscheidung über die Notwendigkeit einer Aufzeichnung fällen
- 6070–6080 Hinweise zur Recorderbedienung
- 6110 Aufzeichnung

7000 Datenübertragung

- 7020–7050 Entscheidung über die Durchführung einer Datenübertragung auf einen anderen Computer fällen
- 7060 Entscheidung über eine ggf. vorangehende Erfassungsdokumentation fällen
- 7070–7080 Überprüfung der Betriebsbereitschaft der Übertragungseinrichtungen
- 7120 Übertragung durchführen

8000 Unterprogramme

- 8000 nach einem Mitarbeiter suchen
  - 8030 lokales Menü
  - 8100 Mitarbeiter nach Namen bzw. Namensteil suchen
    - 8120 Text eingeben
    - 8160 Vergleichstext herauslösen
    - 8170 Vergleich beider Texte
    - 8200 Anwahlentscheidung treffen
    - 8210 Suchen fortsetzen
  - 8300 Mitarbeiter nach Personalnummer suchen

	8320	Personalnummer eingeben
	8360	Fehlermeldung und neue Suchvorgangsentscheidung treffen
9300		Anzeige des Verarbeitungstitels
9400		Eingabegüteentscheidung treffen
9600		Fortsetzungsentscheidung treffen
9800		Tabellentitel ausgeben
9900		Verarbeitungsende anzeigen
9990		Sternchenzeile ausgeben
9991		Strichzeile ausgeben

Anweisungsliste

```
1000:REM Personaldaten
1001:REM
1002:REM by Tatzl, Graz
1003:REM
1004:REM Programmvorl.
1005:REM
1010:CLEAR
1020:DIM PN(79),PB$(79)*24,VV$(1)*24
1030:DIM HR(239),HA(239),SA(239),GG$(23
     9),KS(239)
1040:GOSUB 9300
1050:PRINT "Hauptmenue immer mit den"
1060:WAIT 200: PRINT "Tasten (DEF) M ab
     rufen!"
1300:REM
1301:REM Menueanzeige
1302:REM
1310:"M": CLS : WAIT 25
1320:PRINT "Rahmen  (G) Erfassg.(F)"
1330:PRINT "Dokumen.(D) Abruf   (K)"
1340:PRINT "Aufz.   (A) Uebertr.(X)"
1350:PRINT "Menue   (M) Ende    (S)"
1360:IF INKEY$ ="G" THEN 2000
1370:IF INKEY$ ="F" THEN 3000
1380:IF INKEY$ ="D" THEN 4000
1390:IF INKEY$ ="K" THEN 5000
1400:IF INKEY$ ="A" THEN 6000
1410:IF INKEY$ ="X" THEN 7000
1420:IF INKEY$ ="M" THEN 1300
1430:IF INKEY$ ="S" THEN 9900
1440:GOTO 1360
2000:REM
2001:REM Datenrahmen
2002:REM
2010:"G": GOSUB 9300
2020:PRINT "Datenrahmen anlegen  (A)"
2030:PRINT "Datenrahmen einlesen (L)"
```

```
2040:IF INKEY$ ="L" THEN 2500
2050:IF INKEY$ <>"A" THEN 2040
2100:REM
2101:REM Anlegen
2102:REM
2110:CLS : WAIT 25: PRINT "Personaldate
     nrahmen": GOSUB 9990
2120:PRINT "Neuanlage  (N)"
2130:PRINT "Ergaenzung (E)"
2140:IF INKEY$ ="N" THEN 2300
2150:IF INKEY$ <>"E" THEN 2140
2200:REM
2201:REM Ergaenzung
2202:REM
2210:L=1: GOSUB 2500:I=V
2220:GOTO 2470
2300:REM
2301:REM Neuanlage
2302:REM
2310:I=0
2320:CLS : PRINT "Anlage Pers.Daten ";
     STR$ (I+1): GOSUB 9990
2330:PN(I)=0: INPUT "Pers.-Nr. = ";PN(I
     )
2340:IF PN(I)=0 THEN 2320
2350:PRINT "Name ="
2360:PB$(I)="": INPUT PB$(I)
2370:IF PB$(I)="" CURSOR 0,3: GOTO 2360
2450:GOSUB 9400: IF JN$="N" THEN 2320
2460:V=I: GOSUB 9600: IF WE$="N" THEN 6
     000
2470:I=I+1: IF I<=59 THEN 2320
2480:GOSUB 9300: WAIT 200
2490:PRINT "Speicher voll!": GOTO 6000
2500:REM
2501:REM Einlesen
2502:REM
2510:GOSUB 9300
2520:PRINT "Einlesen? ja(J), nein(N)"
2530:IF INKEY$ ="N" THEN 2620
2540:IF INKEY$ <>"J" THEN 2530
2550:GOSUB 9300
2560:PRINT "REMOTE OFF-REWIND (POS)"
2570:WAIT : PRINT "REMOTE ON-PLAY-ENTER
     "
2580:GOSUB 9300
2590:PRINT "Einlesen laeuft"
2600:INPUT #"DAPERS";A,V,PN(*),PB$(*),H
     R(*),HA(*),SA(*),GG$(*),KS(*)
2610:WAIT 200: PRINT "Einlesen beendet"
2620:IF L=1 LET L=0: WAIT 25: RETURN
2630:GOTO 1300
3000:REM
3001:REM Erfassung
3002:REM
```

```
3010:"F": GOSUB 9300: WAIT 200
3020:PRINT "Lohndaten erfassen":L=1:
     GOSUB 2500
3030:GOSUB 8000
3040:J=0
3050:X=3*I+J:HR(X)=0:HA(X)=0:SA(X)=0:KS
     (X)=0:GG$(X)=""
3060:CLS : PRINT "Pers.Nr. "; STR$ PN(I
     ): PRINT PB$(I)
3070:PRINT "Arbeitsgang =": INPUT GG$(X
     )
3075:IF GG$(X)="" THEN 3060
3080:CLS : PRINT PB$(I): GOSUB 9800:
     PRINT "";
3090:INPUT "Std.Zeitlohn = ";HR(X)
3100:CURSOR 0,2: PRINT USING "###.##";H
     R(X)
3110:IF HR(X)<>0 THEN 3140
3120:INPUT "Std.Akkord = ";HA(X)
3130:IF HA(X)=0 THEN 3060
3140:CURSOR 6,2: PRINT HA(X)
3150:IF HR(X)<>0 THEN 3180
3160:INPUT "DM Akkord = ";SA(X)
3170:IF SA(X)=0 CURSOR 0,3: GOTO 3160
3180:CURSOR 12,2: PRINT USING "######";
     SA(X)
3190:INPUT "Kostenstelle = ";KS(X)
3200:IF KS(X)=0 CURSOR 0,3: GOTO 3190
3210:CURSOR 18,2: PRINT KS(X): CURSOR 0
     ,3
3220:GOSUB 9400: IF JN$="N" THEN 3050
3230:GOSUB 9600: IF WE$="N" THEN 3310
3240:J=J+1: IF J<=2 THEN 3050
3250:CLS : PRINT "Pers.Nr. "; STR$ PN(I
     ): PRINT PB$(I)
3260:PRINT "mehr Arbeitsgaenge? J/N"
3270:IF INKEY$ ="N" THEN 3310
3280:IF INKEY$ <>"J" THEN 3270
3290:K=60+A:PN(K)=PN(I):PB$(K)=PB$(I)
3300:I=K:A=A+1: IF A<=20 THEN 3040
3310:GOSUB 9300: WAIT 200
3320:PRINT "Sonderspeicher voll!": WAIT
     25
3330:CLS : PRINT "Mitarbeiter erfassen"
     : GOSUB 9990
3980:GOSUB 9600: IF WE$="J" THEN 3030
3990:GOTO 6000
4000:REM
4001:REM Dokumentation
4002:REM
4010:"D": GOSUB 9300: WAIT 200
4020:PRINT "Dokumentation Lohndaten"
4030:WAIT 25: PRINT "Dok? ja (J), nein
     (N)"
4040:IF INKEY$ ="N" THEN 4980
4050:IF INKEY$ <>"J" THEN 4040
```

```
4060:GOSUB 9300: PRINT "Drucker angesch
     lossen?"
4070:WAIT : PRINT "ja (ENTER), nein (DE
     F) D": WAIT 25
4080:PRINT = LPRINT : PRINT : PRINT
4090:PRINT "Dokumentation Lohndaten":
     GOSUB 9990
4100:FOR I=0 TO V
4110:H=I: PRINT : PRINT "Pers.-Nr. ";
     STR$ PN(H)
4120:PRINT PB$(H): GOSUB 9990:C=59
4130:J=0
4140:X=3*H+J: IF GG$(X)="" THEN 4960
4150:PRINT GG$(X)
4160:GOSUB 9800: GOSUB 9991
4170:PRINT USING "###.##";HR(X);HA(X);
4180:PRINT USING "######";SA(X);KS(X)
4190:J=J+1: IF J<=2 THEN 4140
4200:C=C+1: IF C>A+59 THEN 4960
4210:IF PN(C)=PN(H) LET H=C: GOTO 4130
4220:GOTO 4200
4960:NEXT I: PRINT : PRINT
4970:PRINT = PRINT
4980:IF L=1 LET L=0: RETURN
4990:GOTO 1300
5000:REM
5001:REM Abruf
5002:REM
5010:"K": GOSUB 9300: WAIT 200
5020:PRINT "Kontrollabruf":L=1: GOSUB 2
     500
5030:GOSUB 8000
5040:CLS :H=I: PRINT "Pers.-Nr. "; STR$
     PN(H)
5050:PRINT PB$(H): WAIT 200: GOSUB 9990
     : WAIT 25:C=59
5060:J=0
5070:X=3*H+J: IF GG$(X)="" THEN 5980
5080:CLS : PRINT GG$(X)
5090:GOSUB 9800: GOSUB 9991
5100:PRINT USING "###.##";HR(X);HA(X);
5110:PRINT USING "######";SA(X);KS(X)
5120:IF INKEY$ ="" THEN 5120
5130:J=J+1: IF J<=2 THEN 5070
5140:C=C+1: IF C>A+59 THEN 5980
5150:IF PN(C)=PN(H) LET H=C: GOTO 5060
5160:GOTO 5140
5980:GOSUB 9600: IF WE$="J" THEN 5030
5990:GOTO 1300
6000:REM
6001:REM Aufzeichnung
6002:REM
6010:"A": GOSUB 9300: WAIT 200
6020:PRINT "Pers.Daten aufzeichnen":
     WAIT 25
```

```
6030:PRINT "Aufz.? ja (J), nein (N)"
6040:IF INKEY$ ="N" THEN 6980
6050:IF INKEY$ <>"J" THEN 6040
6060:CLS : PRINT "Pers.Daten aufzeichne
     n": GOSUB 9990
6070:PRINT "REMOTE OFF-REWIND (POS)":
     WAIT
6080:PRINT "REMOTE ON-REC/PLAY-ENTER"
6090:GOSUB 9300
6100:PRINT "Aufzeichnung laeuft"
6110:PRINT #"DAPERS";A,V,PN(*),PB$(*),H
     R(*),HA(*),SA(*),GG$(*),KS(*)
6970:WAIT 200: PRINT "Aufzeichnung been
     det"
6980:IF L=1 LET L=0: WAIT 25: RETURN
6990:GOTO 1300
7000:REM
7001:REM Uebertragung
7002:REM
7010:"X": GOSUB 9300: WAIT 200
7020:PRINT "Datenuebertragung": WAIT 25
7030:PRINT "Uebertr.? ja(J), nein(N)"
7040:IF INKEY$ ="N" THEN 1300
7050:IF INKEY$ <>"J" THEN 7040
7060:L=1: GOSUB 4000
7070:GOSUB 9300: PRINT "Geraete betrieb
     sbereit?": WAIT
7080:PRINT "ja (ENTER), nein (DEF) X"
7090:GOSUB 9300
7100:PRINT "Uebertragung laeuft"
7110:OPEN
7120:PRINT #1PN(*),PB$(*),HR(*),HA(*),S
     A(*),GG$(*),KS(*)
7970:CLOSE
7980:WAIT 200: PRINT "Uebertragung been
     det"
7990:GOTO 1300
8000:REM
8001:REM Suchen
8002:REM
8010:CLS : WAIT 25
8020:PRINT "Pers.Daten suchen nach":
     GOSUB 9990
8030:PRINT "Namen     (B)"
8040:PRINT "Pers.-Nr. (N)"
8050:IF INKEY$ ="N" THEN 8300
8060:IF INKEY$ <>"B" THEN 8050
8100:REM
8101:REM Name
8102:REM
8110:GOSUB 9300: PRINT "Name ="
8120:VV$(0)="": INPUT VV$(0)
8130:IF VV$(0)="" THEN 8110
8140:I=0:P= LEN VV$(0)
8150:J=1
```

```
8160:VV$(1)= MID$ (PB$(I),J,P)
8170:IF VV$(0)<>VV$(1) THEN 8220
8180:CLS : PRINT "Pers.-Nr. "; STR$ PN(
     I)
8190:PRINT PB$(I)
8200:GOSUB 9400: IF JN$="J" RETURN
8210:CLS : PRINT "gesucht": PRINT VV$(0
     ): GOTO 8230
8220:J=J+1: IF J<=25-P THEN 8160
8230:I=I+1: IF I<=V THEN 8150
8240:GOTO 8360
8300:REM
8301:REM Personalnummer
8302:REM
8310:GOSUB 9300
8320:INPUT "Pers.-Nr. = ";N
8330:I=0
8340:IF N=PN(I) RETURN
8350:I=I+1: IF I<=V THEN 8340
8360:WAIT 200: PRINT "kein Datensatz vo
     rhanden"
8370:GOTO 8010
9300:REM
9301:REM Titelanzeige
9302:REM
9310:CLS : WAIT 25
9320:PRINT " Personaldatenerfassung "
9330:GOSUB 9990: RETURN
9400:REM
9401:REM Eingabeentsch.
9402:REM
9410:PRINT "Eing. ok? ja(J), nein(N)"
9420:JN$="":JN$= INKEY$
9430:IF (JN$="J") OR (JN$="N") RETURN
9440:GOTO 9420
9600:REM
9601:REM Fortsetzung
9602:REM
9610:PRINT "Weiter?   ja(J), nein(N)"
9620:WE$="":WE$= INKEY$
9630:IF (WE$="J") OR (WE$="N") RETURN
9640:GOTO 9620
9800:REM
9801:REM Tab.Titel
9802:REM
9810:PRINT "h Zeit h Akk.DM Akk. KSt"
9820:RETURN
9900:REM
9901:REM Ende
9902:REM
9910:"S": GOSUB 9300
9920:PRINT "Verarbeitung beendet"
9930:PRINT = PRINT : WAIT : USING : END
9990:PRINT "************************":
     RETURN
9991:PRINT "------------------------":
     RETURN
```

Bild 56 Programm PERDAT

Bedienungsanleitung

Programmname:	PERDAT
Speicheranspruch:	5042 Bytes
Speichererweiterung:	ja
Ausgabebetrieb:	zwischen Anzeige und Druck (CE-126P) je nach Bedarf wechselnd
Verarbeitungstitel:	„Personaldatenerfassung"

1 Programm mit RUN (ENTER) oder (DEF) M starten. Im zweiten Fall wird sofort in Punkt 3 fortgesetzt. Die zweite Anwahl ist für die Aufrechterhaltung der Speicherinhalte unbedingt erforderlich.

2 Kurzzeitige Anzeige des Verarbeitungstitels und der Hinweise

Hauptmenue immer mit den

Tasten (DEF) M abrufen!

3 Bei Anzeige des Hauptmenüs

Rahmen	(G)	Erfassg.	(F)
Dokumen.	(D)	Abruf	(K)
Aufz.	(A)	Uebertr.	(X)
Menue	(M)	Ende	(S)

über die weitere Fortsetzung der Verarbeitung entscheiden:

3.1 Verarbeitung abschließen: Taste S drücken. Bei Anzeige des Verarbeitungstitels und des Hinweises „Verarbeitung beendet" sind die Operationen abgeschlossen. Weitere Verarbeitungen können ab Punkt 1 oder durch Direktanwahl mit (DEF) und einer der acht genannten Buchstabentasten aufgenommen werden.

3.2 Menüanzeige wiederholen: Taste M drücken und in Punkt 3 fortsetzen.

3.3 Datenrahmen für die Mitarbeiter erstellen: Taste G drücken und in Punkt 4 fortsetzen.

3.4 Lohndaten erfassen: Taste F drücken und in Punkt 14 fortsetzen.

3.5 Erfaßte Lohndaten zur Kontrolle abrufen: Taste K drücken und in Punkt 28 fortsetzen.

3.6 Erfaßte Lohndaten dokumentieren: Taste D drücken und in Punkt 31 fortsetzen.

3.7 Datenrahmen bzw. Datei mit erfaßten Lohndaten aufzeichnen: Taste A drükken und in Punkt 12 fortsetzen.

3.8 Lohndaten übertragen: Taste X drücken und in Punkt 33 fortsetzen.

4 Bei Anzeige des Verarbeitungstitels und des lokalen Menüs

Datenrahmen anlegen	(A)
Datenrahmen einlesen	(E)

über die Art der nachfolgenden Operationen entscheiden:

4.1 Personaldatenrahmen bearbeiten: Taste A drücken und in Punkt 7 fortsetzen.

4.2 Datenrahmen bzw. Zwischenstände der Lohndaten vom Kassettenband einlesen: Taste L drücken.

5 Bei Anzeige des Verarbeitungstitels und des Hinweises „Einlesen? ja(J), nein(N)" über die weitere Vorgangsweise entscheiden:

5.1 Einlesen nicht erforderlich: Taste N drücken und ins Hauptprogramm zurückkehren bzw. mit der Menüanzeige in Punkt 3 fortsetzen.

5.2 Datengerüst bzw. erfaßte Zwischenstände der Lohndaten einlesen: Taste J drücken.

6 Bei Anzeige des Verarbeitungstitels und der Hinweise zur Recorderbedienung

REMOTE OFF-REWIND (POS)

REMOTE ON-PLAY-ENTER

Kassettenband den Hinweisen entsprechend positionieren und Einlesevorgang mit (ENTER) einleiten. Bei Anzeige des Verarbeitungstitels und des Betriebshinweises „Einlesen laeuft" wird die Datei eingelesen und der Vorgang mit der Anzeige des Texthinweises „Einlesen beendet" bestätigt. Je nach Abrufart wird entweder im Hauptprogramm oder mit der Menüanzeige in Punkt 3 fortgesetzt.

7 Bei Anzeige der Entscheidungshinweise

Personaldatenrahmen

****

Neuanlage (N)

Ergaenzung (E)

über die weitere Fortsetzung entscheiden:

7.1 Bestehenden Rahmen ergänzen: Taste E drücken. Hierauf ist analog zu den Punkten 5 und 6 über die Notwendigkeit des Einlesens zu entscheiden und ggf. ein Datenrahmen bzw. eine Datei einzulesen.

7.2 Neuen Datenrahmen erstellen: Taste N drücken.

8 Bei Anzeige des Eingabehinweises

Anlage Pers.Daten

****

Pers.-Nr. = _

Personalnummer eintasten und (ENTER) drücken. Die Betätigung von (ENTER) ohne vorangehende Zahleneingabe ist unzulässig und führt ohne Fehlermeldung zur automatischen Eingabewiederholung.

9 Bei Anzeige des zusätzlichen Eingabehinweises „Name = ?" im Höchstfall 24 Zeichen umfassenden Namen eines Mitarbeiters (Vor- und Zuname) eintasten und (ENTER) drücken. Auch in diesem Fall ist die Betätigung von (ENTER) ohne vorangehende Eingabe unzulässig und führt ohne Fehlermeldung zur automatischen Eingabewiederholung.

10 Bei der Zusatzanzeige „Eing. ok? ja(J), nein(N)" über die Richtigkeit beider Eingaben in einem entscheiden:

10.1 Eingaben nicht korrekt: Taste N drücken und Eingaben ab Punkt 8 richtig wiederholen.

10.2 Eingaben korrekt: Taste J drücken.

11 Bei der Zusatzanzeige „Weiter? ja(J), nein(N)" über die Fortsetzung der Fileanlage entscheiden:

11.1 Weitere Mitarbeiterfiles anlegen: Taste J drücken und in Punkt 8 fortsetzen. Dies ist so lange möglich, wie noch nicht alle 60 Mitarbeiterfiles (bei einer 16 Kbyte RAM-Speicherkarte) angelegt sind. Ist dies aber der Fall, wird nach einer kurzzeitig wirksamen Fehleranzeige „Speicher voll!" in Punkt 12 fortgesetzt.

11.2 Anlagen abschließen: Taste N drücken.

12 Nach kurzzeitiger Anzeige des Verarbeitungstitels und des Anwahlkontrollhinweises „Daten aufzeichnen" bei Anzeige des Entscheidungshinweises „Aufz.? ja(J), nein (N)" über die Notwendigkeit einer Aufzeichnung entscheiden:

12.1 Datenrahmen oder erfaßte Lohndaten nicht auf Kassettenband zwischenspeichern: Taste N drücken und je nach Anwahl entweder ins Hauptprogramm zurückkehren oder mit der Menüanzeige in Punkt 3 fortsetzen.

12.2 Aufzeichnung durchführen: Taste J drücken.

13 Bei Anzeige der Hinweise zur Recorderbedienung

Pers.Daten aufzeichnen

****

REMOTE OFF-REWIND (POS)

REMOTE ON-REC/PLAY-ENTER

bei Beachtung der Hinweise Kassettenband positionieren und die Aufzeichnung mit der Betätigung der (ENTER)-Taste einleiten. Die Aufzeichnung erfolgt bei Anzeige des Verarbeitungstitels und des Betriebshinweises „Aufzeichnung laeuft" und wird mit der Zusatzanzeige „Aufzeichnung beendet" bestätigt. Die weitere Fortsetzung erfolgt analog zu Punkt 12.1.

14 Nach kurzzeitiger Anzeige des Verarbeitungstitels und des Anwahlkontrollhinweises „Lohndaten erfassen" analog zu den Punkten 5 und 6 über die Notwendigkeit des Einlesens einer Datei entscheiden.

15 Bei Anzeige der Entscheidungshinweise im lokalen Menü

Pers.Daten suchen nach

****

Namen (B)

Pers.-Nr. (N)

über die Art des Suchens nach einem Mitarbeiterfile entscheiden:

15.1 Mitarbeiter nach dessen Namen oder einem Teil desselben suchen: Taste B drücken und in Punkt 17 fortsetzen.

15.2 Personalnummer — mit weniger Zeitaufwand — als Suchmerkmal wählen: Taste N drücken.

16 Bei Anzeige des Verarbeitungstitels und des Eingabehinweises „Pers.-Nr. = _" Personalnummer eintasten und (ENTER) drücken. Für den Fall, daß ein File mit dieser Nummer nicht gespeichert ist, kommt es zur kurzzeitig wirksamen Fehlermeldung „kein Datensatz gefunden!" und zur automatischen Anwahlwiederholung in Punkt 15. Andernfalls wird in Punkt 19 fortgesetzt.

17 Bei Anzeige des Verarbeitungstitels und des Eingabehinweises „Name = ?" Namen eines Mitarbeiters bzw. eines Teils desselben eintasten und (ENTER) drücken. Wird kein Mitarbeiter dieses Namens gefunden, kommt es zur in Punkt 16 beschriebenen Rekation. Es ist von Vorteil, die jeweils ersten Zeichen eines Mitarbeiternamens einzugeben, da damit die Suchzeit abgekürzt wird.

18 Wird ein Mitarbeiter, auf welchen der eingegebene Text zutrifft, gefunden, wird er mit Nummer und Namen angezeigt und bei der Zusatzanzeige des Entscheidungshinweises „Eing. ok? ja(J), nein(N)" über die Richtigkeit der Anwahl entschieden:

18.1 Der gesuchte Mitarbeiter liegt nicht vor: Taste N drücken und bei Anzeige „gesucht ‚Text'" (‚Text' als Platzhalter für den Suchbegriff) wird so lange weitergesucht, bis der richtige Mitarbeiter gefunden wird. Ist dies nicht der Fall, kommt es zu der bereits in Punkt 16 beschriebenen Reaktion.

18.2 Mitarbeiter gefunden: Taste J drücken.

19 Bei Anzeige der Personalnummer und des Namens des Mitarbeiters bei Anzeige des Eingabehinweises „Arbeitsgang = ?" Bezeichnung der Tätigkeit im Höchstfall mit 16 Zeichen eintasten und (ENTER) drücken. Die Betätigung von (ENTER) ohne vorangehende Eingabe ist unzulässig und führt ohne Fehlermeldung zur automatischen Eingabewiederholung.

20 Die nachfolgenden Eingaben werden über eine Eingabetabelle abgewickelt. Zu Beginn derselben wird der Name des betreffenden Mitarbeiters und die Titelzeile der Eingabedokumentation angezeigt. Bei Anzeige des Eingabehinweises „Std. Zeitlohn = _" Zeitlohnstunden als zwischen einschließlich 0,01 und 99,99 liegende Zahl eintasten und (ENTER) drücken. Die Betätigung von (ENTER) ohne vorangehende Zahleneingabe führt zur Kontrollanzeige „0.00". Nach einer von 0 verschiedenen Eingabe wird in Punkt 23 fortgesetzt. In diesem Fall wird die Angabe für die Leistungslohnstunden sowie den Leistungslohn selbsttätig mit 0 dokumentiert.

21 Bei Anzeige des Eingabehinweises „Std. Akkord = _" Leistungslohnstunden in der zuvor beschriebenen Größe eintasten und (ENTER) drücken. Die Betätigung von (ENTER) ohne vorangehende Zahleneingabe führt zu Punkt 19 zurück. Die von 0 verschiedene Eingabe wird ausgegeben.

22 Bei Anzeige des Eingabehinweises „DM Akkord = _" Leistungslohn in DM (oder einer anderen Währung; in diesem Fall kleine Programmänderung in den Zeilen 3160 und 9810 vornehmen) ganzzahlig zwischen einschließlich 1 und 9999 liegend eintasten und (ENTER) drücken. Die Betätigung von (ENTER) ohne vorangehende Zahleneingabe führt zur automatischen Eingabewiederholung.

23 Bei Anzeige des Eingabehinweises „Kostenstelle = _" Kostenstellennummer als ganze zwischen 1 und 9999 liegende Zahl eintasten und (ENTER) drücken. Die Betätigung von (ENTER) ohne vorangehende Zahleneingabe ist unzulässig und führt ohne Fehlermeldung zur automatischen Eingabewiederholung.

24 Bei der Zusatzanzeige des Entscheidungshinweises ,,Eing. ok? ja(J), nein(N)'' über die Richtigkeit beider Eingaben in einem entscheiden:

24.1 Eingaben nicht korrekt: Taste N drücken und die Eingaben ab Punkt 19 richtig wiederholen.

24.2 Eingaben korrekt: Taste J drücken.

25 Bei der Zusatzanzeige ,,Weiter? ja(J), nein(N)'' über die weitere Fortsetzung der Erfassung von Lohndaten entscheiden:

25.1 Weitere Lohndaten erfassen: Taste J drücken und in Punkt 19 fortsetzen. Dies ist aber nur so lange möglich, wie für den betreffenden Mitarbeiter noch nicht drei Leistungszeilen eingegeben wurde. Waren jedoch bereits drei Arbeitsgänge erfaßt worden, wird in Punkt 26 fortgesetzt.

25.2 Eingaben abschließen: Taste N drücken und in Punkt 27 fortsetzen.

26 Nach Anzeige von Personalnummer und Namen bei Anzeige ,,mehr Arbeitsgänge? ja(J), nein(N)'' über die weitere Fortsetzung entscheiden:

26.1 Weitere Arbeitsgänge erfassen: Taste J drücken und in Punkt 19 fortsetzen. Dies ist nur so lange möglich, als nicht alle 20 Zusatzspeichergruppen belegt sind. Ist dies aber der Fall, wird nach einer kurzzeitigen Textanzeige ,,Sonderspeicher voll!'' in Punkt 27 fortgesetzt.

26.2 Eingaben des betreffenden Mitarbeiters abschließen: Taste N drücken.

27 Bei Anzeige des Fortsetzungshinweises

Mitarbeiter erfassen

****

Weiter? Ja(J), nein(N)

über die weitere Fortsetzung der Erfassung von Lohndaten entscheiden:

27.1 Weitere Mitarbeiter erfassen: Taste J drücken und in Punkt 15 fortsetzen.

27.2 Erfassung abschließen: Taste N drücken und in Punkt 12 fortsetzen.

28 Nach kurzzeitiger Anzeige des Verarbeitungstitels und des Anwahlkontrollhinweises ,,Kontrollabruf'' analog zu den Punkten 5 und 6 über die Notwendigkeit des Einlesens einer Datei entscheiden.

29 Mitarbeiter, deren Lohndaten überprüft werden sollen, analog zu den Punkten 15 bis 18 anwählen. Die erfaßten Daten werden ggf. in mehreren Blöcken angezeigt. Auf den jeweils nächsten ist mit Betätigung einer beliebigen Taste außer (ENTER) etc. weiterzuschalten.

30 Bei der Zusatzanzeige ,,Weiter? ja(J), nein(N)'' wird über die weitere Fortsetzung entschieden:

30.1 Weitere Lohndaten überprüfen: Taste J drücken und in Punkt 29 fortsetzen.

30.2 Abrufe beenden: Taste N drücken und mit der Menüanzeige in Punkt 3 fortsetzen.

31 Nach kurzzeitiger Anzeige des Verarbeitungstitels und des Anwahlkontrollhinweises ,,Dokumentation Lohndaten'' bei Anzeige ,,Dok? ja(J), nein(N)'' über die Ausgabe der erfaßten Lohndaten entscheiden:

31.1 Erfaßte Daten nicht dokumentieren: Taste N drücken und je nach Anwahl entweder in das Hauptprogramm zurückkehren oder mit der Menüanzeige in Punkt 3 fortsetzen.

31.2 Erfaßte Daten ausgeben: Taste J drücken.

32 Bei Anzeige des Verarbeitungstitels und der Hinweise zur Druckerbedienung

Drucker angeschlossen?

ja (ENTER), nein (DEF) D

über die weitere Fortsetzung entscheiden:

32.1 Drucker fehlt bzw. ist nicht angeschlossen: Mangel ggf. beheben und im Fall des Anschlusses mit (DEF) D zu Punkt 31 zurückkehren.

32.2 Drucker betriebsbereit bzw. Abruf ohne Drucker vornehmen: (ENTER) drükken. Die Ausgabe erfolgt sowohl über den Drucker als auch über die Anzeige selbsttätig. Nach Abschluß der Ausgabe wird mit der Menüanzeige in Punkt 3 fortgesetzt.

33 Nach kurzzeitiger Anzeige des Verarbeitungstitels und des Anwahlkontrollhinweises „Datenuebertragung" bei der Zusatzanzeige des Entscheidungshinweises „Uebertr.? ja(J), nein(N)" über die Notwendigkeit einer Datenübertragung befinden:

33.1 Keine Übertragung erforderlich: Taste N drücken und mit der Menüanzeige in Punkt 3 fortsetzen.

33.2 Übertragung durchführen: Taste J drücken.

34 Analog zu den Punkten 31 und 32 über die Notwendigkeit einer Erfassungsdokumentation entscheiden.

35 Bei Anzeige des Verarbeitungstitels und der Betriebshinweise

Geraete betriebsbereit?

ja (ENTER), nein (DEF) X

den Status der an der Übertragung beteiligten Geräte überprüfen:

35.1 Geräte nicht betriebsbereit: Geräte ausschalten, fehlende Einheiten anschließen, das System betriebsbereit stellen und mit (DEF) X zu Punkt 35 zurückkehren.

35.2 Einrichtungen für die Übertragung bereit: (ENTER) drücken. Die Übertragung erfolgt während der Anzeige des Verarbeitungstitels und des Betriebshinweises „Uebertragung laeuft" und ist mit der Anzeige des Texthinweises „Uebertragung beendet" abgeschlossen. Es wird mit der Menüanzeige in Punkt 3 fortgesetzt.

Testbeispiele

Die beiden folgenden Beispiele zeigen eine Datei vor und nach einer Erfassung. Es werden auch Files, für welche Daten nicht erfaßt wurden, zur Kontrolle ausgegeben. Auf diese Weise läßt sich nämlich auch der Stand einer Erfassung überprüfen.

```
Dokumentation Lohndaten
***********************

Pers.-Nr. 1
DELMENHORST Heinz
***********************

Pers.-Nr. 2
KIESEWETTER Othmar
***********************

Pers.-Nr. 3
HINTERHOLZINGER Franz
***********************


Dokumentation Lohndaten
***********************

Pers.-Nr. 1
DELMENHORST Heinz
***********************
Platz raeumen
h Zeit h Akk.DM Akk. KSt
------------------------
  8.00  0.00     0   488

Pers.-Nr. 2
KIESEWETTER Othmar
***********************
Reparatur
h Zeit h Akk.DM Akk. KSt
------------------------
  4.00  0.00     0   380
Mischer oelen
h Zeit h Akk.DM Akk. KSt
------------------------
  4.00  0.00     0   202

Pers.-Nr. 3
HINTERHOLZINGER Franz
***********************
Vorbereitung
h Zeit h Akk.DM Akk. KSt
------------------------
  1.00  0.00     0   267
Zwischenruesten
h Zeit h Akk.DM Akk. KSt
------------------------
  0.50  0.00     0   330
Mischen
h Zeit h Akk.DM Akk. KSt
------------------------
  0.00  2.00    45   267
Erzeugen
h Zeit h Akk.DM Akk. KSt
------------------------
  0.00  3.00    60   267
Reinigen
h Zeit h Akk.DM Akk. KSt
------------------------
  0.50  0.00     0   399
```

Bild 57

Anlage von drei Personenlohnkonten und Inhalt derselben nach einer Lohndatenerfassung

6.3 Auftragserfassung vor Ort

Im Zuge der in der heutigen Zeit vorherrschenden Verkäufermärkte ist es für viele Branchen eine vordringliche Aufgabe, soweit als nur möglich an den Kunden heranzukommen. Dazu kommt noch, daß ein Kunde aufgrund der für ihn günstigen Marktsituation mit Recht eine rasche Bedienung erwartet. Die sofortige Bearbeitung von Kundenaufträgen ist daher eine vordringliche Aufgabe.

Der Außendienstmitarbeiter, der den Kontakt zum Kunden zu knüpfen hat, tut gut daran, sich der Hilfe eines Computers zu bedienen. Neben einer Reihe tragbarer Modelle kann auch ein Taschen- oder ein Handcomputer ausgezeichnete Dienste tun. Allerdings müssen solche Geräte über eine ausreichende Speicherkapazität verfügen. Hier kann der PC-1350 mit einer 16 Kbyte RAM-Speicherkarte (Gesamtkapazität 19454 freie Bytes) recht gut mithalten.

Wenn davon ausgegangen wird, daß ein Außendienstmitarbeiter nicht mehr als 20 Kunden am Tag besuchen kann und daß ein Durchschnittsauftrag 5 Positionen nicht übersteigt, lassen sich neben den 20 kundenspezifisch ausgerichteten Speichergruppen auch 200 Artikel unterbringen. Bestellt ein Kunde mehr als 5 Positionen, muß eben eine weitere eigenständige Bestellung abgewickelt werden. Die für den vorliegenden Anwendungsfall einzuschlagende Vorgangsweise ergibt sich daraus von selbst:

- Die Artikeldaten (Nummer, Bezeichnung, Gewicht und Preis) mit je 48 Bytes pro Fileteil außer dem Filenamen sind analog zu den übrigen Beispielen des Kapitels 6 vorzugeben, wobei Gewicht und Preis zusätzliche Artikelinformationen darstellen.
- Kundendaten (Name, Ort, Kundennummer sowie Artikelnummern und Mengen für je 5 Artikel) mit je 152 Bytes pro Fileteil sind bei der Auftragsbearbeitung zu erfassen. An sich können im Rahmen eines Tourenplans auch diese Daten vorgegeben werden; es ist aber mit Sicherheit zu rechnen, daß nicht alle besuchten Kunden auch bestellen. Eine Vorgabe würde den Speicher zugunsten anderer potentieller Besteller blockieren.

Im übrigen gelten für diesen Anwendungsfall die zu Kapitel 6 gemachten einleitenden Bemerkungen sinngemäß.

Die festgelegten Dateistrukturen lassen sich im Bedarfsfall geänderten Bedingungen anpassen, wobei sich die Verschiebungen innerhalb der durch die Gesamtspeicherkapazität festgelegten Grenzen zu bewegen haben. Änderungen betreffen im einzelnen folgende Programmzeilen:

1010, 1020	Felddimensionierungen (199, 19, 99)
2470, 3330	Artikelgrenzzahl − 1 (199)
3030	Kundengrenzzahl (19)
3240, 4170, 5500	Artikelzahl − 1 je Auftrag (4)

Variablenliste

Für die Artikeldatei:

AN(199)	Artikelnummer
AB$(199)	Artikelbezeichnung
AG(199)	Artikelmasse kg
AP(199)	Artikelpreis

Für die Kundendatei:

KN(19)	Kundennummer
KB$(19)	Kundenkennzeichnung (Firma, Name) mit 24 Zeichen
KO$(19)	Firmensitz, Ort mit 24 Zeichen
KM(19)	Gesamtmasse kg je Bestellung
KW(19)	Gesamtumsatz je Bestellung
KA(99)	5 mal 20 Artikelnummern
KS(99)	5 mal 20 Bestellmengen

Für die Auftragserfassung:

A	Artikelzähler (Bestellung)
I	Artikelindex, Kundenindex
J	Suchindex, Kundenindex
K	Kundenindex
L	Programmcharakteristik
M	Tagesmassensumme kg
N	Artikelnummer, Bestellmenge
P	Länge Suchstring
U	Tagesumsatz
V	um 1 verminderte Anzahl angelegter Artikel
X	Speicherindex Artikel in Kundenbestellung
IN$	Ja/nein-Entscheidung für die Eingabegütekontrolle
WE$	Ja/nein-Entscheidung für die Verarbeitungsfortsetzung
VV$(Ø)	Suchbegriff mit 24 Zeichen
VV$(1)	Vergleichsbegriff mit 24 Zeichen

Programmstruktur

1000	Programmvorlauf		
	1020–1030		Datenfelddimensionierungen
	1300–1440		Anzeige des Hauptmenüs
2000	Erstellung eines Artikeldatenrahmens		
	2020–2030		lokales Menü
	2100		Rahmen anlegen
	2110–2150		Entscheidung über Neuanlage oder Ergänzung fällen
	2200		bestehenden Rahmen ergänzen
		2210	über ein ggf. erforderliches Einlesen eines Rahmens bzw. einer Datei entscheiden
	2300		neuen Rahmen anlegen
		2330	Artikelnummer eingeben
		2360	Artikelbezeichnung eingeben
		2380	Preis eingeben
		2400	Gewicht eingeben
		2450	Eingabegüteentscheidung treffen
		2460	Fortsetzungsentscheidung treffen
		2470	Einstieg nach gewählter Fortsetzung

- 2500 Einlesen (kann sowohl als Haupt- oder auch Unterprogramm fungieren)
  - 2520 Entscheidung über die Notwendigkeit des Einlesens eines Datenrahmens bzw. einer Datei fällen
  - 2560 Hinweise zur Recorderbedienung (und 2570)
  - 2600 Einlesen (und 2605)

3000 Erfassung von Aufträgen

- 3020 ggf. Datenrahmen bzw. Datei einlesen
- 3040–3050 Hinweise zur Druckerbedienung
- 3060 Kundennummer eingeben
- 3080 Namen des Kunden eingeben
- 3120 Ortsbezeichnung eingeben
- 3140 Eingabegüteentscheidung treffen
- 3150 Artikel suchen
- 3180 Bestellmenge eingeben
- 3200 Eingabegüteentscheidung treffen
- 3210–3230 Berechnungen durchführen
- 3250 Fortsetzungsentscheidung für den aktuellen Auftrag treffen
- 3260–3410 Dokumentation der erfaßten Bestellung
- 3960 Entscheidung über die Erfassung weiterer Aufträge fällen

4000 Dokumentation der erfaßten Aufträge (Haupt- und Unterprogramm)

- 4020–4050 Entscheidung über die Notwendigkeit einer Erfassungsdokumentation fällen
- 4060–4070 Hinweise zur Druckerbedienung
- 4100–4200 Ausgabeschleife für Kunden- und Bestelldaten
- 4210–4230 Ausgabe der bisherigen Tagessummen

5000 Kontrollabruf erfaßter Bestellungen

- 5040–5380 Kunden suchen
  - 5100 nach Namen
  - 5300 nach Kundennummer
- 5400 Abruf der Kunden- und Bestelldaten
  - 5410 Kundendaten
  - 5470 Artikeldaten
  - 5520 Kundensummen
- 5980 Fortsetzungsentscheidung über weitere Abrufe fällen

- 6000 Aufzeichnung auf Kassettenband
  - 6020–6050 Entscheidung über die Notwendigkeit einer Aufzeichnung fällen
  - 6070–6080 Hinweise zur Recorderbedienung
  - 6110–6120 Aufzeichnung
- 7000 Datenübertragung
  - 7020–7050 Entscheidung über die Durchführung einer Datenübertragung auf einen anderen Computer fällen
  - 7060 Entscheidung über eine ggf. vorangehende Erfassungsdokumentation fällen
  - 7070–7080 Überprüfung der Betriebsbereitschaft der Übertragungseinrichtungen
  - 7120 Übertragung durchführen
- 8000 Unterprogramme
  - 8000 nach einem Artikel suchen
    - 8030 lokales Menü
    - 8100 Artikel nach Bezeichnung suchen
      - 8120 Suchstring eingeben
      - 8160 Vergleichstext herauslösen
      - 8170 Textvergleich
      - 8200 Entscheidung über die Richtigkeit des vorgelegten Artikels fällen
      - 8210 Artikelsuche fortsetzen
    - 8300 Artikel nach Artikelnummer suchen
      - 8320 Artikelnummer eingeben
      - 8360 Fehlermeldung und neue Suchvorgangsentscheidung treffen
  - 9300 Anzeige des Verarbeitungstitels
  - 9400 Eingabegüteentscheidung treffen
  - 9600 Fortsetzungsentscheidung treffen
  - 9900 Verarbeitungsende anzeigen
  - 9991 Sternchenzeile ausgeben
  - 9992 Strichzeile ausgeben

Anweisungsliste

```
1000:REM Auftragserf.
1001:REM
1002:REM by Tatzl, Graz
1003:REM
1004:REM Programmvorl.
1005:REM
1010:CLEAR
1020:DIM AN(199),AB$(199)*24,VV$(1)*24,
     AP(199),AG(199)
1030:DIM KN(19),KB$(19)*24,KO$(19)*24,K
     W(19),KM(19),KA(99),KS(99)
1040:GOSUB 9300
1050:PRINT "Hauptmenue immer mit den"
1060:WAIT 200: PRINT "Tasten (DEF) M ab
     rufen!"
1300:REM
1301:REM Menueanzeige
1302:REM
1310:"M": CLS : WAIT 25
1320:PRINT "Rahmen  (G) Erfassg.(F)"
1330:PRINT "Dokumen.(D) Abruf   (K)"
1340:PRINT "Aufz.   (A) Uebertr.(X)"
1350:PRINT "Menue   (M) Ende    (S)"
1360:IF INKEY$ ="G" THEN 2000
1370:IF INKEY$ ="F" THEN 3000
1380:IF INKEY$ ="D" THEN 4000
1390:IF INKEY$ ="K" THEN 5000
1400:IF INKEY$ ="A" THEN 6000
1410:IF INKEY$ ="X" THEN 7000
1420:IF INKEY$ ="M" THEN 1300
1430:IF INKEY$ ="S" THEN 9900
1440:GOTO 1360
2000:REM
2001:REM Datenrahmen
2002:REM
2010:"G": GOSUB 9300
2020:PRINT "Datenrahmen anlegen  (A)"
2030:PRINT "Datenrahmen einlesen (L)"
2040:IF INKEY$ ="L" THEN 2500
2050:IF INKEY$ <>"A" THEN 2040
2100:REM
2101:REM Anlegen
2102:REM
2110:CLS : WAIT 25: PRINT "Artikeldaten
     rahmen": GOSUB 9990
2120:PRINT "Neuanlage  (N)"
2130:PRINT "Ergaenzung (E)"
2140:IF INKEY$ ="N" THEN 2300
2150:IF INKEY$ <>"E" THEN 2140
2200:REM
2201:REM Ergaenzung
2202:REM
2210:L=1: GOSUB 2500:I=V
```

```
2220:GOTO 2470
2300:REM
2301:REM Neuanlage
2302:REM
2310:I=0
2320:CLS : PRINT "Anlage Artikeldaten "
     ; STR$ (I+1): GOSUB 9990
2330:AN(I)=0: INPUT "Art.-Nr. = ";AN(I)
2340:IF AN(I)=0 THEN 2320
2350:PRINT "Artikelbezeichnung ="
2360:AB$(I)="": INPUT AB$(I)
2370:IF AB$(I)="" CURSOR 0,3: GOTO 2360
2380:AP(I)=0: INPUT "Preis DM = ";AP(I)
2390:IF AP(I)=0 CURSOR 0,3: GOTO 2380
2400:AG(I)=0: INPUT "Gewicht kg = ";AG(
     I)
2410:IF AG(I)=0 CURSOR 0,3: GOTO 2400
2450:GOSUB 9400: IF JN$="N" THEN 2320
2460:V=I: GOSUB 9600: IF WE$="N" THEN 6
     000
2470:I=I+1: IF I<=199 THEN 2320
2480:GOSUB 9300: WAIT 200
2490:PRINT "Speicher voll!": GOTO 6000
2500:REM
2501:REM Einlesen
2502:REM
2510:GOSUB 9300
2520:PRINT "Einlesen? ja(J), nein(N)"
2530:IF INKEY$ ="N" THEN 2620
2540:IF INKEY$ <>"J" THEN 2530
2550:GOSUB 9300
2560:PRINT "REMOTE OFF-REWIND (POS)"
2570:WAIT : PRINT "REMOTE ON-PLAY-ENTER
     "
2580:GOSUB 9300
2590:PRINT "Einlesen laeuft"
2600:INPUT #"DAKART";V,AN(*),AB$(*)
2605:INPUT #"DAKUND";K,M,U,KN(*),KB$(*)
     ,KO$(*),KW(*),KM(*),KA(*),KS(*)
2610:WAIT 200: PRINT "Einlesen beendet"
2620:IF L=1 LET L=0: WAIT 25: RETURN
2630:GOTO 1300
3000:REM
3001:REM Erfassung
3002:REM
3010:"F": GOSUB 9300: WAIT 200
3020:PRINT "Auftraege erfassen":L=1:
     GOSUB 2500
3030:IF K>19 WAIT 200: PRINT "Kundenspe
     icher voll!": GOTO 6000
3040:GOSUB 9300: PRINT "Drucker angesch
     lossen?": WAIT
3050:PRINT "ja (ENTER), nein (DEF) F":
     WAIT 25
3060:CLS :A=0:KN(K)=0: INPUT "Kunden-Nr
     . = ";KN(K)
```

```
3070:IF KN(K)=0 THEN 3060
3080:PRINT "Firma, Name ="
3090:KB$(K)="": INPUT KB$(K)
3100:IF KB$(K)="" CURSOR 0,2: GOTO 3090
3110:PRINT "Ort ="
3120:KO$(K)="": INPUT KO$(K)
3130:IF KO$(K)="" CURSOR 0,3: GOTO 3120
3140:GOSUB 9400: IF JN$="N" THEN 3060
3150:GOSUB 8000
3160:CLS : PRINT KB$(K)
3170:PRINT "Art.-Nr. "; STR$ AN(I):
     PRINT AB$(I)
3175:PRINT USING "######.##";"Preis DM
     ";AP(I): USING
3180:N=0: INPUT "Bestellmenge = ";N
3190:IF N=0 CURSOR 0,3: GOTO 3180
3200:GOSUB 9400: IF JN$="N" THEN 3160
3210:X=5*K+A:KA(X)=AN(I):KS(X)=N
3220:KW(K)=KW(K)+N*AP(I):KM(K)=KM(K)+N*
     AG(I)
3230:U=U+N*AP(I):M=M+N*AG(I)
3240:A=A+1: IF A>4 THEN 3260
3250:GOSUB 9600: IF WE$="J" THEN 3150
3260:CLS : PRINT "Bestellannahme fuer":
     PRINT KB$(K): PRINT KO$(K)
3270:PRINT "Erfassungsdokumentation":
     PRINT = LPRINT
3280:PRINT : PRINT : PRINT "Bestellanna
     hme fuer": PRINT "Kunden-Nr. ";
     STR$ KN(K)
3290:PRINT KB$(K): PRINT KO$(K): GOSUB
     9990
3300:USING "#########.##": FOR J=0 TO
     A-1
3310:I=0: PRINT :X=5*K+J
3320:IF KA(X)=AN(I) THEN 3350
3330:I=I+1: IF I<=199 THEN 3320
3340:WAIT 200: PRINT "kein Artikel!":
     PRINT = PRINT : GOTO 1300
3350:PRINT "Art.-Nr. "; STR$ AN(I):
     PRINT AB$(I): GOSUB 9991
3360:PRINT "Menge  Eht ";KS(X)
3370:PRINT "Preis   DM ";AP(I)
3380:PRINT "Gewicht kg ";AG(I)
3390:NEXT J: PRINT : GOSUB 9990: PRINT
3400:PRINT "Gesamt  DM ";KW(K)
3410:PRINT "Gesamt  kg ";KM(K)
3420:PRINT : PRINT : USING : PRINT =
     PRINT :K=K+1
3960:GOSUB 9300: PRINT "Weiterer Auftra
     g? J/N"
3970:IF INKEY$ ="J" THEN 3030
3980:IF INKEY$ <>"N" THEN 3970
3990:GOTO 6000
4000:REM
```

```
4001:REM Dokumentation
4002:REM
4010:"D": GOSUB 9300: WAIT 200
4020:PRINT "Auftragsdokumentation"
4030:WAIT 25: PRINT "Dok? ja (J), nein
     (N)"
4040:IF INKEY$ ="N" THEN 4980
4050:IF INKEY$ <>"J" THEN 4040
4060:GOSUB 9300: PRINT "Drucker angesch
     lossen?"
4070:WAIT : PRINT "ja (ENTER), nein (DE
     F) D": WAIT 25
4080:PRINT = LPRINT : PRINT : PRINT
4090:PRINT "Auftragsdokumentation":
     GOSUB 9990
4100:FOR J=0 TO K-1
4110:PRINT : PRINT : PRINT "Kunden-Nr.
     "; STR$ KN(J)
4120:PRINT KB$(J): PRINT KO$(J): GOSUB
     9990
4130:A=0: PRINT : USING "#########.##"
4140:X=5*J+A: IF KA(X)=0 THEN 4180
4150:PRINT "Art.-Nr. "; STR$ KA(X)
4160:PRINT "Menge Eht  ";KS(X)
4170:A=A+1: IF A<=4 THEN 4140
4180:GOSUB 9991
4190:PRINT "Umsatz  DM ";KW(J)
4200:PRINT "Gewicht kg ";KM(J)
4210:NEXT J: PRINT : PRINT : PRINT "Tag
     essummen": GOSUB 9990
4220:PRINT "Umsatz  DM ";U
4230:PRINT "Gewicht kg ";M
4970:PRINT : PRINT : PRINT = PRINT :
     USING
4980:IF L=1 LET L=0: RETURN
4990:GOTO 1300
5000:REM
5001:REM Abruf
5002:REM
5010:"K": GOSUB 9300: WAIT 200
5020:PRINT "Kontrollabruf":L=1: GOSUB 2
     500
5030:CLS : WAIT 25
5040:PRINT "Kunden suchen nach": GOSUB
     9990
5050:PRINT "Namen       (B)"
5060:PRINT "Kunden-Nr. (N)"
5070:IF INKEY$ ="N" THEN 5300
5080:IF INKEY$ <>"B" THEN 5070
5100:REM
5101:REM Name
5102:REM
5110:GOSUB 9300: PRINT "Name des Kunden
      ="
5120:VV$(0)="": INPUT VV$(0)
```

```
5130:IF VV$(0)="" THEN 5110
5140:I=0:P= LEN VV$(0)
5150:J=1
5160:VV$(1)= MID$ (KB$(I),J,P)
5170:IF VV$(0)<>VV$(1) THEN 5220
5180:CLS : PRINT "Kunden-Nr. "; STR$ KN
     (I)
5190:PRINT KB$(I): PRINT KO$(I)
5200:GOSUB 9400: IF JN$="J" THEN 5400
5210:CLS : PRINT "gesucht": PRINT VV$(0
     ): GOTO 5230
5220:J=J+1: IF J<=25-P THEN 5160
5230:I=I+1: IF I<=K-1 THEN 5150
5240:GOTO 5360
5300:REM
5301:REM Kunden-Nr.
5302:REM
5310:GOSUB 9300
5320:INPUT "Kunden-Nr. = ";N
5330:I=0
5340:IF N=KN(I) THEN 5400
5350:I=I+1: IF I<=K-1 THEN 5340
5360:WAIT 200: PRINT "kein Kunde vorhan
     den"
5370:GOTO 5030
5400:REM
5401:REM Abruf
5402:REM
5410:CLS : PRINT "Kunden-Nr. "; STR$ KN
     (I)
5420:PRINT KB$(I): PRINT KO$(I)
5430:WAIT 200: GOSUB 9990: WAIT 25
5440:A=0
5450:X=5*I+A: IF KA(X)=0 THEN 5510
5460:CLS : PRINT KB$(I): GOSUB 9990:
     USING "##########.##"
5470:PRINT "Art.-Nr.  "; STR$ KA(X)
5480:PRINT "Menge Eht. ";KS(X)
5490:IF INKEY$ ="" THEN 5490
5500:A=A+1: IF A<=4 THEN 5450
5510:CLS : PRINT KB$(I): GOSUB 9990
5520:PRINT "Umsatz  DM ";KW(I)
5530:PRINT "Gewicht kg ";KM(I)
5540:IF INKEY$ ="" THEN 5540
5550:CLS : PRINT "Tagessummen": GOSUB 9
     990
5560:PRINT "Umsatz  DM ";U
5570:PRINT "Gewicht kg ";M
5580:IF INKEY$ ="" THEN 5580
5590:USING
5980:GOSUB 9600: IF WE$="J" THEN 5030
5990:GOTO 1300
6000:REM
6001:REM Aufzeichnung
6002:REM
```

```
6010:"A": GOSUB 9300: WAIT 200
6020:PRINT "Daten aufzeichnen": WAIT 25
6030:PRINT "Aufz.? ja (J), nein (N)"
6040:IF INKEY$ ="N" THEN 6980
6050:IF INKEY$ <>"J" THEN 6040
6060:CLS : PRINT "Daten aufzeichnen":
     GOSUB 9990
6070:PRINT "REMOTE OFF-REWIND (POS)":
     WAIT
6080:PRINT "REMOTE ON-REC/PLAY-ENTER"
6090:GOSUB 9300
6100:PRINT "Aufzeichnung laeuft"
6110:PRINT #"DAKART";V,AN(*),AB$(*)
6120:PRINT #"DAKUND";K,M,U,KN(*),KB$(*)
     ,KO$(*),KW(*),KM(*),KA(*),KS(*)
6970:WAIT 200: PRINT "Aufzeichnung been
     det"
6980:IF L=1 LET L=0: WAIT 25: RETURN
6990:GOTO 1300
7000:REM
7001:REM Uebertragung
7002:REM
7010:"X": GOSUB 9300: WAIT 200
7020:PRINT "Datenuebertragung": WAIT 25
7030:PRINT "Uebertr.? ja(J), nein(N)"
7040:IF INKEY$ ="N" THEN 1300
7050:IF INKEY$ <>"J" THEN 7040
7060:L=1: GOSUB 4000
7070:GOSUB 9300: PRINT "Geraete betrieb
     sbereit?": WAIT
7080:PRINT "ja (ENTER), nein (DEF) X"
7090:GOSUB 9300
7100:PRINT "Uebertragung laeuft"
7110:OPEN
7120:PRINT 1#KN(*),KB$(*),KO$(*),KW(*),
     KM(*),KA(*),KS(*)
7970:CLOSE
7980:WAIT 200: PRINT "Uebertragung been
     det"
7990:GOTO 1300
8000:REM
8001:REM Suchen
8002:REM
8010:CLS : WAIT 25
8020:PRINT "Artikel suchen nach": GOSUB
     9990
8030:PRINT "Bezeichnung (B)"
8040:PRINT "Nummer      (N)"
8050:IF INKEY$ ="N" THEN 8300
8060:IF INKEY$ <>"B" THEN 8050
8100:REM
8101:REM Bezeichnung
8102:REM
8110:GOSUB 9300: PRINT "Artikelbezeichn
     ung ="
```

```
8120:VV$(0)="": INPUT VV$(0)
8130:IF VV$(0)="" THEN 8110
8140:I=0:P= LEN VV$(0)
8150:J=1
8160:VV$(1)= MID$ (AB$(I),J,P)
8170:IF VV$(0)<>VV$(1) THEN 8220
8180:CLS : PRINT "Art.-Nr "; STR$ AN(I)
8190:PRINT AB$(I)
8200:GOSUB 9400: IF JN$="J" RETURN
8210:CLS : PRINT "gesucht": PRINT VV$(0
     ): GOTO 8230
8220:J=J+1: IF J<=25-P THEN 8160
8230:I=I+1: IF I<=V THEN 8150
8240:GOTO 8360
8300:REM
8301:REM Nummer
8302:REM
8310:GOSUB 9300
8320:INPUT "Art.-Nr = ";N
8330:I=0
8340:IF N=AN(I) RETURN
8350:I=I+1: IF I<=V THEN 8340
8360:WAIT 200: PRINT "kein Datensatz vo
     rhanden"
8370:GOTO 8010
9300:REM
9301:REM Titelanzeige
9302:REM
9310:CLS : WAIT 25
9320:PRINT "** Auftrags-Erfassung **"
9330:GOSUB 9990: RETURN
9400:REM
9401:REM Eingabeentsch.
9402:REM
9410:PRINT "Eing. ok? ja(J), nein(N)"
9420:JN$="":JN$= INKEY$
9430:IF (JN$="J") OR (JN$="N") RETURN
9440:GOTO 9420
9600:REM
9601:REM Fortsetzung
9602:REM
9610:PRINT "Weiter?   ja(J), nein(N)"
9620:WE$="":WE$= INKEY$
9630:IF (WE$="J") OR (WE$="N") RETURN
9640:GOTO 9620
9900:REM
9901:REM Ende
9902:REM
9910:"S": GOSUB 9300
9920:PRINT "Verarbeitung beendet"
9930:PRINT = PRINT : WAIT : USING : END
9990:PRINT "************************":
     RETURN
9991:PRINT "------------------------":
     RETURN
```

Bild 58 Programm ORDERN

Bedienungsanleitung

Programmname:	ORDERN
Speicheranspruch:	6315 Bytes
Speichererweiterung:	ja
Ausgabebetrieb:	zwischen Anzeige und Druck (CE-126P) je nach Bedarf wechselnd
Verarbeitungstitel:	„xx Auftrags-Erfassung xx"

1 Programm mit RUN (ENTER) oder (DEF) M starten. Im zweiten Fall wird sofort in Punkt 3 fortgesetzt. Die zweite Anwahlmöglichkeit ist für die Aufrechterhaltung der Speicherinhalte unbedingt erforderlich.

2 Kurzzeitige Anzeige des Verarbeitungstitels und der Hinweise

Hauptmenue immer mit den

Tasten (DEF) M abrufen!

3 Bei Anzeige des Hauptmenüs

Rahmen	(G)	Erfassg.	(F)
Dokumen.	(D)	Abruf	(K)
Aufz.	(A)	Uebertr.	(X)
Menue	(M)	Ende	(S)

über die weitere Fortsetzung der Verarbeitung entscheiden:

3.1 Verarbeitung abschließen: Taste S drücken. Bei Anzeige des Verarbeitungstitels und des Hinweises „Verarbeitung beendet" sind die Operationen abgeschlossen. Weitere Verarbeitungen können ab Punkt 1 oder durch Direktanwahl mit (DEF) und einer der acht genannten Buchstabentasten aufgenommen werden.

3.2 Menüanzeige wiederholen: Taste M drücken und in Punkt 3 fortsetzen.

3.3 Artikeldatenrahmen bearbeiten: Taste G drücken und in Punkt 4 fortsetzen.

3.4 Aufträge erfassen: Taste F drücken und in Punkt 14 fortsetzen.

3.5 Erfaßte Aufträge zur Kontrolle abrufen: Taste K drücken und in Punkt 29 fortsetzen.

3.6 Erfaßte Auträge dokumentieren: Taste D drücken und in Punkt 36 fortsetzen.

3.7 Datenrahmen bzw. Datei mit erfaßten Aufträgen aufzeichnen: Taste A drücken und in Punkt 12 fortsetzen.

3.8 Auftragsdaten übertragen: Taste X drücken und in Punkt 38 fortsetzen.

4 Bei Anzeige des Verarbeitungstitels und des lokalen Menüs

Datenrahmen anlegen	(A)
Datenrahmen einlesen	(E)

über die Art der nachfolgenden Operationen entscheiden:

4.1 Artikeldatenrahmen bearbeiten: Taste A drücken und in Punkt 7 fortsetzen.

4.2 Datenrahmen bzw. Zwischenstand der Auftragserfassung vom Kassettenband einlesen: Taste L drücken.

5 Bei Anzeige des Verarbeitungstitels und des Hinweises „Einlesen? ja(J), nein(N)" über die weitere Vorgangsweise entscheiden:

5.1 Einlesen nicht erforderlich: Taste N drücken und ins Hauptsprogramm zurückkehren bzw. mit der Menüanzeige in Punkt 3 fortsetzen.

5.2 Datenrahmen bzw. erfaßte Auftragszwischensummen einlesen: Taste J drücken.

6 Bei Anzeige des Verarbeitungstitels und der Hinweise zur Recorderbedienung

REMOTE OFF-REWIND (POS)

REMOTE ON-PLAY-ENTER

Kassettenband den Hinweisen entsprechend positionieren und Einlesevorgang mit (ENTER) einleiten. Bei Anzeige des Verarbeitungstitels und des Betriebshinweises „Einlesen laeuft" wird die Datei eingelesen und der Vorgang mit der Anzeige des Texthinweises „Einlesen beendet" bestätigt. Je nach Abrufart wird entweder im Hauptprogramm oder mit der Menüanzeige in Punkt 3 fortgesetzt.

7 Bei Anzeige der Entscheidungshinweise

Artikeldatenrahmen

****

Neuanlage (N)

Ergaenzung (E)

über die weitere Fortsetzung entscheiden:

7.1 Bestehenden Rahmen ergänzen: Taste E drücken. Hierauf ist analog zu den Punkten 5 und 6 über die Notwendigkeit des Einlesens zu entscheiden und ggf. ein Datenrahmen bzw. eine Datei einzulesen.

7.2 Neuen Datenrahmen erstellen: Taste N drücken.

8 Bei Anzeige des Eingabehinweises

Anlage Artikeldaten

****

Art.-Nr. = _

Artikelnummer eintasten und (ENTER) drücken. Die Betätigung von (ENTER) ohne vorangehende Zahleneingabe ist unzulässig und führt ohne Fehlermeldung zur automatischen Eingabewiederholung.

9 Bei Anzeige des zusätzlichen Eingabehinweises „Artikelbezeichnung = ?" im Höchstfall 24 Zeichen umfassenden Artikelnamen eintasten und (ENTER) drücken. Auch in diesem Fall ist die Betätigung von (ENTER) ohne Eingabe ausgeschlossen und führt ohne Fehlermeldung zur automatischen Eingabewiederholung.

10 Bei der Zusatzanzeige „Eing. ok? ja(J), nein(N)" über die Richtigkeit beider Eingaben in einem entscheiden:

10.1 Eingaben nicht korrekt: Taste N drücken und Eingaben ab Punkt 8 richtig wiederholen.

10.2 Eingaben korrekt: Taste J drücken.

11 Bei der Zusatzanzeige „Weiter? ja(J), nein(N)" über die Fortsetzung der Fileanlage entscheiden:

11.1 Weitere Artikelfiles anlegen: Taste J drücken und in Punkt 8 fortsetzen. Dies ist nur so lange möglich, wie noch nicht alle 200 Artikelfiles angelegt sind. Ist dies aber der Fall, wird nach einer kurzzeitig wirksamen Fehlermeldung „Speicher voll!" in Punkt 12 fortgesetzt.

11.2 Anlagen abschließen: Taste N drücken.

12 Nach kurzzeitiger Anzeige des Verarbeitungstitels und des Anwahlkontrollhinweises „Daten aufzeichnen" bei Anzeige des Entscheidungshinweises „Aufz.? ja(J), nein (N)" über die Notwendigkeit einer Aufzeichnung entscheiden:

12.1 Datenrahmen nicht auf Kassettenband aufzeichnen: Taste N drücken und je nach Anwahl ins Hauptprogramm zurückkehren oder mit der Menüanzeige in Punkt 3 fortsetzen.

12.2 Aufzeichnung durchführen: Taste J drücken.

13 Bei Anzeige der Hinweise zur Recorderbedienung

Daten aufzeichnen

****

REMOTE OFF-REWIND (POS)

REMOTE ON-REC/PLAY-ENTER

bei Beachtung der Hinweise Kassettenband positionieren und die Aufzeichnung mit der Betätigung der (ENTER)-Taste einleiten. Die Aufzeichnung erfolgt bei Anzeige des Verarbeitungstitels und des Betriebshinweises „Aufzeichnung laeuft" und wird mit der Zusatzanzeige „Aufzeichnung beendet" bestätigt. Die weitere Fortsetzung erfolgt analog zu Punkt 12.1.

14 Nach kurzzeitiger Anzeige des Verarbeitungstitels und des Anwahlkontrollhinweises „Auftraege erfassen" analog zu den Punkten 5 und 6 über die Notwendigkeit des Einlesens einer Datei entscheiden. Waren zu diesem Zeitpunkt jedoch bereits 20 Kunden erfaßt worden, kommt es zur kurzzeitig wirksamen Fehlermeldung „Kundenspeicher voll!" und zur Fortsetzung in Punkt 12.

15 Bei Anzeige des Verarbeitungstitels und der Bedienungshinweise

Drucker angeschlossen?

ja (ENTER), nein (DEF) D

über die weitere Fortsetzung entscheiden:

15.1 Drucker fehlt bzw. ist nicht eingeschaltet: Nach Ausschalten der Geräte ggf. Mangel beheben und nach dem Wiedereinschalten mit (DEF) D in Punkt 14 fortsetzen.

15.2 Drucker betriebsbereit: (ENTER) drücken.

16 Bei Anzeige des Eingabehinweises „Kunden-Nr. = _" Kundennummer als Zahl eintasten und (ENTER) drücken. Die Betätigung von (ENTER) ohne vorangehende Zahleneingabe ist unzulässig und führt ohne Fehlermeldung zur automatischen Eingabewiederholung.

17 Bei Anzeige des Eingabehinweises „Firma, Name = ?" Namen des Bestellers mit im Höchstfall 24 Zeichen eintasten und (ENTER) drücken. Auch in diesem Fall ist die Betätigung von (ENTER) ohne Eingabe unzulässig und führt ohne Fehlermeldung zur automatischen Eingabewiederholung.

18 Bei Anzeige des Eingabehinweises „Ort = ?" Ortsbezeichnung mit im Höchstfall 24 Zeichen eintasten und (ENTER) drücken. Auch hier ist eine Eingabe zur Fortsetzung im Programm unerläßlich.

19 Bei der Zusatzanzeige des Entscheidungshinweises „Eing. ok? ja(J), nein(N)" über die Richtigkeit sämtlicher Eingaben in einem entscheiden:

19.1 Eingaben nicht korrekt: Taste N drücken und Eingaben ab Punkt 16 richtig wiederholen.

19.2 Eingaben korrekt: Taste J drücken.

20 Bei Anzeige der Entscheidungshinweise im lokalen Menü

Artikel suchen nach

****

Bezeichnung (B)

Nummer (N)

über die Art des Suchens nach einem Artikelfile entscheiden:

20.1 Artikel nach dessen Bezeichnung bzw. eines Teils derselben suchen: Taste B drücken und in Punkt 22 fortsetzen.

20.2 Artikelnummer – weil mit weniger Suchaufwand verbunden – als Suchmerkmal wählen: Taste N drücken.

21 Bei Anzeige des Verarbeitungstitels und des Eingabehinweises „Art.-Nr. = _" Artikelnummer eintasten und (ENTER) drücken. Für den Fall, daß ein File mit dieser Nummer nicht gespeichert ist, kommt es zur kurzzeitig wirksamen Fehlermeldung „kein Datensatz vorhanden!" und zur automatischen Anwahlwiederholung in Punkt 20. Andernfalls wird in Punkt 24 fortgesetzt.

22 Bei Anzeige des Verarbeitungstitels und des Eingabehinweises „Artikelbezeichnung = ?" Artikelnamen bzw. eines Teils desselben eintasten und (ENTER) drücken. Wird kein Artikel mit dieser Bezeichnung gefunden, kommt es zur der in Punkt 21 beschriebenen Reaktion. Es ist von Vorteil, die jeweils ersten Zeichen einer Artikelbezeichnung einzugeben, da damit die Suchzeit abgekürzt werden kann.

23 Wird ein Artikel, auf welchen der eingegebene Suchbegriff zutrifft, gefunden, wird er mit Nummer und Bezeichnung angezeigt und bei der Zusatzanzeige „Eing. ok? ja(J), nein(N)" über die Richtigkeit des vorgelegten Artikels entschieden:

23.1 Der gesuchte Artikel wird nicht angezeigt: Taste N drücken und bei der Anzeige „gesucht ‚Text'" (‚Text' als Platzhalter für den Suchbegriff) wird so lange weitergesucht bis der richtige Artikel gefunden wird. Ist dies nicht der Fall, kommt es auch hier zu der in Punkt 21 erwähnten Reaktion.

23.2 Artikel gefunden: Taste J drücken.

24 Bei Anzeige von Nummer, Bezeichnung und Preis des Artikels bei Anzeige des Eingabehinweises „Bestellmenge = _" dieselbe eintasten und (ENTER) drücken. Die Betätigung von (ENTER) ohne vorangehende Zahleneingabe ist unzulässig und führt zur automatischen Eingabewiederholung.

25 Bei der Zusatzanzeige des Entscheidungshinweises „Eing. ok? ja(J), nein(N)" über die Richtigkeit der Eingabe entscheiden:

25.1 Eingabe nicht korrekt: Taste N drücken und die Eingabe in Punkt 24 richtig wiederholen.

25.2 Eingabe korrekt: Taste J drücken. Waren im aktuellen Auftrag bereits 5 Positionen erfaßt worden, wird in Punkt 27 fortgesetzt. Sollten in diesem Fall weitere Bestellungen des gleichen Auftraggebers notwendig sein, ist in Punkt 28 ein neuer selbständiger Auftrag zu erfassen.

26 Bei der Zusatzanzeige „Weiter? ja(J), nein(N)" über die weitere Erfassung von Positionen in der laufenden Auftragserfassung entscheiden:

26.1 Weitere Positionen erfassen: Taste J drücken und in Punkt 20 fortsetzen.

26.2 Erfassung abschließen: Taste N drücken.

27 Die Bestellannahme wird über den angeschlossenen Drucker dokumentiert, die Artikel mit Nummer, Bezeichnung, Menge, Einzelpreis und Einzelgewicht ausgegeben und die Ausgabe mit der Angabe des auftragsbezogenen Umsatzes und des Gesamtgewichts abgeschlossen.

28 Bei Anzeige des Verarbeitungstitels und des Entscheidungshinweises „Weiterer Auftrag? ja(J), nein(N)" über weitere sofort durchführbare Auftragserfassungen entscheiden:

28.1 Weitere Bestellungen aufnehmen: Taste J drücken und in Punkt 15 fortsetzen, falls es bisher nicht zu einer Überschreitung der Kundenspeicher gekommen war.

28.2 Erfassung abschließen: Taste N drücken und in Punkt 12 fortsetzen.

29 Nach kurzzeitiger Anzeige des Verarbeitungstitels und des Anwahlkontrollhinweises „Kontrollabruf" analog zu den Punkten 5 und 6 über die Notwendigkeit des Einlesens einer Datei entscheiden.

30 Bei Anzeige des Hinweises

```
Kunden suchen nach
************************
Namen        (B)
Kunden-Nr.   (N)
```

über die Art der Anwahl eines Kundenfiles entscheiden:

30.1 Über den Namen eines Kunden bzw. eines Teils desselben nach dem File suchen: Taste B drücken und in Punkt 32 fortsetzen.

30.2 Mit weniger Zeitaufwand über die Kundennummer suchen: Taste N drücken.

31 Bei Anzeige des Verarbeitungstitels und des Eingabehinweises „Kunden-Nr. = _" Kundennummer eingeben und (ENTER) drücken. Für den Fall, daß ein Kundenfile mit dieser Nummer nicht existiert, kommt es zur kurzzeitig wirksamen Fehlermeldung „kein Kunde vorhanden!" und zur automatischen Anwahlwiederholung in Punkt 30. Andernfalls wird in Punkt 34 fortgesetzt.

32 Bei Anzeige des Verarbeitungstitels und des Eingabehinweises „Name des Kunden = ?" Kundennamen bzw. einen Teil eines solchen eintasten und (ENTER) drücken. Wird kein Kunde, auf den diese Eingabe zutrifft, angetroffen, kommt es zur in Punkt 31 beschriebenen Reaktion. Es ist von Vorteil, die jeweils ersten Zeichen eines Kundennamens einzugeben, da sich so die Suchzeit verkürzt.

33 Wird ein Kunde, auf welchen der eingegebene Suchbegriff zutrifft, gefunden, wird er mit Nummer, Namen und Ort angezeigt und bei der Zussatzanzeige „Eing. ok? ja(J), nein(N)" über die Richtigkeit des vorgelegten Kunden entschieden:

33.1 Der gesuchte Kunde liegt nicht vor: Taste N drücken und bei Anzeige „gesucht ‚KUNDE'" (‚KUNDE' als Platzhalter des Kundennamens) wird so lange weitergesucht, bis der richtige Kunde gefunden wird. Ist dies nicht der Fall, kommt es auch hier zur in Punkt 31 beschriebenen Reaktion.

33.2 Kunde gefunden: Taste J drücken.

34 Die Ausgabe erfolgt über die Anzeige. Die Kundendaten werden kurzzeitig angezeigt, und daraufhin wird auf den ersten Artikel weitergeschaltet. Liegen keine Erfassungen vor, wird sofort in Punkt 35 fortgesetzt. Andernfalls sind die einzelnen Positionen sowie Auftragsgesamt- und Tagessummen jeweils durch die Betätigung einer beliebigen Taste außer (ENTER) etc. abzurufen.

35 Bei der Zusatzanzeige „Weiter? ja(J), nein(N)" über die weitere Fortsetzung entscheiden:

35.1 Weitere Kunden überprüfen: Taste J drücken und in Punkt 30 fortsetzen.

35.2 Abrufe beenden: Taste N drücken und mit der Menüanzeige in Punkt 3 fortsetzen.

36 Nach kurzzeitiger Anzeige des Verarbeitungstitels und des Anwahlkontrollhinweises „Auftragsdokumentation" bei Anzeige des Entscheidungshinweises „Dok? ja(J), nein(N)" über die Notwendigkeit der Erfassungsdokumentation befinden:

36.1 Erfaßte Aufträge nicht dokumentieren: Taste N drücken und je nach Anwahl entweder im Hauptprogramm oder mit der Menüanzeige in Punkt 3 fortsetzen.

36.2 Erfaßte Aufträge ausgeben: Taste J drücken.

37 Bei Anzeige des Verarbeitungstitels und der Hinweise zur Druckerbedienung

Drucker angeschlossen?

ja (ENTER), nein (DEF) D

über die weitere Fortsetzung entscheiden:

37.1 Drucker fehlt bzw. ist nicht angeschlossen: Nach Ausschalten der Geräte ggf. Mangel beheben und nach Wiedereinschalten mit (DEF) D in Punkt 36 fortsetzen.

37.2 Drucker betriebsbereit bzw. Abruf ohne Drucker vornehmen: (ENTER) drücken. Die Ausgabe erfolgt sowohl über den Drucker als auch als Anzeige selbsttätig. Nach Abschluß der Ausgabe wird mit der Menüanzeige in Punkt 3 fortgesetzt.

38 Nach kurzzeitiger Anzeige des Verarbeitungstitels und des Anwahlkontrollhinweises „Datenuebertragung" bei der Zusatzanzeige des Entscheidungshinweises „Uebertr.? ja(J), nein(N)" die Notwendigkeit einer Übertragung beurteilen:

38.1 Keine Übertragung erforderlich: Taste N drücken und mit der Menüanzeige in Punkt 3 fortsetzen.

38.2 Auftragsdaten übertragen: Taste J drücken.

39 Analog zu den Punkten 36 und 37 über die Notwendigkeit einer vorangehenden Erfassungsdokumentation entscheiden.

40 Bei Anzeige des Verarbeitungstitels und der Betriebshinweise

Geraete betriebsbereit?

ja (ENTER), nein (DEF) X

den Status der an der Übertragung beteiligten Geräte überprüfen:

40.1 Geräte nicht betriebsbereit: Dieselben ausschalten, fehlende Einheiten anschließen, das System übertragungsbereit stellen und mit (DEF) X zu Punkt 40 zurückkehren.

40.2 Einrichtungen zur Übertragung von erfaßten Aufträgen bereit: Die Übertragung erfolgt während der Anzeige des Verarbeitungstitels und des Betriebshinweises „Uebertragung laeuft" und ist mit der Textanzeige „Uebertragung beendet" abgeschlossen. Es wird mit der Menüanzeige in Punkt 3 fortgesetzt.

Testbeispiele

Anhand zweier Beispiele mit angeschlossener Auftragsdokumentation wird gezeigt, wie die Tageszwischensummen fortgeschrieben werden.

```
Bestellannahme fuer
Kunden-Nr. 2050
HOFSTAETTER Norbert, Bfa
Holzkirchen
************************

Art.-Nr. 205000
Gartenplatten 50/50/5 cm
------------------------
Menge  Eht          1000.00
Preis   DM             4.50
Gewicht kg            30.00

Art.-Nr. 295510
Blumentroege 100/50/50
------------------------
Menge  Eht            10.00
Preis   DM           350.00
Gewicht kg           430.00

Art.-Nr. 250150
Zaunsaeulen 200/12/12
------------------------
Menge  Eht           100.00
Preis   DM            25.60
Gewicht kg            70.00

************************

Gesamt  DM         10560.00
Gesamt  kg         41300.00
```

Bild 59 Erste Auftragserfassung

```
Bestellannahme fuer
Kunden-Nr. 4711
ROLLER & Co. GmbH
Gelsenhausen b. Bramberg
************************

Art.-Nr. 431220
Schachtringe D 100/50/6
------------------------
Menge  Eht            37.00
Preis   DM            52.50
Gewicht kg           240.00

Art.-Nr. 640550
Mauersteine 25/12/6.5
------------------------
Menge  Eht          5500.00
Preis   DM             0.70
Gewicht kg             4.00

************************

Gesamt  DM          5792.50
Gesamt  kg         30880.00
```

Zweite Auftragserfassung

```
Auftragsdokumentation
***********************


Kunden-Nr. 2050
HOFSTAETTER Norbert, Bfa
Holzkirchen
***********************

Art.-Nr. 205000
Menge Eht           1000.00
Art.-Nr. 295510
Menge Eht             10.00
Art.-Nr. 250150
Menge Eht            100.00
------------------------
Umsatz  DM         10560.00
Gewicht kg         41300.00


Kunden-Nr. 4711
ROLLER & Co. GmbH
Gelsenhausen b. Bramberg
***********************

Art.-Nr. 431220
Menge Eht             37.00
Art.-Nr. 640550
Menge Eht           5500.00
------------------------
Umsatz  DM          5792.50
Gewicht kg         30880.00


Tagessummen
***********************
Umsatz  DM         16352.50
Gewicht kg         72180.00
```

Dokumentation beider Aufträge

7 Besondere Anwendungen

Wert und Leistungsfähigkeit eines Geräts – im vorliegenden Fall eines Computers – zeigen sich besonders bei außergewöhnlichen Einsätzen. Gerade besondere Anwendungen vermögen die Flexibilität eines Rechners noch zusätzlich zu dokumentieren. Vor allem Dienstprogramme im weitesten Sinn können auf die von diesem Modell gebotenen Möglichkeiten voll zurückgreifen.

Während in Kapitel 6 eine der wesentlichsten auf Taschencomputer üblicherweise nicht vorhandenen Fähigkeiten, wie Datenübertragung über die E/A-Schnittstelle, angeklungen ist, sollen im vorliegenden Kapitel verschiedenste Anwendungen angesprochen werden.

Die Programme dieses Kapitels können in keines der beiden in Kapitel 5 und 6 verwendeten Schemata eingeordnet werden. Sie unterscheiden sich darüberhinaus auch noch untereinander, so daß deren Erstellung von den üblichen Gestaltungsprinzipien für Programme abweichen muß. Daher erübrigt sich auch die Debatte über ein weiteres Rahmenprogramm.

Mehrfachlexikon in universellem Einsatz, elektronisches Notizbuch für den Bedarf zu Hause und unterwegs für Private oder Manager sowie ein Programm zur Bearbeitung von CPM-Netzplänen runden das Bild, das man sich um den PC-1350 machen kann, ab. Damit wird auch die Sinnhaftigkeit und Wirtschaftlichkeit eines Computers unterstrichen, der zwar ob seiner Größe belächelt werden mag, aber in vielen und zum Teil sehr wesentlichen Punkten (Datenerfassung!) seinen Mann zu stellen imstande ist.

Man sollte daher erwarten, daß auch die Hersteller von kleinen Computern diesen Möglichkeiten auch in Zukunft Rechnung tragen und Computern dieser Größe die diesen zukommende Bedeutung nicht versagen.

7.1 Multifunktionsprogramm: Vokabellexikon

Lernprogramme zum Üben in fremden Sprachen gibt es eine ganze Reihe. Das vorliegende Multifunktionsprogramm dürfte in dieser Form aber ein Novum darstellen. Allein wegen der Mehrfachverwendung ein und desselben Wörterbuchs zu verschiedenen Zwecken hebt es sich von ähnlichen Programmen ab. Aus diesem Grund ist es auch nicht als Basisprogramm, sondern als ein besonderes Programm anzusprechen, welches verdient in Kapitel 7 dieses Buches erwähnt zu werden.

Das besondere an diesem Programm ist nicht nur die Tatsache, daß eine Reihe gesondert anzulegender Lexika geladen und verwendet werden kann – so lassen sich beispielsweise für verschiedene Gebiete fachlich ausgerichtete Wörterbücher erstellen –, diese Wörterbücher sind sowohl zum Nachschlagen als auch zum Vokabeltraining zu benutzen. Dazu kommt noch, daß bei eingesetzter 16 Kbyte RAM-Karte die neben dem Programm speicherbaren 768 Worte mit im Höchstfall je 19 Zeichen auf bis zu drei Fremdsprachen aufgeteilt werden können, in jedem Fall neben Deutsch als Grundsprache. Diese Gesamtkapazität läßt sich über entsprechende Anwahl wie folgt verwenden:

- 2 Sprachen (Deutsch und eine Fremdsprache) zu je 384 Worten
- 3 Sprachen (Deutsch und zwei Fremdsprachen) zu je 256 Worten
- 4 Sprachen (Deutsch und drei Fremdsprachen) zu je 192 Worten

Zusammen mit einem handelsüblichen Kassettenrecorder lassen sich beliebig viele Sprachkombinationen zusammenstellen. Die Preisgünstigkeit dieser Massenspeicher empfiehlt die Verwendung je einer Kassettenbandseite für ein bestimmtes Wörterbuch.

Die Verarbeitung ist komplett menügesteuert; einzig die Anzeige des Hauptmenüs ist mit (DEF) M direkt anwählbar. Bei geladenem Lexikon ist der Programmstart mit RUN (ENTER) unbedingt zu vermeiden; andernfalls ist die Wortdatei der Bedienungsanleitung entsprechend neu zu laden.

Warum mehr als zwei Sprachen nebeneinander? Hier zeigt sich eine praktische Seite dieses Programms: Bei geschäftlichen Zusammenkünften, an welchen Vertreter mehrerer Länder teilnehmen, ist eine Mehrfachübersetzungshilfe gefragt. Und vor diesem Termin dient das Programm durch einfache Umstellung zum Vokabeltraining. Das mehrstufige Menü ist für die multifunktionelle Verwendung dieses Programms kein Hindernis; im vorliegenden Fall ist unbedingt zu vermeiden, daß eine gespeicherte Datei durch eine Fehlbedienung zerstört wird.

Es muß nicht die gesamte zur Verfügung stehende Kapazität verwendet werden. Es kann – das sei noch angefügt – eine Wortdatei bei freier Kapazität auch nachträglich ergänzt bzw. einzelne Begriffe korrigiert oder durch neue ersetzt werden. Das Programm erfüllt somit nicht nur lerntechnische, sondern auch praktische Zwecke.

Variablenliste

G	Index jener Sprache, in welche ein Begriff übersetzt wird
I	Wortindex
J	Sprachindex, Wortindex bei Vorgabe eines Begriffs
S	Zahl der Fremdsprachen
R	Kennzeichnung für vorzeitige Rückkehr aus dem Unterprogramm Anzeige Verarbeitungstitel
T	Trainingskennzeichnung
V	Index jener Sprache, aus welcher ein Begriff übersetzt wird
W	Anzahl der möglichen Wort- bzw. Begriffskombinationen – 1
X	Anzahl der eingebenen Wortkombinationen – 1
A$(S)	Kurzkennzeichnungen der Sprachen (A$(Ø)="deut")
LG$(S,W)	Wort oder Begriff (max. 19 Zeichen)
SP$(S)	Sprachkennzeichnung (SP$(Ø)="deutsch")
TT$(Ø)	Verarbeitungstitel (24 Zeichen)
TT$(1)	Sternchenzeile (24 Zeichen)
VB$(Ø)	Übersetzungsvorschlag (max. 19 Zeichen)

Programmstruktur

1000 Programmvorlauf

1010–1050	Verarbeitungsentscheidung
1070–1120	Eingabe Sprachkennzeichnungen
1130	Wortfelddimensionierung
1140	Eingabefortsetzung
1150–1250	Eingabe Wort- bzw. Begriffskombinationen
1260	Aufzeichnungseinstieg
1270–1290	Aufzeichnungsentscheidung treffen
1300–1320	Aufzeichnung
1340	Einstieg Einlesen
1350	Einleseentscheidung treffen
1380–1420	Einlesen
1500	Einstieg Begriffsänderungen

2000 Menüanzeige

2020–2050	Entscheidung über die Verarbeitungsaufnahme fällen
2070–2120	Teilmenü Aufzeichnen, Einlesen, Verarbeitung
2135–2170	Teilmenü Art der Verarbeitung
2190–2220	Wahl der Anzahl betroffener Sprachen
2230–2260	Menü für eine Fremdsprache
2230–2360	Menü für zwei Fremdsprachen
2230–2540	Menü für drei Fremdsprachen (zweiteilig)

3000 Wahl der Sprachkombinationen

3000	Deutsch – Fremdsprache 1
3100	Fremdsprache 1 – Deutsch
3200	Deutsch – Fremdsprache 2
3300	Fremdsprache 2 – Deutsch
3400	Deutsch – Fremdsprache 3
3500	Fremdsprache 3 – Deutsch
3600	Fremdsprache 1 – Fremdsprache 2
3700	Fremdsprache 2 – Fremdsprache 1
3800	Fremdsprache 1 – Fremdsprache 3
3900	Fremdsprache 3 – Fremdsprache 1
4000	Fremdsprache 2 – Fremdsprache 3
4100	Fremdsprache 3 – Fremdsprache 2
4200	Parallelübersetzung für alle Sprache bei der Wahl der Ausgangssprache

5000	Übersetzung	
	5020	Kennzeichnung der vorgegebenen Sprache
	5030	Eingabe eines Worts aus dieser Sprache
	5040–5070	Suchen nach der Übersetzung
	5080	kurzzeitige Fehleranzeige
	5100	Einzelausgabe der Übersetzung
	5110–5130	Mehrfachausgabe
	5140	Fortsetzungsentscheidung treffen
6000	Vokabeltraining	
	6035	Zufallsvorgabe Wortnummer
	6060–6070	Eingabe der vermuteten Übersetzung und Eingabekontrolle
	6080–6100	Überprüfung der Eingabe auf Richtigkeit
	6110	Fehlermeldung und Wiederholung der Frage
	6120	Gutbefund der Übersetzung
	6140	Fortsetzungsentscheidung treffen
9000	Unterprogramme	
	9200	Konstantenzuordnung
	9300	Anzeige des Verarbeitungstitels
	9400	Eingabegüteentscheidung treffen
	9600	Fortsetzungsentscheidung treffen
	9900	Schlußroutine

Anweisungsliste

```
1000:REM Fremdsprachen
1001:REM
1002:REM by Tatzl, Graz
1003:REM
1004:REM Programmvorl.
1005:REM
1010:GOSUB 9200: GOSUB 9300
1020:PRINT "A: Lexikon anlegen"
1030:PRINT "M: Lexikon einlesen"
1040:IF INKEY$ ="M" THEN 1340
1050:IF INKEY$ <>"A" THEN 1040
1060:S=0:A$(0)="deut":SP$(0)=A$(0)+"sch
     "
1070:S=S+1
1080:GOSUB 9300: PRINT S;"Fremdsprache?
     "
1090:INPUT SP$(S)
1100:GOSUB 9400: IF JN$="N" THEN 1080
1110:A$(S)= LEFT$ (SP$(S),4)
```

```
1120:IF S<3 GOSUB 9600: IF WE$="J" THEN
     1070
1130:W=768/(S+1)-1: DIM LG$(S,W)*19:X=-
     1
1140:REM
1141:REM Eing.forts.
1142:REM
1150:X=X+1: IF X>W LET X=W: GOTO 1260
1160:CLS : WAIT 25: FOR J=0 TO S
1165:IF J>0 CLS : PRINT SP$(0): PRINT L
     G$(0,X)
1170:PRINT SP$(J)
1180:LG$(J,X)="": INPUT LG$(J,X)
1190:IF LG$(J,X)="" THEN 1165
1200:NEXT J: CLS : FOR J=0 TO S
1210:PRINT A$(J);":";LG$(J,X)
1220:NEXT J
1230:IF INKEY$ ="" THEN 1230
1240:GOSUB 9400: IF JN$="N" THEN 1160
1250:GOSUB 9600: IF WE$="J" THEN 1150
1260:REM
1261:REM Aufzeichnung
1262:REM
1270:R=0: GOSUB 9300: PRINT "Aufzeichne
     n? ja(J),no(N)"
1280:IF INKEY$ ="N" THEN 2000
1290:IF INKEY$ <>"J" THEN 1280
1300:GOSUB 9300: PRINT "REMOTE OFF-REWI
     ND (POS)"
1310:WAIT : PRINT "REMOTE ON-REC/PLAY-E
     NTER"
1320:PRINT #"LEX1";S,X,W: PRINT #"LEX2"
     ;A$(*),SP$(*),LG$(*)
1330:GOTO 2000
1340:REM
1341:REM Einlesen
1342:REM
1350:GOSUB 9300: PRINT "Einlesen? ja(J)
     ,no(N)"
1360:IF INKEY$ ="N" THEN 2000
1370:IF INKEY$ <>"J" THEN 1360
1380:GOSUB 9300: PRINT "REMOTE OFF-REWI
     ND (POS)"
1390:WAIT : PRINT "REMOTE ON-PLAY-ENTER
     "
1400:GOSUB 9200: INPUT #"LEX1";S,X,W
1410:DIM LG$(S,W)*19
1420:INPUT #"LEX2";A$(*),SP$(*),LG$(*)
1430:GOTO 2000
1500:REM
1501:REM aendern
1502:REM
1510:R=0: GOSUB 9300: WAIT 200: PRINT "
     Vokabel aendern"
1520:GOSUB 9300: PRINT "zu aenderndes W
     ort"
```

```
1530:VB$(0)="": INPUT VB$(0)
1540:IF VB$(0)="" THEN 1520
1550:J=0
1560:I=0
1570:IF VB$(0)=LG$(J,I) THEN 1610
1580:I=I+1: IF I<=X THEN 1570
1590:J=J+1: IF J<=S THEN 1560
1600:WAIT 200: PRINT "Wort nicht gefund
     en!": GOTO 1520
1610:CLS : WAIT 25: FOR J=0 TO S
1620:IF J>0 CLS : PRINT SP$(0): PRINT L
     G$(0,I)
1630:PRINT SP$(J)
1640:LG$(J,I)="": INPUT LG$(J,I)
1650:IF LG$(J,I)="" THEN 1620
1660:NEXT J: CLS : FOR J=0 TO S
1670:PRINT A$(J);":";LG$(J,I)
1680:NEXT J
1690:IF INKEY$ ="" THEN 1690
1700:GOSUB 9400: IF JN$="N" THEN 1610
1710:GOSUB 9600: IF WE$="J" THEN 1520
2000:REM
2001:REM Hauptmenue
2002:REM
2010:"M":R=1: GOSUB 9300:G=0:V=0
2015:PRINT "F: Eingaben fortsetzen"
2020:PRINT "G: Operationen aufnehmen"
2030:PRINT "S: Operationen beenden"
2040:IF INKEY$ ="S" THEN 9900
2045:IF INKEY$ ="F" THEN 1140
2050:IF INKEY$ <>"G" THEN 2040
2060:GOSUB 9300
2070:PRINT "A: Aufzeichnen"
2080:PRINT "E: Einlesen"
2090:PRINT "V: Vokabeloperationen"
2100:IF INKEY$ ="A" THEN 1260
2110:IF INKEY$ ="E" THEN 1340
2120:IF INKEY$ <>"V" THEN 2100
2130:GOSUB 9300:T=0
2135:PRINT "C: Vokabel aendern"
2140:PRINT "T: Vokabel abfragen"
2150:PRINT "U: Vokabel uebersetzen"
2155:IF INKEY$ ="C" THEN 1500
2160:IF INKEY$ ="T" LET T=1: GOTO 2230
2170:IF INKEY$ <>"U" THEN 2155
2180:GOSUB 9300
2190:PRINT "E: eine Fremdsprache"
2200:PRINT "A: alle Sprachen"
2210:IF INKEY$ ="A" THEN 4200
2220:IF INKEY$ <>"E" THEN 2210
2230:GOSUB 9300:R=0: PRINT "1:";A$(0);"
     -";A$(1);" 2:";A$(1);"-";A$(0)
2240:IF S>1 THEN 2280
2250:IF INKEY$ ="1" THEN 3000
2260:IF INKEY$ ="2" THEN 3100
2270:GOTO 2250
```

```
2280:PRINT "3:";A$(0);"-";A$(2);" 4:";A
     $(2);"-";A$(0)
2290:IF S>2 THEN 2380
2300:PRINT "7:";A$(1);"-";A$(2);" 8:";A
     $(2);"-";A$(1)
2310:IF INKEY$ ="1" THEN 3000
2320:IF INKEY$ ="2" THEN 3100
2330:IF INKEY$ ="3" THEN 3200
2340:IF INKEY$ ="4" THEN 3300
2350:IF INKEY$ ="7" THEN 3600
2360:IF INKEY$ ="8" THEN 3700
2370:GOTO 2310
2380:PRINT "5:";A$(0);"-";A$(3);" 6:";A
     $(3);"-";A$(0)
2390:IF INKEY$ ="" THEN 2390
2400:IF INKEY$ ="1" THEN 3000
2410:IF INKEY$ ="2" THEN 3100
2420:IF INKEY$ ="3" THEN 3200
2430:IF INKEY$ ="4" THEN 3300
2440:IF INKEY$ ="5" THEN 3400
2450:IF INKEY$ ="6" THEN 3500
2460:CLS : PRINT TT$(0): PRINT "7:";A$(
     1);"-";A$(2);" 8:";A$(2);"-";A$(1)
2470:PRINT "9:";A$(1);"-";A$(3);" A:";A
     $(3);"-";A$(1)
2480:PRINT "B:";A$(2);"-";A$(3);" C:";A
     $(3);"-";A$(2)
2490:IF INKEY$ ="7" THEN 3600
2500:IF INKEY$ ="8" THEN 3700
2510:IF INKEY$ ="9" THEN 3800
2520:IF INKEY$ ="A" THEN 3900
2530:IF INKEY$ ="B" THEN 4000
2540:IF INKEY$ ="C" THEN 4100
2550:GOTO 2490
3000:REM D-F1
3010:V=0:G=1: GOTO 4300
3100:REM F1-D
3110:V=1:G=0: GOTO 4300
3200:REM D-F2
3210:V=0:G=2: GOTO 4300
3300:REM F2-D
3310:V=2:G=0: GOTO 4300
3400:REM D-F3
3410:V=0:G=3: GOTO 4300
3500:REM F3-D
3510:V=3:G=0: GOTO 4300
3600:REM F1-F2
3610:V=1:G=2: GOTO 4300
3700:REM F2-F1
3710:V=2:G=1: GOTO 4300
3800:REM F1-F3
3810:V=1:G=3: GOTO 4300
3900:REM F3-F1
3910:V=3:G=1: GOTO 4300
4000:REM F2-F3
4010:V=2:G=3: GOTO 4300
```

```
4100:REM F3-F2
4110:V=3:G=2: GOTO 4300
4200:REM alle Sprachen
4210:CLS :G=4: PRINT "1:";SP$(0)
4220:PRINT "2:";SP$(1)
4230:IF S>1 PRINT "3:";SP$(2)
4240:IF S>2 PRINT "4:";SP$(3)
4250:IN$= INKEY$ :V= VAL IN$-1
4260:IF (V=0) OR (V=1) THEN 5000
4270:IF (S>1) AND (V=2) THEN 5000
4280:IF (S>2) AND (V=3) THEN 5000
4290:GOTO 4250
4300:IF T THEN 6000
5000:REM
5001:REM Uebersetzung
5002:REM
5020:CLS : WAIT 25: PRINT "gegeben:";SP
     $(V): PRINT TT$(1)
5030:VB$(0)="": INPUT VB$(0)
5040:IF VB$(0)="" THEN 5030
5050:I=0
5060:IF VB$(0)=LG$(V,I) THEN 5090
5070:I=I+1: IF I<=X THEN 5060
5080:WAIT 200: PRINT "Wort nicht gefund
     en!": GOTO 5020
5090:CLS : IF G>3 THEN 5110
5100:PRINT A$(V);":";LG$(V,I): PRINT A$
     (G);":";LG$(G,I): GOTO 5130
5110:FOR G=0 TO S
5120:PRINT A$(G);":";LG$(G,I): NEXT G
5130:IF INKEY$ ="" THEN 5130
5140:GOSUB 9600: IF WE$="J" THEN 5020
5150:GOTO 2000
6000:REM
6001:REM Vokabeluebung
6002:REM
6010:CLS : WAIT 25: PRINT "Vokabeltrain
     ig": PRINT TT$(1)
6020:PRINT SP$(V);" -": WAIT 200: PRINT
     SP$(G)
6030:RANDOM
6035:J= RND X-1
6040:CLS : WAIT 25: PRINT "Was heisst (
     ";A$(V);")"
6050:PRINT LG$(V,J): PRINT "auf ";SP$(G
     );"?"
6060:VB$(0)="": INPUT VB$(0)
6070:IF VB$(0)="" THEN 6060
6080:I=0
6090:IF VB$(0)=LG$(G,I) THEN 6120
6100:I=I+1: IF I<=X THEN 6090
6110:WAIT 200: PRINT "Das war falsch, n
     ochmals": GOTO 6040
6120:PRINT "Bravo, das war richtig!"
6130:IF INKEY$ ="" THEN 6130
6140:GOSUB 9600: IF WE$="J" THEN 6035
```

```
6150:GOTO 2000
9200:REM
9201:REM Konstante
9202:REM
9210:CLEAR : DIM A$(3),SP$(3),VB$(0)*19
     ,TT$(1)*24
9220:TT$(0)="*Fremdsprachen-Programm*"
9221:TT$(1)="************************"
9290:RETURN
9300:REM
9301:REM Titelanzeige
9302:REM
9310:CLS : WAIT 25: PRINT TT$(0)
9320:IF R=0 PRINT TT$(1)
9390:RETURN
9400:REM
9401:REM Eingabeentsch.
9402:REM
9410:PRINT "Eing.richtig?ja(J),no(N)"
9420:JN$="":JN$= INKEY$
9430:IF (JN$="J") OR (JN$="N") RETURN
9440:GOTO 9420
9600:REM
9601:REM Fortsetzung
9602:REM
9610:PRINT "Weiter?      ja(J),no(N)"
9620:WE$="":WE$= INKEY$
9630:IF (WE$="J") OR (WE$="N") RETURN
9640:GOTO 9620
9900:REM
9901:REM Schlussroutine
9902:REM
9910:R=0: GOSUB 9300: PRINT "Uebersetzu
     ng beendet"
9990:WAIT : USING : END
```

Bild 60 Programm LINGUA

Bedienungsanleitung

Programmname:	LINGUA
Speicheranspruch:	4516 Bytes
Speichererweiterung:	ja; 16 Kbyte RAM-Karte
Ausgabebetrieb:	nur Anzeige
Verarbeitungstitel:	„x Fremdsprachen-Programm x"

Dieses Programm darf nur dann bei Punkt 1 mit RUN (ENTER) gestartet werden, wenn entweder ein neues Lexikon einzugeben oder ein Vokabular vom Kassettenband einzulesen ist. Liegt ein „Wörterbuch" im Rechner vor, muß unbedingt mit den Tasten (DEF) M begonnen und in Punkt 13 fortgesetzt werden!

Sprachbezeichnungen dürfen im Höchstfall 16, Worte und Begriffe maximal 19 Zeichen umfassen. Es ist nicht erforderlich, das gesamte Speichervolumen sofort auszunutzen; neben allenfalls notwendiger Änderungen einzelner Begriffe kann auch mit weiteren Eingaben im Rahmen der Kapazitätsvorgabe fortgesetzt werden.

1 Programm mit RUN (ENTER) starten; sämtliche nicht geschützten Speicher außer den reservierten werden gelöscht.

2 Bei Anzeige des Verarbeitungstitels und der Hinweise

A: Lexikon anlegen

L: Lexikon einlesen

über die Art der Aufnahme einer Verarbeitung entscheiden:

2.1 Neues Vokabular anlegen: Taste A drücken und in Punkt 3 fortsetzen.

2.2 Lexikon einlesen: Taste L drücken und in Punkt 11 fortsetzen.

3 Bei Anzeige des Verarbeitungstitels und des Eingabehinweises „n.Fremdsprache ?" (n = Nummer der Fremdsprache) im Höchstfall 16 Zeichen umfassende Sprachkennzeichnung eintasten und (ENTER) drücken.

4 Bei Zusatzanzeige des Entscheidungshinweises „Eing.richtig?ja(J),no(N)" über die Richtigkeit der Eingabe urteilen:

4.1 Eingabe nicht korrekt: Taste N drücken und Eingabe in Punkt 3 richtig wiederholen.

4.2 Eingabe korrekt: Taste J drücken.

5 Bei Zusatzanzeige des Entscheidungshinweises „Weiter? ja(J),no(N)" über die Fortsetzung der Sprachanwahl befinden:

5.1 Weitere Sprachen anwählen: Taste J drücken und in Punkt 3 fortsetzen.

5.2 Eingaben abschließen: Taste N drücken.

Dieser Punkt wird in der Verarbeitung nur dann angesteuert, wenn noch nicht drei Fremdsprachen gewählt wurden.

6 Als erstes wird jeweils der Begriff bzw. das Wort in der deutschen Sprache eingegeben und die Eingabe mit (ENTER) abgeschlossen. Bei Anzeige dieses deutschsprachigen Begriffs und der jeweiligen Sprachkennzeichnung fremdsprachige Übersetzung eintasten und (ENTER) drücken. Es werden nur die 19 ersten Zeichen berücksichtigt. Diese Eingabe wird so oft wiederholt, als Fremdsprachen angewählt wurden.

7 Es werden sämtliche Eingaben in einem zur Begutachtung angezeigt. Nach Überprüfung derselben mit Betätigung einer beliebigen Taste außer (ENTER), etc. fortsetzen und bei der Zusatzanzeige „Eing.richtig?ja(J),no(N)" über die Richtigkeit sämtlicher Eingaben in einem entscheiden:

7.1 Eingaben nicht korrekt: Taste N drücken und die Eingaben ab Punkt 6 richtig wiederholen.

7.2 Eingaben korrekt: Taste J drücken.

8 Bei Zusatzanzeige des Entscheidungshinweises „Weiter? ja(J),no(N)" über die weitere Fortsetzung der Eingaben entscheiden:

8.1 Weitere Wortkombinationen eingeben: Taste J drücken und in Punkt 6 fortsetzen.

8.2 Eingaben abbrechen: Taste N drücken.

9 Bei Anzeige des Verarbeitungstitels und des Hinweises „Aufzeichnen? ja(J),no(N)" darüber entscheiden, ob das eingegebene Wörterbuch aufgezeichnet werden soll oder nicht:

9.1 Keine Aufzeichnung erforderlich: Taste N drücken und in der Menüanzeige in Punkt 13 fortsetzen.

9.2 Lexikon aufzeichnen: Taste J drücken.

10 Bei Anzeige des Verarbeitungstitels und der Hinweise zur Recorderbedienung

REMOTE OFF-REWIND (POS)

REMOTE ON-REC/PLAY-ENTER

die angezeigten Anweisungen ausführen und nach der Bandpositionierung Aufzeichnung mit Betätigung der (ENTER)-Taste einleiten. Daraufhin wird mit der Menüanzeige in Punkt 13 fortgesetzt.

11 Bei Anzeige des Verarbeitungstitels und des Hinweises „Einlesen? ja(J),no(N)" darüber entscheiden, ob ein neues Wörterbuch eingelesen werden soll, oder nicht: oder nicht:

11.1 Kein Einlesen erforderlich: Taste N drücken und in Punkt 13 mit der Menüanzeige fortsetzen.

11.2 Wörterbuch einlesen: Taste J drücken.

12 Bei Anzeige des Verarbeitungstitels und der Hinweise zur Recorderbedienung

REMOTE OFF-REWIND (POS)

REMOTE ON-PLAY-ENTER

Kassettenband den Anweisungen entsprechend positionieren und den Einlesevorgang mit Betätigung der Taste (ENTER) auslösen.

13 Bei Anzeige des Verarbeitungstitels und der Hinweise

F: Eingaben fortsetzen

G: Operationen aufnehmen

S: Operationen beenden

über die weitere Fortsetzung entscheiden:

13.1 Eingaben fortsetzen: Taste F drücken und weitere Eingaben im Rahmen der Gesamtkapazität ab Punkt 6 aufnehmen.

13.2 Operationen abbrechen: Taste S drücken; die Verarbeitung ist mit der Anzeige des Verarbeitungstitels und des Texthinweises „Uebersetzung beendet" abgeschlossen und kann nur mehr mit Betätigung der Tasten (DEF) M in Punkt 13 neu aufgenommen werden. Selbstverständlich ist auch ein Neubeginn ab Punkt 1 jederzeit möglich.

13.3 Verarbeitungen aufnehmen: Taste G drücken.

14 Bei Anzeige des Verarbeitungstitels und der Entscheidungshinweise

A: Aufzeichnen

E: Einlesen

V: Vokabeloperationen

über die weitere Vorgangsweise entscheiden:

14.1 Gespeichertes Lexikon aufzeichnen: Taste A drücken und in Punkt 9 fortsetzen.

14.2 Neues Wörterbuch einlesen: Taste E drücken und in Punkt 11 fortsetzen.

14.3 Vokabeloperationen aufnehmen: Taste V drücken.

15 Bei Anzeige des Verarbeitungstitels und der Entscheidungshinweise

C: Vokabel aendern

T: Vokabel abfragen

U: Vokabel uebersetzen

über die weitere Fortsetzung befinden:

15.1 Wortkombinationen ändern: Taste C drücken und in Punkt 23 fortsetzen.

15.2 Vokabel abfragen: Taste T drücken und in Punkt 17 fortsetzen.

15.3 Begriffe übersetzen: Taste U drücken.

16 Bei Anzeige des Verarbeitungstitels und der Entscheidungshinweise

E: eine Fremdsprache

A: alle Fremdsprachen

über die Anzahl der an einer Übersetzung beteiligten Sprachen entscheiden:

16.1 Alle gespeicherten Sprachen in die Übersetzung einbeziehen: Taste A drücken und in Punkt 18 fortsetzen.

16.2 Eine Fremdsprache wählen: Taste E drücken.

17 Je nach Anzahl der gespeicherten Fremdsprachen kommt es zur Anzeige sämtlicher für die Übersetzung möglicher Übersetzungsrichtungen. Bei drei Fremdsprachen erfolgt die Menüanzeige in zwei Teilen, wobei auf den zweiten durch die Betätigung einer beliebigen Taste außer den angezeigten und außer (ENTER), etc. weitergeschaltet wird. Die gewünschte Übersetzungsrichtung wird durch die Betätigung einer der angezeigten Tasten ausgewählt und je nach Verarbeitung in Punkt 19 (Übersetzung) oder 21 (Vokabeltraining) fortgesetzt.

18 Je nach Menge der vorgegebenen Sprachen wird nun unter diesen bei Anzeige einer Ziffer und einer Sprachkennzeichnung jene Sprache gewählt, aus welcher in eine andere oder alle Sprachen zu übersetzen ist.

19 Bei der Textanzeige „gegeben:" und der Sprachkennzeichnung zu übersetzendes Wort mit im Höchstfall 19 Buchstaben eintasten und (ENTER) drücken. Für den Fall, daß die Eingabe im Wörterbuch nicht aufgefunden wird, kommt es zur kurzzeitig wirksamen Fehlermeldung „Wort nicht gefunden!" und zur automatischen Eingabewiederholung in Punkt 19. Andernfalls wird die Eingabe übersetzt und nach beliebig langer Betrachtungszeit mit Druck auf eine beliebige Taste außer (ENTER), etc. fortgesetzt.

20 Bei Zusatzanzeige des Hinweises „Weiter? ja(J),no(N)" über die weitere Fortsetzung entscheiden:

20.1 Weitere Übersetzungen in der gleichen Übersetzungsrichtung durchführen: Taste J drücken und in Punkt 19 fortsetzen.

20.2 Übersetzungen abbrechen: Taste N drücken und im Menü in Punkt 13 fortsetzen.

21 Nach kurzzeitiger Anzeige „Vokabeltraining" und der Übersetzungsrichtung wird ein Begriff angezeigt und auch die Sprache genannt, in welche dieser Begriff zu übertragen ist. Die vermutete Lösung eintasten und (ENTER) drücken. Es kann zu folgenden Fortsetzungen kommen:

21.1 Eingabe war falsch: Kurzzeitige Fehlermeldung „Das war falsch, nochmals" und Eingabewiederholung.

21.2 Eingabe war richtig: Anzeige „Bravo, das war richtig!"; mit Betätigung einer beliebigen Taste außer (ENTER), etc. fortsetzen.

22 Bei Zusatzanzeige „Weiter? ja(J),no(N)" über die weitere Fortsetzung des Vokabeltrainings entscheiden:

22.1 Weitere gleichartige Übungen durchführen: Taste J drücken und in Punkt 21 fortsetzen.

22.2 Training abschließen: Taste N drücken und mit der Anzeige des Hauptmenüs in Punkt 13 fortsetzen.

23 Kurzzeitige Anzeige des Verarbeitungstitels und des Anwahlkontrollhinweises „Vokabel aendern".

24 Bei Anzeige des Verarbeitungstitels und des Eingabehinweises „zu aenderndes Wort?" ein Wort in einer beliebigen angelegten Sprache eintasten und (ENTER) drücken. Dabei kann es zu folgenden Reaktionen kommen:

24.1 Das Wort wird nicht angetroffen: Kurzzeitige Fehlermeldung „Wort nicht gefunden!" und Fortsetzung in Punkt 24.

24.2 Wort vorhanden: Wortkombination analog zu den Punkten 6 und 7 eingeben.

25 Bei Zusatzanzeige des Fortsetzungshinweises „Weiter? ja(J),no(N)" über weitere Änderungen entscheiden:

25.1 Weitere Worte bzw. Begriffe ändern: Taste J drücken und in Punkt 24 fortsetzen.

25.2 Änderungen abschließen: Taste N drücken und weitere Entscheidungen ab Punkt 13 im Hauptmenü treffen.

Testbeispiel

Anstelle eines Testbeispiels sei eine Tabelle mit 12 Wortkombinationen angeführt, mit welcher das vorliegende Programm getestet werden kann.

deutsch	englisch	italienisch	schwedisch
Arbeit	work	lavoro	arbete
Blume	flower	fiore	blomma
Brot	bread	pane	broed
Eisenbahn	railway	ferrovia	jaernvaeg
Geld	money	denaro	pengar
Haus	house	casa	hus
singen	sing	cantare	sjunga
Straße	street	strada	gata
von	from	da	av
Wort	word	parola	ord
zehn	ten	dieci	tio
Zeitung	newspaper	giornale	tidning

7.2 Verschiedene Kleinanwendungen als Einzelprogramm

Lose Aneinanderreihungen oder Verknüpfungen verschiedener kleiner Programme zu Paketen lassen sich auf unterschiedliche Weise verwirklichen. Umfangreiche Programme wird man schon aus Speicherkapazitätsgründen einzeln abspeichern und ggf. über ein eigenes Hauptmenüprogramm aufrufen. Auf dieser Vorstellung basiert auch die in Kapitel 4 gewählte Form einer Programmsammlung. Kleinere Programme können aber zusammengenommen als ein einzelnes größeres betrachtet werden. Einzige Voraussetzung dafür ist das Vorhandensein mehrerer Programmstarteinrichtungen, was ja beim PC-1350 mit der (DEF)-Funktion gegeben ist.

Ein solches Beispiel sei an einer kleinen Sammlung demonstriert, mit welcher wir bei Herrn Grün Anleihe nehmen. Die einzelnen Programmthemen sind durch die Stellung von Herrn Grün als Unternehmenseigentümer vorbestimmt und werden im Rahmen der vorliegenden Präsentation etwas modifiziert. In der Originalfassung ist das Programm umfangreicher. Befinden sich darunter verständlicherweise manche persönliche Problemstellungen, auf welche an dieser Stelle – auch zufolge der zu erwartenden Programmlänge – verzichtet wird. Der Leser vermag das vorliegende Programm jedoch für seinen eigenen Bereich mit individuellen Anwendungen zu ergänzen. Auch wenn formale Anpassungen notwendig wurden, wesentliche Programmgestaltungsmerkmale von Herrn Grün wurden berücksichtigt. Dies bezieht sich vor allem auf den starken Einsatz der Graphikfunktionen im Anzeigebetrieb. Ein weiteres übernommenes Detail betrifft die Art der Speicherung von Informationen, die Herr Grün von der sonst üblichen Art abweichend mit der Verwendung von DATA-Anweisungen gewählt hat. Offenbar ging Herr Grün von der Voraussetzung aus, gerade dieses Programmpaket viel auf Reisen zu verwenden. Nachdem möglicherweise nicht immer eine Massenspeichereinheit zur Verfügung steht, kann durch eine Fehlbedienung – z.B. schon durch unbeabsichtigte Betätigung der RUN-Funktion – der Datenspeicherbereich gelöscht werden. Auch wenn die Einspeicherung der Informationen im Wege einer faktischen Programmänderung erfolgt und daher etwas mehr Aufmerksamkeit erfordert, ist die Information damit gesichert; es sei denn, man löscht unvermutet das gesamte Programm. Diese Art der Datenspeicherung wurde im Telefonverzeichnis und im Notizbuch verwirklicht.

In das Kleinpaket würden folgende menügesteuerte Anwendungen eingearbeitet:

- **Prozentrechnungen:** Fallweise kämpft man mit dem Problem, Auf- oder Abschlag von einem Grundwert in % richtig einzuschätzen. Bekannt steht in der Regel der Grundbetrag für die Basis 100 %. Der mit dem Grundwert zu vergleichende Betrag wird nun auf verschiedene Art und Weise mit dem Grundwert verknüpft:

  Prozentzahl = 100 · Vergleichswert/Grundwert

  Differenz Grundwert zu Vergleichswert = 100 – Prozentzahl

  Vergleichswert bezogen auf Grundwert = Prozentzahl

  Grundwert bezogen auf Vergleichswert = 100 · Grundwert/Vergleichswert

- **Prozentverteilungen:** Solche können mit oder ohne Reihung nach fallender Größe für bis zu 30 Einzelwerte berechnet werden. Im Bedarfsfall läßt sich jede Operation mehrmals ohne Neueingabe abrufen. Dabei ist vorgesehen, die Einzelwerte auf eine vorbestimmte Basis, die nicht zwangsläufig mit der Summe der Einzelwerte übereinstimmen muß, zu beziehen. Reihung mit Berechnung des Durchschnitts sowie Reihung und Prozentverteilung allein lassen sich getrennt anwählen und beliebig oft wiederholen. Die Prozentzahl ermittelt sich aus folgender einfachen Formel:

Prozentzahl = 100 · Einzelwert/Basiszahl

• **Grenzüberschreitender Ein- und Verkauf:** Die Berechnung einer Spanne zwischen Ein- und Verkauf über Grenzen bedient sich ebenfalls der Prozentrechnung. Die Überschreitung einer Grenze äußert sich im Programm durch die Vorgabe eines von 1 verschiedenen Wechselkurses. Die Wechselkurse für Ein- und Verkauf werden zu Beginn der Verarbeitung vom Programm verlangt und für mehrere hintereinander ablaufende Verarbeitungen unverändert beibehalten. Die Spanne berechnet sich aus folgender Formel:

Spanne % = 100 – 100 · E-Preis · E-Kurs/(V-Preis · V-Kurs)

Spannen unter 20 % verursachen drei, Spannen unter 25 % zwei und Spannen unter 30 % ein akustisches Warnsignal. Das Rechenergebnis wird tabellarisch angezeigt.

• **Einstandspreis- und Verkaufspreiskalkulation:** Überlegungen zu dieser Aufgabenstellung müssen oft kurzfristig angestellt werden, um die Wirkung eines Angebots vor Ort sofort überprüfen zu können. Unterstellt sei für diesen Fall, daß ein Verkaufspreis aufgrund von drei verschiedenen vorgegebenen bzw. frei wählbaren Aufschlägen auf den Einstandspreis ermittelt werden soll. Auch hier wird in einem Fremdwährungsgebiet eingekauft und die Kalkulation jedoch für den einheimischen Markt – in unserem Fall für Österreich – kalkuliert. Die Vorgabe von acht Wechselkursen wird ggf. im Program abgeändert und ist für den Beispielfall auf Österreich abgestimmt. Ebenfalls frei wählbar ist der Betrag für die Bankspesen, wobei als Grundbetrag 5 % angenommen wird. Faktoren für fixe Preisaufschläge sind für die einzelnen Stufen mit 1.6, 2.0 und 2.5 festgesetzt. Ebenfalls kann die Betrachtungsdauer eines Einzelergebnisses nach Bedarf in den vier Stufen etwa 1.8, 3.6, 5.4 Sekunden oder beliebig lang (Fortsetzung mit Betätigung der (ENTER)-Taste eingestellt werden. Der Einsatndspreis wird nach folgender Formel ermittelt:

EP = Einkaufspreis · Wechselkurs · (1 + Bankspesen/100)

• **Telefonverzeichnis:** Nachdem Name und Telefonnummer wenig Platz benötigen, kann eine derartige Information mit Anschriftenelementen vervollständig werden. Die Einspeicherung der in DATA-Anweisungen verpackten Informationen wird an anderer Stelle beschrieben. Man kann eine Telefonnummer direkt anwählen, es läßt sich im Telefonverzeichnis aber auch blättern. Nach Erreichen der letzten Eintragung wird wieder von vorne begonnen. In diesem Beispiel werden auch die Leitbuchstaben angezeigt, damit die Orientierung erleichtert wird. Je Buchstaben sind 99 Eintragungen möglich.

• **Notizbuch:** Dieses ist ähnlich zum Telefonverzeichnis organisiert. Ein Notizbuch kann auf verschiedene Weise gestaltet werden. Im vorliegenden Fall wurde der Jahreskalender zur Grundlage der Organisation der Notizen gewählt. Für jeden Kalendertag lassen sich 10 verschiedene Eintragungen vorsehen. Es wurden zwei Abrufarten gewählt: Über einen angeschlossenen Drucker kann das gesamte Notizbuch aufgelistet werden, während über die Anzeige sowohl eine Direktanwahl als auch ein Blättern möglich ist. Das Bezeichnende an der Kennzeichnung eines Informationsblocks: In eine solche ist Datum, ggf. Uhrzeit und die Nummer jener Programmzeile eingebaut, in welcher diese Information als DATA-Anweisung gespeichert ist. Damit läßt sie sich sofort im Programm aufsuchen und im Bedarfsfall ändern. Bei der Eingabe beachte man die mit 24 Zeichen gegebene Zeilenkapazität der Anzeige.

Anweisungsliste

```
1000:REM Mixed Pickles
1001:REM
1002:REM by Gruen/Tatzl, Graz
1003:REM
1010:"M": CLS : WAIT 0
1020:PRINT "Menue gemischt: DEF und"
1030:LINE (99,0)-(121,6),X,BF
1040:PRINT "H % um 100  S Summen-%"
1050:LINE (3,8)-(13,15),X,BF: LINE (75,
     8)-(85,15),X,BF
1060:PRINT "D Spanne    K Kalk.Kurs"
1070:LINE (3,16)-(13,23),X,BF: LINE (75
     ,16)-(85,23),X,BF
1080:PRINT "C Telefon   N Notizen"
1090:LINE (3,24)-(13,31),X,BF: LINE (75
     ,24)-(85,31),X,BF
1100:LINE (0,7)-(0,31): LINE (72,7)-(72
     ,31): LINE (149,7)-(149,31)
1110:LINE (0,7)-(149,7): WAIT : LINE (0
     ,31)-(149,31)
1120:END
2000:REM
2001:REM % um 100
2002:REM
2010:"H": CLS : WAIT 0: USING : PRINT "
     % von - auf 100"
2020:INPUT "Grund-Betrag=";B
2030:INPUT "Kontr.Betrag=";C
2040:P= INT (10000*C/B+.5)/100: CLS :
     USING "######.##"
2050:PRINT "G=";B;" K=";C: USING "#####
     .##"
2060:PRINT "Differenz G->K";P-100;" %"
2070:PRINT "K ist von G    ";P;" %"
2080:PRINT "G ist von K    "; INT (10000
     *B/C+.5)/100;" %"
2090:LINE (0,0)-(149,6),X,BF: WAIT :
     LINE (0,7)-(149,31),B
2100:WAIT 0: PRINT "Weiter? ja (J), nei
     n (N)"
2110:IF INKEY$ ="J" THEN 2010
2120:IF INKEY$ ="N" THEN 1010
2130:GOTO 2110
3000:REM
3001:REM Summen-%
3002:REM
3010:"S": CLEAR : CLS : WAIT 0: USING
3020:PRINT "Wieviele Werte? (1-30)=":
     INPUT DI
3030:IF (DI<1) OR (DI>30) OR (DI<> INT
     DI) THEN 3010
3040:CLS : DIM A(DI+1): PRINT "%-Vertei
     lung: Summe mit"
```

```
3045:LINE (0,0)-(149,7),X,BF
3050:PRINT "Reihung und Schnitt (1)"
3060:PRINT "%-Verteilung        (2)"
3070:PRINT "Reihung             (3)"
3080:RE= VAL INKEY$
3090:IF (RE=1) OR (RE=2) OR (RE=3) THEN
     3110
3100:GOTO 3080
3110:DU=0: IF RE=1 LET DU=1
3120:CLS : PRINT "%-Berechnungsbasis":
     INPUT SV
3130:CLS :C1=0:C2=3: FOR I=1 TO DI
3140:CURSOR C1: PRINT I
3150:CURSOR C2: INPUT A(I)
3160:C1=C1+24:C2=C2+24: IF C1=96 LET C1
     =12:C2=15
3170:IF C1=108 CLS :C1=0:C2=3
3180:IF A(I)=0 CLS : CURSOR : GOTO 3200
3190:NEXT I: CLS : CURSOR
3200:FOR J=1 TO I-1
3210:S=S+A(J):ZS=S: NEXT J
3220:IF SV>0 LET S=SV
3230:CLS : WAIT :U4$="####.##":U7$="###
     #####.##": USING
3240:PRINT "Summe ";ZS;" =";  USING U4$;
     100*ZS/S+.005;"%"
3250:IF ZS<>S PRINT "Basis fuer % = ";
     USING ;S
3260:IF RE=3 THEN 3380
3270:FOR J=1 TO I-1: USING
3280:JE$="(": IF J<10 LET JE$=JE$+" "
3290:PRINT JE$; STR$ J;") ";A(J);" =";
     USING U4$;100*A(J)/S+.005;"%"
3300:IF A(J+1)=0 THEN 3320
3310:NEXT J
3320:IF (DU=0) AND (RE=2) THEN 3550
3330:IF (DU=0) AND (RE<>2) THEN 3370
3340:D=ZS/J: CLS : WAIT 0
3350:PRINT "Mittel aus "; STR$ J;" Wert
     en =": WAIT : PRINT USING ;D
3360:IF RE=2 THEN 3550
3370:CLS : WAIT 0: USING : PRINT "Reihu
     ng von 1 bis "; STR$ (I-1): WAIT
3380:IF WE=0 DIM B(I):WE=1
3390:B(1)=A(1):J=1
3400:FOR Q=1 TO I-1
3410:J=J+1:B(0)=A(J)
3420:FOR K=Q TO 1 STEP -1
3430:IF B(K)>B(0) THEN 3450
3440:B(K+1)=B(K): NEXT K:K=0
3450:B(K+1)=B(0):B(0)=0: NEXT Q
3460:USING :K=0
3470:K=K+1: FOR J=1 TO I-1
3480:IF A(J)=B(K) LET F=J:J=I-1
3490:NEXT J
```

```
3500:P=100*B(K)/S+.005
3510:IF B(K)=0 THEN 3550
3520:JE$="(": IF F<10 LET JE$=JE$+" "
3530:PRINT JE$; STR$ F;") ";B(K);" =";
     USING U4$;P;"%"
3540:USING : IF K<>I-1 THEN 3470
3550:WAIT 0: PRINT "Weiter? ja (J), nei
     n (N)"
3560:IF INKEY$ ="J" THEN 3230
3570:IF INKEY$ ="N" THEN 1010
3580:GOTO 3560
4000:REM
4001:REM Spanne
4002:REM
4010:"D": CLEAR : CLS : USING : WAIT 0
4020:PRINT "Devisenkurs Einkauf": INPUT
     "DKE = ";KE
4030:PRINT "Devisenkurs Verkauf": INPUT
     "DKV = ";KV
4040:CLS : PRINT "Einkaufspreis": INPUT
     "EP = ";EP
4050:PRINT "Verkaufspreis": INPUT "VP =
      ";VP
4060:PZ=(EP*KE)/((VP*KV)/100):PO=100-PZ
4070:USING
4080:IF PO<30 BEEP 1: IF PO<25 BEEP 1:
     IF PO<20 BEEP 1
4090:CLS : WAIT 0
4100:PRINT "        Einkauf   Verkauf":
     LINE (0,0)-(149,7),X,BF
4110:USING "#####.###": PRINT "Krs ";KE
     ;" ";KV
4120:USING "######.##": PRINT "Prs ";EP
     ;" ";VP
4130:LINE (0,8)-(0,22): LINE (29,8)-(29
     ,22): LINE (89,8)-(89,22): LINE (1
     49,8)-(149,22)
4140:PRINT "Spanne = ";PO;" % VP"
4150:WAIT : LINE (0,23)-(149,31),X,BF
4160:WAIT 0: PRINT "Weiter? ja (J), nei
     n (N)"
4170:IF INKEY$ ="J" THEN 4040
4180:IF INKEY$ ="N" THEN 1010
4190:GOTO 4170
5000:REM
5001:REM Kalk.Kurs
5002:REM
5010:"K": CLS : USING : CLEAR : WAIT
5020:DIM WB$(7)*3,KS(7)
5030:WB$(0)="DM ":KS(0)=7.05
5040:WB$(1)="SFR":KS(1)=8.60
5050:WB$(2)="SKR":KS(2)=2.35
5060:WB$(3)="EPF":KS(3)=26.5
5070:WB$(4)="US$":KS(4)=18.3
5080:WB$(5)="FFR":KS(5)=2.32
```

```
5090:WB$(6)="HFL":KS(6)=6.25
5100:WB$(7)="LIT":KS(7)=.0105
5110:FK$="###.###":C=0
5120:WAIT 0: FOR I=0 TO 7
5130:PRINT USING ;I+1;WB$(I); USING FK$
     ;KS(I)
5140:C=C+24: IF C=96 LET C=12
5150:IF C=108 THEN 5170
5160:CURSOR C: NEXT I
5170:LINE (5,0)-(11,31),X,BF: LINE (77,
     0)-(83,31),X,BF
5180:K= VAL INKEY$ -1
5190:IF (K<0) OR (K>7) THEN 5180
5200:CLS :B=5: INPUT "Bankspesen <5> %
     =";B
5210:F1=1.6: INPUT "Faktor 1 <1.6> = ";
     F1
5220:IF F1=0 THEN 5200
5230:F2=2: INPUT "Faktor 2 <2.0> = ";F2
5240:F3=2.5: INPUT "Faktor 3 <2.5> = ";
     F3
5250:W=0: INPUT "WAIT 1-2-3-<FIX> =";W
5260:CLS :V=KS(K)*(1+B/100): USING :
     PRINT "Kurs ";KS(K);"+";B;"%=";V
5270:WAIT 0: PRINT "Eink.Preis ";WB$(K)
     ;"=": INPUT EK
5280:E=EK*V: USING "##########.##":
     CLS
5290:IF E>=1E10-1 THEN 5260
5300:IF E*F1>=1E10-1 THEN 5260
5310:IF E*F2>=1E10-1 THEN 5260
5320:IF E*F3>=1E10-1 THEN 5260
5330:PRINT "ESP=";E+.005;" <OeS>": LINE
     (0,0)-(149,7),X,BF
5340:PRINT "VP1=";E*F1+.005;" <"; STR$
     F1;">"
5350:IF F2=0 THEN 5390
5360:PRINT "VP2=";E*F2+.005;" <"; STR$
     F2;">"
5370:IF F3=0 THEN 5390
5380:PRINT "VP3=";E*F3+.005;" <"; STR$
     F3;">"
5390:WAIT : IF W>0 WAIT 100*W
5400:LINE (0,15)-(149,31),&DDDD,B
5410:WAIT 0: PRINT "Weiter? ja (J), nei
     n (N)"
5420:IF INKEY$ ="J" THEN 5260
5430:IF INKEY$ ="N" THEN 1010
5440:GOTO 5420
6000:REM
6001:REM Telefon
6002:REM
6010:"C": CLEAR : DIM TL$(0)*72
6020:CLS : WAIT 0:A=0
6030:INPUT "Tel. von ";N$: IF N$="ZZZ"
     THEN 1010
```

```
6040:IF N$="ZZ" LET N$="A"
6050:IF ASC N$>90 WAIT : PRINT "SML-Tas
     te druecken!": GOTO 6020
6060:IF ASC N$<65 WAIT 200: PRINT "Fehl
     eingabe!": GOTO 6020
6070:CURSOR 9: PRINT N$;" "
6080:CURSOR 17: PRINT "*"; STR$ ( ASC N
     $*100+50000);"*": LINE (59,0)-(149
     ,7),X,BF
6090:RESTORE ASC N$*100+50000
6100:READ TL$(0)
6110:IF (A=0) AND ( ASC TL$(0)> ASC N$)
     WAIT 200: PRINT "* kein >";N$;"<":
     N$= LEFT$ (N$,1): GOTO 6020
6120:IF ASC TL$(0)> ASC N$ LET N$= CHR$
     ( ASC N$+1)
6130:WAIT 0
6140:IF LEFT$ (TL$(0), LEN N$)<>N$ THEN
     6100
6150:A=A+1: PRINT TL$(0):N$= LEFT$ (N$,
     1)
6160:WAIT : GOSUB 6230
6170:WAIT 0: CLS : PRINT "Tel. von ":
     READ TL$(0)
6180:IF TL$(0)="ZZ" LET N$="A": GOTO 60
     70
6190:IF LEN TL$(0)=1 LET N$= CHR$ ( ASC
     N$+1)
6200:CURSOR 9: PRINT N$
6210:CURSOR 17: PRINT "*"; STR$ ( ASC N
     $*100+50000);"*": LINE (59,0)-(149
     ,7),X,BF
6220:GOTO 6110
6230:LINE (0,31)-(149,31): RETURN
7000:REM
7001:REM Notizen
7002:REM
7010:"N": CLEAR : CLS : WAIT 0
7020:DIM TZ$(0)*19,NZ$(0)*72
7030:PRINT "Notizen:"
7040:PRINT "blaettern (A)": PRINT "druc
     ken   (D)"
7050:OP$="":OP$= INKEY$
7060:IF OP$="D" PRINT "Ausdruck Notizen
     ": PRINT = LPRINT :DD$="01": PRINT
     : GOTO 7160
7070:IF OP$<>"A" THEN 7050
7080:CLS : WAIT 0:A=0
7090:PRINT "Nota vom (MM.TT./HH.MM)":
     LINE (60,0)-(142,7),X,BF
7100:INPUT DD$: IF DD$="99.99." LET OP$
     ="D": GOTO 7200
7110:X= ASC LEFT$ (DD$,1): IF (X=46) OR
     (X=47) THEN 7140
7120:FOR I=1 TO LEN DD$
```

```
7130:X= ASC MID$ (DD$,I,1): IF (X>45)
     AND (X<58) THEN 7150
7140:WAIT : PRINT "Eingabe unzulaessig!
     ": GOTO 7080
7150:NEXT I:D= VAL DD$: IF (D<=0) OR (
     INT D>12) THEN 7140
7160:RESTORE 40000+1000*( VAL LEFT$ (DD
     $,2))
7170:READ TZ$(0),NZ$(0)
7180:IF TZ$(0)<>"99" THEN 7240
7190:IF OP$="D" PRINT : PRINT
7200:IF OP$="D" PRINT = PRINT : GOTO 10
     10
7210:IF A<>0 THEN 7080
7215:IF (A=0) AND (DD$="12") LET DD$="0
     1": GOTO 7160
7220:WAIT 0: PRINT "fuer * ";DD$;" *"
7230:WAIT : PRINT "keine Eintragung!":
     GOTO 7080
7240:IF LEFT$ (DD$,2)=TZ$(0) THEN 7170
7250:IF ( LEFT$ (TZ$(0), LEN DD$)<>DD$)
     AND ( LEN DD$>2) THEN 7170
7260:IF LEN TZ$(0)>2 THEN 7290
7270:DD$="": IF VAL TZ$(0)<9 LET DD$="
     "
7280:DD$=DD$+ STR$ ( VAL TZ$(0)+1): IF
     INT VAL DD$>12 LET DD$="01": GOTO
     7160
7290:IF LEN TZ$(0)<3 THEN 7170
7300:IF OP$="D" PRINT : GOTO 7320
7310:CLS : WAIT 0
7320:A=1:DD$= LEFT$ (DD$,2): PRINT "Not
     a ";TZ$(0)
7330:IF OP$="A" LINE (35,0)-(149,7),X,B
     F: WAIT
7340:PRINT NZ$(0): GOTO 7170
41000:DATA "01","": REM  Notizdatei
42000:DATA "02",""
43000:DATA "03",""
44000:DATA "04",""
45000:DATA "05",""
46000:DATA "06",""
46130:DATA "06.13./00.00*46130*","Geburt
      stag Direktor Boss"
47000:DATA "07",""
48000:DATA "08",""
48150:DATA "08.15./20.30*48150*","Party
      bei Heinz"
48160:DATA "08.23./10.30*48160*","Inaugu
      ration neuer Rek- tor der Universi
      taet"
48161:DATA "08.23./19.30*48161*","Abende
      ssen mit dem neuenRektor"
49000:DATA "09",""
50000:DATA "10",""
```

```
51000:DATA "11",""
52000:DATA "12",""
52999:DATA "99",""
56500:DATA "A": REM  Telefondatei
56600:DATA "B"
56700:DATA "C"
56800:DATA "D"
56900:DATA "E"
57000:DATA "F"
57100:DATA "G"
57200:DATA "H"
57300:DATA "I"
57400:DATA "J"
57500:DATA "K"
57600:DATA "L"
57700:DATA "M"
57800:DATA "N"
57900:DATA "O"
58000:DATA "P"
58100:DATA "Q"
58200:DATA "R"
58300:DATA "S"
58301:DATA "SCHUMNY Harald, Dr.-Ing.Zorg
      estr.10,D-3300 Brsch05341/267231"
58302:DATA "SHARP-Hamburg D-Hamburg Sonn
      instrasse 3          040/23775-0"
58303:DATA "SHARP-Wien (FACIT-ADDO) A-10
      60 Wien, M.H.Str. 510043/222/57357
      1-0"
58400:DATA "T"
58401:DATA "TATZL Gerfried, DI-WIV  Moer
      ikestrasse 17        0043/316/51576
      "
58500:DATA "U"
58600:DATA "V"
58601:DATA "VIEWEG & Sohn, Pf.5829  D-62
      00 Wiesbaden-1       06121/534-1"
58700:DATA "W"
58800:DATA "X"
58900:DATA "Y"
59000:DATA "Z"
59999:DATA "ZZ"
```

Bild 61 Programm MIXPIC

Bei Eingabe der Informationen in Form von DATA-Anweisungen (Programme C und N) sind folgende Punkte zu beachten:

- Es ist von Vorteil, *Leitanweisungen* für den Beginn einer Buchstabengruppe (Programm C) bzw. eines Monats (Programm N) vorzusehen; diese sind im Listing berücksichtigt.
- Als *letzte Anweisung* ist eine solche zu wählen, mit der man entweder am Beginn der Informationen (Programm C) bzw. in einer Neuanwahl (Programm N) weitermachen kann.

- *Eingabe von Informationen:* Bei der Eingabe ist die Zeilenkapazität im Interesse einer gut leserlichen Ausgabe zu berücksichtigen. Die Nummer der Programmzeile stützt sich entweder auf den ASCII-Code eines Buchstabens (Programm C) oder integriert Kalendermonat und Kalendertag (hier zuzüglich 40000). Die Kennzeichnung für den 27.11. wird mit der Zeilennummer 51270 gewählt (40000 + 11270). In der Eintragung ins Telefonverzeichnis gibt es eine Information, beim Notizbuch werden je Eintragung zwei Einheiten (Kennzeichnung, Text) in eine DATA-Anweisung geschrieben.
- *Löschen:* Überflüssige Informationen werden im Programm-Modus durch Eingabe der Zeilennummer gefolgt von der Betätigung der (ENTER)-Taste gelöscht.
- *Eintragungen, Änderungen, Löschungen* erfolgen ausschließlich im Programm-Modus!

Bedienungsanleitung

Programmname:	AGENDA
Speicheranspruch:	6433 Bytes (einschließlich der bereits enthaltenen Eintragungen)
Speichererweiterung:	je nach Bedarf (Umfang des Kleinpakets und Eintragungen in das Telefonverzeichnis bzw. Notizbuches)
Ausgabeeinheit:	vorwiegend Anzeige; für das Notizbuch auch der Thermodrucker CE-126P

1 Programme mit RUN (ENTER) oder (DEF) M starten. Die zweite Variante ist dann zu wählen, wenn auf in Speichern enthalene Informationen Rücksicht genommen werden muß.

2 Bei Anzeige des Hauptmenüs

Menue gemischt: (DEF) und	
H % um 100	S Summen-%
D Spanne	K Kalk.Kurs
C Telefon	N Notizen

über die Aufnahme einer Verarbeitung entscheiden:

2.1 Prozentrechnung von und in 100: Tasten (DEF) H drücken und in Punkt 3 fortsetzen.

2.2 Prozentverteilung: Tasten (DEF) S drücken und in Punkt 6 fortsetzen.

2.3 Berechnung einer Spanne: Tasten (DEF) D drücken und in Punkt 17 fortsetzen.

2.4 Einkaufspreiskalkulation durchführen: Tasten (DEF) K drücken und in Punkt 22 fortsetzen.

2.5 Telefonverzeichnis abfragen: Tasten (DEF) C drücken und in Punkt 28 fortsetzen.

2.6 Notizen abrufen: Tasten (DEF) N drücken und in Punkt 32 fortsetzen.

Für das Ablegen von Eintragungen in das Telefonverzeichnis und in das Notizbuch sind die vor der Bedienungsanleitung angeführten Bemerkungen zu beachten.

2.7 Operationen abschließen: Rechner abschalten.

Programm H

3 Bei Anzeige des Verarbeitungshinweises „% von – auf 100" und des Eingabehinweises „Grundbetrag = _" entsprechenden Wert eintasten und (ENTER) drücken.

4 Bei der Zusatzanzeige „Kontr.Betrag = _" den zu vergleichenden Betrag eintasten und (ENTER) drücken. Ausgangswerte und Ergebnisse werden in Tabellenform angezeigt. Man beachte, daß die Differenz der %-Sätze aus Zeile 2 und 3 immer 100 sein muß. Mit (ENTER) fortsetzen.

5 Bei der Zusatzanzeige „Weiter? ja(J), nein(N)" über die weitere Fortsetzung entscheiden:

5.1 Weitere Prozentrechnungen ausführen: Taste J drücken und in Punkt 3 fortsetzen.

5.2 Vergleiche abschließen: Taste N drücken und zu Punkt 2 zur Menüanzeige zurückkehren.

Programm S

6 Bei Anzeige des Eingabehinweises „Wieviele Werte? (1–30) = ?" Zahl der Einzelwerte für die Prozentverteilung als ganze zwischen einschließlich 1 und 30 liegende Zahl eintasten und (ENTER) drücken.

7 Bei Anzeige des Menüs

%-Verteilung: Summe mit
Reihung und Schnitt (1)
%-Verteilung (2)
Reihung (3)

über die Art der Verarbeitung entscheiden:

7.1 Nur Reihung berechnen: Taste 3 drücken.

7.2 Nur %-Verteilung ermitteln: Taste 2 drücken.

7.3 Verteilung mit Reihung und Durchschnitt: Taste 1 drücken.

8 Bei Anzeige des Eingabehinweises „%-Berechnungsbasis ?" Zahl, auf welche die einzugebenden Einzelwerte zu beziehen sind, eintasten und (ENTER) drücken.

9 Bei Anzeige „n. ?" (n = laufende Nummer der Eingabe) Einzelwert eintasten und (ENTER) drücken. Bei Fortschreibung von n alle Werte eingeben, die durch die Anwahl in Punkt 6 vorbestimmt sind. Die Eingabe kann aber auch durch die Betätigung von (ENTER) ohne vorangehende Zahleneingabe vorzeitig abgebrochen werden. Wurde nur die Prozentverteilung angewählt, werden die Punkte 10, 11 und 16 berührt. Die alleinige Reihung betrifft die Punkte 10, 11, 15 und 16.

10 Anzeige des Hinweises „Summe NNN. = XXX.XX %" (NNN = Summe der Einzelwerte, XXX.XX Prozentzahl der Summe bezogen auf den Basiswert); mit (ENTER) fortsetzen.

11 Der Hinweis „Basis fuer % = MMM." (MMM = Basiswert) wird dann ausgegeben, wenn die Summe der Einzelwerte mit dem Basiswert nicht übereinstimmt. Mit (ENTER) fortsetzen.

12 Die Einzelwerte werden mit Eingabeposition, absoluter und relativer Größe (%) mit (ENTER) einzeln abgerufen.
13 Nach Ausgabe des letzten Einzelwerts kommt es zur Anzeige des Mittelwerts sämtlicher n Eingaben; mit (ENTER) fortsetzen.
14 Anzeige des Hinweises „Reihung von 1 bis n" (n = Anzahl der Einzelwerte); mit (ENTER) fortsetzen.
15 Die Reihung wird einzeln mit (ENTER) abgerufen. Angezeigt werden Eingabeposition (geklammert), Absolut- und auf die Basis bezogener Relativwert.
16 Bei der Zusatzanzeige „Weiter? ja(J), nein(N)" wird über die weitere Fortsetzung entschieden:
   16.1 Ergebnisausgabe wiederholen: Taste J drücken und je nach Anwahl in Punkt 7 ab Punkt 10 in den in Punkt 9 genannten Punkten der Bedienungsanleitung fortsetzen.
   16.2 Berechnungen abschließen: Taste N drücken und zur Anzeige des Menüs in Punkt 2 zurückkehren.

Programm D

17 Bei Anzeige des Eingabehinweises „Devisenkurs Einkauf DKE = _" angezeigten Wert eintasten und (ENTER) drücken. Für Bezüge im Inland den Wert 1 für DKE eingeben.
18 Bei der Zusatzanzeige „Devisenkurs Verkauf DKV = _" entsprechenden Wert eintasten und (ENTER) drücken. Für Verkäufe im Inland den Wert 1 für DKV eingeben.
19 Bei Anzeige des Eingabehinweises „Einkaufspreis EP = _" Einkaufspreis in der mit DKE gewählten Währung eintasten und (ENTER) drücken.
20 Bei der Zusatzanzeige „Verkaufspreis VP = _" Verkaufspreis für die mit DKV gewählten Währung eintasten und (ENTER) drücken. Ausgangswerte und Ergebnisse werden tabellarisch angezeigt; mit (ENTER) fortsetzen.
21 Bei der Zusatzanzeige „Weiter? ja(J), nein(N)" über die weitere Fortsetzung der Spannenberechnung entscheiden:
   21.1 Bei gleicher Währungslage für Ein- und Verkauf weitere Spannen überprüfen: Taste J drücken und in Punkt 19 fortsetzen.
   21.2 Berechnungen abbrechen: Taste N drücken und zu Punkt 2 (Menüanzeige) zurückkehren. Von dort kann eine weitere Spannenberechnung bei geänderter Währungssituation angewählt werden.

Programm K

22 Bei Anzeige von acht Wechselkursen (Änderungen derselben betreffen die Programmzeilen 5030 bis 5100)

1.	DM	7.050	5.	US$	18.300
2.	SFR	8.600	6.	FFR	2.320
3.	SKR	2.350	7.	HFL	6.250
4.	EPF	26.500	8.	LIT	0.010(5)

durch Betätigung einer der Zifferntasten 1 bis 8 die Währung jenes Landes wählen, aus welchem Waren importiert werden sollen; für Großbritannien ist dies beispielsweise die Zahl 4.

23 Bei Anzeige des Eingabehinweises „Bankspesen ⟨5⟩ % = _" Bankspesen als Prozentzahl eintasten und (ENTER) drücken. Die Betätigung von (ENTER) ohne vorangehende Eingabe führt zur Anwahl der in Klammern gesetzten vorgebenen Zah 5.

24 Aufschlagsfaktor 1 analog zu Punkt 23 eingeben. Die Standardvorgabe ist für diesen Fall die Zahl 1.6.

25 Aufschlagsfaktor 2 eingeben; Standardwert 2.0.

26 Aufschlagsfaktor 3 eingeben; Standardwert 2.5.

27 Bei der Zusatzanzeige "WAIT 1–2–3 ⟨FIX⟩" Zeitraum wählen, für welchen die Anzeige wirksam ist:

27.1 Ca. 1,8 Sekunden dauernde Anzeige: 1 (ENTER).

27.2 Ca. 3,6 Sekunden dauernde Anzeige: 2 (ENTER).

27.3 Ca. 5,4 Sekunden dauernde Anzeige: 3 (ENTER).

In diesen drei Fällen wird nach der Ergebnisausgabe in Punkt 28 automatisch zur Fortsetzungsentscheidung in Punkt 29 weitergeschaltet.

27.4 Stehende Anzeige, von der aus mit (ENTER) fortzusetzen ist: Nur (ENTER) drücken.

28 Bei Anzeige des Wechselkurses mit und ohne Spesen bzw. der Spesen-% bei Anzeige des Eingabehinweises „Eink.Preis EPF = ?" (nach Anwahl 4 handelt es sich bei EPF um englsiche Pfund) Einkaufspreis in der angezeigten Fremdwährung eintasten und (ENTER) drücken. Anzeige der Ausgangswerte und der drei Verkaufspreise. Nur im Fall der Anwahl nach 27.4 mit (ENTER) fortsetzen.

29 Bei der Zusatzanzeige „Weiter? ja(J), nein(N)" über die weitere Fortsetzung entscheiden:

29.1 Weitere Kalkulationen durchführen: Taste J drücken und in Punkt 28 fortsetzen.

29.2 Kalkulationen abschließen: Taste N drücken und zur Menüanzeige in Punkt 2 zurückkehren.

Programm C

30 Bei Anzeige von „Tel. von _" Namen bzw. linksbündigen Namensteil eintasten und (ENTER) drücken. Telefonnummer und weitere personenbezogene Daten (soweit vorgegeben) werden zusammen mit dem Namen angezeigt. In der Titelzeile befindet sich rechts jene Zeilennummer, ab der die dem aktuellen Anfangsbuchstaben zugehörigen Informationen aufgezeichnet sind; z. B. finden sich alle mit dem Buchstaben A beginnenden Namen ab Zeile 56500. Wird nur ein Buchstabe eingegeben, wird zuerst der Leitbuchstabe angezeigt und beim Weiterblättern mit (ENTER) die unter diesem Buchstaben befindlichen weiteren Eintragungen. Nach Anzeige der letzten unter Z gespeicherten Eintragungen wird wieder beim Buchstaben A begonnen.

31 Aus diesem Kreislauf kann mit der Betätigung der Tasten (DEF) C ausgestiegen und zu Punkt 30 zurückgekehrt werden. Man kann auch mit (DEF) M direkt oder über Punkt 30 und der Eingabe von „ZZ" in die Menüanzeige zu Punkt 2 zurückkehren.

Programm N

32 Bei Anzeige der Betriebshinweise

Notizen:

blaettern (A)

drucken (D)

über die Art von Abfrage und Ausgabe von in DATA-Anweisungen gespeicherten Notizen entscheiden:

32.1 Sämtliche Eintragungen des Notizbuchs abrufen und über den angeschlossenen Drucker ausgeben: Taste D drücken. Bei stehender Anzeige des Verarbeitungshinweises „Ausdruck Notizen" werden sämtliche gespeicherten Blätter des Notizbuches, jeweils eingeleitet von einer Kopfzeile „Nota MM.TT./HH. MMxNNNNNx" (MM = Kalendermonat, TT = Kalendertag, HH = Stunden, MM = Minuten, NNNNN = Nummer der Programmzeile, in welcher die entsprechende DATA-Anweisung enthalten ist) ausgedruckt. Ist ein Drucker nicht angeschlossen, kommt es zur kurzzeitigen Anzeige der Notizen. Nach vollständiger Ausgabe wird selbsttätig mit der Menüanzeige in Punkt 2 fortgesetzt.

```
Nota 06.13./00.00*46130*
Geburtstag Direktor Boss

Nota 08.15./20.30*48150*
Party bei Heinz

Nota 08.23./10.30*48160*
Inauguration neuer Rek-
tor der Universitaet

Nota 08.23./19.30*48161*
Abendessen mit dem neuen
Rektor
```

Bild 62 Im Programm derzeit gespeicherte Notizen (ausgedruckt mit Plotter CF-516P)

```
Nota 06.13./00.00*46130*
Geburtstag Direktor Boss

Nota 08.15./20.30*48150*
Party bei Heinz

Nota 08.23./10.30*48160*
Inauguration neuer Rek-
tor der Universitaet

Nota 08.23./19.30*48161*
Abendessen mit dem neuen
Rektor
```

Bild 63 Im Programm gespeicherte Notizen (ausgedruckt mit Thermodrucker CE-126P)

32.2 Im Notizbuch bestimmte Eintragung aufsuchen bzw. in den Notizen blättern: Taste A drücken. Die Notizen werden über die Anzeige ausgegeben.

33 Folgende Fortsetzungen sind bei Anzeige des Eingabehinweises „Nota vom (MM.TT./HH.MM)?" möglich:

33.1 Abrufe beenden: „99.99" eintasten und (ENTER) drücken; das Programm kehrt zur Menüanzeige in Punkt 2 zurück.

33.2 Abrufe fortsetzen: Datum mit Tageszeit oder linksbündigen Teil der Zeitangabe eintasten und (ENTER) drücken. Die Eingabe anderer Zeichen als Ziffern, Punkt und Schrägstrich ist ausgeschlossen und führt zur Fehlermeldung „Eingabe unzulaessig!". In diesem Fall ist mit der Betätigung von (ENTER) in

Punkt 33 fortzufahren, andernfalls wird das Notizbuch nach einer Eintragung abgesucht. Wird keine Notiz gefunden, kommt es zur Fehlermeldung

fuer x MM.TT./HH.MM x

keine Eintragung!

und nach Betätigung von (ENTER) zur Fortsetzung in Punkt 33. Gibt es zum eingegebenen Zeitraum mehr als eine Eintragung, hält das Programm bei der ersten, auf welche die Eingabe zutrifft, an, worauf bequem mit (ENTER) weitergeblättert werden kann. Die Eingabe der Zahl 0 gehört ebenfalls zu den unzulässigen Eingaben.

34 Folgende Fortsetzungen sind an dieser Stelle möglich:

34.1 Weiterblättern: (ENTER) drücken, worauf die nächste Eintragung angezeigt wird. Sind alle Eintragungen bis zum Jahresende abgearbeitet, wird in Punkt 33 fortgesetzt. Dies gilt nicht für den Fall, daß vom in Punkt 33 eingegebenen Zeitpunkt bis zum Jahresende keine Eintragung gefunden wird; in diesem Fall wird die gesamte Datei, wieder von vorne beginnend, nach der erstmöglichen Eintragung abgesucht. Dabei darf allerdings nur der Kalendermonat ohne Punkt eingegeben sein! Andernfalls kommt es zur in Punkt 33.2 beschriebenen zweitenFehlermeldung.

34.2 In das Hauptmenü des Kleinpakets in Punkt 2 zurückkehren: Tasten (DEF) M drücken.

34.3 In das lokale Menü in Punkt 32 zurückkehren: Tasten (DEF) N drücken.

7.3 Netzplantechnik

Netzpläne dienen zur planerischen Erfassung bestimmter Abläufe, sei es zur Errichtung eines Bauwerks oder generell zur Abwicklung bestimmter sich über einen längeren Zeitraum erstreckender Projekte. Jedes solchermaßen zu durchleuchtende Verfahren besteht aus einer Reihe miteinander in engem Zusammenhang stehender einzelner Aktivitäten. Diese Zusammenhänge sind für den *Mindestzeitaufwand* verantwortlich, der für die Durchführung des Projekts anfällt.

Eine dieser Planungstechniken ist die Methode der Feststellung des *kritischen Wegs*; das sind jene Vorgänge, auf deren Durchführung besonders geachtet werden muß, da die für diese Arbeiten vorgesehenen Termine exakt eingehalten werden müssen.

Jede Arbeit bzw. jedes Projekt setzt sich aus einer Reihe von Teilvorgängen zusammen. Während die kritischen Tätigkeiten exakt auszuführen sind, gibt es für die übrigen bestimmte Freiräume der Durchführungszeitpunkte. Daher hat man dieser Technik auch die Bezeichnung *Critical-Path-Method* gegeben. Der CPM-Netzplan stellt also eine Zahl in einem bestimmten Zusammenhang zueinander stehender Teilvorgänge dar.

Nach Vorgabe der betreffenden Teilvorgangsdauer werden für jeden dieser Vorgänge folgende Werte berechnet, aus welchen im weiteren Verlauf der Operationen der kritische Weg und andere Darstellungen herausgearbeitet werden können:

- Zeitpunkt des frühesten Beginns
- Zeitpunkt des spätesten Beginns
- Zeitpunkt des frühesten Endes
- Zeitpunkt des spätesten Endes
- Gesamtpuffer
- freier Puffer

Zur Berechnung dieser Punkte gelten folgende Zusammenhänge:

- Der früheste Beginn errechnet sich aus dem Minimum der Endzeitpunkte für das früheste Ende aller vorangehenden Vorgänge.
- Das früheste Ende eines Vorgangs ergibt sich aus dem frühesten Beginn zuzüglich dessen Dauer.
- Das späteste Ende läßt sich aus dem Minimum der spätesten Beginnzeitpunkte der nachfolgenden Vorgänge ermitteln.
- Der späteste Beginn kann nun aus dem spätesten Ende abzüglich der Dauer rückgerechnet werden.
- Der Gesamtpuffer für einen Vorgang wird durch die Differenz aus spätestem Beginn abzüglich frühestem Beginn gebildet.
- Als freier Puffer wird das Minimum des frühesten Beginns aller Nachfolgervorgänge abzüglich des frühesten Endes bezeichnet.

Variablenliste (zusätzlich)

D	aktuelle Vorgangsdauer
F	freier Puffer
G	Kennzeichnung des Endes des Eingabestrings für die Nummern der nachfolgenden Vorgänge
H	Hilfsvariable für Ausgabe des Balkendiagramms
I, J, K, L, M	Schleifenvariable
V	Zahl der Vorgänge
NN(V,Ø)	Vorgangsdauer
NN(V,1–5)	Nummern von maximal 5 vorangehenden Vorgängen
NN(V,6–10)	Nummern von maximal 5 nachfolgenden Vorgängen
NN(V,11)	frühester Beginn FB
NN(V,12)	frühestes Ende FE
NN(V,13)	spätester Beginn SB
NN(V,14)	spätestes Ende SE
NN(V,15)	Gesamtpuffer GP
NN(V,16)	freier Puffer FP
X$	Tabellenwert
Z$	Zeiteinheitsbezeichnung (1 bis 3 Zeichen)
BZ$(V)	Vorgangsbezeichnungen (1 bis 17 Zeichen)
NF$	5 Nachfolgenummern enthaltender Eingabestring
TT$(3)	Zeile der Vorgangsliste
XX$	Bezeichnung einer Teilverarbeitung

Programmstruktur

1000	Programmvorlauf		
	1020–1050		Entscheidung über die Aufnahme einer Netzplanberechnung
	1200		Ausdruck einer Legende und der Formeln
2000	Eingabe und Verarbeitung eines Netzplanes		
	2000		Eingaben
	2240–2420		Auflösung des die Nachfolgenummern enthaltenen Strings
	3000		Ausgabe der Vorgangsliste
	4000		Berechnung
		4100	Vorwärtsberechnung
	4120		frühester Beginn
	4170		frühestes Ende
		4300	Rückwärtsrechnung
	4320		spätestes Ende
	4380		spätester Beginn
		4500	Pufferzeiten ermitteln
	4520		freier Puffer
	4580		Gesamtpuffer
		5000	Ausgabe des kritischen Weges
		6000	Ausgabe von Terminen und Puffern
		7000	Ausgabe des Balkendiagramms
9000	Unterprogramme		
	9200		Konstantenzuweisung
	9300		Anzeige des Verarbeitungstitels
	9400		Eingabegüteentscheidung treffen
	9500		Fehleranzeige
	9600		Fortsetzungsentscheidung fällen
	9900		Schlußroutine

Anweisungsliste

```
1000:REM CPM-Netzplan
1001:REM
1002:REM by Tatzl, Graz
1003:REM
1010:V=40: GOSUB 9200: GOSUB 9300
1020:PRINT "Start Taste (G)"
1030:PRINT "Ende  Taste (S)"
1040:IF INKEY$ ="S" THEN 9920
1050:IF INKEY$ <>"G" THEN 1040
1200:REM
1201:REM Legende
1202:REM
1210:LPRINT : LPRINT
1220:LPRINT TT$(1);TT$(0);TT$(1)
1230:LPRINT "Projektplanung  mit CPM-"
1240:LPRINT "Netzplan, Vorgangsliste,"
1250:LPRINT "kritischem Weg, Terminen"
1260:LPRINT "und Puffern, sowie einem"
1270:LPRINT "Balkendiagramm"
1280:LPRINT
1290:LPRINT "Legende": LPRINT TT$(2)
1300:LPRINT "V =Vorgaenge (max. 40)"
1310:LPRINT "Vg=Vorgaenger (max. 5)"
1320:LPRINT "Nf=Nachfolger (max. 5)"
1330:LPRINT "DA=Dauer"
1340:LPRINT "   (Min,Std,Tg.,Wo.,etc)"
1350:LPRINT
1360:LPRINT "fruehester Anfang:"
1370:LPRINT "   FA=Min(FE-Vg)+1"
1380:LPRINT "fruehestes Ende:"
1390:LPRINT "   FE=FA-DA"
1400:LPRINT "spaetestes Ende:"
1410:LPRINT "   SE=Min(SA-Nf)"
1420:LPRINT "spaetester Anfang:"
1430:LPRINT "   SA=SE-DA+1"
1440:LPRINT "Gesamtpuffer:"
1450:LPRINT "   GP=SA-FA"
1460:LPRINT "freier Puffer:"
1470:LPRINT "   FP=Min(FA-Nf)-FE"
1480:LPRINT TT$(2): LPRINT : LPRINT
2000:REM
2001:REM Eingaben
2002:REM
2010:GOSUB 9200: GOSUB 9300
2030:WAIT 200: PRINT "Vorgangsliste ein
     geben!"
2040:GOSUB 9300:V=0
2050:INPUT "Vorgaenge (2-40)=";V
2060:IF (V<2) OR (V>40) OR (V<> INT V)
     GOSUB 9500: GOTO 2040
2070:DIM NN(V,16),BZ$(V)*17
2080:GOSUB 9300:Z$=""
2090:INPUT "Zeiteinheit (3 Z)=";Z$
2100:IF ( LEN Z$<1) OR ( LEN Z$>3)
     GOSUB 9500: GOTO 2080
```

```
2110:FOR K=1 TO V
2120:GOSUB 9300:BZ$(K)=""
2130:PRINT "Bezeichnung Vorgang "; STR$
     K;":"
2140:INPUT BZ$(K)
2150:IF BZ$(K)="" GOSUB 9500: GOTO 2120
2160:GOSUB 9300:D=0
2170:PRINT "Dauer Vorgang "; STR$ K;" (
     ";Z$;"):"
2180:INPUT D
2190:IF (D<1) OR (D>99) OR (D<> INT D)
     GOSUB 9500: GOTO 2160
2200:NN(K,0)=D: IF K=V THEN 2440
2210:GOSUB 9300:NF$=""
2220:PRINT "Nachf. Vorgang "; STR$ K;":
     "
2230:INPUT NF$
2240:FOR I=6 TO 10
2250:D=0:D= VAL (NF$): IF D=0 THEN 2330
2255:R= LEN NF$- LEN STR$ D-1: IF R<1
     LET NF$="": GOTO 2270
2260:NF$= RIGHT$ (NF$,R)
2270:G=0: IF NF$="" LET G=1
2280:IF (D<=K) OR (D>V) OR (D<> INT D)
     THEN 2330
2290:FOR L=6 TO I-1
2300:IF NN(K,L)=D THEN 2330
2310:NEXT L: IF NN(D,5)=0 THEN 2350
2320:WAIT 200: PRINT "zu viele Vg.vor V
     gg."; STR$ K;"!": GOTO 2210
2330:GOSUB 9500: FOR M=6 TO 10
2340:NN(K,M)=0: NEXT M: GOTO 2210
2350:NN(K,I)=D
2360:IF I=10 AND NF$<>"" THEN 2330
2370:FOR J=1 TO 5
2380:IF NN(D,J)<>0 THEN 2400
2390:NN(D,J)=K: GOTO 2410
2400:NEXT J
2410:IF G=1 THEN 2430
2420:NEXT I
2430:NEXT K
2440:GOSUB 9400: IF JN$="N" WAIT 200:
     PRINT "Eingaben wiederholen!":
     GOTO 2000
3000:REM
3001:REM Vorgangsliste
3002:REM
3010:LPRINT : LPRINT :XX$="Vorgangslist
     e"
3020:GOSUB 9300: PRINT XX$;" ausgeben"
3030:LPRINT XX$: LPRINT TT$(1)
3040:LPRINT "Nr. Vorgang    Dauer ";Z$:
     LPRINT TT$(2)
3050:FOR K=1 TO V
3060:TT$(3)="": IF K<10 LET TT$(3)=" "
```

```
3070:TT$(3)=TT$(3)+ STR$ K+": "+BZ$(K)
3080:FOR L=1 TO 24- LEN TT$(3)- LEN
     STR$ NN(K,0)
3090:TT$(3)=TT$(3)+" ": NEXT L
3100:TT$(3)=TT$(3)+ STR$ NN(K,0)
3110:LPRINT TT$(3):TT$(3)="Vg:"
3120:FOR J=1 TO 5
3130:IF NN(K,J)=0 THEN 3160
3140:TT$(3)=TT$(3)+" ": IF NN(K,J)<10
     LET TT$(3)=TT$(3)+" "
3150:TT$(3)=TT$(3)+ STR$ NN(K,J)
3160:NEXT J: LPRINT TT$(3):TT$(3)="Nf:"
3170:FOR J=6 TO 10
3180:IF NN(K,J)=0 THEN 3210
3190:TT$(3)=TT$(3)+" ": IF NN(K,J)<10
     LET TT$(3)=TT$(3)+" "
3200:TT$(3)=TT$(3)+ STR$ NN(K,J)
3210:NEXT J: LPRINT TT$(3): LPRINT TT$(
     2)
3220:NEXT K
4000:REM
4001:REM Berechnung
4002:REM
4010:GOSUB 9300: PRINT "Berechnung laeu
     ft"
4100:REM Vorw.Rechnung
4110:FOR K=1 TO V
4120:REM frueh.Anfang
4130:FOR I=1 TO 5
4140:IF NN(K,I)=0 THEN 4160
4150:H=NN(NN(K,I),12): IF H>NN(K,11)
     LET NN(K,11)=H
4160:NEXT I
4170:REM frueh.Ende
4180:NN(K,12)=NN(K,11)+NN(K,0)
4190:IF NN(K,12)>S LET S=NN(K,12)
4195:NEXT K: FOR K=1 TO V
4200:NN(K,11)=NN(K,11)+1
4210:NEXT K
4300:REM Rueck.Rechnung
4310:FOR K=V TO 1 STEP -1
4320:REM spaet.Ende
4330:NN(K,14)=S
4340:FOR I=6 TO 10
4350:IF NN(K,I)=0 THEN 4370
4360:H=NN(NN(K,I),13): IF H<NN(K,14)
     LET NN(K,14)=H
4370:NEXT I
4380:REM spaet.Anfang
4390:NN(K,13)=NN(K,14)-NN(K,0)
4400:NEXT K
4410:FOR K=1 TO V
4420:NN(K,13)=NN(K,13)+1
4430:NEXT K
4500:REM Pufferzeiten
```

```
4510:FOR K=1 TO V
4520:REM freier Puffer
4530:FOR I=6 TO 10
4540:IF NN(K,I)=0 THEN 4570
4550:F=NN(NN(K,I),11)-NN(K,12)-1
4560:IF (I=6) OR (H<NN(K,16)) LET NN(K,
     16)=F
4570:NEXT I
4580:REM Gesamtpuffer
4590:NN(K,15)=NN(K,13)-NN(K,11)
4600:NEXT K
5000:REM
5001:REM kritischer Weg
5002:REM
5010:GOSUB 9300:XX$="kritischer Weg"
5020:PRINT "Ausgabe ";XX$
5030:LPRINT : LPRINT : LPRINT XX$:
     LPRINT TT$(1)
5040:FOR K=1 TO V
5050:IF NN(K,15)<>0 THEN 5080
5060:LPRINT USING "&&&&&&&&&&&&&&&&";B
     Z$(K);
5070:LPRINT USING "#######";NN(K,0)
5080:NEXT K: USING : LPRINT TT$(2)
5090:LPRINT "Gesamtdauer   ";Z$; USING
     "#######";S
6000:REM
6001:REM Termine,Puffer
6002:REM
6010:GOSUB 9300:XX$="Termine, Puffer":
     PRINT XX$
6020:LPRINT : LPRINT : LPRINT XX$:
     LPRINT TT$(1)
6030:LPRINT " Nr DA FA FE SA SE GP FP";
     TT$(2)
6040:USING "###": FOR K=1 TO V
6050:LPRINT K;
6060:LPRINT NN(K,0);
6070:FOR L=11 TO 16
6080:LPRINT NN(K,L);
6090:NEXT L
6100:NEXT K: LPRINT TT$(2)
7000:REM
7001:REM Balkendiagramm
7002:REM
7010:GOSUB 9300:XX$="Balkendiagramm":
     PRINT XX$
7020:G=1:H=V: IF V>20 LET H=20
7030:LPRINT : LPRINT : LPRINT XX$:
     LPRINT TT$(1)
7040:LPRINT "    Vorgang": LPRINT "
     ";
7050:LPRINT USING "##########";1;2:
     GOTO 7070
7060:LPRINT USING "##########";3;4
```

```
7070:LPRINT Z$;" 12345678901234567890":
     LPRINT TT$(2)
7075:FOR I=1 TO S
7080:TT$(3)=" ": FOR J=G TO H
7090:IF (NN(J,11)<=I) AND (I<NN(J,13))
     LET TT$(3)=TT$(3)+"<": GOTO 7130
7100:IF (NN(J,13)<=I) AND (I<=NN(J,12))
     LET TT$(3)=TT$(3)+"#": GOTO 7130
7110:IF (NN(J,12)<=I) AND (I<=NN(J,14))
     LET TT$(3)=TT$(3)+">": GOTO 7130
7120:TT$(3)=TT$(3)+" "
7130:NEXT J: LPRINT USING "###"; I;
7140:LPRINT TT$(3)
7150:NEXT I: LPRINT TT$(2)
7160:LPRINT "<: FA<=T< SA"
7170:LPRINT "#: SA<=T<=FE"
7180:LPRINT ">: FE< T<=SE"
7190:IF V<=20 THEN 7220
7200:IF G<>1 THEN 7220
7210:G=21:H=V: LPRINT : LPRINT : GOTO 7
     060
7220:GOSUB 9600: IF WE$="W" THEN 2000
7230:GOTO 9900
9200:REM
9201:REM Konstante
9202:REM
9210:CLEAR
9220:DIM TT$(3)*24
9230:TT$(0)="* CPM--Netzplantechnik *"
9231:TT$(1)="************************"
9232:TT$(2)="------------------------"
9290:RETURN
9300:REM
9301:REM Titelanzeige
9302:REM
9310:WAIT 25: CLS : PRINT TT$(0): PRINT
     TT$(1)
9320:RETURN
9400:REM
9401:REM Eingabeentsch.
9402:REM
9410:PRINT "ok? ja(J),no(N) druecken"
9420:JN$="":JN$= INKEY$
9430:IF (JN$="J") OR (JN$="N") RETURN
9440:GOTO 9420
9500:REM
9501:REM Fehleranzeige
9502:REM
9510:WAIT 200: PRINT "Eingabe unzulaess
     ig!"
9520:RETURN
9600:REM
9601:REM Fortsetzung
9602:REM
9610:GOSUB 9300
```

```
9620:PRINT "Weiter Taste (W)"
9630:PRINT "Ende   Taste (E)"
9640:WE$="":WE$= INKEY$
9650:IF (WE$="W") OR (WE$="E") RETURN
9660:GOTO 9640
9900:REM
9901:REM Schlussroutine
9902:REM
9910:LPRINT : LPRINT : PRINT = PRINT
9920:"S": GOSUB 9300
9930:PRINT "Verarbeitung beendet"
9990:WAIT : USING : END
```

Bild 64 Programm CPMNET

Bedienungsanleitung

Programmname:	CPMNET
Speicheranspruch:	4716 Bytes
Speichererweiterung:	ja
Ausgabemodus:	nur Druckbetrieb (CE-126P)
Verarbeitungstitel:	„x CPM-Netzplantechnik x"

Die Verwendung der Anzeige als alternative Ausgabeeinheit hätte in diesem Programm wenig Sinn. Als Ausgabemodus wurde daher ausschließlich der Druckbetrieb gewählt. Aus diesem Grund entfällt Punkt 3 der in Kapitel 5 präsentierten allgemeinen Bedienungsanleitung.

Unzulässige Eingaben führen in diesem Programm generell über eine kurzzeitig wirksame Fehlermeldung „Eingabe unzulaessig!" zur automatischen Eingabewiederholung.

Der Betätigung der Taste G nach Punkt 2.2 folgt der Ausdruck einer Legende und die Darstellung der Rechenformeln; siehe dazu die Ausdruckbeispiele am Ende der Bedienungsanleitung.

4 Kurzzeitige Anzeige des Verarbeitungstitels und des Texthinweises „Vorgangsliste eingeben!".

5 Bei Anzeige des Verarbeitungstitels und des Eingabehinweises „Vorgaenge (2–4∅) = _" die betreffende Anzahl der Vorgänge eines Netzplanes als ganze zwischen einschließlich 2 und 40 liegende Zahl eintasten und (ENTER) drücken.

6 Bei Anzeige des Verarbeitungstitels und des Eingabehinweises „Zeiteinheit (3 Z) = _" Einheitsbezeichnung – z. B. Mon., Tg., Std., etc. – mit 1 bis maximal 3 Zeichen eintasten und (ENTER) drücken.

7 Bei Anzeige des Verarbeitungstitels und des Eingabehinweises „Bezeichnung Vorgang n?" (n = lfd. Nummer des Vorgangs) einen 1 bis maximal 17 Zeichen umfassenden Texthinweis eintasten und (ENTER) drücken.

8 Bei Anzeige des Verarbeitungstitels und des Eingabehinweises „Dauer Vorgang n?" die Vorgangsdauer in Übereinstimmung mit der in Punkt 6 gewählten Zeiteinheit als ganze zwischen einschließlich 1 und 99 liegende Zahl eintasten und (ENTER) drükken.

9 Bei Anzeige des Verarbeitungstitels und des Eingabehinweises „Nachf. Vorgang n?" die Nummern von im Höchstfall 5 nachfolgenden Vorgängen als Zeichenkette – die einzelnen Zahlen sind durch Schrägstriche voneinander zu trennen – eintasten und

(ENTER) drücken. Zusätzlich zur eingangs erwähnten Fehlerkennzeichnung kann es zur gleichartig wirksamen Fehleranzeige „Zu viele Vg. vor Vgg.n!" kommen. Auch hier gibt es eine automatische Eingabewiederholung.

10 Die Eingaben werden in Punkt 7 für sämtliche einen Netzplan ausmachenden Vorgänge so lange fortgesetzt, bis alle Daten und Texte eingegeben sind. Nach Abschluß sämtlicher Eingaben wird bei Anzeige des Verarbeitungstitels und des Entscheidungshinweises „ok? ja(J), no(N) druecken" über die Richtigkeit sämtlicher – allerdings noch nicht dokumentierten – Eingaben entschieden:

10.1 Eingaben nicht korrekt: Taste N drücken und die Eingaben ab Punkt 4 neu aufnehmen.

10.2 Eingaben korrekt: Taste J drücken. Ausgabe von Vorgangsliste, kritischem Weg, von Terminen und Puffern als Terminübersicht sowie Balkendiagramm.

11 Bei Anzeige des Verarbeitungstitels und der beiden Entscheidungshinweise

Weiter Taste (W)

Ende Taste (E)

über die weitere Fortsetzung entscheiden:

11.1 Weitere Netzpläne bzw. Planvarianten berechnen: Taste W drücken und in Punkt 4 fortsetzen.

11.2 Operationen abbrechen: Taste E drücken. Nach mehrfachem Zeilenvorschub zum bequemen Abtrennen des Druckstreifens ist die Verarbeitung bei Anzeige des Verarbeitungstitels und des Texthinweises „Verarbeitung beendet" abgeschlossen.

Testbeispiel

Wir wählen als Beispiel für einen Netzplan die Errichtung eines Bauwerks, die wir mit Hilfe dieses Netzplanprogramms durchrechnen. Die Arbeiten an diesem Projekt setzen sich stark vereinfacht aus folgenden Vorgängen zusammen:

1. Planung und Vergabe; Dauer 4 Wochen
2. Aushub und Fundamentierung; Dauer 1 Woche
3. Aufrichtung des Rohbaus; Dauer 6 Wochen
4. Errichtung des Dachstuhls; Dauer 2 Wochen
5. Durchführung der Bauspenglerarbeiten; Dauer 1 Woche
6. Dacheindeckung; Dauer 1 Woche
7. Innenwände verputzen; Dauer 5 Wochen
8. Installationen durchführen; Dauer 4 Wochen
9. Außenanlagen errichten; Dauer 3 Wochen
10. Naßräume verfließen; Dauer 1 Woche
11. Fenster und Türen einmauern; Dauer 2 Wochen
12. Abwasseranlagen versetzen; Dauer 2 Wochen
13. Außenwände verputzen; Dauer 3 Wochen
14. Fußböden verlegen; Dauer 3 Wochen
15. Ausbesserungen und Adaptierungen; Dauer 1 Woche

Nun gibt es eine Reihe von Rangfolgen im Ablauf dieser Arbeiten, die auf die Durchrechnung des Netzplans und die Ermittlung des Mindestzeitaufwands (kritischer Weg) ganz wesentlichen Einfluß haben:

- Der Aushub kann selbstredend erst nach abgeschlossener Planung (nach 1.) durchgeführt werden.

- Der Rohbau kann erst nach Abschluß von Aushub und Fundamentierung (nach 2.) errichtet werden.

- Vor dem Aufsetzen des Dachstuhls muß die Errichtung des Rohbaus (nach 3.) vollständig abgeschlossen sein.

- Der Spengler kann erst nach Fertigstellung des Dachstuhls (nach 4.) mit seiner Arbeit beginnen.

- Mit der Dacheindeckung muß gewartet werden, bis die Spenglerarbeiten (nach 5.) abgeschlossen sind.

- Die Innenwände können verständlicherweise erst nach Errichtung des Rohbaus (nach 3.) verputzt werden.

- Der Großteil der Installation kann sofort nach Fertigstellung des Rohbaus (nach 3.) in Angriff genommen werden.

- Die Außenanlagen können unabhängig von den übrigen Arbeiten, aber ebenfalls erst nach Fertigstellung des Rohbaus (nach 3.) errichtet werden. Ihr Abschluß ist nicht vor der endgültigen Adaptierung erforderlich.

- Naßräume werden vorteilhaft nach durchgeführtem Innenputz (nach 8.) verfließt. Auch die Installationsarbeiten (nach 9.) sollen zuvor abgeschlossen sein.

- Mit dem Einbau von Fenstern und Türen sollte unbedingt erst nach dem Innenputz (nach 7.) begonnen werden.

- Mit dem Versetzen der Abwasseranlagen sollte bis nach der Fertigstellung der Installationen (nach 8.) wegen allfälliger Anpassungen gewartet werden.

- Ist das Dach eingedeckt (nach 6.) und sind auch Fenster und Türen versetzt (nach 11.), kann mit dem Außenputz begonnen werden.

- Die Böden in den Innenräumen sollten erst nach Abschluß der Installationsarbeiten (nach 8.), nach der Verfließung (nach 10.) sowie nach dem Versetzen von Fenstern und Türen (nach 11.) verlegt werden.

- Adaptierungs- und Ausbesserungsarbeiten sind, falls nötig, erst dann anzusetzen, wenn die Außen- (nach 9.) und Abwasseranlagen (nach 12.) fertig sind bzw. die Fußböden (nach 14.) verlegt und der Außenputz (nach 13.) abgeschlossen ist.

Aufgrund dieser Festlegungen kann folgender Netzplan bezeichnet werden:

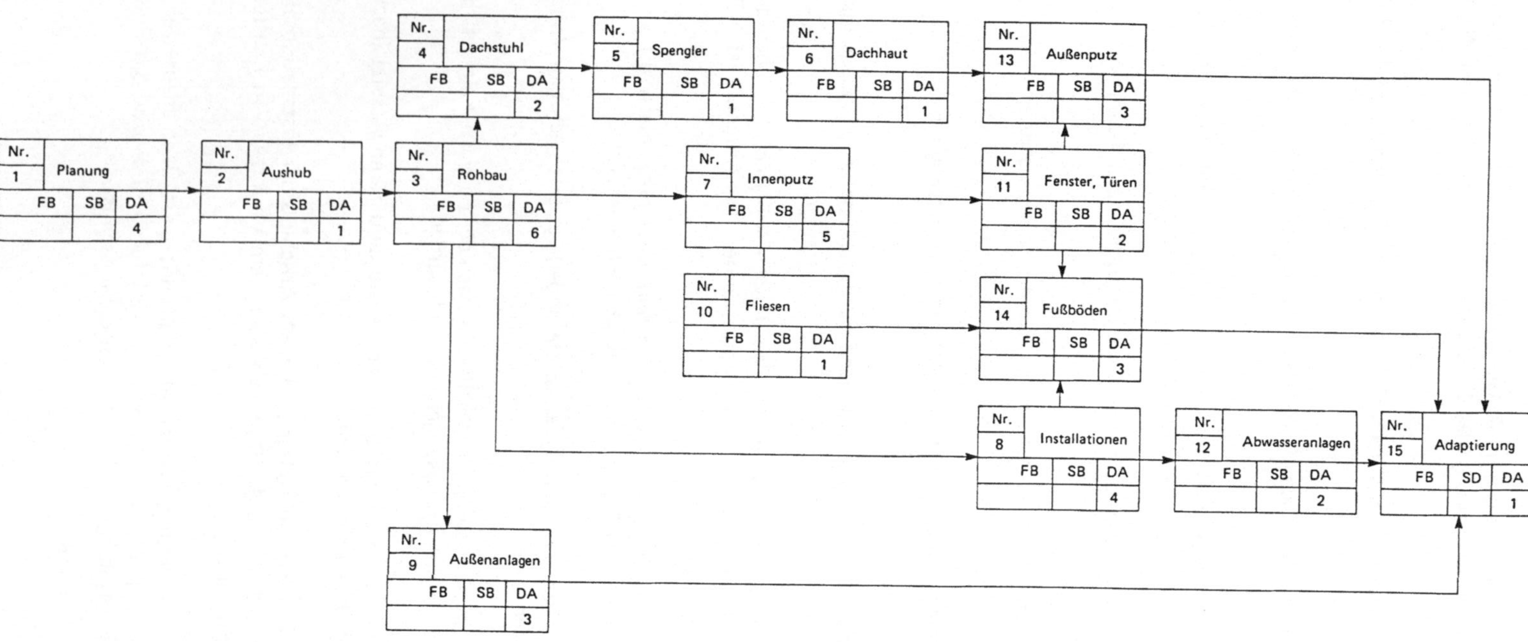

Bild 65 Netzplan für die Errichtung eines Bauwerks

Aufgrund der angegebenen Zahlenwerte ergibt sich folgende Situation:

```
************************
* CPM--Netzplantechnik *
************************
Projektplanung  mit CPM-
Netzplan, Vorgangsliste,
kritischem Weg, Terminen
und Puffern, sowie einem
Balkendiagramm

Legende
------------------------
V =Vorgaenge (max. 40)
Vg=Vorgaenger (max. 5)
Nf=Nachfolger (max. 5)
DA=Dauer
   (Min,Std,Tg.,Wo.,etc)

fruehester Anfang:
   FA=Min(FE-Vg)+1
fruehestes Ende:
   FE=FA-DA
spaetestes Ende:
   SE=Min(SA-Nf)
spaetester Anfang:
   SA=SE-DA+1
Gesamtpuffer:
   GP=SA-FA
freier Puffer:
   FP=Min(FA-Nf)-FE
------------------------


Vorgangsliste
************************
Nr. Vorgang     Dauer Wo.
------------------------
 1: Planung             4
Vg:
Nf:  2
------------------------
 2: Aushub              1
Vg:  1
Nf:  3
------------------------
 3: Rohbau              6
Vg:  2
Nf:  4  7  8  9
------------------------
 4: Dachstuhl           2
Vg:  3
Nf:  5
------------------------
 5: Spengler            1
Vg:  4
Nf:  6
------------------------
 6: Dachhaut            1
Vg:  5
Nf: 13
------------------------
 7: Innenputz           5
Vg:  3
Nf: 10 11
------------------------
 8: Installationen      4
Vg:  3
Nf: 12 14
------------------------
 9: Aussenanlagen       3
Vg:  3
Nf: 15
------------------------
10: Fliessen            1
Vg:  7
Nf: 14
------------------------
11: Fenster, Tueren     2
Vg:  7
Nf: 13 14
------------------------
12: Abwasseranlagen     2
Vg:  8
Nf: 15
------------------------
13: Aussenputz          3
Vg:  6 11
Nf: 15
------------------------
14: Fussboeden          3
Vg:  8 10 11
Nf: 15
------------------------
15: Adaptierung         1
Vg:  9 12 13 14
Nf:
------------------------
```

```
kritischer Weg
***********************
Planung                4
Aushub                 1
Rohbau                 6
Innenputz              5
Fenster, Tueren        2
Aussenputz             3
Fussboeden             3
Adaptierung            1
-----------------------
Gesamtdauer    Wo.    22
```

```
Termine, Puffer
***********************
```

Nr	DA	FA	FE	SA	SE	GP	FP
1	4	1	4	1	4	0	0
2	1	5	5	5	5	0	0
3	6	6	11	6	11	0	0
4	2	12	13	15	16	3	0
5	1	14	14	17	17	3	0
6	1	15	15	18	18	3	3
7	5	12	16	12	16	0	0
8	4	12	15	15	18	3	0
9	3	12	14	19	21	7	7
10	1	17	17	18	18	1	1
11	2	17	18	17	18	0	0
12	2	16	17	20	21	4	4
13	3	19	21	19	21	0	0
14	3	19	21	19	21	0	0
15	1	22	22	22	22	0	0

```
Balkendiagramm
***********************
    Vorgang
             1         2
Wo. 12345678901234567890
------------------------
  1 #
  2 #
  3 #
  4 #
  5  #
  6   #
  7   #
  8   #
  9   #
 10   #
 11   #
 12    <  #<<
 13    <  #<<
 14    << #<<
 15    ><<##<
 16    ><<#><  <
 17     >< ><<#<
 18      > ><>#<
 19         >  <##
 20         >  >##
 21         >  >##
 22               #
------------------------
<: FA<=T< SA
#: SA<=T<=FE
>: FE< T<=SE
```

Bild 66 Ergebnisse der Durchrechnung des in Bild 30 dargestellten Netzplanes zur Errichtung eines Einfamilienhauses

Zum Balkendiagramm ist zu bemerken, daß die Vorgänge 13 (Außenputz) und 14 (Fußböden) parallele Arme des kritischen Weges sind. Die Mindestdauer der Projektdurchführung beträgt 22 Wochen, obwohl die Summe der Teilarbeiten des kritischen Weges 25 Wochen sein müßte. In diesem Sonderfall müssen der kritische Weg, der Terminplan und das Balkendiagramm gemeinsam betrachtet werden.

Nachwort

Wenn es überhaupt noch eines Beweises für die Existenzberechtigung kleiner Computersystem bedurft hat, mit dieser auf den PC-1350 zugeschnittenen Programmsammlung wurde wohl auch die letzte Lücke geschlossen. Dabei bietet dieses Buch nicht nur eine ganze Reihe einfacher bis anspruchsvoller Programme zur Nutzung ab, sondern liefert auch mannigfache Unterstützung im Aufbau einer eigenen Programmsammlung. Schon diese Zusatzinformationen heben dieses Buch über eine einfache Sammlung weit hinaus.

Wenn Sie auch nicht alle hier vorgestellten Programme durchgearbeitet haben, weil Sie möglicherweise daran kein Interesse hatten, so sollten Sie sich wenigstens einige näher ansehen. Sie entdecken darin mit Sicherheit verschiedene Elemente in Problemstellung und Programmierung, die Ihnen bei der Lösung Ihrer eigenen Aufgabenstellungen behilflich sein können.

Mit diesem Buch wurden Ihnen nicht nur allgemeine Hinweise zur Nutzung des PC-1350 und eine kleine Programmsammlung übergeben, sondern auch eine Kombination lehrreicher Anregungen anwendbarer Problemlösungen. Die einzelnen Programme sind so angelegt, daß Sie diese nicht unbesehen übernehmen müssen, sondern Ihren individuellen Bedürfnissen leicht anpassen können. So wird dieses Buch nicht zu einer toten Ansammlung einiger irgendwann einmal geschriebener Programme, sondern zu einer Hilfestellung, derer Sie sich jederzeit bedienen können. Dieses Buch ist keine Summe von Einzelaufgaben, sondern eine lebendige, aus Ihrer Sicht immer änderbare Reihe zusammenhängender Aufgabenstellungen, die mit den in Ihrem Einflußbereich auftretenden Änderungen problemlos mitwachsen kann.

Dazu kommt noch, daß einzelne Aufgaben nicht allein für sich lösbar sind, sondern auch in umfangreichere Problemstellungen als Programmdetail oder Unterprogramm eingebaut werden können. Aber auch dann, wenn Sie keine kommerziellen Computeranwendungen planen, ist der Zweck dieses Buches erfüllt. Denn Sie haben mit Computern umgehen gelernt und Sinn und Zweck dieser Einrichtungen erkannt; sonst hätten Sie sich dieses Buch wohl nicht gekauft. Bedenken Sie dabei auch, daß alle Wichtigkeit – auch im Leben eines Computers – relativ ist und Sie von verschiedenen Einzelheiten nur dann überzeugt sein können, wenn diese zur Lösung Ihrer ureigensten Aufgaben geeignet sind. Beschränken Sie sich dabei aber nicht allein auf Ihren Einflußbereich, sondern sehen Sie ein wenig über dessen Grenzen hinaus. Den Nutzen davon haben allein Sie.

Hinweis auf ein komfortables Maschinenprogramm

Das ECPS – Rainer Kratzer Entwicklungsbüro für Computer Peripherie & Software, Unterkessacher Straße 11, D-6962 Adelsheim-Leibenstadt, hat unter der Bezeichnung „TOOL 13" eine komfortable Programmierhilfe für den PC-1350 mit Speicherkarte herausgebracht. Das Maschinenprogramm belegt den internen RAM-Speicher ab &6032 und ermöglicht folgende einzelne Operationen:

- *MONITOR:* Anzeigen, eingeben, starten sowie auflisten von Bytefolgen.
- *NAME:* Programmnamen von der Audiokassette lesen sowie anzeigen oder auflisten.
- *OLD:* Rettung eines Programms nach irrtümlich ausgelöstem NEW-Befehl.
- *PROGRAMMVERWALTUNG:* BASIC-Programme einzeln zuladen, speichern, löschen oder aktivieren. PGM- und RSV-Belegung anzeigen oder auflisten.
- *RENUMBER:* Aktives BASIC-Programm oder einen Teil desselben einschließlich betroffener Sprungadressen neu numerieren.
- *SCHUTZ:* Paßwort anzeigen, aktivieren, disaktivieren oder auflisten.
- *ZEILEN:* Zeilenfolgen im aktiven BASIC-Programm abspeichern oder löschen; Programme verbinden oder trennen.

Interessierte Leser wenden sich direkt an die angebene Anschrift.

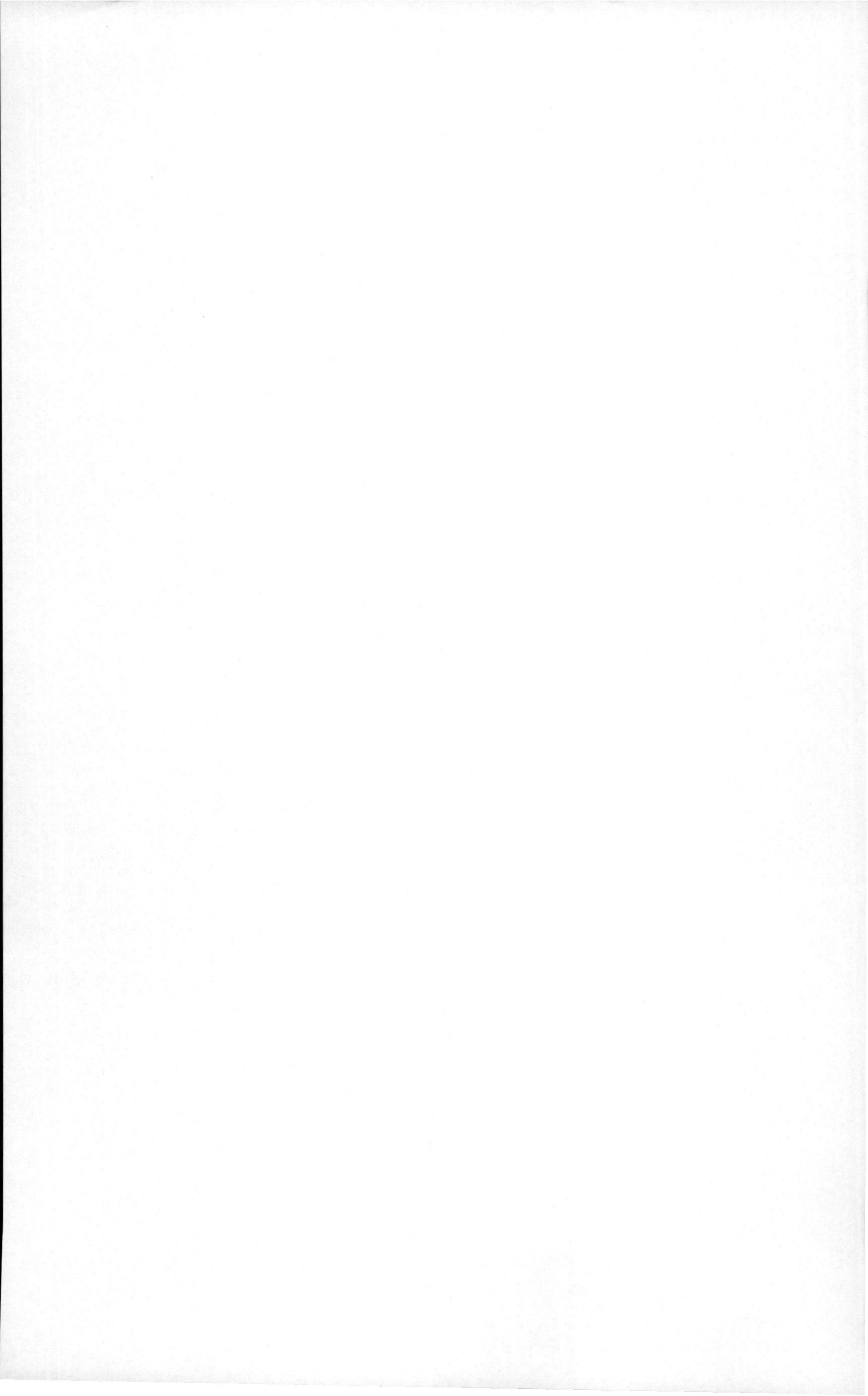